개정판

교수·학습 이론의 이해

변영계 저

학지사

개정판을
내며

1998년에 이 책 『교수·학습 이론의 이해』를 내놓고 저자는 부끄러움과 약간의 두려움을 갖고 그 반응에 관심을 가졌었다. 그런데 의외로 이 분야의 학자들로부터 이 책이 교수·학습 이론을 종합적이고도 쉽게 정리했다는 칭찬과 격려를 듣게 되었다. 그래서 그들의 격려에 용기를 얻어 2000년에는 이 책의 보다 효과적인 활용을 위해 'workbook'을 개발하여 출판했다. 그 결과 이 분야의 전공자뿐만 아니라 각급 학교의 선생님들로부터 좋은 반응과 함께 보충과 수정이 필요한 부분에 대한 피드백이 있었다. 그래서 저자는 그분들의 좋은 충고에 화답하고, 또 새로이 등장하는 교수·학습 이론을 보충, 보완하려는 의도로 이 개정판을 출판하게 되었다.

이번에 개정판으로 출간되는 이 책은 다음 네 가지 측면이 초판과 비교하여 보강되고 달라진 점이다. 첫째로는 최근 구성주의이론이 교육현장에 소개되면서 점차 관심이 많아지고 있는 Vygotsky의 인지발달이론을 새로운 장으로 추가하였다. 이 장에서는 Vygotsky의 인지발달이론의 특성과 함께 학교 학습에 주는 주요한 시사점을 중점적으로 설명하려고 했다. 둘째로는 제3부에 구성주의이론에 관한 새로운 장을 넣고, 구성주의이론을 종합적으로 개관하고, 이들 이론을 학교 교육에서 교육과정 구성, 수업의 이론과 실제, 수업의 평가 등과 관련하여 보다 구체적이고, 실제적인 측면을 다루었다. 그러다 보니 두 개 장이 새로이 보강되어 교수·학습 이론을 보다 종합적으로 정리하게 되었다. 셋째로는 정보처리이론의 장에 새로이 등장하는 연구 결과와 이론을 대폭 삽입하는 등 이 책 전체의 내용을 좀 더 쉽게 이해할 수 있도록 다듬었다. 마지막으로 특별히 달라진 점은 이 책을 이용하여 가르치는 교수님이나 이 책을 통해서 배우는 독자와 학생들을 위해, 보다 효율적으로 가르치고 더 높은 학습의 효과를 가져오게 하는 CD자료를 개발하여 이 책과 함께 제공하였다는 점이다. 이 CD 속에는 종전의 workbook에 수록되었던; 1) 요약 2) 학습할 문제 3) 학습한 내용의 요약 worksheet 4) 형성평가 문제 5) 보충자료 등이 수정·보완되어 수록되었다. 그리고 교수님들이나 수업 중 학생들의 발표를 도와주기 위해, 매 장마다 25컷 정도의 천연색 동영상 파워포인트가 이 CD 속에 포함되어 제공되었다.

이 개정판을 내면서, 평생 동안을 연구했던 학자들의 이론을 충분히 이해하지도 못하면서 이렇게 책으로 소개하는 일이 좀 건방지고 당돌하다는 자괴지심을 숨길 수 없었다. 그러나 누군가에 의해서 이러한 수준의 작업이라도 이루어지고, 그 터전 위에 또 누군가가 보다 나은 책을 만들 것이라는 변명과 함께 자위를 한다. 마지막으로 산만한 원고를 맡아 좋은 책으로 만들어 준 편집부의 정영석 선생님과 항상 저자에게 환한 웃음과 함께 책을 쓰도록 격려와 용기를 준 학지사의 김진환 사장님께 감사를 드리고 싶다.

2005년 2월
저자

차 례

교수·학습 이론의 개관

PART **1**

교수·학습의 과정

　학교 교육의 목적은 학습자의 행동을 바람직한 방향으로 변화시키는 것이다. 이런 목적을 달성하기 위하여 교육과정, 교수, 상담, 교육 행정, 평가 같은 영역들이 존재하는 것이다. 이들 영역 중에서도 교수, 즉 가르치고 배우는 교수·학습의 영역은 학교 교육의 핵심이라 할 수 있다. 교수·학습의 본질에 대한 관점은 매우 다양하지만, 모든 이론이 학습의 본질을 알고 학교 교육을 개선하고자 하는 바람에서 시작되었을 것이다.

　이 장은 교수·학습의 성격과 개념 그리고 관계성을 어떻게 정리할 것인가, 교수·학습이 어떤 과정을 통하여 이루어지는가, 교수·학습 이론은 어떤 성격을 가지며 어떤 상호관계성이 있는가 등 교수·학습 이론의 기본적인 질문에 답하는 것을 목적으로 한다. 이 장의 학습을 끝낸 후에 학습자들은 다음과 같은 학습목표를 성취하기를 기대한다.

1. 학습을 정의하고, 학습이 아닌 것을 예를 들어 설명할 수 있다.
2. 교수와 학습의 차이점을 세 가지 이상 설명할 수 있다.
3. 교수·학습의 과정 네 단계를 단계별로 간략하게 서술할 수 있다.
4. 행동주의적 관점의 특징을 세 가지 이상 설명할 수 있다.
5. 인지주의적 관점의 학습관을 예를 들어 설명할 수 있다.
6. 수업 이론의 성격을 세 가지 이상 설명할 수 있다.
7. 수업 이론과 학습 이론의 차이점을 세 가지 이상 설명할 수 있다.

1. 교수 · 학습의 성격

교수와 학습, 즉 가르치고 배우는 과정은 교육에서 가장 중요한 부분이라고 할 수 있다. 다양한 학교가 생기고 유지되는 궁극적인 이유가 바로 여기에 있다고 본다. 이 절에서는 교수와 학습은 각각 무엇이며 서로 어떤 관계에 있는지 알아보기로 한다.

1) 학습의 성격

(1) 학습이란 무엇인가?

학습이란 흔히들 배우는 일이라고 말한다. 그러나 사람들에 따라서는 이것을 다른 뜻으로 받아들이고 있는 경우가 많다. 그러면 학습의 개념을 알아보기 위해 다음의 몇 가지 예들의 성격을 비교해 가면서 학습이 무엇을 의미하는지 살펴보자.

예 1 TV와 조카 아이

다섯 살 먹은 조카 아이가 아침 8시 30분에 하는 TV 프로그램 〈하나 둘 셋〉을 신나게 따라 부르며, TV 속의 아이들처럼 노래 부르고 춤을 춘다.

예 2 Seaworld의 돌고래

어린이 대공원에 있는 돌고래가 조련사의 지시에 따라 물 위로 펄쩍 뛰어올라 5m 높이에 매달아 놓은 종을 들이받고 물속으로 헤엄쳐 들어간다.

예 3 초등학교 1학년 동생

개구쟁이 같던 막내 동생이 초등학교 입학을 하고 난 며칠 후부터 아침에 학교 갈 때는 아버지 어머니께 '학교에 다녀오겠습니다.'라며 공손하게 인사를 한다.

예 4 이 책을 읽은 독자(혹은 대학생)

학습의 개념이 무엇인지 분명히 말할 수 없던 독자가 이 책의 1장을 읽고 난 후에 학습이란 어떠한 성격의 것인지를 정의를 내리게 되었다.

위의 네 가지 예를 읽고, 어느 것이 학습에 해당하고 어느 것이 학습에 해당하지 않는지 생각해 보자. 여러분은 〈예 1, 2, 3, 4〉 모두가 학습에 해당한다고 생각하는가? 그렇다면 무엇 때문에 그렇게 생각하는가? 또 어떤 사람이 〈예 3〉과 〈예 4〉는 학습에 해당하고 〈예 1〉과 〈예 2〉는 학습이 아니라고 한다면 무엇 때문일까?

학습이 무엇인지에 대해 학자들은 다양한 정의를 내리고 있다. 그러나 그 정의들을 몇 가지 기준에 따라서 정리하면 크게 넓은 의미의 학습과 좁은 의미의 학습으로 나누어 볼 수 있다. 넓은 의미의 학습이란 말 그대로 광의의 학습이기 때문에 '유기체가 그를 둘러싸고 있는 환경과 상호작용을 통해 그 유기체의 행동에 변화가 일어난 경우'라고 성격을 규정한다. 그러나 좁은 의미의 학습이란 '학습자가 정해진 학습목표를 달성시키려는 상황에 참여하여 의도한 학습목표를 성취하는 활동을 하는 경우'라고 의미를 한정한다. 이 두 가지 입장에 따라서 앞의 예를 보면 그 의미가 좀 더 분명해진다.

넓은 의미의 학습을 생각하면, 앞의 〈예 1, 2, 3, 4〉는 모두가 학습에 해당한다. 이때 학습의 주체는 유기체라는 아주 넓은 영역을 그 대상으로 보았다. '조카 아이', '돌고래', '초등학교 학생', '독자(대학생)' 등은 모두가 유기체에 해당한다. 그리고 환경과 상호작용하는 측면에서는 'TV 프로그램을 반복적으로 보고 듣는 일', '책의 해당 부분을 읽고 비교하며 생각하는 일'은 학습의 주체가 그에게 허용된 환경과 상호작용하는 것으로 본다고 할 수 있다. 마지막으로 행동 변화의 측면에서 보면 '춤추며 노래를 부를 수 있다', '종을 칠 수 있다', '인사를 한다', '정의를 내릴 수 있다' 등은 그전에는 그렇게 할 수 없었는데 그 당시의 환경과 상호작용을 통해서 그렇게 할 수 있었으므로 그 유기체의 행동에 변화가 일어났다고 볼 수 있다. 이렇게 넓은 의미의 학습은 학습의 주체를 사람뿐만 아니라 동물까지 포함하고 제공된 학습의 조건도 비의도적인 것과 의도적인 것을 모두 포함한다. 행동의 변화도 언제나 바람직한 것에만 국한하는 것이 아니라 바람직하지 않은 행동의 변화까지 포함하여 학습의 성격을 규정한다.

그러나 좁은 의미로 학습을 정의할 때는 학습의 주체, 학습의 상황, 행동의 변화 등에 있어서 위와는 다른 의미를 갖고 있다. 첫째로, 학습의 주체를 학습자로 한정한다. 이때 학습자란 교육적 기능을 가진 제도적 기관에서 그 교육을 받는 자에 국한한다. 각급 학교의 학생들이 바로 여기에 해당한다. 그리고 자동차 학원, 노인대학, 사회교육기관 등에 등록하여 교육을 받는 사람도 학습자에 해당할 수 있다.

둘째, 학습의 상황이나 활동은 의도적으로 제공되는 것에만 국한한다. 예를 들어 공교육 기관이나 학교는 그들이 설정한 교육의 목표를 학생들이 성취하도록 하기 위해서 나름대로의 알맞은 프로그램이나 학습의 조건을 의도적으로 계획한다. 그리고는 계획된 학습의 상황에 학습자들을 참여시켜 여러 가지 활동을 하도록 요구한다. 그러므로 학습의 상황, 즉 학습의 조건은 여러 가지 상황이 있을 수 있지만 그중에서 가장 알맞은 조건이 어떠한 것인가를 의도적이고 계획적으로 선택하고, 선택된 학습의 상황을 마련해 주는 경우에 해당한다.

셋째로, 학습을 통한 행동의 변화는 바람직한 행동의 변화를 전제로 한다. 이 말은 어떠한 행동의 변화를 의도하느냐는 사회의 규범에 비추어 볼 때 정당해야 한다는 의미를 내포하고 있다. 즉, 변화시키려는 행동에 대하여 규범적으로 지지를 받을 수 있는 가치 있는 것이어야 한다는 것이다. 그리고 대개의 경우 이러한 행동의 변화를 학습목표나 수업목표라는 말로 바꾸어 쓰며, 이는 학습활동이 시작되기 전에 결정된다.

이러한 세 가지 요건에 맞는 경우의 학습을 좁은 의미의 학습으로 한정하고 이를 간략하게 정의하면, 학습이란 학습자들이 학습목표를 성취하도록 제공된 학습의 조건이나 학습환경과 상호작용하는 과정이라고 할 수 있다. 이때 상호작용이란 제공된 학습의 상황에서 듣고, 해 보고, 느끼고, 말하는 등의 활동을 모두 포함한다.

이처럼 학습의 정의는 입장에 따라 아주 다양하다. 이제 학습에 관한 대표적인 몇 가지 정의를 살펴본 다음, 공통점을 찾아서 학습의 정의에 대한 답을 찾아보기로 하자. Hilgard(1966)는 학습을 좀 더 넓은 의미에서 보았으며, "학습이란 주어진 환경 속에서 계속적인 경험으로 일어나는 행동의 변화다. 단, 그러한 행동의 변화는 타고난 반응 경향, 성숙 또는 피로나 약물에 의한 일시적인 상태의 변화로는 설명될 수 없는 것이다."라고 정의했다. 그리고 이와 비슷하게 Morgan과 King(1966)은 "학습이란 경험과 연습의 결과로 일어나는, 비교적 지속적인 변화다."라고 정의했다.

이와는 달리 학습을 좀 더 좁게 본 학자도 있다. Garry와 Kingsley(1970)는 "학습이란 연습과 훈련을 통해서 행동이 발생하고 변화하는 과정이다."라고 정의하며, 학습의 상황을 연습과 훈련으로 구체적으로 지적하였다. 물론 이 정의에서 학습의 주체는 학습자에 초점을 맞추고 있다. 이와 비슷하게 Bigge(1964)는 "학습이란 유전에 의해 유도되지 않은(성숙, 발달 등), 살아 있는 유기체의 통찰, 행동, 지각 또는 동기의 변화다."라고 학습을 정의하고, 이 정의에서는 성숙 · 발달을 통한 행동의 변화는 학습으로 보지 않았다.

이상에서 살펴본 학습에 대한 정의들을 다음 몇 부분으로 나누어 정리할 수 있다. 우선, 학습의 내용은 행동의 변화라는 것이다. 학습을 행동의 변화로 보는 것은 행동주의적 관점이며 통찰, 지각 또는 동기의 변화로 보는 것은 인지주의적 관점이라고 할 수 있다. 다음으로, 학습의 수단 또는 방법은 경험과 훈련이다. 이때 학습은 개체와 그를 둘러싼 환경이 상호작용하여 발생한다고 본다. 그리고 학습에 포함될 수 없는 것으로는 어두운 극장에 들어갔을 때와 다시 밖으로 나왔을 때 사람의 눈이 환경의 변화에 적용하는 것과 같은 자율적 반응 경향에 의한 변화와 신체의 성숙에 의한 변화 그리고 피로, 약물 또는 사고 등에 의한 일시적인 변화 등을 들고 있다. 김호권(1977)은 학습의 정의에 포함된 공통적인 개념들을 이끌어 내, 학습에 의한 행동이 무엇인가를 [그림 1-1]과 같이 잘 제시하였다.

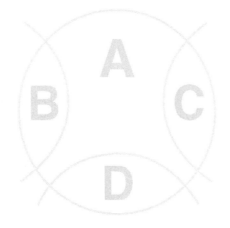

A: 개인에게 일어나는 모든 변화
B: 자율적 반응 경향에 의한 변화
C: 성숙에 의한 변화
D: 일시적인 변화

[그림 1-1] 학습에 의한 행동 변화

따라서 인간에게 일어나는 변화를 [그림 1-1]과 같이 나타냈을 때 학습에 의한 변화는 다음과 같은 공식으로 나타낼 수 있다.

$$학습된 행동(L) = A - (B + C + D)$$

결국 학습이란 경험(훈련이나 연습 등)을 통하여 학습자에게 일어나는 비교적 지속적인 행동이나 인지의 변화라고 정리할 수 있다. 이와 같은 학습의 정의에 따르면 타고난 반응 경향에 의한 행동과 성숙으로 말미암아 자연적으로 일어나는 변화 그리고 질병이나 사고 등으로 인한 일시적인 변화는 학습이 아닌 것으로 본다(변영계, 1984).

이 두 가지를 구체적으로 설명하면 다음과 같다.

첫째, 신체적 체력의 한계, 감각적 순응, 약물 등에 의해서 일어난 행동의 변화는 그것이 경험의 결과로 나타났다고 해도 학습의 범주에 넣지 않는다. 예를 들어 어두운 방에 들어간 사람이 처음에는 아무것도 볼 수 없다가 시간이 경과한 후에 점차 사물을 볼 수 있게 되는 경우, 약물을 복용한 후에 아주 즐거워하는 행동의 변화, 100m 트랙을 힘껏 달리고 나서 다시 또 달렸을 경우에 속도가 줄어든 경우 등은 한 시점으로부터 시간이 경과한 후에 변화된 행동이라 해도 학습의 범주에 넣지 않는다.

둘째로, 변화된 행동이라도 그것이 성숙(matuaration)에 관련되는 것은 학습의 범주에 넣지 않는다. 많은 행동의 변화 중에는 그 변화된 행동이 유기체의 정상적인 생물학상의 성장과 발달의 과정으로 일어나는 것도 있다. 이러한 행동의 변화는 학습된 결과로 일어난 것이 아니므로 학습된 행동의 범주에서 제외한다. 인간이 태어나서 기다가 걷게 되고, 걷다가 뛰게 된다든지, 혹은 아주 초보적인 언어능력을 습득하게 되는 것 등은 대개 성숙의 결과로서 일어나는 것이다. 성숙과 학습은 명확하게 구분되는 것이므로, 성숙의 과정으로 변화된 행동은 학습의 범주에 넣지 않는다.

(2) 학교 학습의 성격

앞에서 논의한 대로, 학습은 유기체가 그를 둘러싸고 있는 환경과 상호작용하여 행동의 변화를 가져온 것이라고 정의할 수 있다. 여기서 유기체라고 쓴 이유는 인간뿐만 아니라 많은 동물들도 수준과 정도의 차이는 있을지라도 학습을 하고 있기 때문이다. 따라서 이 정의는 넓은 의미의 학습을 의미한다.

학교 학습도 넓은 의미의 학습의 정의에서 벗어나지는 않는다. 그러나 학교의 교실에서 벌어지고 있는 학습은 그 장면이 학습심리학자들이 이용하는 실험실과는 비교가 되지 않을 정도로 특이하며, 학습과제 또한 실험실의 동물 실험이나 인간을 대상으로 하는 무의미 철자 훈련 등과는 달리 복잡하고 유의미한 것들이다. 이런 차이점들 때문에 학습심리학자들이 발견한 여러 학습법칙들을 학교 학습에 직접 적용하기 어려우며, 학교 학습을 중심으로 한 독자적인 이론의 발전이 필요하다는 주장이 대두되고 있다(Glaser, 1962; Gage, 1964; Gagné, 1970; Bloom, 1976; Bugelski, 1976 등).

Bugelski(1976)는 학습을 실험실 학습과 학교 학습으로 나누고 두 학습 유형의 차이점을 다음과 같이 정리하면서 실험실 학습과 구분되는 학교 학습을 설명해 줄 수 있는 이론의 필요성을 주장하였다.

첫째, 학습자가 다르다. 실험실 학습에서는 흔히 작은 동물(쥐, 개, 원숭이 등)이나 특별히 선정한 인간 집단이 대상이 된다. 반면에 학교 학습에서는 수없이 많은 특성을 지닌 학습자들을 대상으로 한다.

둘째, '과거 경험'과의 연결성 문제다. 학습심리학자들의 주된 관심사는 원리의 응용보다는 원리의 발견이기 때문에 실험의 결과에 영향을 줄 수 있는 과거와 현재의 경험을 통제하고, 그것들과 단절된 새로운 과제로 실험을 하려고 한다. 이와 달리 학교 학습에서는 현재의 학습을 성공적으로 시키기 위해서 과거 학습 경험과 연결하는 것을 아주 중요하게 여긴다.

셋째, 학습의 기준이 다르다. 실험실 학습에서는 동물을 대상으로 한 실험에서 미로를 몇 번 잘 달린다거나, 사람을 대상으로 한 경우 무의미 철자를 몇 번 바르게 외우는 것으로 학습이 되었다고 본다. 반면에 학교 학습에서는 학습능력이 아주 떨어지는 집단이거나 유치원 수준의 어린 아동이 아니면 학습의 기준이 그렇게 단순하지는 않다.

넷째, 학습과제의 질이 다르다. 실험실 학습에서 주로 사용하는 과제는 미로 달리기, 점프하기, 지렛대 누르기(동물 대상) 등과 같이 단순하거나 철자 외우기(사람 대상) 같은 의미가 없는 것들이다. 학교 학습에서 다루는 과제는 이와는 비교할 수 없을 정도로 정교하고 복잡하며 다양하다.

다섯째, 학습을 통제하는 기술이 다르다. 실험실 학습에서는 학습 시간을 초 단위까지 엄격히 통제하고, 학습을 위한 시행 횟수나 학습량까지도 엄격히 통제한다. 학교 학습에서는 이런 식의 통제는 거의 불가능하다.

여섯째, 학습자의 '개인차'를 보는 관점이 다르다. 실험실 학습에서는 사람이나 동물을 모두 동일한 실험 단위로 보며 기본적으로 실험 대상의 개인차를 인정하지 않는다. 만약 개인차가 있다면 그것은 통계적으로 조정한다. 학교 학습에서는 학습자의 개인차를 인정하고 존중하며 각자의 개인차에 맞는 교수 · 학습을 이상적인 것으로 본다.

일곱째, '학습자의 수'에 대한 제한이 어느 정도인가도 다르다. 실험실에서는 주로 한 번에 한 피험자만을 대상으로 하며, 여러 피험자를 대상으로 하는 경우에도 교사 역할을 할 수 있는 자동화된 기계 장치를 이용하여 일대일 실험이 되도록 한다. 또 실험의 효과를 위하여 실험자와 피험자, 피험자 간의 접촉도 허용하지 않는다. 학교 학습에서는 일대일 학습은 아주 드물고, 학습의 효과를 높이기 위하여 교사와 학습자, 학습자 간의 상호작용을 중요하게 여기고 상호작용이 이루어지도록 힘쓴다.

마지막으로, 학습의 목적성과 효용성의 차이다. 실험실에서 다루어지는 학습과제는 본질적으로 그것을 학습하는 개인에게 그다지 큰 쓸모가 없는 것들이 대부분이다. 이와는 달리 학교 학습에서 배운 것들은 짧게는 다음 학습에 도움이 되고, 길게는 인생 전체에 유용한 것들이다.

이와 같은 몇 가지를 다시 정리하면, 실험실 학습에서 발견되는 학습의 원리나 법칙들을 학교 학습에 바로 적용하기는 어려우며, 학교 학습의 상황을 고려한 나름의 학교 학습 이론이 개발되어야 하겠다. 또 학습 이론을 바탕으로 수업을 보다 효과적이고 효율적으로 실시하는 데 적용될 수업 이론이 연구 · 개발되어야 할 것이다.

2) 교수와 학습

(1) 교수의 성격과 정의

교수(敎授)라는 말은 글자 그대로 '가르쳐 주는 것'을 의미한다. 즉, 교사가 학생들에게 지식과 기능을 가르치는 것이라고 단순하게 풀이할 수 있다.

영어의 teaching을 교수로 번역하여 사용하기도 하고, instruction을 교수로 번역하기도 한다. 학자에 따라서는 instruction을 수업으로 번역하여 교수와 엄격히 구분하여 사용하기도 한다. 교수와 수업의 개념 구분에 대해서는 다음 절에서 구체적으로 논의하기로 하고, 여기서는 교수에 대한 여러 학자들의 정의를 살펴보고 그 성격을 생각해 보기로 한다.

　Corey(1971)는 교수를 '어떤 특정한 조건하에서 특정한 행동을 습득하거나 배제하고 혹은 특수한 상황에 대해 반응을 하거나 학습이 일어날 수 있도록 개인의 환경을 계획적으로 관리하는 전 과정'이라고 정의했다. Reigeluth(1983)는 교수를 '수업에 비해 포괄적인 것으로서 구체적으로는 설계, 개발, 적용, 관리, 평가를 포함하는 것'이라고 정의하였다. 앞의 두 정의를 보면 교수는 '학습이 발생할 수 있도록 하기 위해 도움을 주는 의도적이고 계획적인 활동'이라고 개념 지을 수 있다. 또한 수업에 비해 포괄적인 개념으로 교사가 수업을 하기 위한 준비, 계획, 실행(수업), 평가(수업 후 처치) 등을 포함하는 모든 활동을 말한다.

　이 책에서는 교수라는 개념을 '교사가 수업 시간에 가르치는 활동(즉 수업)'을 포함하여 그것을 준비하고 실행하며 평가하는 모든 활동을 포함하는 포괄적인 것으로 사용할 것이다.

(2) 교수와 수업

　교수와 수업의 의미에 대해서는 우리말이나 영어 모두 견해가 일치하지 않고 있다. 우리말에서 교수는 '가르쳐 주는 것'을 의미하고, 수업은 '주는 일'을 의미한다. 영어에서도 명쾌한 합의는 이루어지지 않고 있으나 대부분 instruction을 교수로, teaching을 수업으로 구별하고 있다.

　교수와 수업의 개념에 대해서도 학자에 따라서 교수를 보다 포괄적인 개념으로 보는 사람들도 있고(Corey, 1971; Gagné, 1964; Gagné, 1974), 수업을 교수보다 더 포괄적인 개념으로 보는 사람도 있다(Hosford, 1973).

　이 책에서는 교수를 수업에 비해 포괄적이며 구체적으로는 설계, 개발, 실행, 관리, 평가가 포함되는 것으로 보고, 수업은 교수의 영역 중에서 교사의 적용과 실행에 중점을 두는 것으로 구분한 Reigeluth(1983)의 견해를 따르기로 한다. 즉, 교사가 교실에서 수업 시간에 가르치는 것이 수업이며, 이 수업은 포괄적인 교수활동의 일부분으로 보는 것이다. 이런 관점에서 볼 때 수업은 교수활동 가운데 학습과 가장 가까이 있는 것으로 볼 수 있으며, 수업과 학습의 관계와 차이점을 살펴봄으로써 교수와 학습의 관계도 미루어 짐작해 볼 수 있을 것이다.

그러면 학습과 수업은 어떤 관계를 갖고 있는가를 [그림 1-2]를 통하여 세 가지 경우로 생각해 보자.

[그림 1-2]에서 A는 수업자가 일정 내용을 수업했지만 학습자는 전혀 그 내용을 학습하지 않은 경우다. 현실적으로 교실 학습의 경우에 소수의 학생에게 있음직하다. C는 수업자가 수업한 내용을 학습자가 하나도 빠뜨리지 않고 완전히 학습한 경우로, 이 역시 교실 학습에서 특정의 소수 학생에게만 나타남직한 이상적인 관계다. B는 수업과 학습의 관계를 가장 현실적으로 나타낸 경우가 될 것이다.

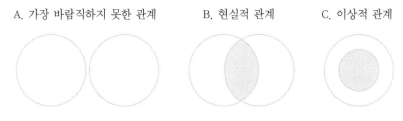

[그림 1-2] 학습과 수업의 관계

그러면 수업과 학습의 관계가 이상적인 형태가 아닌 현실적인 형태로 나타나는 원인은 무엇일까? 다음 세 가지로 그 원인을 설명할 수 있다(변영계, 1996).

첫째, 학습이 반드시 수업의 결과로만 발생하지는 않는다는 것이다. 정도의 차이는 있지만 학습은 수업 없이도 환경과 상호작용함을 통해서 발생할 수도 있다는 사실을 부정할 수는 없다.

둘째, 수업과 학습이 이루어지기까지의 전 과정이 얼마나 충실했는가의 문제다. 즉 교육과정부터 교수 설계 그리고 수업과 학습에 이르는 과정의 충실도를 얼마나 장담할 수 있느냐는 것이다.

셋째, 수업과 학습 상황에서 계획에 없는 돌발사태가 발생할 수도 있다는 것을 간과해서는 안 된다. 이 때문에 수업이 의도했던 대로 이루어지지 않거나 수업 준비 시 상정했던 학습자의 상태가 변화하거나, 수업 상황이 돌발적으로 변화할 수도 있다.

다음으로 수업과 학습의 차이점을 보면 다음과 같다.

첫째, 수업에는 일정한 목표가 있어야 하지만 학습에는 목표가 있을 수도 있고 없을 수도 있다. 이 말은 수업은 의도적이고 계획적인 것이지만 학습은 의도나 계획이 없는 경우에도 가능하다는 의미다. 따라서 학습은 넓고 포괄적인 개념이다.

둘째, 수업은 독립 변수이고 학습은 종속 변수다. 독립 변수란 '작용하는 변수' 또는 '처치하는 변수' 라는 뜻이며, 종속 변수란 '작용이나 처치에 의해 나타나는 결과' 라는 뜻이다. 즉, 수업은 능동적이고 적극적인 작용이며 학습은 그 결과로 나타나는 일련의 종속적인 변화라는 것이다.

셋째, 수업에 대한 연구는 실제 교육이 이루어지는 교실의 현상에 관심이 있으나, 학습에 대한 연구는 기본적으로 연구실이나 실험실의 실험 상황에 더 관심이 있다. 교실에서 가장 중요한 일은 학습자들을 일정한 목표에 도달하게 하는 것이지만, 실험실에서 가장 중요한 일은 어떤 과정을 통해서 학습이 이루어지는지를 알아내는 것이다.

마지막으로, 수업은 처방적(prescriptive)이지만 학습은 기술(descriptive)이다. 처방은 의사가 환자의 아픈 원인을 찾아서 그에 맞는 치료를 하는 것과 마찬가지로 어떤 목적을 달성하기 위하여 어떻게 해야 하는지를 제시하는 것을 의미한다. 반면에 기술은 어떤 현상이 일어나는 과정과 결과를 있는 그대로 나타내는 것이다. 그러므로 수업은 학습이라는 목표 달성을 위하여 여러 대안적인 방법들 중에서 가장 적합한 것을 선택하여 그것을 제공하는 활동이고, 학습은 유기체에게 나타나는 학습의 과정과 결과를 있는 그대로 기술하는 것이라 할 수 있다.

그러나 실제로는 학습의 과정과 문제점이 잘 기술되고 진단되면 이에 맞는 처방을 해서 좋은 학습 결과를 가져올 수 있기 때문에 학습과 수업은 아주 밀접한 관계가 있다고 본다. 이처럼 교수(수업)와 학습의 관계는 목표와 이 목표를 가장 효율적으로 달성할 수 있도록 하는 수단이라고 할 수 있다.

2. 교수 · 학습의 과정

지금까지 앞의 여러 절에서 교수(수업)와 학습의 성격과 의미를 파악하고 관계를 살펴보았다. 교수와 학습은 서로 구분되지만 아무런 관련성이 없는 것이 아니라 학습자가 학습목표를 달성할 수 있도록 서로를 보완해 주는 관계라는 것도 알 수 있었다.

학교 교육이 목표로 하는 학습자의 바람직한 행동 변화는 주로 교수 · 학습의 과정을 통하여 일어나기 때문에 교수 · 학습의 과정은 학교 교육에서 중심적인 위치를 차지한다고 볼 수 있다. 교수 · 학습의 과정을 모형으로 만들고자 하는 노력은 많았으며 그중에서 가장 많은 관심을 끄는 것은 Glaser의 모형이다.

이 절에서는 Glaser의 교수 · 학습 과정 모형을 중심으로 교수 · 학습의 과정이 어떤 활동으로 구성되어 있는가를 알아보고, 그 요소들은 어떠한 관계 속에 연관되어 있는지를 살펴보고자 한다. Glaser(1962)는 교수 · 학습 과정의 활동을 다음의 네 가지로 나누었다.

① 수업목표 확정(specification of learning outcomes): 교수 · 학습 과정을 통하여 학습자가 달성해야 할 것을 구체적으로 세분해 놓은 것을 말한다.
② 출발점 행동의 진단(entry behaviour): 학습에 임하는 학습자의 현재 상태를 말한다. 학습자의 지능, 적성, 흥미, 이전 학습에서 어느 정도를 성취했는가, 지금 배울 내용에 대해서는 얼마나 아는가에 대한 것이다.
③ 수업의 실제(instructional alternatives): 수업목표를 학습자에게 어떤 순서에 따라서 어떤 방법으로 가르칠 것인가의 문제를 다룬다.
④ 평가활동(evaluation): 교수 · 학습이 바르게 진행되었는가를 확인하는 것이라고 할 수 있다.

Glaser는 [그림 1-3]과 같이 각 요소들이 밀접한 관계에 있다고 하였다.
다음 네 개의 절에서 Glaser의 교수 · 학습 과정 구성 요소들을 구체적으로 논의하고자 한다.

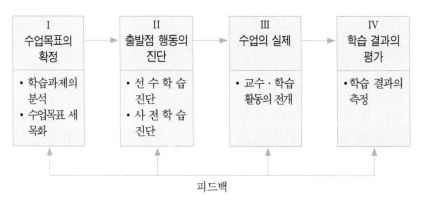

[그림 1-3] Glaser의 교수 · 학습 과정의 절차

1) 수업목표의 확정

(1) 수업목표의 성격과 기능

교수 · 학습 과정을 생각할 때 가장 주의 깊게 명심하여야 할 것이 수업목표다. 수업목표가 분명하게 진술될 때 비로소 목표 달성에 가장 알맞은 수업활동, 수업 매체, 수업 자료를 선택할 수 있고 수업이 끝난 후의 평가도 객관적으로 이루어질 수 있기 때문이다. 어떤 학자나 교육자들은 수업목표를 분명하게 세부적으로 진술하는 것을 반대하기도 한다. 그들은 그 이유로 수업목표를 세부적이고 행동적으로 진술하려다 보면 자연히 단편적이고 쓸모없는 것을 골라내어 진술하기 쉽다는 점과, 학교에서 가르치는 많은 교육목표들은 분석적이고 행동적으로 진술하기 어렵다는 점을 들고 있다. 그러나 교수 · 학습 과정이 효율적으로 수행되기 위해서는 치밀하고 과학적인 계획이 수립되어야 하는데, 이를 위해서는 명확하고 분명한 수업목표가 반드시 필요하다.

김호권(1977)은 수업목표를 '수업이 효과적일 경우 그 수업과정에 참여한 학생들의 생각과 느낌과 행동이 어떻게 변하는지를 규정해 둔 진술문'이라 정의하고 있다. 수업목표를 규정한다는 것은 이런 수업목표를 세목화하고 분명히 진술하여 학습자가 무엇을 얼마나 잘할 수 있어야 하는가를 분명히 하는 것이다. 앞에서 간단히 말한 수업목표의 기능을 다음과 같이 구체적으로 정리해 볼 수 있다(변영계, 1984).

첫째, 수업목표는 교육과정에서 의도하고 있는 목표와 내용을 성취시킬 수 있는 학습 경험을 선정하는 데 명확한 시사를 준다. 수업목표는 교육과정에서 의도하고 있는 목표를 성취시킬 수 있도록 하기 위해서 교육과정에 부합되는 것이어야 한다는 점과 교육과정의 목표나 내용을 성취시키는 데 그 방향성을 시사해 준다는 것이다. 수업목표가 너무 막연하거나 형식적으로 진술되어 있어서 도대체 어떤 학습 경험을 통하여 그것에 도달할 수 있는지를 명확하게 보여 주지 못한다면, 그것은 수업목표로서의 기능을 다하지 못하고 있는 것이다.

둘째, 수업목표는 그것을 달성하려는 학생들의 학습을 일반적으로 촉진시키는 기능을 한다. 무엇을 학습하게 될 것인가 방향이 명확하게 주어졌을 때 학습자의 학습이 촉진된다는 점에는 많은 사람들이 일치된 견해를 보이고 있다. 대부분의 학습은 목표에 의하여 인도되는 심리적 과정이기 때문이다(김호권, 1977). 무엇을 학습해야 하는지 무엇을 학습하고 있는지를 분명히 의식하지 못할 때보다는 학습을 해야 하는 목표가 분명히 서 있을 때 학습을 하고자 하는 동기는 높아지고 목표 지향적인 노력을 할 수 있을 것이다.

셋째, 수업목표는 객관적인 평가의 준거가 된다. 수업이 끝났을 때 수업을 통하여 학생들이 어느 정도 주어진 목표를 성취했는가를 알아보는 기준이 수업목표다. 따라서 수업목표를 명확하게 인식하지 못한 채 수업을 하고 평가를 할 때 수업과 평가는 서로 무관한 것들이 되고 만다.

(2) 구체적 수업목표의 필요성

수업목표는 최종 수업목표와 구체적 수업목표로 나눌 수 있다(변영계, 1984). 최종 수업목표란 비교적 종합적인 것으로, 쉽게 학습되지 않을 뿐더러 비교적 많은 시간을 투입해서 학습했을 경우에야 달성 가능한 것이다. 구체적 수업목표란 수업목표가 규정하는 행동이 비교적 단순하여 한두 시간에 학습이 가능한 것을 말한다. 하나의 최종 수업목표는 몇 개의 구체적 수업목표를 포함하게 된다. 예를 들면, '문예부흥이 근세 문화에 미친 영향을 설명할 수 있다'라는 목표는 비교적 종합적인 최종 목표에 해당하는 것으로, 여러 세부 목표를 이룰 때 이 목표도 달성될 수 있다. 즉, '문예부흥의 특징을 열거할 수 있다.' 라든지 '문예부흥 당시의 문학의 특징을 열거할 수 있다.' 등의 보다 세부적인 목표의 학습이 성공적으로 이루어졌을 경우에 '문예부흥이 근세 문화에 미친 영향을 설명할 수 있다.' 는 최종 수업목표도 달성될 수 있을 것이다. 변영계(1984)는 구체적 수업목표의 필요성을 다음과 같이 정리하고 있다.

① 수업자나 수업설계자가 수업목표를 분명히 알게 되면, 주어진 시간에 무엇을 가르쳐야 하는지가 분명해져 수업 시간을 낭비하지 않으며 수업 태도를 바르게 할 수 있다(Gagné, 1970; Mager, 1961).

② 학습자가 수업목표를 알게 되면, 학습자 스스로 자기의 수업 계획을 세우게 되어 학습의 효과를 높일 수 있다(Bloom, 1968; Gagné, 1970; Kibler, 1970).

③ 구체적이고 세분화된 수업목표는 학습평가의 타당도와 신뢰도를 높일 수 있으며, 따라서 수업의 질을 높일 수 있도록 평가의 결과를 재투입한다는 면에서 효과를 낳을 수 있다(Bloom, 1968; Gagné, 1970). 예를 들어, 수업목표가 세분화되어 있지 않으면 가르칠 때는 '이해' 에 중점을 두고 평가할 때는 '적용' 을 강조해서 평가의 타당도를 낮게 만들수 있는 것이다.

④ 수업목표가 세분화되면 길러야 할 행동이 무엇인지 분명해져서, 어떤 수업 매체를 선정해야 하는지가 명확해진다(Briggs, 1968). 수업목표가 이해를 요구하는지 분석을 요구하는지 혹은 적용을 요구하는지에 따라 제공되어야 할 수업사태나 수업 매체는 달라질 수밖에 없다.

2) 출발점 행동의 진단

(1) 진단의 필요성

교수 · 학습 과정의 다음 단계는 학습자의 특성을 파악하는 일이다. 즉, 새로운 단원을 학습하기 전에 학습자들이 지니고 있는 지적 · 정의적 특성을 알아내는 것이다. 학습자들이 새로운 단원에서 의도하고 있는 수업목표들을 성공적으로 학습하기 위해서는 그 수업목표를 학습하는 데 직접적으로 관계되는 지적 능력을 가지고 있어야 한다. 또 학습을 성공적으로 해낼 수 있을 것이라는 자신감과 흥미 등을 가지고 있지 않으면 성공적인 학습을 기대하기 어렵다.

그리고 학습지도를 하다 보면 어떤 학습자는 그 단원에서 가르칠 내용이나 목표를 이미 알고 있는 경우가 있는데 이들을 다른 학습자와 똑같이 학습하도록 하는 것도 효율적인 학습지도가 되지 못할 것이다. 따라서 교수 · 학습 과정에서 학습자의 상태를 정확하게 알아내어 그것에 근거한 학습지도 계획을 세우고 수업을 해야 한다.

(2) 출발점 행동의 내용

출발점 행동이란 한 새로운 단원이나 학습과제를 학습하려는 출발선상에서 학습자가 가지고 있는 지식, 기능, 태도 등을 의미하며 투입 행동이라고 부르기도 한다. 출발점 행동은 규정하기에 따라서 여러 가지 요소를 포함할 수 있지만 일반적으로 다음 세 가지로 나눈다.

① 선수학습능력(先修學習能力): 어떤 단원이나 학습과제를 무난히 성취하기 위해서 수업이 이루어지기 전에 반드시 갖추고 있어야 할 지적 능력이나 기능을 말한다.
② 사전학습능력(事前學習能力): 어떤 단원이나 학습과제에서 가르치려고 하는 수업목표들 중에서 수업이 시작되기 전에 학습자 개인이 이미 알고 있거나 가지고 있는 것을 말한다.
③ 정의적 특성: 특정한 수업 전략이나 수업방법에 관련 있을 것으로 생각되는 학습자의 흥미, 성격, 경험, 자아개념, 자신감 등을 말한다.

위의 세 요소는 학습자 개개인과 주어진 수업목표에 따라서 차이가 있을 것이다. 그러므로 한 개인의 출발점 행동은 고정된 것이 아니라 교과목이나 단원에 따라서 달라진다.

3) 수업의 실제

교수 · 학습 과정에서 가장 핵심이라고 할 수 있는 것이 수업의 실제 단계이다. 아무리 좋은 목표를 세우고 학습자의 특성을 잘 파악해 놓았다고 하더라도 그것이 수업을 통하여 교실에서 구체화되고 활용되지 않으면 쓸모없는 것이 되기 때문이다.

수업의 실제 단계에서 학습자들에게 주어진 학습목표를 성취하도록 하기 위하여 제공하는 여러 활동을 계획하는 것을 수업 전략이라고 한다. 다시 말해서, 수업 전략을 수립하는 일은 어떻게 하면 보다 쉽고 능률적으로 가르칠 것인가에 관한 구체적인 계획을 마련하는 활동인 것이다.

일반적으로 수업활동은 도입과 전개 그리고 정리 단계로 나누는데, 우리가 치밀한 수업 전략을 수립하기 위해서는 각 단계별로 무엇을 어떻게 할 것인가를 치밀하게 고려해야 한다. 이 절에서는 효율적인 수업 전략을 수립하기 위하여 수업의 각 단계별로 고려해야 할 요소들을 살펴보고자 한다.

(1) 도입의 활동

도입 단계는 본 수업이 시작되는 단계로 비교적 짧은 시간 안에 이루어진다. 수업 상황에 따라 약간의 차이는 있지만 대략 5~10분 정도가 적절하다. 이 단계에서는 학습자의 주의를 집중시키고, 도달해야 할 학습목표를 제시하며, 과거의 관련 학습내용들을 회상시켜서 본 수업과 관련시켜 주어야 한다. 도입 단계에서 이루어져야 할 몇 가지 활동을 들면 다음과 같다.

① 학습자의 동기 유발

학습 동기 유발은 주어진 학습과제에 대한 학습자의 관심과 흥미를 불러일으키는 것이다. 현실적으로 많은 수업들이 학습자의 학습동기 유발에 실패함으로써 수업목표 달성에 실패하는 것을 볼 수 있다. 따라서 교사는 도입 단계에서 다양한 방법을 사용해서 학습자의 관심과 흥미를 끌어야만 한다.

② 학습목표의 제시

도입 단계에서 교사와 학습자 모두가 학습목표를 명확히 인식하고 있어야 학습의 효과를 높일 수 있다. 따라서 학습자가 성취해야 할 학습목표를 구체적이고도 분명하게 제시해 주어야 한다. 학습목표를 제시할 때는 구체적인 행동 목표로 제시하며, 말뿐만 아니라 구체적인 보기나 작품을 함께 제시하여야 효과적인 수업이 될 것이다.

③ 선수학습과 관련짓기

본시 수업에서 다룰 학습과제와 관련 있는 과거의 학습 경험들을 회상시키거나 재생시켜 주는 활동이다. 어떤 과제의 학습이 쉽게 이루어지기 위해서는 현재 학습과제를 관련 있는 과거의 학습과 연결시켜 주어야 한다.

(2) 수업의 본 활동

전개 단계는 수업의 중심 활동으로, 실제 본시 수업의 대부분은 이 단계에 해당된다. 전개에서는 학습과제의 내용을 학생들에게 제시하고 다양한 수업 방법을 사용하여 수업목표 달성을 위한 교수 · 학습활동을 하게 된다. 전개 단계에서 하게 되는 활동은 다음과 같다.

① 학습내용의 제시

학습내용을 제시할 때는 다음 몇 가지를 고려해야 한다.

첫째, 학습과제 분석표를 근거로 하여 기본적인 과제에서 일반적인 과제로, 단순하고 쉬운 과제에서 복잡하고 어려운 과제로 나아가도록 해야 한다. 둘째, 한 시간에 가르칠 학습내용을 학습자의 수준과 특성, 수업의 조건과 활동 상황 등을 고려하여 적당한 크기로 묶어야 한다. 셋째, 주어진 학습목표를 달성하는 데 없어서는 안 될 주요 내용과 그 내용을 이해하는 데 필요한 예들을 미리 선정해야 한다.

② 학습 자료의 제시

학습 자료란 학습목표를 달성하는 데 도움이 되는 다양한 프로그램이나 매체를 말한다. 학습 자료를 제시할 때는 학습자의 수준이나 학습내용의 특성을 고려하여야 한다(김순택, 1982).

③ 학습자의 참여 유도

전개 단계에서는 많은 질문과 응답이 오가며, 실제 어떤 행동을 보여 주기도 한다. 따라서 교사가 전 과정을 주도해서는 안 되며 학습자의 적극적인 학습활동을 유도하는 것이 필수적이다. 학습자의 적극적인 참여를 유도하는 방법으로는 다양한 표현 기회의 제공, 적극적인 토론 유도, 학습자들에게 학습과제를 맡기는 것, 필기 시간 제공 등을 들 수 있다(Davies, 1981).

④ 다양한 수업방법의 사용

주어진 수업목표를 달성시키기 위해서는 다양한 수업방법이 필요하다. 수업방법은 수업목표, 수업 상황, 수업 자료의 특징, 학습자의 수준 등에 따라 다양해질 수 있다(변영계, 1988).

⑤ 시간과 자원의 관리

전개 단계는 한 시간 수업의 약 65~70%를 차지한다. 따라서 몇 개의 하위 단계 또는 활동으로 구분하여 시간과 자원을 관리하는 것이 효율적으로 수업을 전개하는 데 도움이 된다.

(3) 정리 활동

정리 단계는 학습지도의 결론 부분이다. 이 단계에서는 학습할 내용을 요약 정리하고 강화시키며 일반화시킬 수 있도록 해야 한다. 정리 단계의 주요 활동은 다음과 같다.

① 학습과제에 대한 요약 · 정리

학습내용을 살펴보면서 중요한 내용을 요약 · 정리하는 활동이다.

② 연습을 통한 강화

학습지도를 통해 학습한 내용을 학습자가 실제 상황이나 이와 유사한 상황에서 적용시킬 수 있는 기회를 제공하는 활동이다. 중요한 개념이나 일반적인 원리 그리고 새롭게 배운 내용은 몇 번의 반복만으로는 숙달되지 않으므로 연습을 통해서 분명하게 숙지시켜야 한다.

③ 일반화

학습자들이 학습한 내용을 주변의 생활 문제에 적용해서 그 문제를 해결해 보는 경험을 하는 활동이다.

④ 보충자료 제시와 차시 예고

수업 시간에 충분히 다루지 못했던 내용을 추가로 제시하여 학습자들의 학습 욕구를 충족시키고, 다음 시간에 학습할 내용이나 주제를 이번 수업 시간에 배운 것과 관련지어 제시하는 활동이다.

ㄴ) 학습 결과의 평가

수업목표를 학습자가 달성했는지를 확인하기 위한 평가에는 형성평가와 총괄평가가 있다

(1) 형성평가

형성평가(formative evaluation)는 수업이 진행되고 있는 상태에서 진행 과정이 올바른지를 확인하는 평가다. 교수 · 학습의 과정 중에 가르치고 배우는 내용을 학습자가 얼마나 잘 이해하고 있는지를 수시로 점검함으로써 교수 · 학습 과정을 개선하는 데 기여하기 때문에 형성평가는 아주 중요하다. 형성평가의 기능은 학습 진행 속도의 조절, 학습자의 학습 동기 유발, 학습 곤란점의 진단과 해결, 학습지도방법 개선 등을 들 수 있다(Scriven, 1967).

(2) 총괄평가

총괄평가(summative evaluation)는 교수 · 학습이 끝난 다음 교수목표의 달성 여부를 종합적으로 판단하는 평가다. 따라서 학과목, 학기 그리고 어떤 교육 프로그램이 끝나는 시점에서 교수목표의 달성 여부를 결정하기 위한 평가활동으로 정의할 수 있다.

총괄평가는 학습자의 성적 결정, 현재의 성적을 근거로 학습자의 미래 성적 예측, 집단 간의 성적 비교, 학습자의 자격 인정 등의 기능을 한다(김대현 · 김석우, 1996).

3. 교수 · 학습 이론

1) 이론이란?

교수 · 학습에 관련되는 책들을 보면 앞의 두 단어가 자주 쓰이는 것을 볼 수 있다. 이 용어들의 뜻, 비슷한 점 그리고 차이점을 명확히 해 두는 것이

앞으로의 책 읽기에 도움이 될 것이다.

'원리(principle)'라는 용어의 뜻을 올바르게 이해하려면 먼저 그와 유사하게 쓰이는 '법칙'이라는 용어에 대한 이해가 앞서야 한다. 법칙이란 어떤 현상에서 관찰 또는 실험을 통해 경험적으로 입증된 변인들 간의 관계를 진술해 놓은 것을 말한다. 법칙의 예를 들면, 낙하거리와 시간에 관한 갈릴레이의 법칙, 유성의 운동에 관한 케플러의 법칙, 간조와 만조에 관한 갈릴레이의 조수의 법칙 등이 있다. 법칙의 특징은 변인들 간의 관계가 규칙적이어야 하며, 법칙이 성립하기 위한 전제나 가정이 자명해야 한다.

원리도 법칙처럼 어떤 현상에서 관찰 또는 실험을 통해 경험적으로 입증된 변인들 간의 관계를 진술한다. 다만 법칙에 비하여 규칙성이 낮고, 원리가 성립하기 위한 전제나 가정의 자명성이 부족하다. 예로 집단을 구성하고 있는 성원의 수가 적을수록 집단의 응집도와 생산성이 높아진다는 최소집단의 원리(principle of the least sitegroup)를 살펴보자. 우선 응집도와 생산성이란 변인을 정의하고 측정하기가 쉽지 않다. 따라서 변인들 간의 관계를 측정하여 수식을 만들 만큼 규칙성이 높지 않다. 또한 집단 성원의 구성 조건과 작업능률의 조건 등에 관한 전제나 가정이 너무 많아 자명성이 결핍되어 있다. 그래서 최소집단의 법칙이 아니라 최소집단의 원리라고 했을 것이다.

이와 달리 '이론(theory)'이란 구조적으로 또는 기능적으로 서로 유사성과 관련성이 높은 두 개 이상의 법칙이나 원리가 체제적으로 통합되어 있는 것이다. 앞에서 법칙의 예로 열거한 낙하거리와 시간에 관한 갈릴레이의 법칙, 유성의 운동에 관한 케플러의 법칙, 간조와 만조에 관한 갈릴레이의 조수의 법칙 등이 통합되어 뉴튼의 기체운동론이라는 이론이 성립된다.

이론은 적어도 두 개 이상의 원리나 법칙이 체계적으로 통합되어 있다는 점에서 종합성이 높으며, 넓은 영역의 현상을 기술, 이해, 예언, 통제하는 데 이용되고 있다는 점에서 일반성이 넓다는 특징이 있다.

Hamilton과 Ghatala(1994)는 이론의 기능을 다음 세 가지로 정리하고 있다. 첫 번째, 새로운 사실의 발견이다. 어떤 현상에 관한 이론을 근거로 가설을 세우고 검증함으로써 이론에 부합되는 새로운 사실들을 찾아간다. 이론의 두 번째 기능은 단편적인 사실을 요약하고 상호 관련짓는 것이다. 세 번째 기능은 기존의 관찰된 사실들을 설명한다는 것이다.

2) 학습 이론이란?

우리는 앞에서 학습을, 경험(훈련이나 연습 등)을 통하여 유기체에게 일어나는 비교적 지속적인 행동이나 인지의 변화라고 정의한 바 있다. 학습 이론이란 이러한 학습이 일어나는 과정을 설명하고 예측하기 위한 것이다. 다시 말해서, 어떤 학습의 결과(행동의 변화)를 일으키게 한 유기체 내의 학습 과정을 설명하고 해석하는 것을 목적으로 하는 것이 학습 이론이다(김종서, 1997).

지금까지 학습 이론은 무수히 제시되었지만, 크게 보면 행동주의적 관점과 인지주의적 관점으로 나눌 수 있다. 학습 이론의 발달과정은 두 이론 간의 논쟁과 타협의 역사라고도 한다. 이 두 유형의 학습 이론에 관한 구체적인 내용들은 이 책에서 앞으로 계속 다루어질 것이고, 여기서는 기본적인 것들만을 간단히 다룰 것이다.

(1) 행동주의적 관점

학습의 설명에서 행동주의란 연합주의적 접근 또는 자극-반응(stimulus-response)이론이라고 부르기도 한다. 이 이론의 기반이 되는 행동주의 심리학은 소위 '정신'이라는 유기체 내부에서 일어나는 것들을 언급하지 않고, 관찰 가능한 외현적 행동만을 가지고 행동이론을 제시했다. 이들은 또한 유기체의 행동은 경험의 결과로 일어나는 학습으로 이해할 수 있다고 생각했기 때문에, 변화된 행동의 학습에 관심이 많았다. 행동주의학습이론의 몇 가지 특징을 다음과 같이 들 수 있다.

① 주로 인간 이외의 동물을 실험 대상으로 하였다.

그 이유는 인간도 진화론적으로 동물의 연장인 것으로 보고 동물을 대상으로 한 실험 결과를 가지고 인간의 학습도 설명할 수 있다고 믿었기 때문이다. 또 인간을 실험 대상으로 할 때 생기는 윤리적인 문제도 피할 수 있었기 때문이다(Anderson, 1995).

② 학습은 무조건 자극과 조건 자극의 연합의 결과다.

유기체의 학습은 유기체가 어떤 반응을 하는 데 관계 있는 무조건적 자극 (unconditioned stimulus)과 조건적 자극(conditioned stimulus)이 연합되었을 때 이루어진다. Pavlov의 실험을 예로 들어 보자. 굶긴 개에게 맛있는 고깃 덩이를 주었더니 개는 침을 흘리며 맛있게 먹었다. 이때 고깃덩이는 무조 건적 자극이며 침을 흘리는 행동은 무조건적 반응(unconditioned response)이 다. 그러나 굶주린 개가 고깃덩이를 보고 침을 흘리는 것은 학습이 아니라 본능이다. 그 다음 실험에서는 고기를 줄 때마다 개의 앞에 있는 전깃불을 켰다. 처음에 전깃불을 켰을 때 개는 침을 흘리는 행동을 하지 않았다. 그 러나 일관성 있게 여러 번 반복했더니, 나중에는 전깃불만 켜도 침을 흘리 는 행동을 하게 되었다. 개는 무조건 자극(고깃덩이)과 조건 자극(전깃불)의 연합이 이루어져서 조건 자극만 주어도 침을 흘리는 행동을 하게 된 것이 다. 행동주의학습이론은 많은 학습을 이런 연합 현상의 결과로 설명하고 있다.

③ 학습은 자극과 반응의 근접적 연합의 결과다.

어떤 자극과 반응이 반복적으로 제시될 경우 혹은 학습자가 반복적으로 연습할 경우에 그 자극과 반응은 연합이 이루어진다. 다음의 예를 보자.

텔레비전 광고 가운데 '맛을 보고 맛을 아는……' 이라고 했을 때, 아마 많은 사람들은 '샘표 간장'이 연상될 것이다. 또 '흔들어 주세요' 하면 '써 니텐'을 연상할 것이다. '2곱하기 2는' 하면 '4'를, '33은'에는 '구'를 거 의 반사적으로 연상할 것이다. 어떤 자극과 그에 따른 반응이 반복적으로 제시되면 나중에는 자극만 주어도 그 반응을 연상하게 된다. 이것은 자극과 반응의 근접에 의한 학습이 이루어졌기 때문이다.

④ 학습은 강화의 결과다.

유기체는 어떤 자극에 대하여 다양한 반응을 하게 되는데 그중 어떤 반응 이 강화(reinforcement)를 받으면 유기체는 강화받은 반응을 계속하려는 경향 이 있기 때문에 그 결과로 학습이 일어난다는 것이다.

스키너의 상자 실험을 예로 들어 보자. 스키너 상자란 강화에 의한 학습 을 실험하기 위하여 만든 직육면체의 상자다. 그 속에는 자그마한 지렛대와 스위치를 누르면 먹이가 쏟아져 나오도록 장치를 한 먹이통이 들어 있다. 이 상자 안에 굶긴 쥐를 넣고 관찰했다. 쥐는 두 다리로 일어서기도 하고, 상자의 둘레를 돌기도 하고, 상자의 벽을 기어오르려고 하는 등 다양한 행동을 했다. 그러다가 우연히 쥐가 지렛대를 누르게 되자 관찰자는 스위치를 눌러서 먹이가 떨어지도록 했다. 이런 상황이 몇 번 반복되자 쥐는 거의 예외 없이 지렛대를 누르고 먹이를 받아 먹고 또 지렛대를 누르는 행동을 계속하게 되었다. 결과적으로 그 쥐는 지렛대를 누르면 먹이가 나온다는 것을 학습하게 된 것이다.

(2) 인지주의적 관점

인지주의자들은 인간의 학습에는 복합적인 정신적 과정이 중요한 역할을 한다고 보고, 행동주의자들이 인간의 인지(사고)를 너무 단순하게 생각한다고 비난하면서 외현적인 행동보다는 내적인 정신 과정을 연구하는 데 중점을 두었다.

인지주의자들은 학습을 인지구조의 습득과 변형으로 본다. 학습은 단순한 자극−반응의 연합뿐만이 아니라 복합적인 사고 과정이 포함되어 있다고 보는 것이다. 즉, 학습은 단순한 습관의 형성이 아니라 두 사건의 관계를 '아는 것(인지하는 것)'이 포함되어 있다고 믿는다(변영계, 1984).

어린아이들이 시소 놀이를 하고 있는 상황을 예로 들어 보자. 처음에는 몸무게가 다른 두 어린이가 시소의 양쪽에 마주 앉아서 놀이를 하는데, 몸무게가 다르기 때문에 시소의 균형이 잡히지 않는다. 그러면 여러 가지 시도를 하다가 드디어는 균형을 이루는 법칙을 발견하고 재미있게 시소 놀이를 하게 되는 경우를 본다. 몸무게가 많이 나가는 어린이는 시소의 받침대 가까이에 앉고 몸무게가 가벼운 어린이는 받침대로부터 멀리 떨어져 앉아야 균형이 잡힌다는 것을 알게 된 것이다. 즉, 몸무게와 받침대로부터의 거리의 관계를 인지하게 된 것이다.

인지이론은 학습자의 지각, 통찰, 인지 등과 같은 정신 과정을 아주 중요하게 본다. 인지학습이론을 요약하면, 학습이란 한 개인이 자기가 갖고 있는 생각과 그에게 제시된 환경적 현상을 상호작용하게 하는 지적 과정이라고 할 수 있다.

3) 교수 이론이란?

교수와 수업의 개념에 대해서는 학자에 따라서 견해가 다양하지만, 이 책에서는 교수를 수업에 비해 포괄적이며 구체적으로는 설계, 개발, 실행, 관리, 평가가 포함되는 것으로 보고, 수업은 이 교수의 영역 중에서 교사의 적용과 실행에 중점을 두는 것으로 구분한 Reigeluth(1983)의 견해를 따르기로 한다고 앞에서 말한 바 있다. 즉, 교사가 교실에서 수업 시간에 가르치는 것이 수업이며, 이 수업은 포괄적인 교수 활동의 일부분이라고 보았다.

교수 이론의 성격을 어떻게 규정하느냐는 독자적인 교수 이론의 필요성을 부정하는 행동주의자들에서부터 다양하게 필요성을 주장하는 사람들에 이르기까지 여러 견해가 있다. 여기서는 Gage(1963, 1964, 1979), Bruner(1966) 등 여러 전문가들의 견해를 종합하여 수업 이론의 성격을 정리해 보고자 한다.

먼저, Gage(1964)는 "학습 이론은 교수 이론으로 변환될 때 교육에 주는 유용성이 더욱 커질 것이다."라는 명제를 제기하면서 교수 이론의 필요성을 주장했다. Gage(1963)는 또한 교수 이론은 모든 교사, 모든 학생, 모든 학습과제 그리고 수업이 이루어지는 모든 장면에 적용될 수 있는 일반적인 성격을 가져야 한다고 말했다.

교수 이론의 본질을 간결하고 명료하면서도 설득력 있게 다룬 사람은 Bruner(1966)이다. 그에 의하면 교수 이론은 단순히 학습과정을 기술한 것이 아니라 학습과제를 어떻게 하면 학습자가 가장 잘 배울 수 있을 것인가에 관심을 갖는 것이라고 한다. 이런 의미에서 교수 이론은 처방적인 성격을 가진다. 처방적(prescriptive)이라는 말을 앞에서도 설명했듯이 의사가 환자의 질병 원인을 찾아서 그에 맞는 치료를 하는 것과 마찬가지로 어떤 목적을 달성하기 위하여 어떻게 해야 하는지를 제시하는 것을 의미한다.

Bruner는 교수 이론의 두 번째 성격으로 규범성(normative)을 들었다. 교수 이론은 학습자가 어느 정도까지 학습해야 하며(학습의 준거), 어떤 조건에서 학습해야 하는지(학습의 조건)를 제시해야 한다는 점에서 규범적이라고 본 것이다.

다음으로, 교수 이론은 학습 환경을 조작하는 방법에 관한 것이다. 교수 활동이란 학습자가 학습목표를 달성할 수 있도록 학습자의 내적·외적 환

경을 의도적이고 체계적으로 조작해 가는 과정이라고 한다(Corey, 1971;
Gagné, 1970). 그러므로 교수 이론은 조작의 대상이 되는 내적 · 외적 환경이
무엇이며 어떻게 그것들을 조작할 수 있을 것인지 구체적인 방법과 전략을
제시해 주는 것이어야 한다.

  이상에서 교수 이론의 성격으로 처방적, 일반적, 규범적, 방법적이라는 것
을 들었는데, 이러한 성격을 구체화한 교수 이론의 실제에 대해서는 이 책
의 제3부에서 상세하게 다루어질 것이다.

4) 교수 이론과 학습 이론의 비교

  이 절에서는 교수 이론과 학습 이론을 몇 가지 측면에서 비교해 보기로
한다.

  ① 관심의 초점이 다르다.

  학습심리학자들의 주된 관심은 유기체의 학습에 대한 포괄적인 기초 이론
을 수립하는 데 있다. 원리의 적용이나 적용 절차의 개발은 이들의 관심사
가 아니었다. 반면에, 수업이론가들의 주된 관심은 교육 실제의 개선에 있
다. 이들은 학습자가 왜 어떻게 학습하는가에 대한 지식도 필요하지만, 더
큰 관심은 이 지식을 이용하여 학습자에게 최적의 학습이 이루어지도록 해
주는 데 있다.

  ② 이론이 성립되는 상황이 다르다.

  학습 이론이 연구되는 실험실 상황(엄격한 통제 상황)과 수업이 이루어지는
교실 상황(일반적 상황)의 차이에 따라 다르다고 설명한 바 있다(Bugelski,
1976).

  ③ 이론의 성격이 다르다.

  이 부분은 앞에서 말한 관심의 초점과도 관련이 있다. 학습 이론은 근본
적으로 기술적(記述的)이다. 즉, 유기체가 학습하는 과정을 있는 그대로 나
타내는 것이 학습 이론의 성격이라는 것이다. 반면에, 수업 이론은 단순히
학습과정을 기술한 것이 아니라 학습과제를 어떻게 하면 학습자가 가장 잘

배울 수 있을 것인가에 관심을 갖는 처방적(處方的)이다. 따라서 수업 이론은 최적의 수업방법이 무엇인가를 가르쳐 주는 치료적이고 처방적인 성격을 가진다.

이상과 같은 학습 이론과 교수 이론의 차이를 어떤 사람들은 자연과학(생물학, 물리학, 수학 등)과 응용과학(공학, 의학 등)의 차이와 같다고 말하기도 한다. 간단히 말해서 이론과 응용의 차이라는 것이다. 이론과 응용이 서로 완전히 분리될 수 없는 것과 마찬가지로 학습 이론과 교수 이론도 완전히 분리해서 생각될 수는 없을 것이다. 오히려 상호 보완적이고 의존적인 관계로 생각하는 것이 타당하다고 본다. 유기체의 학습이 어떻게 이루어지는가에 대한 학습 이론의 설명은 교사가 어떻게 가르쳐야 할 것인가를 다루는 교수 이론의 기초가 되기 때문이다.

요 약

1. 학습은 경험을 통하여 유기체에게 일어나는 비교적 지속적인 행동이나 인지의 변화다. 단, 성숙이나 발달에 의한 것이나 약물, 피로 등에 의한 일시적인 행동 변화는 학습으로 보지 않는다.

2. 교수는 '교사가 수업 시간에 가르치는 활동(수업)'을 비롯하여 그것을 준비하고 실행하며 평가하는 모든 활동을 포함하는 포괄적인 개념이다.

3. 교수는 의도적이고 계획적이다. 반면에 학습은 의도나 계획이 없는 경우에도 일어날 수 있다. 교수는 독립 변수고 학습은 종속 변수다. 교수는 주로 학교 교육 개선에 초점을 두지만, 학습은 학습이 이루어지는 과정에 대한 이론적 연구에 초점을 둔다. 교수는 최적의 수업방법을 처방하는 것이고, 학습은 학습과정을 기술하는 것이다.

4. 교수·학습 과정은 학습자가 달성해야 할 것을 세분하는 수업목표 규정, 학습자의 지적 정의적 상태를 점검하는 출발점 행동 진단, 수업목표 달성을 위한 구체적인 활동인 수업 실제, 교수·학습이 바르게 진행되었는지를 확인하는 평가 등 네 단계로 나눌 수 있다.

5. 원리 또는 법칙은 관찰이나 실험을 통해 경험적으로 입증된 변인들 간의 관계를 진술해 놓은 것을 말한다. 이론은 상호관련성이 높은 두 개 이상의 법칙 또는 원리가 체계적으로 통합되어 있는 것을 말한다.

6. 학습 이론이란 학습이 일어나게 한 유기체 내의 학습과정을 설명하고 해석하는 것을 목적으로 한다. 학습 이론은 관찰 가능한 외적 행동에 관심을 가지고 그것을 중심으로 학습을 설명하는 행동주의적 관점과 학습을 복합적인 정신 과정이 개입된 인지의 변화로 보는 인지주의적 관점이 있다.

7. 수업 이론은 학습자에게 가장 적절한 방법으로 학습목표를 달성하도록 하는 데 초점을 두며, 처방적·일반적·규범적·방법론적 성격을 가지고 있다.

제2장

교수·학습 이론의 연구

교수 · 학습에 대한 연구가 학문의 한 분야로 자리 잡기 시작한 것은 19세기 말 이후부터다. 이때부터 대두된 학습 이론은 연구 대상과 방법에 따라 행동주의적 관점과 인지주의적 관점으로 크게 나눌 수 있다. 이후의 학습 이론 발달은 이 두 관점 간의 대립과 조화의 역사라고 할 수 있다.

교수 이론은 학습 이론의 발달에 바탕을 두고 있으며, 학교 학습을 개선해 보려는 열망에서 비롯된 것이다. 따라서 학습 이론만큼이나 다양한 교수 이론이 도출되어 왔다. 이 장에서는 다양한 교수 · 학습에 대한 이론을 시대의 흐름에 따라 간략히 살펴볼 것이다. 특히, 현대 교수 · 학습 이론의 두 기둥인 행동주의와 인지주의적 관점의 성격과 대표적인 이론가들의 이론을 소개하는 것을 목적으로 한다. 이 장의 학습목표는 다음과 같다.

1. 학습에 대한 과학적 접근의 계기가 된 진화론과 과학적 실증주의의 개념과 성격을 설명할 수 있다.
2. 행동주의 이론의 등장 배경과 기본 입장을 설명할 수 있다.
3. 고전적 조건형성의 개념을 예를 들어 설명할 수 있다.
4. 고전적 조건형성이 학교에서 적용될 수 있는 실례를 든다.
5. Thorndike의 학습법칙을 두 가지 이상 설명할 수 있다.
6. Skinner의 조작적 조건형성이론을 설명할 수 있다.
7. 장이론에서 장의 개념과 특징을 설명할 수 있다.
8. Tolman의 이론을 목적적 행동주의라 하는 이유를 설명할 수 있다.
9. 인지론과 행동주의의 차이점을 세 가지 이상 들 수 있다.

1. 학습에 관한 초기 연구

1) 고대의 학습관

고대 사회에서는 어떤 사태를 분석하는 체계적인 수단이 없었기 때문에 주로 신화와 미신에 의존해서 지식을 얻고자 했다. 예를 들면, 고대 그리스인들은 바다의 신 포세이돈이 폭풍을 일으키고, 벼락은 제우스가 형벌로 내리는 화살이라고 믿었다. 또 아프로디테는 사랑의 여신이고 아데나는 지혜를 선물로 준다고 믿었다. 이러한 신화와 미신은 점차적으로 철학이라는 조직화된 신념체계로 대체되었다. 대략 B.C. 400년경에서 16세기 중반까지 2,000여 년 동안에 걸쳐서 철학은 학습에 관한 주된 지식원의 역할을 해 왔다고 본다.

철학의 목적은 인간과 우주의 영속 불변의 관계성을 기술하는 것이다. 철학자들은 먼저 우주의 본질을 정의하고, '진리란 무엇인가?', '지식이란 무엇인가?', '안다는 것은 무엇을 의미하는가?' 등과 같은 질문을 한다. 그 결과로 '외적 세계'와 '개인의 내면 세계'에 대한 통합된 관점을 가지게 된다.

여기서 고대 그리스의 대표적인 철학자인 플라톤과 아리스토텔레스의 우주관과 학습관 그리고 그들이 교수·학습 이론에 미친 영향을 간단히 살펴보자.

플라톤은 실재(reality)를 정신의 순수한 본질(the pure ideas of the mind)이라고 정의했다. 본질과 관념(이데아)은 표면적인 존재인 형상(image)과는 달리 타고나는 것이며, 학습은 타고난 이데아를 체계적인 지식 체계로 발전시키는 과정이라고 보았다. 플라톤은 수학, 고전 등과 같은 순수 학문을 공부함으로써 정신이 발달된다고 보았다. 플라톤의 학습에 대한 견해는 후일 미국 교육의 '정신도야(mental discipline)이론'에 영향을 미친다.

정신도야이론에서는 학습을 정신 능력(상상, 기억, 의지, 사고 등)을 훈련하고 발달시키는 과정이라고 한다. 팔을 훈련하면 팔의 근육이 발달하듯이 정신 능력을 훈련하면 그것이 더욱 강해진다고 본다. 따라서 이 이론은 지식 습득보다는 기본적인 정신 능력 훈련을 더 중요하게 보고 그것을 훈련시킬 수 있는 과목을 학습하게 했다. 예를 들면 고전, 라틴어, 논리학, 수학 등이 그런 과목에 해당된다.

플라톤의 제자인 아리스토텔레스는 플라톤과는 대조적인 철학관과 학습관을 발전시켰다. 플라톤은 실재를 자연과 물리적인 환경 속에서 찾을 수 있는 관계성이라고 정의한다. 그러므로 지식의 원천은 물리적인 환경이며, 학습은 물리적인 환경과 접촉을 통해서만 일어난다고 본다. 처음에는 감각적인 경험을 통하여 형상(image)을 만듦으로써 단편적인 지식을 습득하지만, 나중에는 그 단편적인 지식의 연합을 통하여 지식이 발달한다고 보았다. 연합을 돕기 위한 법칙에는 유사(similarity), 대비(contrast), 근접(contiguity) 등이 있다. 아리스토텔레스의 학습관은 후일 행동주의연합이론의 기초가 된다.

2) 학습에 대한 과학적 접근

앞에서도 언급했듯이 기원전 4세기경부터 16세기 중반까지는 철학이 주된 지식원이었다. 그런데 16세기 중반에 새로운 지식 발달의 수단이 나타났다. 기존의 철학처럼 논리와 추론에만 의존하지 않고, 실제 세계의 여러 사상(objects)들을 실험하는 방법을 이용하게 된 것이다. 1500년경에 갈릴레이가 도입한 이 방법을 '과학적 접근(scientific approach)'이라고 한다.

갈릴레이의 실험을 예로 살펴보자. 그는 탑 위에서 여러 가지 물체를 떨어뜨려 낙하 속도를 계산했다. 이 실험은 납 1파운드와 털 1파운드의 낙하 속도가 다를 것이라는 철학적 신념과 상반되는 것이었다. 과학적 방법의 적용으로 물리적 세계에 대한 지식이 급속히 확장되었다. 신화적인 신념과 검증되지 않은 격언들은 점진적으로 신뢰할 만한 법칙과 원리로 대체되었다.

하지만 그 이후로 거의 300년 동안이나 실험이라는 방법의 사용은 '자연과학' 분야로 제한되어 있었다. 정신세계를 연구하는 데도 이런 방법을 적용해도 좋다는 이론적 근거가 형성되지 못했기 때문이다. 『종의 기원』이라는 책으로 출판된 다윈의 진화론과 과학적 실증주의라는 개념의 등장으로 정신적 영역에 대한 과학적 탐구의 시대가 열리게 된다. 여기서 그 두 가지

이론을 간략히 살펴보기로 하자.

(1) 진화론과 학습 이론

고대 철학자들은 세계를 상대적으로 안정되어 있는 것으로 보고 영원한 세계를 추구하는 것을 목적으로 삼았다. 그러나 1700년대 후반 이후에 서구 사회는 급변하게 된다. 사회 조직이 급격히 변했고 정치적으로도 미국의 독립, 영국의 명예혁명 그리고 프랑스 대혁명에 이르기까지 급변하게 되었다. 게다가 산업혁명으로 인한 기계화와 분업화 때문에 사회상이 더욱 급변하게 되었다. 개인과 사회 조직의 붕괴는 세계관에 그대로 반영되어 변화와 발전 그 자체를 주요한 목적으로 보게 되었다.

환경에 대한 변화와 적응 이론 중 가장 유명한 이론은 다윈이 발전시킨 진화론이다. 1837년에 그는 종의 선택이라는 문제를 다루고 있었다. 매 세대마다 어떤 피조물은 남고 어떤 피조물은 사라졌다. 자연은 어떻게 이것을 선택하는가? 다윈은 적자생존의 법칙으로 이것을 설명했다. 즉, 특정한 환경에서 가장 잘 적응하는 종만이 살아남는다는 것이다. 환경이 바뀌게 되면 그 환경에 적합하게 살아남을 수 있는 종도 당연히 바뀌게 될 것이다. 급변하는 환경에 적응하지 못해 사라진 종의 예로 공룡을 들었다.

다윈의 연구결과는 1859년에 출판되었다. 다윈의 연구가 주목을 받은 이유는 관찰 자료가 방대하고, 그 많은 자료들이 종의 발달을 증명해 주기 때문이다. 다윈의 연구결과가 정신과학에 미친 영향은 어떤 것일까?

첫째는, 기존의 우주관을 뒤집었다는 것이다. 둘째는, 변화의 과정에 주의를 기울였다는 점이다. 다시 말해서, 정적인 질서가 지배하는 세계보다는 변화가 지배하는 세계를 기술한 것이다. 그 결과 기존의 정신에 대한 견해가 바뀌게 되었다. 인간의 정신이 변화의 과정을 겪는 것이라면, 인간과 신 사이의 정적인 관계성은 더 이상 주된 관심사가 아니라는 것이다.

다윈의 이론이 교육과 심리학에 미친 가장 중요한 영향은 이 학문들이 실험의 과학이 되게 했다는 점이다. 진화론이 심리학에 미친 영향을 분석한 Dewey(1910)는 진화론으로 책임감이라는 개념이 도입되었다고 했다. 즉, 우주나 인간에 대한 불완전성의 책임을 신에게 돌리는 것이 아니라 적자생존이라는 개념으로 인류 스스로에게 돌리게 되었다는 것이다.

다윈의 진화 개념에 대한 나름대로의 해석을 근거로 학습 이론을 정립한 심리학자로 Piaget와 Skinner를 들 수 있다. Piaget(1970)는 학습은 출생부터 성인기까지의 주변 환경에 대한 적응으로 일어난다고 했다. 예를 들어, 어린아이는 움직이는 것은 모두 살아 있다고 믿는다. 그러다가 자라면서 이 믿음과 상반되는 사실에 직면하게 되면 실제 사실에 적합하도록 자신의 신념을 새롭게 만든다고 보았다. 다시 말해서, 인지발달은 환경에 대한 적응 과정이리는 것이다.

반면에 Skinner(1989)는 유기체가 환경에 적응하는 것이 아니라 환경이 생존하기에 적합한 특성을 선택한다고 보았다. 인간의 행동 가운데 환경에 적절한 것만이 강화를 받고 계속 존재하게 되는데 이것을 학습이라고 보았다. 신참 배우가 어떤 연기를 했을 때 갈채를 보내 주면 배우는 앞으로 그 연기를 더 열심히 할 것이다. 즉, 갈채라는 보상을 받은 그의 연기는 계속되고 발전해서 살아남게 되는 것이다.

(2) 과학적 실증주의와 학습 이론

진화론으로 심리적 과정을 연구할 수 있는 길이 열렸지만, 실제로 실증적인 연구를 한 사람은 정신과 의사이자 과학자이며 철학자였던 Helmholtz였다. 그는 지식을 선험적인 것으로 본 이전의 논증들을 반박했다(Boring, 1950). 그는 이전의 사람들이 영구불변한 것으로 여겼던 수학적 개념까지도 경험의 결과로 보았고, 관찰과 분석의 대상으로 삼았다. 예를 들어, 평행선은 서로 만나지 않는다는 공리도 인류가 살고 있는 공간 속에서 경험으로 알게 된 것이라고 한다. 그리고 그는 주의 깊게 설계된 실험과 통제된 경험을 통한 지식 축적의 의미에서 '과학적 실증주의(scientific empiricism)'라는 용어를 도입했다.

인간의 정신세계를 연구하는 데 실험적인 방법을 처음 도입한 사람은 유럽의 심리학자들이었다. Wilhelm Wundt는 그들 중의 한 사람이다. 그는 흔히 실험심리학의 아버지라고 불리며, 정신의 요소나 구조를 알아내는 데 주안점을 두는 구조주의심리학의 발달을 뒷받침한 것

Wilhelm Wundt(1832~1920)

으로도 알려져 있다(Boring, 1950). 그는 감각 기능에 대한 연구를 종합한 책을 펴내기도 했고, 라이프치히대학에 최초의 공식적인 심리학연구소를 설립하기도 했는데, 이 연구소에서 연구한 미국 출신 학생들이 유럽의 실험심리학을 미국으로 도입해 가는 계기가 되기도 했다. 정신검사(mental test)라는 용어를 도입한 Cattel 역시 그런 유학생 중의 하나였는데, 개인차에 대한 그의 연구는 그 뒤 미국 교육과정에 큰 영향을 미쳤다.

미국으로 도입된 심리학의 발전 방향은 유럽과는 달랐다. 미국 사회는 산업화와 도시화 등으로 인해 급변하고 있었고, 특히 매년 100만 명 이상의 이민 아동들이 미국의 학교로 편입되었다. 당연히 이러한 갑작스러운 변화는 학교 교육과 관련하여 문제해결에 필요한 실용적인 심리학이 요구되었다. 이런 요구에 맞는 새로운 심리학은 다음 네 가지 경향으로 나타났다.

① James 학파

미국 심리학의 아버지로 불리는 William James는 심리학의 본질에 대한 포괄적인 지식과 교실에서의 적용을 실제로 증명해 보였다. 12년이나 준비한 끝에 출판한 『Principles of Psychology』에서는 정서의 역할, 자유 의지, 습관 형성 등 포괄적인 주제들을 다루었다.

그가 교육에 미친 영향은 교육심리학을 포함한 미국 전체 심리학에 미친 영향에서도 볼 수 있다(Charles, 1987). 또 그의 「교사에게 드리는 말씀」이라는 글에서도 볼 수 있듯이, 아동은 세계에 적응하기 위하여 자신의 정신을 적극적으로 사용해야 하는 유기체이기 때문에 교육은 우선 아동에게 관심을 가지고 아동이 능동적으로 사고하는 존재가 되도록 바른 습관을 만들어 주는 역할을 해야 한다고 보았다.

② Dewey의 진보적 관점

Dewey는 기능주의 심리학의 창시자 가운데 한 사람이다. 기능주의 심리학은 인간의 신체적, 정신적, 도덕적 적응에 대한 연구를 강조한다(Charles, 1987). Dewey는 구조주의에서 말하는 정신의 요소나 구조를 분류하고 연구하는 것도 중요하지만, 더욱 중요한 것은 과정을 연구하는 것이라고 하였다. 또 인간의 행동을 인위적으로 자극-반응으로 구분하기보다는 전체적이고 기능적으로 파악하고 있는데, 이런 요소는 나중에 장이론가들에 의해 계승된다.

Dewey는 학교는 사회를 반영하는 것이어야 하며, 사회를 개선하는 일과 아동의 사회화를 돕는 일을 동시에 해야 한다고 주장했다. 교육과정의 목적을 아동의 사회적 통찰력 발달에 두었으므로, 교수에서도 아동에 의한 개인적인 실험과 계획 그리고 재발견을 강조했다. 진보적 교육이라고 알려진 Dewey의 이론은 향후 오랜 동안 미국 교육을 주도한 관점 중의 하나였다 (Hilgard, 1987).

③ 아동 연구 운동

Wundt 연구소 출신이면서 하버드 대학에서 최초로 심리학 박사학위를 받은 Stanley Hull은 이후에 미국 심리학계와 교육계의 지도적인 인물이 되었다. 그는 이전의 심리학이 무시했던 '아동 발달'이라는 영역에 대한 연구를 주도했다. 사회는 아동이 어떻게 자라는가에 따라 장래가 결정되며 학교의 미래는 아동의 자연스러운 발달에 얼마나 잘 적응하는가에 따라 결정된다고 믿었기 때문이다. Hull은 아동 발달에 관한 자료를 교육과정 개발의 기초로 삼아야 한다는 입장을 취했다. 이런 견해는 미국 교육에 몇 가지 근본적인 변화를 가져오는 바탕이 되었다(Cremin, 1961). 그의 이론은 학생들에 대한 교수의 초점을 바꾸는 데 도움을 주었고, 감정과 태도에 대한 연구도 교육에 있어 중요한 자료임을 강조했다. 아동 발달을 연구하는 사람들은 급속히 불어났고, 아동 연구는 교육심리학의 중심 영역이 되었다.

④ 최초의 교육과학자 Thorndike

Edward Thorndike는 교육심리학의 아버지이자 실험과학자의 모범이라 할 수 있다. 400편이 넘는 그의 저술과 논문에는 행동에 관한 실험으로 얻은 학습에 대한 이론, 교육과정에 적용한 학습법칙의 형성, 학교에 사용할 수 있는 다양한 시험과 측정 등이 포함되어 있다. Thorndike의 이론에 대해서는 다음 절에서 더 구체적으로 살펴볼 것이다.

2. 행동주의적 접근

1) 행동주의의 등장 배경과 기본 입장

구조주의란 정신의 요소나 구조를 알아내는 데 주안점을 두는 심리학의 한 흐름이다. 그리고 기능주의란 인간의 행동을 인위적으로 자극-반응으로 구분하기보다는 전체적이고 기능적으로 파악하며, 정신 작용의 과정을 연구하는 데 중점을 둔 심리학의 한 흐름이라고 할 수 있다. 기능주의와 구조주의의 주된 연구방법은 자기반성 또는 자신의 생각과 심상에 대한 자기보고이다. Watson과 Thorndike 같은 초기 행동주의자들은 정신의 상태나 과정에 대한 연구는 죽은 것으로 간주했고, 자기보고나 자기반성 같은 연구방법들을 비과학적이라고 생각했다. 이처럼 행동주의는 20세기 초에 기능주의와 구조주의의 연구방법과 연구 대상에 대한 반작용으로 생겨난 것이다.

행동주의의 기본적인 입장은 구조주의나 기능주의와 비교하면 명확히 드러난다. 첫째, 연구 영역이 다르다. 구조주의나 기능주의는 정신의 구조나 작용 과정 등을 주된 연구 영역으로 삼았다. 반면에 행동주의자들은 정신의 존재를 부정하지는 않으나 과학적인 연구 영역으로는 부적절하다고 보고 오히려 관찰 가능한 행동을 주된 연구 영역으로 삼는다. 둘째, 연구방법이 다르다. 기능주의나 구조주의는 개인의 정신적 정서적 경험을 자기반성이나 자기보고 등과 같은 주관적인 방법으로 연구했다. 그러나 행동주의자들은 이런 방법을 비과학적인 것으로 보고, 자극 변인이 객관적으로 조작되고 반응 변인이 신뢰성 있게 예측되는 과학적인 방법을 채택한다. 셋째, 행동주의자들이 시행한 많은 학습 실험은 동물을 대상으로 한 것이다. 이 사실은 행동주의의 또 다른 가정을 반영한다. 동물을 대상으로 한 것은 윤리적인 문제를 회피하기 위한 의도도 있었겠지만, 기본적으로 학습은 종(種)에 관계없이 동일한 법칙을 따른다고 믿었다는 것이다. 종에 따라 학습할 수 있는 것의 복잡성이나 난이도에 차이는 있겠지만 학습이 일어나는 기본 체제는 인간이나 쥐 그리고 곤충이 다 동일하다고 본 것이다(Gredler, 1994).

학습에 대한 행동주의적 접근도 조건형성이론, 연합이론 그리고 행동주의

의 문제점을 부분적으로 인정하고 약간의 수정을 가한 수정행동주의 등의
갈래로 나눌 수 있다. 다음 절에서부터는 각 갈래를 대표하는 행동주의자들
의 이론을 간단히 정리해 보고자 한다.

2) 고전적 조건형성이론

러시아의 심리학자 Pavlov와 미국의 초기 행동주의자 Watson을 살펴봄으
로써 고전적 조건형성이론을 파악할 수 있다

(1) Pavlov의 실험

Pavlov(1849~1936)는 심리학 분야에서 가장 중요한 발견 가운데 하나를
해낸 러시아의 생리학자이자 심리학자다. 위대한 발견들이 대체로 그렇듯
이, 그의 발견도 우연한 것이었다. 그는 개의 소화기관에 관한 연구를 하고
있었고, 그의 실험에는 타액(침) 분비를 측정하기 위하여 개에게 고기를 주
는 일이 포함되어 있었다. 그는 얼마 후에 개들이 고기를 보거나 냄새를 맡
기 전에 침을 흘린다는 사실을 관찰했다. 실험실 조교의 발소리만 들어도
침을 흘리는 반응을 보이기도 했다. 이런 행동은 실험실에 있었던 개들에게
만 일어났다.

이 현상을 설명하기 위하여 그는 고전적 조건형성이론 모형을 개발했다.
우선 용어를 간단히 설명해 두는 것이 이해에 도움이 될 것이다. 무조건 자
극이란 필연적으로 어떤 반응을 일으키게 하는 자극(예: 침을
분비하게 하는 고기 등)을, 무조건 반응이란 무조건 자극이 일
으키는 필연적인 반응(예: 고기를 보고 분비된 침)을, 조건 자
극이란 무조건 자극과 함께 제시되는, 본래는 어떤 반응을
일으키지 않았던 자극(예: 실험실 조교의 발소리나 벨소리 등)
을, 조건 반응이란 중립적인 자극 즉 조건 자극에 대하여 나
타나게 된 반응(무조건 자극에 대하여 나타내는 반응과 동일함.
실험실 조교의 발소리나 벨소리에 의한 침 분비)을 의미한다(김
도환, 1988).

Ivan P. Pavlov(1849~1936)

이 모형은 자극(고기)과 반응(침 흘리기)의 무조건적 연결에

서 시작된다. 그 다음에는 무조건 자극과 함께 중립적인 자극(실험실 조교의 발소리나 벨소리 등)을 제시한다. 이것이 반복될 때 중립적인 자극(조건 자극)이 반응을 이끌어 내기 시작하여 처음에는 고기에만 침을 흘리던 개가 나중에는 조교의 발소리나 벨소리만 들어도 침을 흘리게 된다. 무조건 자극과 조건 자극의 결합에 의한 조건화가 형성된 것이다.

Pavlov의 실험은 두 가지 측면에서 관심을 끌었다. 첫째, 본능적인 자극-반응 관계에 변화를 주었다는 것은 행동 연구에 있어서 획기적인 일이었다. 비록 단순해 보이지만 이런 단순한 관계를 알 수 있다는 것은 보다 복합적인 행동의 원인도 파악할 수 있다는 가능성을 보여 주기 때문이다. 둘째, 실험실 연구를 통하여 새로운 지식을 발견할 수 있음을 보여 준 사실이다 (Gredler, 1992).

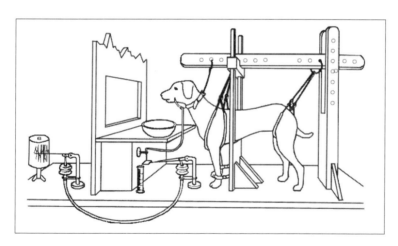

[그림 2-1] Pavlov의 조건반사 실험 상황

(2) Watson의 행동주의

Watson(1878~1958)은 미국 행동주의의 기초를 확립한 사람으로 Pavlov의 조건화 모형을 인간의 정서적 학습을 설명하는 데까지 확장했다. 인간은 기본적으로 제한된 몇 가지 반사작용만을 가지고 태어난다고 믿었다. 두려움, 사랑, 분노 등 본능적인 정서적 반응과 망치로 무릎을 쳤을 때 무릎이 본능적으로 움직이는 것과 같은 행동이 여기에 포함된다고 보았다. 성인의 삶에서 나타나는 모든 복잡한 정서적 반응은 고전적 조건형성의 토대 위에서 설명할 수 있다고 했다. 정서 발달에 대한 Watson 이론의 세부 내용들은 그 후에 객관적인 연구의 뒷받침을 받지는 못했다. 다만, 유아의 정서적 반응에 대한 연구에서는 많은 인간 행동(특히, 정서적 반응)이 고전적 조건형성을 통하여 습득된다는 것을 사실로 간주한다. 조건형성에 대한 선명한 예증으로, 치과에서 드릴 소리를 들었을 때 여러분의 반응을 생각해 보면 될 것이다.

(3) 조건형성이론의 적용

아동이 학교에서 배우는 여러 과목(문학, 예술, 과학 등)에 대한 감수성을 발달시키는 데 있어서 필수적인 일은 그 과목들에 대한 학생의 초기 경험을 긍정적인 반응과 연결시키는 것이다. 긍정적 반응을 끌어낼 수 있는 환경을 최대한 활용하는 것이 이런 연결을 돕는 방법 중의 하나일 것이다. 예를 들면, 문학감상을 학습하는 데 있어서 지속적인 독서는 중요하다. 교실 한 부분에 편안하게 독서할 수 있는 공간을 만들어 준다면, 얼마 후에는 자유시간에도 독서를 하는 긍정적인 반응을 이끌어 낼 수 있을 것이다.

이런 전략은 특정한 환경이나 활동이 부정적인 반응을 이끌어 낼 수도 있다는 관점에서 본다면 특히 중요하다. 예컨대, 아동이 개학날에 긴장하는 것은 특정 과목과 관련되어 있을 수 있다(특히, 개학날 어려운 활동을 하게 된다면). 어떤 초등학교에서는 아동들이 학교에 들어올 때 따뜻하게 맞아 주고, 하루를 그림 그리기나 색칠하기 같은 재미있고 즐거운 활동으로 시작한다. 익숙하지 않은 환경을 따뜻하게 맞아 주는 것과 즐거운 활동에 반복적으로 연결시킴으로써 긴장을 줄이려는 것이다.

3) Thorndike의 연합주의이론

Thorndike(1874~1949)도 Pavlov와 마찬가지로 실험에서 피험자가 보이는 행동반응에 관심을 가졌다. 다른 점이 있다면 그가 연구한 행동은 Pavlov처럼 반사적인 행동이

John B. Watson(1878~1958)

아니라 자발적인 행동이라는 것이다. 그의 실험에서는 실험 대상인 동물이 우리에 갇혀 있거나 먹이가 상자 안에 놓여 있다. 배고픈 동물이 할 일은 우리를 열고 나오거나 상자를 열고 음식을 먹는 것이다. Pavlov나 Watson이 습관 형성의 일차적 수단으로 근접을 강조한 반면에, Thorndike는 강화의 원리에 많이 의존했다는 점에서 다르다. 그는 특정한 자극과 자발적 행동 사이의 연합으로 새로운 행동이 형성됨으로써 학습이 이루어진다고 하였으며, 이러한 그의 이론을 연합주의(connectionism)라고도 한다.

그는 유기체 내에서 어떻게 연합이 일어나고 없어지는가를 설명하는 여러 학습 법칙들을 언급했다. 그중 가장 중요한 것은 효과의 법칙(law of effect)이다. 간단하게 말해서, 어떤 반응을 했을 때 만족스러운 결과가 나타나면 그 반응은 계속 반복되고, 불만족스러운 결과가 나타나면 그 반응은 약해지거나 없어진다는 것이다. 다음은 연습의 법칙(law of exercise)이다. 자극과 반응 사이의 결합은 빈번하게 열성적으로 연습함으로써 강화된다는 것이다. 효과의 법칙과 연습의 법칙은 강화 이론을 주장한 Skinner와 Hull에게 큰 영향을 주게 된다.

다른 초기 행동주의자들과 마찬가지로 Thorndike도 자신의 이론을 교육 분야에 적용하는 것을 중요하게 생각했다. 그가 행한 실험은 대부분 동물들을 대상으로 한 것이었음에도 불구하고, 그는 미국 교육심리학의 창시자로 간주된다.

그리고 학습의 한 가지인 문제해결도 시행착오의 과정을 통하여 점차로 정확한 반응을 새겨 나가는 것으로 보았으며, 그의 견해는 다음 실험을 통해서 입증하려 했다.

우리 안에 배고픈 고양이가 한 마리 갇혀 있고, 우리 근처에 생선 한 마리가 놓여 있다. 배고픈 고양이는 우리를 벗어나 생선을 먹기 위해 문을 발로 긁거나, 앞발을 들었다 내렸다 하거나, 벽을 긁는 등 여러 가지 행동들을 보였다. 이 반응들은 우연히 줄을 당겨서 우리를 벗어날 때까지 계속되었다. 여러 번의 시도를 거쳐서 고양이가 우리를 벗어나는 시간은 점점 짧아졌고, 마침내는 우리에 넣자마자 즉시 끈을 당기게 되었다. 즉, 시행착오의 과정을 통하여 문

Edward Thorndike(1874~1949)

제해결 방법을 머리에 새기게 된 것이다. 이런 견해를 교육 현장에 적용한다면 교수의 과정에서 수업자는 반복적인 연습을 하게 될 것이다.

4) 신행동주의

Watson이나 Thorndike와 같은 초기 행동주의자들이 학교 현장에 많은 관심을 가지고 자신들의 이론을 적용하려고 했음은 앞에서 언급한 바 있다. 특히 미국 교육심리학의 창시자로 불리는 Thorndike는 동료와 후배들에게 최적의 실험실은 학교 교실이며 최적의 실험 대상은 학생들이라는 점을 강조한 바 있다. 그러나 1930년에서 1950년대까지의 많은 이론가들은 대부분 Thorndike의 말을 무시했다. 그 당시 많은 학자들에게 있어 연구 장소는 주로 실험실이었고 대상은 동물이나 인위적으로 조작된 상황 속의 인간들이었다. 연구의 목적도 모든 학습을 설명해 줄 수 있는 포괄적인 이론 체계의 수립에 두었다(Divesta, 1986).

이 기간 동안 나타난 이론은 Hull의 행동체제, Guthrie의 근접이론 그리고 Skinner의 조작적 조건화 등 세 가지다. 이들은 모두 학습을 특정한 자극과 특정한 반응의 결합으로 보았기 때문에 S-R 이론가로 불린다. 그러나 학습에 있어서 제일 중요한 요인이 무엇인가에 대해서는 서로 다르다. Hull은 유기체의 내적 과정을 중요시하고, Guthrie는 자극과 반응 간의 순간적 근접관계를 강조하며, Skinner는 보상에 의한 강화의 역할을 강조한다. 이들은 초기 행동주의자들과 구분해서 신행동주의자(Neobehaviorism)라고 한다. 여기서는 이들의 이론을 간략히 기술할 것이다.

(1) Clark Hull

Hull(1884~1952)의 이론은 범위가 매우 넓고 복잡하다. 그의 이론에는 인간과 동물의 모든 행동이 포괄적으로 포함되어 있어서 여기에 그의 이론을 요약하는 것은 거의 불가능하다. 따라서 Hull의 이론 중 가장 핵심적인 것만을 간추려야 할 것 같다.

Clark Hull(1884~1952)

먼저, Hull도 학습을 자극-반응의 연합 형성으로 보았지만, 다른 사람들과는 달리 매개 변인(intervening variables)을 가정했다. 매개 변인이란 자극과 반응을 매개하고 중재하는 유기체 내의 관찰 불가능한 특성이나 상태를 말한다. 예를 들어, 충동(drive)은 그가 가정한 매개 변인 중의 하나인데, 이것은 유기체에게서 음식이나 물과 같은 생물적 욕구를 박탈하는 시간에 비례해서 커진다. 충동이 증가하면 움직임이 늘어나고, 주변을 자주 살피며, 먹고 마시는 행동들을 많이 하게 된다. 충동이라는 단일 매개 변인으로 충동의 증가와 관련되는 자극 변인과 충동의 증가에 반응하는 반응 변인 간의 관계성을 설명할 수 있게 되는 것이다. Hull은 이런 매개 변인을 수백 개나 가정했고, 각각의 매개 변인이 어떻게 관찰 가능한 자극-반응 변인과 관련되는지를 주의 깊게 설명했다. 행동 변화를 설명하는 데 있어서 관찰 불가능한 매개 변인을 가정한 것은 이전의 행동주의자들과는 다른 점이며, 동시대 행동주의이론가들의 모델이 되었다.

다음으로, Hull은 가설추론 방법(hypothetico-deductive method)을 도입했다. 이것은 몇 가지 기본 가정을 명확하게 진술하고, 이 가정으로부터 실험에 의하여 검증될 수 있는 가설을 추론하는 방법이다. Hull의 이론에는 133개의 가설을 추론할 수 있는 17개의 기본 가정이 포함되어 있다. 처음에는 많은 사람들의 환영을 받았지만, 이 방법이 실제로 활용될 수 없다는 것이 밝혀지자 사람들의 관심에서 멀어졌다.

(2) Edwin Guthrie

Guthrie(1886~1959)의 이론은 그가 제시한 근접의 법칙(law of contiguity)을 살펴봄으로써 알 수 있다. 간단히 말하면, 어떤 자극의 연합에 수반되는 행동은 나중에 자극이 다시 생길 때 또 발생하는 경향이 있다는 것이다(Guthrie, 1952). 주어진 어떤 상황에서 유기체가 무슨 행동을 하든지 간에 그 행동은 지난번에 같은 상황에서 그 유기체가 했던 행동이라는 것이다.

그의 학습 이론은 습관 형성을 자극과 반응의 근접이라고 보았다는 점에서 초기 행동주의자들과 유사하다. 그들과 다른 점은 보상이나 강화를 학습에 있어 필수적

Edwin Guthrie(1886~1959)

인 것으로 보지 않는다는 것이다. 예를 들어, 개 한 마리가 여러분에게 다가
왔을 때 그 개에게 먹을 것을 주었다고 가정해 보자. 다음번에도 그 개는
여러분을 보면 다가올 것이다. 그 개가 지난번에 주었던 먹이로 여러분에게
다가오는 것을 학습했기 때문에 여러분에게 다가온 것일까? Guthrie의 대답
은 '아니요' 다. 개가 여러분에게 다가온 것은 그 상황(여러분을 만난 상황)에
서 개가 지난번에 했던 마지막 행동을 반복한 것이라고 본다.

　Guthrie는 습관을 형성하고 제거하는 현상을 설명하는 데 있어서 자신의 이
론들 중에 하나인 소진기법(exhaustion method)을 사용하고 있다. 어떤 나쁜
습관을 제거시키고 싶을 때 그 습관을 싫증날 정도로 계속 반복하게 하여 그
상황에서 나쁜 습관을 더 이상 반복하지 않는 것이 마지막 행동이 되게 하는
것이다. 그는 바람직하지 않은 행동을 더 이상 하지 않게 된 것을 학습이라고
보았다. Guthrie가 제시한 습관 형성 및 제거기법은 Skinner의 행동수정에 있
어서 그 절차를 마련해 주었다.

(3) Burrhus Skinner

　Skinner(1904~1990)는 가장 저명하고 영향력 있는 행동주의자여서 그의
이름만 들어도 행동주의를 떠올릴 정도다. 그는 다른 행동주의자들과 유사
한 점을 보여 주고 있다. 즉, 인간의 행동뿐만 아니라 감정과 사고까지도 환
경적인 자극과 우연적인 반응의 관점에서 설명 가능한 것으로 보았으며, 동
물을 대상으로 한 연구결과에 근거해서 얻은 학습원리를 인간에게까지 확
대하고, 언어와 같이 복잡한 인간 행동을 단순한 조건화의
원리로 설명하려고 하는 것 등을 예로 들 수 있다.

　한편 그의 이론은 다른 행동주의자와는 다른 독특한 면이
있었다. 우선, 그는 충동(drive)이나 암시(cues) 등과 같이 관
찰 불가능한 용어로 행동을 설명하는 데 단호히 반대했다.
이런 용어가 행동을 설명하는 데 별로 기여한 것이 없다는
것이 그의 입장이었다.

　둘째, 다른 행동주의자들은 행동을 자극과 반응의 연합으
로 설명하지만, 그는 반응과 강화 사이의 연합으로 행동의
변화가 이루어진다고 본다. 따라서 행동을 설명하는 데 있어

Burrhus Skinner(1904~1990)

서 반응에 선행해서 반응을 일으키는 자극 변인보다는 반응의 결과에 따르는 강화가 훨씬 큰 역할을 한다고 했다.

스키너 상자를 이용한 실험을 예로 들어 보자. 이 상자에는 접시와 지렛대가 부착되어 있어 쥐가 지렛대를 누르면 외부에서 접시로 먹이가 굴러들어 오도록 고안되어 있다. 예비 훈련으로 쥐를 상자 안에 넣어 두고 환경에 익숙해지도록 한다. 이때 지렛대를 고정시켜서 눌러도 움직이지 않게 해 둔다. 본 실험에 들어가서 쥐는 여러 가지 행동을 하다가 우연히 지렛대를 누르게 되는데 이때 접시로 먹이가 떨어진다.

이러한 과정이 여러 번 반복되면 쥐는 지렛대 누르기를 학습하게 되고 나중에는 상자 안에 들어가기만 하면 지렛대부터 누르게 된다. 여기서 지렛대를 누르는 것은 반응이고, 지렛대를 눌렀을 때 나오는 먹이는 강화가 된다. Skinner는 반응 다음에 주어진 강화 때문에 학습이 이루어졌다고 본다. 이 실험에서와 같이 유기체의 구체적인 동작과 그것에 따르는 강화 때문에 학습이 일어난다고 보기 때문에 Skinner의 이론을 조작적 조건화(operant conditioning)이론이라고도 한다.

그는 다른 신행동주의자들과는 달리 학습을 학교 교육에 적용시키는 데도 관심이 많았다. 예로 프로그램학습이론과 행동수정이론을 들 수 있다. 스키너의 이론에 대해서는 제3장에서 매우 구체적으로 다루어질 것이다.

3. 인지론적 접근

20세기 초 미국의 지배적인 학습 이론은 행동주의였다. 행동주의는 학습의 본질을 자극-반응 또는 반응-강화의 관계로 설명하고 있다. 이에 반해 인지이론은 학습을 지각, 기억, 추리, 상상, 판단 등 인간의 능동적인 인지활동에 바탕을 두고 설명하고 있다. 행동주의가 미국 심리학의 주된 경향이었던 반면에 인지주의는 유럽 심리학의 주류였다. 미국의 인지주의도 유럽의 영향이었다. 처음에는 독일의 장(場)이론의 영향을 받았고, 이어서 스위스 심리학자 Piaget와 러시아의 Vygotsky 등의 영향을 받았다. Tolman이나 Bruner 등 미국의 인지이론가들은 유럽의 영향을 받아들이면서도 자신들

특유의 이론적 장점을 유지했다. 여기서는 인지론의 원조인 유럽의 이론들을 살펴보고, 다음에 그것을 나름대로 잘 발달시킨 미국 인지주의이론들을 알아보기로 한다.

1) 장이론

장이론(Gestalt Psychology)은 처음에는 지각 경험을 연구하는 데 중점을 두었다. 장이론의 기초를 세운 Marx Wertheimer와 Kurt Lewin은 실제 현상과 시각적인 지각 사이에는 차이가 있음을 증명하는 혁신적인 실험을 했다. 이후에는 지각의 법칙을 발전시키고 그 법칙들을 학습과 사고에까지 적용시켰다.

장이론이 미국에 소개된 것은 1922년이었다. 1930년대에는 장이론가인 Wertherimer, Köhler, Koffka 등이 독일을 떠나 미국에서 강의와 저술을 하게 되었다.

일반적으로 미국인들은 장이론에 흥미는 느꼈으나 중요한 문제점들을 해결할 것으로는 보지 않았다. 그러나 이들은 행동주의자들이 무시했던 지각과 사회심리학 등에 대한 실험 연구를 계속했으며, 문제해결과 사고에 대하여 새로운 질문들을 제기했다.

장이론의 기본적인 가정은 지각의 전체성이다. 장이론에서 '장(Gestalt)'이라는 용어는 '전체'를 의미한다. 장이론가들은 행동주의자들처럼 행동을 부

Kurt Lewin(1894~1947)　　Max Wertheimer(1880~1943)　　Kurt Koffka(1886~1941)

분으로 분석하는 것을 강력하게 반대한다. 전체는 그 구성 요소를 분석하는 것으로는 이해될 수 없는 특성을 가지고 있다고 보았기 때문이다. 예를 들면, 질소와 산소라는 구성 요소로 되어 있는 물은 부분적인 구성 요소에서는 볼 수 없는 습기와 유동성을 가지고 있다. 전체의 특성이 잘 나타나는 심리적인 보기는 Wertheimer가 발견한 '파이(Phi) 현상'이다. 번갈아 비치는 두 개 이상의 빛은 단순히 번쩍이는 빛으로 인식되는 것이 아니라 움직이는 빛으로 지각된다는 것이다. 네온사인이나 영화를 볼 때 이런 현상이 나타난다. 전체 지각의 또 다른 예는 음악이다. 우리는 음악을 들을 때 분리된 하나하나의 음을 듣는 것이 아니라 전체적인 곡조나 멜로디를 듣는다.

장이론가들은 앞에서 말한 전체적인 지각을 지배하는 법칙을 발견하기 위하여 많은 연구를 했다. 그들이 말한 법칙 두 가지를 소개한다. 첫째는, 단순화의 법칙이다. 상황 속에 인식해야 할 내용이 아무리 많이 포함되어 있더라도(아무리 많은 것을 함축하고 있더라도) 인간은 사물을 보다 간단하고 단순하게 인식하려 한다는 것이다. 예를 들면, 풍경화 속에는 여러 가지 요소들이 포함되어 있지만 우리는 그것을 전체적인 하나의 풍경으로 단순화시켜 인식한다. 두 번째는 전체 완결의 법칙이다. 전체를 구성하는 각 요소들은 전체 구조나 상황 속에서 그 전체와 일치되는 특징을 드러낸다는 것이다. 예를 들어, 한 실험에서 회색 바탕에 붉은 십자가가 그려진 종이를 20초 동안 피험자에 보여 준다. 그 후 종이를 초록색 판 위에 놓고 십자가의 한 부분을 잘라 낸다. 그러면 잘려 나간 부분은 초록색으로 보일까? 붉은색으로 보일까? 논리적으로는 초록색이지만, 실제로는 피험자들은 붉은색으로 지각한다. 십자가는 구조화된 전체이기 때문에 부분은 전체와 통일된 특징을 가지는 것으로 지각한다는 것이다.

장이론가들은 학습과 사고에도 많은 기여를 했다. 먼저, 그들은 학습이 문제 상황에 포함된 여러 요소들 사이의 관계성을 인식하는 통찰(insight)에 의해서 일어난다고 본다. 원숭이를 대상으로 한 Köhler의 실험이 있다. 원숭이가 손으로 잡기 힘든 위치에 바나나를 놓아 두고, 부근에는 도구로 쓸 수 있는 막대기나 나뭇가지를 놓아 둔다. 이 실험에서 원숭이가 막대기나 나뭇가지를 도구로 지각했을 때, 그것을 이용하여 바나나를 내려서 먹는 것을 보았다. 문제해결이 이루어진 것이다. 장이론가들은 이런 문제해결 과정을

통찰이라고 하였다. 행동주의자들이 주장하는 자극-반응이라는 학습 공식
은 자극-조직화-반응으로 바꾸어야 한다는 것이 그들의 주장이다. 여기서
조직화는 물론 '통찰'을 의미한다.

Wertheimer는 기계적 학습과 유의미 학습을 구분했다. '김 선생님의 전화
번호는 334-3456이다.'를 기억하는 것은 기계적 학습이다. 반면에 '$(a+b)^2$
$=a^2+2ab+b^2$이다.'라는 방정식을 푸는 방법을 이해하는 것은 유의미한 학
습이다. 방정식의 한 부분이 제시되면 그것으로부터 다른 부분을 이끌어 낼
수 있기 때문이다. Wertheimer가 관심을 가졌던 것은 과제의 성질을 구분하
는 것이 아니라 교실에서 과제에 맞는 학습방법을 사용하는 것이었다. [그
림 2-2]에서처럼 직사각형 넓이를 구하는 방법을 이해하고, 이를 응용하여
평행사변형의 넓이를 구할 수 있으면 유의미한 학습이 일어난 예로 볼 수
있다.

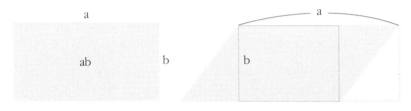

[그림 2-2] 평행사변형의 면적을 구하는 방법의 예

2) Tolman의 목적적 행동주의

버클리 대학의 심리학 교수였으며 Guthrie, Hull, Skinner 등과 동시대 사
람이었던 Tolman은 스스로를 행동주의자라 했으나, 그의 이론은 전통적 행
동주의와는 근본적인 차이가 있다. 방법론적으로는 행동주의자였으나 행동
연구의 목적을 인지 과정을 발전시키는 데 두었기 때문에 그를 인지론자의
범주에 두기도 한다.

그의 이론을 '목적적 행동주의'라고 하는 이유를 살펴보자. 그는 "모든
행동은 목적적이다."라고 가정했다. 즉, 행동은 어떤 목적을 지향하여 단순
한 자극-반응의 연합보다는 목적과 관련된 인지의 지배를 받는 것으로 보았
다. 그리고 학습에는 인지망(cognitive map)의 발달이 포함되어 있다고 주장했

다. 인지망이란 목적물을 찾게 될 환경과, 목
적물과 행동 사이의 관계성에 대한 내적 지식
을 의미한다. 예를 들어, 미로찾기 실험에서
쥐가 학습한 것은 미로의 구조와 먹이를 찾을
것이라는 기대라는 것이다. 행동주의자들과
마찬가지로 그도 동물을 실험 대상으로 이용
했지만, 그들과는 다른 실험 결과를 이끌어
낸 많은 실험을 했다.

Edward C. Tolman(1886 ~ 1959)

　Skinner와는 달리, Tolman은 강화를 학습에
필수적인 것으로 보지 않았다. 이 관점은 다
음 실험에서 증명되었다. 쥐에게 며칠 동안 먹이를 주지 않고 복잡한 미로
에서 보내도록 했다. 강화이론가의 관점에서 본다면 이 실험에서 쥐는 먹이
라는 보상이 없기 때문에 거의 학습하지 않을 것이다. 그러나 쥐에게 목표
상자에서 여러 번 간단하게 먹이를 주고 그 다음에 곧바로 출발 상자에 두
었을 때 실험 대상이었던 쥐들 중 절반 이상이 단 한 번의 시행착오도 없이
목표 상자로 달려갔다. 이 결과는 쥐가 강화 없이도 학습할 수 있다는 것으
로 해석되었다. Tolman은 이때의 학습을 잠재적 학습(latent learning)이라고
하였다. 이미 학습은 되었으나 보상이 주어질 때까지는 학습한 것이 나타나
지 않고 잠재해 있었기 때문이다. 이 결과를 보면 강화는 학습에 영향을 미
치는 것이 아니라 학습한 것의 수행에 영향을 미친다고 볼 수 있다(Tolman,
1932).

3) Piaget의 인지발달이론

　인지발달이론은 Tolman과 거의 같은 시대에 유럽에서 발전되었다. 스위
스의 심리학자 Piaget(1896~1980)는 Tolman과는 전혀 다른 방법을 사용했
다. Piaget의 기본적인 접근방법은 문제 상황에서 아동을 관찰하는 것이었
다. 그러나 그가 관심을 가진 것은 문제해결 방법이 아니라 방법을 정당화
시켜 주는 사고의 과정이었다. 이런 관찰 방법에다가 면담기법까지 추가했
는데, 이것 때문에 행동주의자들이 그의 이론을 과학적이지 못한 것으로 보

고 무시했다.

생물학 분야의 교육을 받았고 유전적 인식론에 관심이 많았기 때문에 Piaget의 이론은 주로 인간 지능 발달을 다루고 있다. 지능 발달에 대한 그의 기본적인 견해는 아동이 환경에 적응해 가면서 점점 더 효과적인 사고 과정이 발달하게 된다는 것이다. 연령에 따라 다른 사고 과정을 어떻게 만들어 가는가에 대한 이해도 강조한다. 그의 이론에서는 아동이 유아기에서 사춘기까지 성장함에 따라서 사고과정이 발달하는 단계를 기술한다.

4) 정보처리이론

이 이론은 대부분의 인지심리학자들이 관심을 가지고 있는 부분이다. 인지심리학자들은 이 이론의 체제 안에서 연구를 실행하고 이론을 발달시켰으며, 인간의 인지를 설명하는 데 중점을 둔다.

Simon(1980)과 Miller(1960) 등과 같은 심리학자들이 컴퓨터를 인간의 지성을 상징하는 대체물로 끌어들여 사고와 문제해결 이론을 제안한 1950년대 후반에 이 이론이 시작되었다. 컴퓨터는 자판에서 눌러지는 부호로 입력을 받고, 그것을 질적으로 다른 내적 상징으로 변형시킨다. 컴퓨터는 이러한 내적 상징에 작용해서 그것을 출력으로 바꾸어 준다. 출력은 입력이나 내적 상징과는 질적으로 다르다.

정보처리이론은 행동주의적 용어(자극-매개 변인-반응)들에 새로운 이름을 붙여 대체한 것으로 보일 수도 있다. 그러나 행동주의자들이 관찰 가능한 외적 사태(자극-반응)를 내적 과정과 유사한 것으로 가정하는 반면에, 정보처리이론에서는 질적으로 전혀 다른 것으로 가정한다는 점에서 차이가 있다. 컴퓨터의 내적 과정이 입력이나 출력과는 다르듯이 인간의 내적 과정도 외적인 자극이나 반응과는 전혀 닮은 점이 없다는 것이다(Martindale, 1991).

5) 사회학습이론

사회학습이론은 인간 학습 중 많은 부분이 사회적 상호작용을 통하여 일어난다고 주장한다. 인간이 다른 사람을 관찰함으로써 지식과 행동을 습득한다는 것이다. 학습에 있어서 자극과 반응 그리고 강화라는 직접적인 경험을 강조하는 행동주의자들과는 대조된다.

대표적인 사회학습이론가인 Bandura는 학습자가 어떤 고통스러운 결과를 직접 경험할 필요는 없다고 주장한다. 그런 행동을 한 다른 사람들에게 일어난 부정적인 결과를 관찰함으로써 학습할 수 있다는 것이다. 또한 시행착오를 통한 학습도 시간낭비라고 보았다. 성공적인 모델의 수행을 관찰함으로써 학습이 가능하다는 것이다. 이렇게 학습한 것이 수행되게 하는 것을 동기와 자극이라고 하였다. 이런 점에서 Tolman의 목적적 행동주의와 닮은 점이 있다.

6) Gagné의 학습 이론

Gagné의 학습에 대한 접근방법은 독특한 면이 있다. 학습과정에 대한 특정한 공식을 찾고 그 공식을 인간의 학습에 적용시키려고 하지 않고, 인간이 할 수 있는 수행과 기술의 유형을 분석하여 그 유형을 설명하는 방식을 취한다. Gagné는 내적 인지과정이 다른 다섯 개의 학습과제 유형(운동 기능, 언어적 정보, 지적 기능, 인지 전략, 태도)을 제시한다(진위교 외, 1986).

4. 인지주의와 행동주의의 비교

우리가 앞에서 두 이론을 살펴보았듯이, 행동주의는 그 이전의 구조주의와 기능주의가 정신 과정을 연구 대상으로 하여 주관적인 연구방법을 적용한 것에 대한 반발로 생겨났다. 반대로, 인지주의는 행동을 미세한 요소 단위로 분석하는 행동주의적 접근에 대한 반작용으로 생겨났다. 이런 단순화가 인간 행동을 적절하게 설명하기에는 너무나 단순하다고 보았기 때문이다.

인지주의자들은 행동을 목적적인 것으로 본다. 반면에 행동주의자들은 목적이나 의도의 분석에는 관심을 두지 않고 자극-반응 변인 간의 관계성 탐구에 주력했다. 또한, 인지론자들은 지각, 사고, 의식 등과 같은 내적 과정

연구에 중점을 두었으며, 내적 과정의 법칙을 추론하기 위해서만 행동을 연구했다. 이와는 달리, 행동주의자들은 주로 개개의 행동 법칙을 공식화하는데 중점을 두었다(Gredler, 1992). 이러한 두 학습 이론의 특성을 대비시켜 비교하면 다음과 같다.

1) 행동주의이론에서 강조하는 학습원리

① 학습자는 '수동적인 시청자'가 아니라 '능동적인 참여자'여야 한다. 이 이론은 학습자의 반응을 중시하며 '행하면서 배운다'는 슬로건을 고수하고 있다.

② '반복'은 기술습득과 파지(把持)를 보장하기 위해 중요하다. 반복적인 연습을 하지 않고서는 타이프나 피아노를 잘 칠 수 없을 뿐만 아니라 외국어도 습득할 수 없기 때문이다.

③ '강화'가 중요하다. 바람직한 반응이나 정확한 반응이 보상을 받는 반복적인 강화가 제공되어야 한다. 세부적인 사항에 대한 논쟁이 없는 것은 아니지만 일반적으로 부적 강화(벌, 실패)보다 정적 강화(보상, 성공)가 더 바람직하다.

④ '일반화'와 '변별'이 더욱 광범위한(혹은 더욱 한정된) 자극에 대해서 학습이 이루어지기 위해서는 다양한 상황에서의 연습이 필요하다.

⑤ '새로운' 행동은 모델의 모방이나 단서 등을 통해서도 길러진다.

⑥ '욕구'는 학습에 중요하다. 따라서 동기상태가 학습에 중요하다는 것은 당연하다고 하겠다.

2) 인지이론에서 강조하는 학습원리

① '지각적 특성'을 고려하여 학습자에게 문제를 제시하는 것이 중요한 학습조건이 된다. 따라서 학습의 기본적인 특징이 학습자의 눈에 잘 띌 수 있도록 학습문제의 형태를 재구조화하여 제시해야 한다.

② '지식의 구조'는 교사나 수업계획자에게 공히 중요한 관심사가 되어야 한다. 즉, 단순한 것에서 복잡한 것으로 간다는 것은 아무런 의미가

없는 한 부분으로부터 의미가 있는 복잡한 것으로 간다는 것을 뜻하는 것이 아니라 '단순화된 전체'로부터 '더욱 복잡한 전체'로 진행된다는 것을 의미한다. 따라서 어떤 지식의 부분-전체의 문제는 그 지식의 구조나 체계의 문제이기 때문에 복잡한 것이 어떻게 체제화되는가에 관한 이론을 떠나서는 처리될 수 없다. 또, 인지발달에 관한 연구에 의하면 지식의 구조나 체제화는 학습자의 발달수준에 달려 있음을 알 수 있다.

③ '이해를 통한 학습'은 기계적인 암기학습이나 공식을 통한 학습보다 더 영속적이고 전이(轉移)가 잘 된다.

④ '인지적 피드백'은 정확하게 학습한 지식을 확인해 주고 틀린 학습은 교정해 준다. 이것은 학습자가 무엇인가를 잠정적으로 시행해 본 다음, 그 결과에 따라 그가 했던 바를 수용하거나 거부하게 되는 것을 의미한다. 물론, 이것은 행동주의이론의 강화에 해당하지만, 인지론은 피드백을 일종의 가설검증 과정으로 보고 있다.

⑤ 학습자에 의한 '목표설정'은 학습동기를 유발시킨다는 의미에서 중요하며, 이 목표 달성 여부는 후속되는 새로운 목표의 설정에 중요한 요인이 된다.

⑥ 논리적으로 정확한 해답을 이끌어 주는 수렴적 사고뿐만 아니라 문제의 창의적인 해결이나 새롭고 가치 있는 결과를 창조하게 해 주는 '확산적 사고'가 육성되어야 한다. 독창성에 의거한 개인의 잠정적인 노력을 적절히 지원(피드백)하여 스스로 창의적인 잠재력을 가졌다고 지각하게 함으로써 이와 같은 확산적 사고를 형성하게 할 수 있다.

요 약

1. 고대에서 근대 초까지는 학습에 대한 설명을 주로 철학에서 담당했는데, 대표적인 학자로 본질론을 주장한 플라톤과 실재론자인 아리스토텔레스가 있다.

2. 학습에 대한 과학적 탐구가 가능하게 된 것은 진화론과 과학적 실증주의의 등장으로 인한 사상의 변화가 바탕이 되었다.

3. 행동주의는 기능주의와 구조주의의 주관적 연구방법, 정신 과정과 구조 연구에 대한 반작용으로 등장했다.

4. 행동주의는 관찰 가능한 외현적 행동을 객관적인 실험에 의해 연구한다. 연구 대상은 주로 동물이었다.

5. 초기 행동주의자는 자극-반응의 연합에 의한 고전적 조건형성을 주장한 Watson과 Thorndike 등이 있고, 신행동주의로는 자극-반응을 매개하는 매개 변인을 강조한 Hull, 자극과 반응의 인접을 강조한 Guthrie, 반응과 강화 사이의 연합으로 학습을 설명한 Skinner 등이 있다.

6. 인지론자들은 드러나는 행동보다는 그 행동이 이루어지는 인지적 과정에 대한 연구에 중점을 둔다.

7. 인지론에는 지각의 전체성을 강조하는 장이론, 행동의 동기가 되는 목적에 중점을 두는 목적적 행동주의, 인간의 인지발달을 개체와 환경의 상호작용으로 보는 Piaget의 인지발달이론, 인지과정의 설명에 컴퓨터를 응용한 정보처리이론 등이 있다.

8. 행동주의는 학습을 행동의 변화로 보고, 자극-반응 변인 간의 관계성 탐구에 중점을 둔다. 인지론자들은 학습을 인지의 변화로 보고, 지각과 사고 그리고 의식 등과 같은 내적 과정 연구에 주력했다.

교수·학습의 이론

PART **2**

제3장

Skinner의
조작적 조건화이론

B. F. Skinner
(1904~1990)

Skinner라고 하면 행동주의가 생각날 정도로 Skinner는 행동주의심리학 분야에서 독보적인 학자 중의 한 사람임에 틀림없다. 그는 실험심리학적 방법에 입각해서 인간 행동의 일반적 원리와 법칙을 찾아 교육에 응용하는 데 공헌하였다. 이러한 공헌의 산물 중의 하나가 '프로그램 학습'이라 할 수 있다.

그의 조작적 조건형성이론은 주로 '흰쥐'를 실험에 이용하여 얻어진 것이다. 이 이론은 근본적으로 인간 행동이란 어떤 외부 세력에 의해 형성된다고 보며, 어떤 활동이나 과정은 관찰할 수 있어야 하고 행동적으로 수정될 수 있어야 한다고 가정한다. 조작적 조건형성이론을 구성하는 주요 변인은 자극(stimulus), 반응(response), 강화(reinforcement)다. 여기서 반응, 즉 행동이 일어나도록 하는 작동은 자극의 통제와 강화의 제시 방법에 의해 결정된다.

이러한 Skinner의 이론은 교육 관계자뿐만 아니라 사회 일반으로부터 많은 관심을 불러일으켰으며, 아직도 교수 · 학습 이론을 설명하는 데 빠져서는 안 될 중요한 이론으로 다뤄지고 있다. 이 장의 학습목표는 다음과 같다.

1. 조작적 조건화를 정의할 수 있다.
2. 일반화의 개념을 설명할 수 있다.
3. 강화의 정의를 말할 수 있다.
4. 강화계획을 설명할 수 있다.
5. 벌에 대해 설명할 수 있다.
6. 일반화와 변별에 대해 설명할 수 있다.
7. 학습이 일어나는 과정의 주요 요소를 말할 수 있다.

1. 학습의 정의와 기본 가정

Skinner는 일찍이 심리학은 행동의 연구를 통해서만이 과학성이 보장될 수 있다는 Waston의 입장에 동의하여, '학습은 행동 변화의 과정'이라고 정의를 내렸다. Skinner는 행동 연구에 있어서는 Hull과 마찬가지로 엄격한 절차를 중요시했지만, 그와는 달리 행동과학의 본질과 학습된 행동의 특성에 관한 그의 신념은 학습자의 내적 상황은 거의 무시하고 외부로부터 제공되는 조작적 조건(operant conditioning)의 원리에 기초를 두고 있었다.

1) 학습에 관한 기본 가정

Skinner에 의하면 과학이란 환경 속에서 자연적인 사태들 간의 법칙 관계를 규명해 내야 한다고 했다. 따라서 행동과학도 과학의 한 분야이므로 환경 속에서 물리적 조건이나 사태와 행동 간에 있어서의 법칙 또는 기능적인 관련성을 알아내야 한다는 것이다. 여기서 문제는 독립 변인 중에서(조건이나 사태) 어떠한 요인이 종속 변인인 행동을 변화시키는가를 결정하는 일이다. 예를 들어, A 학생은 과제를 제출하고 B 학생은 과제를 제출하지 못했다고 했을 때 그 사이에는 어떤 조건 또는 사태들이 관련되어 있는 것일까? Skinner의 관점에서 보면 전자는 동기유발이 되었고 후자는 동기유발이 되지 않았다는 대답은 옳은 대답이 되지 못한다.

행동이라는 것은 복잡하고 다양한 속성을 갖고 있다. 더군다나 행동은 그것이 일시적이고 유동적이며 또한 변화의 과정에 있다는 사실 때문에 연구에 매우 큰 어려움이 따른다. 따라서 Skinner는 어떠한 이론이나 내적 상태의 토론도 행동 연구를 위한 기초가 될 수 없다고 경고한다.

(1) 내적 상태와 관련된 문제

전통적인 연구결과에 따르면, 행동은 어떤 정신적인 상태에 의해 '원인이 된' 것이라 설명하고 있지만 그러한 연구결과들은 행동의 변화를 충분히 설명하지 못한 것이다. 왜냐하면 이러한 연구들은 행동을 '이차적, 부차적인 변인'으로 생각했기 때문이다. 즉 행동을 단순히 내적이고 정신적인 것과 심리적 행동의 표출 혹은 '증상'으로 간주한다는 것이다. 그러나 행동을 다른 변인들을 위한 대용물로 간주하는 것은 그것을 명확하게 설명하는 데 장애 요인이 된다. 또한 행동을 다른 중요한 변수들에 대한 단순한 척도로서 보는 것은 행동 변화를 이해하는 데 있어서 아무런 도움을 주지 못한다. 그러므로 행동은 일차적인 변인으로 다루어져야 한다.

(2) 실험적 분석

가장 정확한 정보의 원천은 세밀한 통제 조건하에서 관찰된 행동 변화이다. 행동의 실험적 분석(experimental analysis)은 ① 행동을 종속 변수로 간주하고, ② 행동을 관찰할 수 있고 조작할 수 있는 물리적 조건하에서 설명해 나가는 것이다. 그리고 실험적 분석은 집단보다는 개개인에 대한 연구를 요구한다. 한 주제에 관해 집단으로부터의 결과를 평균해서 해석하는 것은 행동의 왜곡된 모습을 나타낼 수 있다. 예를 들면 평균 68.33점은 55점, 60점, 그리고 90점이라는 세 번에 대한 매우 작은 정보에 대한 결과가 될 수도 있기 때문이다.

(3) 실험실 방법

Skinner는 환경 조건을 통제하기 위해 복잡한 실험 공간을 고안했다. 이를 스키너 상자라고 하며, 그 구조는 [그림 3-1]과 같다.

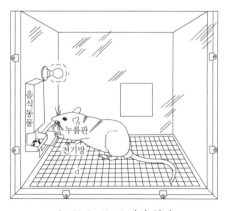

[그림 3-1] 스키너 상자

이 상자에는 ① 반응도구(지렛대, 열쇠, 원판) ② 강화 매개물(먹이, 물) ③ 자극 요인(빛, 큰 소리, 작은 전기충격) ④ 실험 유기체(쥐, 비둘기) 등이 준비되었는데, 여기에는 적당한 반응 후에 자동적으로 강화가 주어질 수 있도록 모든 장치가 자동화되어 있었다. Skinner에 의하면 이러한 방법으로 수집된 정보는 모든 유기체와 환경 간의 상호작용에 관한 정보를 밝혀 인간 행동에 있어서도 유사하게 적용될 수 있다고 하였다.

2) 학습의 정의

Skinner의 관점에서 볼 때 학습(learning)이란 곧 행동이다. 즉 어떤 주제에 대한 학습이 일어날 때는 반응의 비율이 증가하고, 학습이 일어나지 않을 때는 반응의 비율이 떨어진다. 그러므로 학습이란 반응의 가능성이나 있음 직한 일에 있어서의 변화로 정의된다. 반응의 비율은 다른 학습을 설명하는 데 있어 다음과 같은 세 가지 이점을 제공한다.

① 임의의 기준으로서 체계적이고 계속적인 행동 변화의 자료가 된다.
② 반응 비율의 중요한 특징은 행동 변화를 분명하게 분류한다.
③ 반응의 비율은 교실에서 학생들의 반응에서부터 실험실 비둘기의 반응에 이르기까지 행동에 다양하게 적용될 수 있다.

이처럼 Skinner에 의하면 학습은 곧 행동이며, 행동 변화는 기본적으로 환경 조건들과 사태의 변화와 관련이 있다. 이 행동과 환경 간의 법칙 관계는 행동 특성과 실험 조건이 과학적인 용어로 정의되었는지, 세심한 통제 조건 하에서 관찰되었는지에 의해서 결정된다고 했다.

2. 학습의 요소

Skinner의 조작적 조건화이론은 Pavlov의 고전적 조건에서 시작되었다. Skinner에 의하면 Pavlov의 모델은 어떤 특정한 자극과 연관된 반응으로 설명된다. 예를 들어 Skinner는 망치로 무릎을 칠 때 다리의 움직임이나 눈에 무언가를 넣었을 때 생기는 깜박거림 등에 대하여 유도된 반응(elicited responses) 혹은 응답 행동(respondent behavior)이라고 설명한다. 이들 반응에 대한 조건화 방법은 자극의 대용물에 의존하고 있기 때문에 Skinner는 Pavlov의 모델을 Type S조건화라고 불렀다. Type S조건화가 지닌 문제점은 그것이 행동의 극히 제한적인 범위만을 설명할 뿐, 그림을 그리거나 노래를 부르는 것과 같은 복잡한 인간 행동을 설명하는 데는 한계가 있다는 것이다. Skinner는 이와 같은 복잡한 행동들을 방출 반응(emitted response)이라고 부르며, 이들 반응들은 환경에 스스로 작동하여 어떤 결과를 생성해 내므로 조작(operant)이라 불렀다.

조작적 행동을 이해하기 위한 열쇠는 Thorndike의 효과의 법칙(자극과 반응의 관계에 있어서 반응 이후 만족한 상태가 따르게 되면 그 결합은 강해지고, 불만족의 상태가 되면 약해진다.)이다. 하지만 Skinner는 효과의 법칙이 행동 변화에 관한 그릇된 오해를 불러일으킬 수 있으며, 행동의 고유성을 충분히 설명하지 못한다고 주장하였다. 그럼에도 불구하고 다음과 같은 세 가지 구성 요소를 확인시켜 주고 있다. ① 반응의 원인 ② 반응 ③ 강화되는 결과들이 그것이다. Skinner는 학습에 있어 이들 세 가지 구성요소를 ① 변별자극(S^D) ② 반응(R) ③ 강화자극(S^{reinf})으로 설명하고, 학습의 과정을 $(S^D)-(R)-(S^{reinf})$으로 나타내고 있다.

1) 변별자극(S^D)

유기체는 처음에는 신호가 되는 모든 자극에 대해서 반응하지만, 점차 변별력이 세분화되어 자극을 구분하여 반응하게 된다. 이러한 현상을 변별자극(discriminative stimulus; S^D)이라고 한다. 예를 들어 보자. ① 비둘기로 하여금 원판에 부리를 쪼도록 훈련시킨다. ② 적색 원판과 녹색 원판 두 개를 제시한다. ③ 적색 원판을 쪼을 때만 먹이를 준다. 이러한 과정을 여러 번 반복하면 비둘기는 두 가지 자극을 변별하는 것을 배우게 되며 결국에는 적색 원판을 쪼게 된다.

이처럼 특정한 반응이 반복될 수 있는 가능성은 변별자극의 존재에 의해서 극대화된다. 인간 행동을 위한 변별자극은 개개인의 반응을 이끄는 환경에만 국한된 것이 아니다. 인간은 여러 상황 속에서 그들이 반응할 수 있는 변별자극을 만들어 낸다(예: 결심을 하거나 계획을 수립하고 진행할 때). 그리고 하나의 자극에 대한 반응에서 계속된 강화가 다른 특성에서 강화되지 않는 것을 변별자극이라고 설명할 수 있다.

한편, 공통적인 성질을 지닌 두 개 혹은 그 이상의 다른 자극들에 대하여 일관된 행동으로 반응하기를 요구한다. 이러한 상황을 Skinner는 일반화된 자극(induction)또는 일반화라고(예: 비둘기가 형광 막대나 형광 원판을 쪼는 반응, 학생들이 소문자 'p'와 대문자 'P'를 똑같은 것으로 아는 것) 불렀다.

이러한 일반화 현상은 학교 학습에서 대단히 중요한 역할을 한다. 수업시간에 교사가 제시하는 많은 수업목표와 수업내용을 어떻게 조직하느냐 하는 것을 결정하는 일은 대단히 중요하다. 한 가지 개념이나 법칙 또는 원리를 가르치면 유사한 장면에서 적용할 수 있기를 기대하는 것이 학교 교육의 바람이다.

그러나 일반화가 너무나 완벽하게 되어도 곤란해진다. 행동은 사태의 성질에 따라 구별되어 일어나야 한다. 사람은 상대방에 따라 자기 주위에 있는 다양한 자극에 대하여 구별되는 행동을 보일 줄 알게 된다. 이러한 반응이 바로 변별이다. 이러한 변별은 자극 상태에 따라 강화되기도 하고 강화되지 않기도 하는 차별 강화에 의하여 형성된다. 대부분의 교과는 차별 강화에 의해서 학습된다. 즉 학교에서 배우는 수많은 문자, 숫자, 공식, 개념 등은 모두 차별 강화를 통해서 변별학습하게 된다.

2) 강화자극(S^{reinf})

Skinner의 자극 강화에 대한 분석은 Thorndike의 효과의 법칙에서 나온 것이다. Thorndike 연구의 특성은 행동의 원인과 결과와의 관계를 잘 설명해 주고 있다는 점이다. 그러나 Thorndike는 효과의 법칙에서 '보상', '만족', '시행착오' 등의 용어를 강조하였으나 이러한 용어들이 모든 행동의 특성을 충분히 설명하지는 못한다. Skinner는 '보상'이란 용어를 '강화'란 말로 대용하고 있으며, 강화란 행동을 강하게 유지시키는 어떤 행동의 결과라고 정의하고 있다. 즉, 어떤 결과를 강화해 줌으로써 독특한 형태의 반응의 재발 가능성을 증대시킬 수 있다(예: 비둘기의 원판 쪼기 실험).

Skinner가 이렇게 강화를 학습의 주요 요인으로 강조하고 있지만, 강화도 상황 여하에 따라 학습을 유발시키기도 하고 그 반대의 경우를 낳기도 한다. 따라서 강화가 제 기능을 발휘하기 위해서는 다음 사항을 고려해야 한다.

① 어떤 특별한 사태에 대해 강화를 할 것인지 하지 않을 것인지에 대한 결정을 하기 위해서는 직접적인 실험이 필요하다.
② 어떤 특별한 방법으로 행동 변화의 효과를 거두기 위해서는 적절한 반응의 수행에 따라 강화가 이루어져야 한다.
③ 강화는 반응비를 증가시키지만, 강화하는 횟수를 줄이면 반응비율은 떨어진다. 이러한 반응비율의 감소를 소멸(extinction)이라고 부르며, 강화는 행동의 소멸을 막아 주는 기능을 한다.

그래! 나쁘지 않군! 불빛만 오면 내가 막대를 누르지…….
그러면 나에게 돈을 또 줄 테니…….

[그림 3-2] 강화의 예

3) 일차적 강화와 이차적(조건화된) 강화

(1) 일차적 강화(primary reinforcers)

훈련 없이 반응의 비율이 증가되는 경우의 자극, 즉 그 자체로 생리적 만족과 쾌감을 주는 것을 말하는데, 예를 들면 배고픈 사람에게 음식은 생리적 욕구의 만족을 주는 일차적 강화다.

(2) 이차적 강화(secondary reinforcers)

원래 강화력이 없던 중성적 자극이 강화력이 있는 일차적 강화물과 여러 번 연결됨으로써 강화력을 가지게 된 자극을 말한다. 예를 들면, Pavlov의 실험에서는 '종'이 이차적 강화다.

(3) 일반화된 강화물(generalized reinforcers)

하나 이상의 일차적 강화인과 짝 지어져 있는 이차적 강화인이다. 예를 들면, 돈은 궁극적으로 거의 모든 일차적 보상과 결합되어 있기 때문에 일반화된 강화인이다. 일반화된 강화인의 주된 이점은 그것이 어떤 특정의 박탈 조건에 의존하지 않는다는 데 있다. 예컨대, 먹이는 먹이가 박탈되어 있는 유기체에게만 강화적이지만 돈은 어떤 사람에게나 음식의 박탈과 관계없이 보상으로 쓸 수 있다. 점수, 트로피, 메달 역시 일반화된 강화인으로 분류할 수 있다.

4) 정적 강화와 부적 강화

(1) 정적 강화

어떤 행동이 일어난 직후에 주어졌을 때, 또는 그 행동이 일어나고 있는 상황에 가해졌을 때, 장차 그 행동이 일어날 확률을 높이는 자극을 정적 강화라고 한다. 예를 들어, 국어 시험에서 80점 이상을 맞을 때마다 상품을 주었을 때 학생이 상품을 주기 전보다 국어 점수가 향상되었다면, 이때 그 상품은 성적을 향상시킬 수 있는 정적 강화(positive reinforcers)가 될 수 있다.

(2) 부적 강화

어떤 행동이 일어난 직후에 제거했을 때, 또는 그 행동이 일어나고 있는 상황에서 감해졌을 때, 장차 그 행동이 일어날 확률을 높이는 자극을 부적 강화라고 한다. 예를 들면, 수업 중 주어진 과제를 완성하도록 하기 위하여 교사가 학생들에게 '30분 이내에 산수문제 20개를 다 푼 학생에게는 오늘의 숙제를 면제해 주겠다.'라고 해서 그 성취도가 높아졌다면, 여기에서 '숙제'는 과제의 성취도를 높이는 부적 강화(negative reinforcers)가 된다.

(3) 감정적 부산물

행동을 조절하기 위해서 부적 강화를 자주 사용하는 것은 피험자의 도피행위를 수반하는 바람직하지 못한 감정적 부산물을 낳게 된다. 그 감정은 보통 걱정, 불안, 공포, 두려움 등이다. 즉, 부적 강화의 경우 유기체는 단지 어떤 나쁜 상태에서 도피하기 위하여 학습할 가능성이 높아진다는 것이다. 예를 들면, 학생들이 교실에서 떠들 때 큰소리로 야단을 치면 학생들은 잠시 조용해진다. 이때 큰소리로 야단치는 것이 효과가 있으므로 교사는 학생들이 떠들 때마다 큰소리로 야단을 치게 될 것이다. 그러나 교사는 큰소리로 야단을 치는 것이 학생들의 행동을 수정하는 좋은 방법이라고 생각할지 모르지만, 학생들은 '두려움' 또는 '불안'에서 도피하기 위한 일시적인 학습 행동이 될 가능성이 높다.

5) 벌

벌(punishment)은 반응을 약화하는 절차로서, 반응을 증가하게 하는 정적 · 부적 강화와는 다르다. 흔히 벌과 부적 강화를 혼돈하는 경우가 많은데 두 개념 모두 행동에 미치는 효과로서 정의된다. 즉, 벌은 반응 빈도의 감소 효과를 나타내고 부적 강화는 증가 효과를 나타낸다.

벌에는 가감의 두 종류가 있다. 가함으로써 벌하는 것은 어떤 반응 뒤에 혐오 자극(부적 강화물)을 가하는 것이다. 예컨대, 수업 시간에 떠드는 학생을 방과 후에 청소를 시키는 것이 이에 해당한다. 감함으로써 벌하는 것은 어떤 반응 뒤에 정적 강화물을 박탈하는 것으로서, 수업 시간에 떠들면 매일 점심시간에 제공하던 급식을 주지 않는 경우가 여기에 해당한다.

벌은 다음과 같이 바람직하지 못한 결과를 초래한다.

① 벌의 효과는 일시적이라는 것이다.
② 벌은 바람직하지 않은 부수적 사태를 이끄는 결과를 초래할 가능성이 높다. 선생님께 혼나고 다른 급우들에게 화풀이로 폭력을 가하는 것이 그 예다.
③ 벌은 수반되는 혐오 자극을 줄이는 행동을 강화한다. 즉, 벌을 주면 벌

을 받게 되는 상황을 도피함으로써 벌을 모면하려고 하는 것을 말한
다. 예를 들면, 수업 중에 자리를 뜨는 횟수에 비례하여 방과 후 시간
에 과외지도를 받게 했다면 그러한 벌을 받지 않기 위해서는 수업 중
에 자리를 뜨지 말아야 하고, 교사는 이러한 것을 기대했었지만, 그 기
대와는 달리 방과 후에 남아 과외지도를 받는 것이 싫어서 아예 결석
을 해 버리는 경우가 바로 잘못된 결과를 초래한 경우이다.

④ 벌은 바람직하지 못한 행동을 감소시킬 수는 있지만 벌 자체로 바람직
한 새로운 행동을 발생시키지는 않는다. 예컨대, 급우들을 잘 때리는
아동의 행동을 벌하면 그 행동 자체는 감소시킬 수 있지만, 급우들을
때리는 행동을 중단하는 대신에 급우들과 사이좋게 지내리라고 기대
할 수는 없는 것이 바로 그것이다.

벌은 다음과 같이 유익한 결과를 초래하기도 한다.

① 벌은 바람직하지 못한 행동을 제거하는 데 효과가 가장 빠르다.
② 여러 가지 강화 방법으로도 바람직한 행동을 기대할 수 없을 때 최후
의 수단으로 효과가 있을 가능성이 높다. 또한 중요한 것은, 교사는 벌
이 어느 정도 효과를 나타내면 점차 벌 대신에 다른 정적 강화의 방법
으로 대치할 계획을 세우는 것을 잊어서는 안 된다.

〈표 3-1〉 강화와 벌의 관계

	쾌자극	불쾌자극
가해지는 경우	정적 강화	제1유형 벌
제거되는 경우	제2유형 벌	부적 강화

* 제1유형 벌: 학생이 바람직하지 못한 행동을 하지 못하도록 하기 위해 주는 불쾌자극. 학교
마다 교칙을 위반했을 때 채택하고 있는 벌칙들이다.
* 제2유형 벌: 방과 후에 집에 돌아가지 못하게 하는 벌.

3. 학습의 과정: 행동의 습득

Skinner에 의하면, 효과의 법칙은 반응과 결과의 관계를 일시적으로 설명하고 있지만 새롭고 복잡한 유형의 개발 혹은 행동의 형태는 복잡하고 세련된 강화로부터 생겨난다고 한다. 어린이가 서고 걷고 움직이는 강화는 어른이 되어서 학습하게 되는 노래, 춤, 운동을 학습하는 과정과 일치하는 것이다. 강화는 종종 반응 형태의 특별한 성질이다. 예를 들면 기술의 개발은 특별한 성질을 지닌 반응의 차별적인 강화를 요구한다. 이 차별적 강화에 의존하는 기술 유형은 스포츠 활동, 예술적 행위 그리고 시간을 요하는 어떤 게임이나 활동들을 포함한다.

여기서 차별 강화(differential reinforcement)란 여러 행동 중 어느 하나만을 선택적으로 강화하는 것을 말한다. 예를 들면 학생이 올바르게 행동할 때는 관심을 갖고 칭찬해 주고 그렇지 못한 때에는 모른 척해 버리는 것이 바로 그러한 것이다.

1) 행동 조형(shaping behavior)

복잡한 행동의 습득(예를 들면 비둘기가 공을 찬다거나, 인간이 새로운 문제를 해결하는 것 등)은 조형(shaping)이라고 부르는 과정의 결과이다. 이러한 과정은 세밀하게 설계된 변별자극의 프로그램과 행동의 형태를 변화시키기 위한 강화들을 포함하고 있다. 조형은 자연적인 상태에서는 거의 일어날 가능성이 없는 복잡한 행동도 성공적으로 이끌 수 있다는 점에서 그 중요성이 있다.

예를 들어, 동물원의 원숭이가 자전거를 탈 수 있기까지는, 원숭이가 자전거를 잡는 행동, 자전거 위에 올라타는 행동, 자전거의 페달을 밟는 행동, 자전거 위에 올라타는 행동 등 단순한 행동의 학습으로부터 점차적으로 우리가 바라는 복잡한 행동으로 순차적인 학습을 하게 됨을 알 수 있다.

복잡한 행동은 '프로그램'이라 불리는 일련의 체계적인 강화계획에 의해 만들어진다. '프로그램' 각각의 단계는 반응을 일으키게 하고, 또한 다음 단계에 반응할 준비를 하게 한다. 이러한 행동의 조형 과정을 사용할 때는 알맞은 강화가 주어져야 한다.

강화에는 시간에 의해 결정되는 시간강화(interval reinforcement)와 유기체의 반응 횟수에 의해 결정되는 비율강화(ratio reinforcement)가 있다.

〈표 3-2〉 시간강화와 비율강화의 비교표

시간강화	비율강화
• 강화가 경과된 시간에 의해 주어짐 • 고정적: 일정한 시간 간격에 따른 반응에 강화(예: 매 15초마다) • 변동적: 다양한 시간 간격에 의한 강화(예: 매 10초, 4초, 7초)	• 강화가 유기체의 반응 횟수에 의해 주어짐 • 고정적: 일정한 수의 반응에 따른 강화(예: 매 다섯 번 반응마다) • 변동적: 다양한 횟수의 반응에 따른 강화(예: 매 5번, 8번, 3번)

2) 강화계획(강화 스케줄)

(1) 고정간격 강화계획(fixed interval: FI)

일정한 시간 간격이 지난 다음에 유기체가 한 반응에 대하여 강화한다. 예컨대, 3분 간격 다음의 반응을 강화하는 것과 같다. 고정 시간 간격의 처음에는 동물이 천천히 반응하거나 또는 아예 반응하지 않는다. 시간 간격의 끝이 가까워 오면 동물은 분명히 보상의 순간을 기대하면서 반응의 속도를 점차로 증가한다.

이 계획에 있는 동물의 행동은 사람이 마감일이 가까워질 때 하는 행동과 상당히 비슷하다. 어떤 문제를 가능한 한 지연시켜 두면 마감일은 빨리 닥치고 그에 따라서 활동이 증가한다. 리포트를 준비하는 학생이 이런 식으로 행동하는 경우가 있다(예, 주급, 월급).

(2) 고정비율 강화계획(fixed ratio: FR)

유기체가 하는 일정한 반응 횟수마다 보상할 때 고정비율 강화가 일어난다. 예컨대, FR 5는 동물이 다섯 번째의 반응마다 보상받는 것을 의미한다.

즉, 언제 반응이 보상을 받느냐를 결정하는 중요한 요인은 일으킨 반응의 수이다. 이론적으로 보면, 고정간격 계획상의 동물은 간격 끝에서 꼭 한 개의 반응을 하며 반응을 할 때마다 보상을 받게 된다. 그러나 고정비율 계획에서는 이것이 불가능하다.

고정간격과 고정비율 강화계획에서는 어떤 반응이 보상을 받게 되면 대개 그 다음에는 반응률이 하락하게 된다. 이것을 강화 후 휴지(post-reinforce-ment pause)라 부른다(예, 낚시).

(3) 변동간격 강화계획(variable interval: VI)

변동간격 강화계획에서는 시간 간격이 불규칙하나 수시로 보상을 받는 경우이다. 다시 말하면, 고정간격 강화에서처럼 고정 시간 간격을 가지는 것이 아니라, 강화를 받고 즉시 다시 보상을 받을 수도 있고 혹은 30초나 7분이 지나야 보상을 받는 경우도 있다. 이 스케줄에서는 고정간격 강화에서 나타나는 선형 효과도 제거되고 안정되면서 적절하게 높은 반응률을 보인다(예, 성과급 보수제도).

(4) 변동비율 강화계획(variable ratio: VR)

강화를 얻는 데 필요한 반응의 수가 항상(恒常)적인 것이 아니다. 자동 도박기는 변동비율 강화의 좋은 보기로, 돈을 딸 수도 있겠지만 언제 딸 수 있을지는 알 길이 없다. 그러나 적중할 확률은 언제나 있기 때문에 도박을 계속하고 싶은 유혹은 크다.

변동비율 계획의 대상자들은 강화를 받은 다음에도 휴식을 취하지 않고 장기간 동안 높은 반응률을 보여 주는 경향이 있다. 이들은 언제 강화가 일어나는지 알지 못하기 때문에 계속해서 시도를 하게 된다(예, 카지노).

위의 네 가지 강화계획 중 가장 효과적인 경우는 변동비율 강화계획이다. 이 네 가지 강화계획의 효과 정도를 표로 제시하면 다음 [그림 3-3]과 같다.

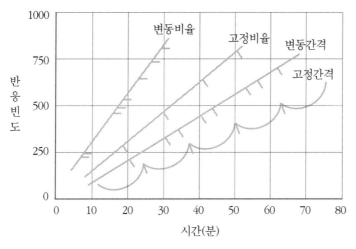

[그림 3-3] 강화계획과 그 효과

4. 수업을 위한 원리

조작적 조건화이론은 1930년대 후반 실험실에서 성립되었다. 1950년대 초에 이르러 Skinner는 그 방법론을 학교의 실제 현장에 적용하는 것에 관심을 돌렸다. 그는 교실 수업에서 아동들이 언어 반응을 증가시키는 프로그램에 조작적 이론을 적용시켰고, 이 프로그램에서 학습자는 교사의 도움이 없어도 티칭 머신의 프로그램을 해 봄으로써 학습을 할 수 있는 티칭 머신(teaching machines)과 같은 기계를 만들어 1954년 University of Pittsburgh에서 발표하였다. 그리고 Skinner는 그의 조작적 조건화 이론을 효율적으로 적용하면 교수법의 발달을 가져올 것이라고 주장하였다.

1) 수업의 성질과 기본 가정

Skinner는 교육의 역할은 후손들에게 문화를 전수하고 재생산하는 힘을 갖도록 하는 것이라고 하면서, 이런 역할을 수행하는 데 있어 교육은 다음 두 가지의 문제에 부딪히고 있다고 설명했다.

첫째, 교육은 현재보다 미래에 유용하도록 대비하기 위한 것이므로 가공적 상황에서 일어난다는 것이다. 둘째, 현대 사회에서 경제적 사회적 이익에 교육이 기여하는 바가 적고 교육이 그것을 통제하는 힘을 잃었다는 것이다.

학교에서 이러한 문제를 해결하기 위하여 아직까지도 혐오적 통제의 사용 (예: 꾸짖음, 조소, 휴식시간의 박탈, 교장실에 불려 가기 등)에 의존하고 있는데, 이러한 것에 의한 부산물(예: 냉담, 무관심, 망각, 무단결석, 문화예술의 파괴)은 더욱 문제를 심각하게 만든다. 한편으로는 교육의 효과를 최대화하기 위해서 유능한 교사를 구하거나, 모범학교를 운영한다거나, 또는 새로운 교육과정을 수립하여 그 목적을 달성하고자 하는 방법도 제기되었다. 하지만 Skinner는 이러한 것은 문제의 근원적인 해결책을 제시하지 못한다고 하였다. Skinner는 학교가 가장 중요한 기능인 학습자들의 학습을 촉진시킬 때만이 교육의 진보와 발전을 이룰 수 있다고 역설하였다.

Skinner에 의하면 교사는 교실에서 학습자들의 교과내용에 대한 기술과 지식으로 표현되는 언어적 행동을 발전하게 할 책임이 있다. 특히 다음과 같이 두 가지의 역할이 강조된다.

① 학습을 나타내는 비언어적 행동(nonverbal behavior)과 언어적 행동 (verbal behavior) 절차를 체계적으로 조직화하는 역할을 충분히 수행해야 한다.
② 흥미, 열의, 학습에 대한 동기로 언급된 그러한 행동의 가능성을 높이는 역할을 충분히 수행해야 한다.

이상과 같은 두 가지 교수의 역할은 사회에 의해 획득된 언어적 그리고 비언어적 행동들의 획득을 촉발시키기 위함이다.

하지만 교실 학습에 있어서의 전통적인 논의는 학습의 과정에 대한 세밀한 분석에 기인하지 못하였음을 지적했다. 따라서 Skinner는 교수 기술에 대하여 다음과 같은 세 가지의 기본 가정을 강조했다.

① 실험실에서 동물을 대상으로 한 실험을 교실에서도 그대로 적용할 수 있을 것이다.
② 교실에서의 학생들의 행동 양식은 다른 행동과 똑같은 방식으로 형성될 수 있을 것이다.

③ 전통적인 교실에서는 학생의 행위를 가장 교과적으로 조절할 수 있는
   강화의 우연성이 교사의 능력으로는 이루어지지 않았지만, 티칭 머신
   을 사용함으로써 매우 다양한 강화를 제공할 수 있을 것이다.

2) 수업의 구성 요소

효과적인 수업의 계획은 변별자극의 선택과 강화의 사용에 있다. 그러면
이들에 대하여 보다 자세히 살펴보자.

(1) 자극 선택

자극 변별(stimulus discrimination)과 자극 일반화(generalization)는 보다 더
복잡한 언어적 행동학습에 매우 중요한 필요조건이고 서로 상보적인 관계
에 있다. 예를 들면 'P'라는 글자를 학습하는 데 있어서 일반화의 능력이
없다면 여러 형태의 'P'가 나올 때마다 따로 학습해야 할 것이다. 한편, '엄
마'와 '이모'를 혼동하던 아동이 점차 이모를 변별하게 되는 능력 또한 언
어학습에서 대단히 필요한 조건이라고 할 수 있다. 따라서 학생들의 행동은
여러 가지 자극에 의해 통제되도록 한다(한 가지 자극만을 고집하지 말아야 한
다.). 교실이라는 사회적 환경에서는 변별자극에 의해 언어적 또는 비언어적
현상이 다양하게 생겨날 수 있다. 좋은 학급 경영을 위해서는 비언어적 자
극을 사용할 수 있고, 이렇게 함으로써 언어적 지시를 줄일 수 있다(예: 교실
에서 색깔이 있는 이름표를 사용하는 것 등).

(2) 강화의 제공

강화는 학생이 바람직한 반응을 했을 때 즉각적으로 주어져야 효과적이다.
학교 현장에서는 학생들이 일정한 수준에 도달하도록 하기 위해 점수표와
같은 조건화된 강화를 사용한다. 그러나 이러한 강화와 강화 이외의 행동들
간의 구별을 잘할 수 없으므로 다음과 같은 부가적인 강화가 필요해진다.

① 자연적 강화

강화를 효과적으로 사용하려면 교실에서 사용할 수 있는 강화물에는 어떤

것이 있는지 미리 조사해야 한다. 예를 들면 기계로 작동하는 장난감이라든지 무엇을 설명한 단어 찾기, 일시적 혼란을 해결하기, 행동의 다음 단계로 넘어가는 기회를 제공하기 등이 포함된다. Premack의 연구결과에서는 아이들이 좋아하는 행동을 이용하여 덜 좋아하는 행동을 변화시켜 줄 수 있다는 것을 보여 준다(예: 숙제를 다 끝내면〈덜 좋아하는 일〉, 컴퓨터 게임을 해도 좋다〈더 좋아하는 일〉.).

② 고안된 강화

그러나 교육은 인위적인 환경 속에서 일어나고 그것은 학생 세계의 극히 일부분에 지나지 않는다. 따라서 전적으로 자연적 강화에 의존하는 것은 불가능하므로 고안된(준비된) 강화가 중간 역할을 해 주어야 한다. 예를 들면 언어적 비평, 금박으로 만든 별, 자유시간 등이 여기에 해당된다.

③ 강화의 시간

강화의 효과에 있어서 중요한 것은 강화자극을 주는 시간(시점)이다. 즉, 피험자가 혼자서도 행동을 잘하는 한 주의를 기울이지 말고, 단지 그 학생이 문제를 일으키기 시작하는 순간에만 그에게 주의를 돌리는 것이다. 교실에서 교사의 관심은 종종 좋은 강화물이 된다.

사실, 학생들이 참여를 하도록 하는 것은 중요한 것이지만 훌륭한 수업은 학생들이 책을 읽고, 설명을 듣고, 문제를 푸는 등의 일을 한 후에 강화를 주는 것이다.

④ 혐오 통제의 사용

교실 통제의 종류에는 종종 혐오자극을 적용하는 것과 정적 강화를 제거하는 것 등이 있을 수 있다. 혐오자극으로는 비웃음, 비판, 방과 후 남기 등이 있으며, 일반적으로 학교 생활에서 나타나는 혐오자극은 행동에 영향을 주게 된다.

⑤ 혐오 통제와 관련된 문제들

혐오 통제와 관련된 문제로는 감정적 반응과 벌이 있다. 감정적 반응은 도피행위와 혐오 통제의 부산물이다. 도피행위에는 망각, 산만함, 무단결석, 파괴행위 등이 있고, 감정적 부산물로는 냉담, 불안, 화, 분노 등을 들 수 있다. 한편 벌이 긍정적 행동을 이끌어 내지 못한다는 점에서 그것을 적절히 사용할 때만 효과적으로 나타난다는 것에 주의해야 한다.

5. 학교 교육에 적용

1) 수업 이론의 제 측면

(1) 수업목표의 측면

수업목표는 일정 수업과정을 통해서 성취하고자 하는 목표 행동으로 규정된다. 목표 행동은 수업이 끝난 후에 학습자가 보여 줄 도착점 행동을 말한다.

Skinner는 이러한 도착점 행동(terminal behavior)의 진술은 구체적이고 명료해야 한다고 주장하고 주로 관찰 가능한 행동을 학습의 대상으로 정했다. 그리고 관찰이 어려운 것은 객관성이 없으므로 학습의 대상에서 제외할 것을 주장한다. 이러한 원칙은 Skinner의 정신과 합치되는 Mager의 목표진술 방식에서 찾아볼 수 있다. Mager에 따르면 수업목표에는 ① 관찰 가능한 학습자의 도착점 행동 ② 도착점 행동이 일어나는 상황이나 조건 ③ 도착점 행동이 어느 정도까지 이르러야 수락할 수 있는가 하는 기준(acceptable standard)이 명시되어야 한다고 주장한다.

관찰 가능한 행동의 진술에서 진술 내용과 표현이 추상적이고 명시성의 정도가 미흡하여 애매하게 해석될 가능성이 높은 말은 가능하면 사용을 피할 것을 주장한다. 즉 일반적 교수목표의 진술보다는 명시적 교수목표 진술 방식을 강조한다.

한 시간의 수업 시간 동안 다루어질 어려운 수업목표는 내용적으로 세분화된 단편적 토막에 해당된다. 학생의 구체적 반응이 요구되는데, 이들 토막으로서의 수업목표는 프로그램 수업 자료를 작성할 때 학생이 반드시 거쳐야 할 징검다리 구실을 한다. 이런 징검다리 구실을 하는 프레임을 준거 프레임(criterion frame)이라 부른다. 한 프로그램 수업 자료는 보통 40~50스텝(또는 프레임)으로 구성되며, 이 속에는 5~6개의 준거 프레임이 포함되어 있다. 이 프레임이 바로 수업에서 학생이 도달해야 할 세부 수업목표다.

(2) 개인차의 측면

개인차 측면에서 Skinner의 기본 가정은 긍정적인 면과 부정적인 면을 모두 지니고 있다. 작동적 조건형성 모형을 이용하게 되면 누구나 궁극적인 목표 행동에까지 도달할 수 있다고 생각하는 것은 도달 가능성에 대한 개인차를 인정하지 않은 경우다. 그러나 목표에 도달하는 데 소요되는 시간, 즉 학습 진도에는 개인차가 있다고 믿는다. 이러한 학습 속도의 개인차는 더 많은 강화와 조건형성으로 극복할 수 있다고 주장한다. 학습 속도가 느린 학생은 강화와 조건형성 절차를 더 줌으로써, 즉 학습 환경 내지 학습 조건을 조정함으로써 모든 학생들이 완전학습을 이룰 수 있다고 믿는다.

이러한 개인차를 극복할 수 있는 효과적인 장치로는 티칭 머신이 있다. 티칭 머신은 학습자 개개인에게 융통성과 자기 속도에 맞추어 진행할 수 있도록 해 준다.

(3) 동기 형성의 측면

동기란 유기체 자체 내에서 어떠한 목표를 추구하는 행동을 하게 하는 상태나 태세를 말한다. Skinner는 개인의 욕구 수준에 따라 반응 정도는 달라지지만 욕구 수준의 정도가 소거를 막기 위한 자극 강화의 효과를 결정하지는 못한다고 믿는다. 그러나 여기에는 해결되지 않은 문제가 있는데, 강화물이 효력을 발생하기에 적절한 욕구 수준의 하한계가 분명하지 않은 점이다. 그래서 Skinner는 개인의 내재적 동기에 대해서는 관심을 적게 가졌으나, 효과적인 학습을 위해서는 외재적 동기가 큰 비중을 차지한다고 하였다. 이것은 Skinner의 실험에서 작동이 있은 후에 강화를 하여 행동 변화가 일어난다고 보기 때문에 시간적으로 행동 앞에 있게 되는 개인의 내재적 동기를 인정하지 않는다는 의미다. 이러한 외적 강화에 의한 동기 형성을 하는 데 있어서도 일반적으로 강화는 행동이 보인 직후에 했을 때 동기 형성이 잘 된다고 보았다. 이 원리는 프로그램 수업 자료에서 볼 수 있다.

(4) 수업 계열 및 형태의 측면

Skinner에 따르면 수업 계열은 일정성이 없는 것처럼 보여 학습과제를 복잡성, 난이성, 논리성의 규칙에 의해 배열하였을 때의 효과에 대해서 회의적이다. 그러나 그의 조작적 조건형성 모형과 그 응용인 '프로그램 수업'에 포함된 원리에서 제시되는 것은 다분히 설명적 수업 형태를 취하고 있다. 하나의 수업목표에 관련된 여러 프레임에서 정답이 먼저 제시되거나 암시와 단서를 많이 제시한 후 학생으로 하여금 반응하도록 요구하고 있다. 그러나 Skinner의 설명식 수업은 후반부에 학생의 반응을 많이 요구하는 방향으로 전환된다. 또한, 수업 형태가 설명형이라 하더라도 그 계열은 귀납법과 연역법을 모두 사용하고 있다. 한 학습과제를 놓고 볼 때 전체적으로 보면 귀납적인 순서에 따라 진행하는 것이 일반적이지만, 세분하여 가르치는 가운데는 이것이 일정하지 않다. 그러나 이것에 관계없이 Skinner가 취한 접근 방식은 점진적 접근이다. 그것이 객관적으로 복잡하든 어렵든 관계없이 각자의 학습 속도에 따라 학습을 진행할 수 있도록 되어 있는 것이다.

(5) 수업사태의 측면

수업사태(events of instruction)는 교사, 교과서 저자, 수업설계자, 자율 프로그램 설계자 등이 학습이 일어나도록 학습자에게 제공하는 외적 환경을 말한다. 좀 더 구체적으로 표현하면, 수업사태는 학습이 일어나도록 학습자에게 제공하는 자극사태를 말한다.

Skinner는 일반적 수업사태의 첫 단계로, 주의집중을 위해 학습과제를 매우 쉽게 제시해야 한다고 했다. 학생이 이미 알고 있으리라 생각되는 것부터 시작하거나 또는 단서나 암시를 충분히 주는 형식이 여기에 속한다. 이런 방식은 학생의 내적 동기를 유발하기 위해 의식적으로 환경을 조성해 주는 형식이다.

Skinner는 단 한 번의 지시로 일어나는 학습은 없다고 가정하며 계속적으로 필요한 양만큼 새로운 자극을 통해 암시를 조절할 것을 강조한다. 그리고 마지막에 가서는 암시가 제거된 채 학생이 자율적으로 변별자극의 조절에 따라 각각 다르게 반응하도록 하는 방법을 취한다.

(6) 수업평가의 측면

Skinner는 원래 수업목표가 관찰할 수 있는 행동 변화였기 때문에 평가에 대한 관심도 목표 행동을 달성하겠느냐에 두었다. 따라서 학습자에게 볼 수 있는 구체적 지식이나 기능이 주로 그 영역에 속한다.

수업평가를 위한 방식은 수업과정의 종합화 형식을 취한다. Skinner는 수업평가를 따로 하는 것보다는 수업 결과를 평가하여 그때마다 재투입하는 형식을 주장한다. 이 방식은 형성평가의 개념과 가깝다고 할 수 있다. 일련의 수업이 끝난 후에도 목표 행동의 형성을 확인하는 평가를 하는 것으로 상정할 수 있다. 그것은 프로그램 수업에서 최종적으로 확인 프레임을 설정하는 것과 준거 프레임을 두는 데서 이해할 수 있는 것이다.

2) 수업의 실제

교실 수업에서는 적절한 강화의 사용이 필요하고 또한 개별화된 학습 자료의 개발이 요구된다. 이러한 방법과 자료가 있어야 효과적인 수업을 실시할 수가 있다.

(1) 긍정적인 수업 분위기로 발전시키기

토큰 기법(token economy)과 같은 분명한 접근이 복잡한 교실 수업에서는 필수적이다. 교실 상황에 있어서 Skinner가 강조하는 긍정적 수업 분위기로 발전시키기 위해서는 다음과 같은 단계를 따르도록 요구하고 있다.

- 1단계: 현재의 학습 환경을 정확하게 분석한다.
- 2단계: 잠재적인 정적 강화의 방법을 구체화한다.
- 3단계: 변별자극과 강화를 포함하여 교실에서 최초로 도구화된 행동적 계열을 선택한다.
- 단계4: 앞의 3단계를 실천하고 필요에 따라 그에 따른 기록을 유지한다.

(2) 프로그램 수업(Programmed Learing)

이러한 Skinner가 개발한 프로그램 학습의 특징은 다음과 같이 요약될 수 있다.

① 학습내용이나 문제 제시는 쉽게 답할 수 있도록 스텝(step) 혹은 프레임으로 되어 있다.
② 각 스텝 혹은 프레임마다 학습자의 반응을 유도한다.
③ 학습자의 반응에 따라 피드백해 주며, 오답인 경우 원인을 알고 정정할 수 있는 분리된 처방을 제공한다.
④ 학습내용과 관련된 문제 해답에 도움을 주는 힌트나 단서를 사용하여, 힌트를 점차적으로 제거하여 가는 페이딩(fading) 기법을 사용한다.
⑤ 각 프레임을 작은 스텝으로 고안해 정답률을 높이고 학습자의 성취감을 높여 강화의 횟수를 높인다.
⑥ 자극-반응 관계를 반복적으로 제시함으로써 적극적인 학습 참여를 유도하고 주의집중을 높인다.

따라서 프로그램 학습은 개인차 극복에 도움이 되며, 개인의 학습 결손에 대한 교정 지도를 효과적으로 시행하게 한다.

그리고 위의 특성에서도 볼 수 있듯이 프로그램 학습의 원리는 학습자 검증의 원리, 개인 페이스, 적극적 반응의 원리, 즉시 확인의 원리, 스몰 스텝의 원리 등과 같은 수업의 원리들이 내포되어 있다. 이를 좀 더 자세히 제시하면 다음과 같다.

① 점진적 접근의 원리

학습과정은 쉬운 것에서부터 점차 어려운 것으로 밟는 것이 중요하며, 이 진도의 단계가 작을수록 학습은 더욱 쉽게 됨.

② 적극적 반응의 원리

학습자 개개인 교재에 대하여 능동적으로 참여하고 활동함으로써 학습은 잘 이루어짐.

③ 즉시 확인의 원리(강화의 원리)

반응이 올바를 때, 정반응임을 곧 알려서 즉시 강화하여 주면 그 반응은 잘 정착되며 오반응일 때도 이를 곧 알려 주면 쉽게 교정됨.

④ 학습자의 검증의 원리

학습자 개개인의 학습 반응에 관한 정확한 기록을 기초로 검증한 뒤에 적절한 내용이 되도록 수정해 가야 함.

⑤ 자기 진도의 원리

학습은 개별적으로 자기 진도에 맞는 학습이 되도록 꾸며져야 함.

3) 이론의 개괄 및 장단점

Skinner는 Pavlov의 고전적 조건화 모델과 Thorndike의 도구적 조건화이론에 의해 주장되었던 모순적인 내용을 재정리하고 있으며, 이러한 Skinner의 연구는 실험실과 교실에서의 행동 변화를 서로 관련시킬 수 있는 체계를 확립했다.

Skinner는 퍼즐박스와 올바른 목표 지점을 찾아갈 수 있도록 제작된 미로 등에서 동물들을 대상으로 전형적인 실험을 하였다. 여기에서 그는 동물들이 자극-반응-강화의 연속적인 강화계획을 통해서 의도된 행동을 형성할 수 있음을 발견하였다. 그리고 효과적인 학습을 위해서는 프로그램 학습이 필요함을 강조하였다.

또 그는 누구나 목표에 도달할 수 있음을 강조하였으며, 단지 목표를 달성하는 데 걸리는 시간의 개인차를 인정하고 있다. 그리고 이러한 학습 속도의 개인차는 더 많은 강화와 과학적인 조건형성으로 극복할 수 있다고 주장하였다.

(1) 이론의 단점

Skinner의 이론의 단점은 다음과 같다.

첫째, 복잡한 인간 행동의 실험적 분석에 대한 설명이 불충분하다. 좀 더 자세히 말하면, 잠재적 강화의 다양성에 따른 차이를 검증하는 절차가 개발되지 않았는데, 이것은 인간 능력의 잠재성을 무시한 결과이다.

둘째, 교실에서 학습의 척도로서의 반응 빈도는 비교적 단순한 행동들에만 적용이 가능하고 복잡한 행동들(예: 병을 진단하고 세금을 계산하는 등)에 있어서의 반응 빈도의 향상에는 큰 도움을 주지 못하였다.

(2) 수업 발전을 위한 기여

Skinner의 이론이 학교 수업에 기여하는 바는 다음과 같이 세 가지로 나눌 수 있다.

첫째, 복잡한 학습을 위해서 순차적인 학습이 되어야 하는데, 그 시발점을 제시해 주었다.

둘째, 기존의 교실 관찰을 통해서 강화계획에 일관성이 없고 개연적이지 못한 잘못된 강화를 사용하고 있음을 지적하였다.

셋째, 프로그램 학습이 적절히 실행된다면 교실에서 개인차를 극복함에 많은 도움을 줄 수 있음을 검증해 냈다.

요 약

1. Skinner는 Pavlov와 Thorndike의 고전적 조건형성이론에 의해 주장되
   었던 모순적인 내용을 정리하였으며, 그의 연구는 실험실과 교실에서의
   행동 변화를 서로 관련시킬 수 있는 체제를 확립했다.

   ① 행동 변화는 환경 조건과 사태들 간의 상호작용 관계다.
   ② 학습은 증가된 반응 빈도수로 나타나는 대표적인 행동의 변화다.
   ③ 학습결과는 새로운 반응들(행동들)이 그 증거가 된다.
   ④ 학습을 위한 세 요소는 변별자극(S^D)–반응(R)–강화자극(S^{reinf})이다.
   ⑤ 복잡한 반응의 상태를 발전시키기 위해서는 자극–반응–강화의 순서로
      계획을 세워야 한다.
   ⑥ 수업 계획의 실제에 있어서 주요한 논쟁점으로는 자극 통제의 전이, 강
      화 시간 간격, 벌의 회피 등을 들 수 있다.

2. Skinner 이론의 단점으로는 복잡한 행동에 적용하는 것이 어렵다는 점을
   들 수 있으며, 이 이론이 학교 교육에 끼친 공헌으로는 개별화 학습의 이
   론적 대안을 제시하였다는 점 등을 들 수 있다.
3. Skinner 이론의 대표적인 예로 티칭 머신과 프로그램 학습을 들 수 있다.
4. 프로그램 학습의 자료 개발을 위해서는 1) 점진적 접근의 원리 2) 적극적
   반응의 원리 3) 즉각적 피드백의 원리 4) 자기 진도의 원리 등이 잘 반영
   되어야 한다.

제4장

Gagné의 학습조건이론

학습력 | 학습의 구성 요소(언어 정보, 지적 기능, 운동 기능, 태도, 인지 전략) | 학습단계
| 필수적·보조적 선수요소 | 절차 | 학습위계 | 수업 설계 | 학습과제 분석 | 개인차 | 준비성 | 동기

Robert M. Gagné
(1916~2002)

학습의 현상과 교수의 과정을 접목해 가면서 교수·학습에 대한 이론적인 측면과 실존적인 측면을 체계적으로 연구하고 정리해 놓은 문헌은 거의 찾아보기 힘들다. 이러한 연구 주제와 관련하여 일생 동안 헌신해 온 학자가 바로 Gagné이다. Gagné는 미국 브라운 대학에서 박사 학위(Ph. D)를 받고 난 후 50여 년간 학습 현상과 교수 방법에 관하여 연구를 수행하여 온 세계적으로 유명한 학자다. 그의 학술 연구의 대부분은 '학습의 조건과 교수 이론'에 초점을 맞추어 이루어졌다고 해도 과언이 아니다.

Gagné는 교수 모델을 제시하지는 않았지만 학습의 주요 변인들에 대한 사려 깊은 분석과 이러한 변인들을 고려하여 수업을 어떻게 조직해야 할 것인가에 대하여 설명하고 있다. 그는 여러 가지 종류의 학습 수준 사이의 관계와 학습목표를 분류하여 구체화할 수 있는 '학습이라 불리는 변화의 다양성'을 포괄적으로 제시하는 데 크게 공헌하였다.

이 장의 학습목표는 다음과 같다.

1. 학습의 정의를 말할 수 있다.
2. 다섯 가지 학습 영역을 설명할 수 있다.
3. 아홉 가지 학습단계를 설명할 수 있다.
4. 학습위계를 설명할 수 있다.
5. 학습과제 분석에 대해 말할 수 있다.
6. Gagné의 학습위계가 실제 수업에 주는 시사점을 말할 수 있다.

1. 학습의 정의와 기본 가정

Gagné에 의하면 포괄적인 학습 이론에서 가장 중요한 점은 인간 학습의 복잡성을 설명하는 요소를 밝히는 데 있다. 다른 이론가들은 학습과정에 대해 독특한 설명을 하고 나서 그 과정을 인간 학습에 맞추고자 한 반면, Gagné는 인간이 수행하는 다양한 기능들을 분석하고 나서 그 다양성을 설명한다.

1) 학습에 관한 기본 가정

인간 학습의 일반적 본질과 학습과정의 특수한 성질에 있어서 Gagné가 전제로 하는 기본 가정은 다음과 같다.

(1) 인간 학습의 본질

Gagné의 학습 개념에는 여러 요소들이 포함되어 있다. 그 가운데 가장 핵심이 되는 요소는 학습과 발달의 관계 그리고 인간 학습의 다양성이다.

① 학습과 인간 발달

인간 발달에 미치는 학습의 역할에 대해 Gagné의 '성숙적 준비성 모형'은 Piaget의 '인지발달 모형'과는 다른 견해를 가지고 있다.

성숙적 준비성 모형에서는 학습이 효과적으로 이루어지기 위해서는 그 전에 어떤 성숙이 이루어져야 함을 기본 전제로 하고 있으나, Piaget의 인지발달 모형에서는 지적 발달이란 논리적 사고의 복잡한 형태를 점진적으로 내면화하는 것이라고 보았다. 즉, 학습은 논리적 사고의 발달에서 요구되는 인지적 적응에 기여하는 것으로 보았다. 그러나 Gagné는 학습에 우선적인 역할을 부여하여 학습이 개개인의 발달에 중요한 인과적 요인이 됨을 강조하고, 인간의 행동 발달은 학습의 누적 효과로부터 생겨나는 것이라고 정의했다.

② 누가적 학습 모형

인간 발달에 있어서 학습의 중요성은 다음 두 가지 특징으로 강조된다.

하나는 개개의 인간 학습이 다양한 상황으로 '일반화' 된다는 점이며, 또 하나의 특징은 그것이 '누가적' 이라는 것이다.

Gagné가 기본적으로 가정하는 누가적 학습이란, 비교적 특정한 내용을 학습하였다 할지라도, 모든 지적 기능은 학습의 심리 과정이 다른 많은 기능들의 학습이나 예전에 부딪혀 본 적이 없는 많은 문제들의 해결에 전이되는 것을 통해서 일반화된 것으로 규정한다. 즉 학습된 많은 기능들은 더 복잡한 기능의 학습에 기여한다. 지적 발달이란 학습능력의 구조를 점차로 복잡하고 흥미롭게 만들어 가는 것이라고 할 수 있다. 즉 단순한 능력들은 더 복잡한 능력의 학습에 기여하며, 또한 다른 상황으로 일반화되어 그 결과 점차로 지적 완성이 이루어지는 것이다.

③ 인간 학습의 다양성

Gagné는 이전의 학습 이론들은 인간 학습의 본질을 한정된 관점에서 보았다고 그 문제점을 지적한다. 즉 행동주의학습이론에서는 복잡한 기능을 학습하는 인간의 능력을 설명해 주지 못함을 문제점으로 지적했다. 그리고 인지주의학습이론에서는 학습의 진정한 본질을 형태심리학의 통찰 경험이라고 보기 때문에 이 관점에는 두 가지 문제점이 있다고 지적했다. 첫째, 그들은 어떤 교과에서 새로운 관계를 우연히 보게 될 때 학습이 일어난다고 여기지만, 통찰이란 자연적으로 일어나는 것이 아니다(예: 무게와 중력의 관계). 둘째, 형태이론이 모든 학습을 다 설명해 주지 못한다는 점이다(예: 외국어 말하기 학습과 읽기 학습은 통찰의 결과 일어나는 것이 아님).

이상의 간략한 분석에 따르면, 학습이란 단순한 과정이 아니다. 연합학습이나 문제해결학습은 그 어느 것도 어느 한쪽이 다른 한쪽을 대신할 수 없다. 즉 연합학습은 통찰로 설명할 수 없고 문제해결학습은 자극 요소의 연결로 설명할 수 없다. 결국 한 학습 이론에서 제시하는 인간 학습의 본질을 모든 학습에 적용시킬 수는 없는 것이다.

(2) 학습의 정의

인간의 학습능력으로 생기는 행동 양식은 무수히 다양하다. 인간 학습이 정말로 복잡하고 다면적인 과정이라면 그것을 어떻게 정의하면 될까?

학습은 개개인이 사회 구성원으로서 그 역할을 완수하도록 하는 심리적 기제다. 학습의 중요성은 획득된 모든 기능, 태도, 가치에 대해 책임지는 데 있다. 따라서 학습—Gagné는 이를 학습력이라고 부름—은 다양한 행동을 낳으며, 다양한 행동들은 학습(능력)의 결과로 생기는 것이다. 이때 학습력은 환경의 자극과 학습자의 인지 과정으로부터 획득된다. 학습이란 새로운 능력을 획득하기 위해 요구되는 정보처리 단계로, 환경의 자극을 변형시키는 인지 과정의 집합이라고 할 수 있다. 따라서 Gagné는 "학습이란 인간의 성향(disposition)이나 능력(capability)의 변화가 일정 기간 지속적으로 유지되는 상태를 말하며, 단순히 성장의 과정에 따른 행동 변화는 포함하지 않는다."고 말한다. 소위 학습이라 일컫는 변화는 행동면의 변화를 지칭한다. 그리고 학습되었다는 사실은 학습 상황에 처하기 전의 행동과 일련의 교수 처방이 이루어진 후에 형성된 행동 변화를 비교해 봄으로써 확인될 수 있다. 행동 변화란 일정한 기간 동안 변화된 행동이나 능력을 유지하고 있어야 됨을 말한다.

2. 학습의 구성 요소

Gagné는 인간 학습을 언어 정보, 지적 기능, 운동 기능, 태도, 인지 전략 등 다섯 개의 영역으로 구분한다. 이렇게 학습된 능력들은 학습자들의 수행면에서도 다를 뿐만 아니라, 이러한 능력들을 학습하는 데 요구되는 가장 적절한 학습의 조건들도 다르다. 각각의 학습 영역에 따라 서로 다른 선수 기능과 인지적 처리 단계가 요청되는 학습의 내적 조건과 학습자의 인지 과정을 도와주도록 요청되는 환경적 자극인 학습의 외적 조건이 그것이다.

외적 조건은 수업의 관점에서 면밀하게 준비된 것으로 수업사태라고도 하며, 그 역할은 학습과정(내적 과정)을 돕는 데 있다. 학습의 외적 조건은 '수업의 원리'에서 논의될 것이며, 여기서는 학습의 구성 요소만 논의될 것이다. 학습의 구성 요소에는 다섯 가지 학습 영역, 각 학습 영역의 선수 기능, 각 영역의 기능 학습에 요구되는 인지 과정이 있다.

(1) 다섯 가지 학습의 영역

1960년대에 수업목표를 밝히고자 했던 여러 학자들은 학습을 통해 획득되는 행동들이 몇 가지 유목으로 분류된다는 데에 의견을 같이했다. Gagné 역시 수업에 필요한 특수한 조건을 결정하는 행동 범주를 밝히고자 했다. 그러나 인간 학습의 다양성을 체계적이고 포괄적으로 설명한다는 것은 어려운 일이며, 학습 영역의 분류는 다른 상황에서 일반화하지 못한다는 데에 문제가 있다. 그러므로 학습 영역의 분류가 유효하려면 그것이 교과 영역, 교실, 학년 수준에 따라 일반화할 수 있어야 하고, 그 영역들은 수업 조건에 따라 달라야 한다.

Gagné에 의해 밝혀진 다섯 영역은 위의 준거에 잘 들어맞는다. S-R연합과 통찰 경험이 그러한 것처럼 이들 영역 가운데 어느 하나라도 대치될 수 없으며, 나아가 연합과 통찰로서 설명될 수 없었던 인간 학습의 정도를 제시해 준다. Gagné와 Briggs는 학습 영역을 '학습력'이라 부르는데, 그 이유는 이를 통해 학습자가 어떤 수행을 할 것인가 예언할 수 있기 때문이다. 다섯 가지 학습 영역을 구체적으로 살펴보면 다음과 같다.

① 언어 정보

언어 정보(verbal information)는 언어로 표현될 수 있는 정보를 말한다. 이는 사물에 대한 이름이나 사실에 대한 진위를 언급하는 단일 명제와 여러 개의 명제들이 유의미하게 조직된 지식을 가리킨다는 뜻에서 명제적 지식 또는 선언적 지식이라고 부른다.

언어 정보는 학교 교과내용의 많은 부분을 차지하며, 특정 교과 내의 계속적인 학습을 위해서는 꼭 필요하다. 인간이 선대로부터 전수하여 누적된 세계 및 인류 역사적 사건, 문학, 예술에 나타난 문명과 문화 또는 실제의 사건에 관한 정보를 체계적으로 조직한 정보체를 지식이라 부르며, 이 지식은 한 교과 내에서 계속적 학습뿐만 아니라 일반적 사고의 발달을 위해 필요하다.

◉ 언어 정보의 종류
- 이름(names) 혹은 명칭(labels): 장미, 호랑이와 같이 어떤 대상이나 그 유

목에 대하여 일관된 언어 반응이나 이름이 적용되는 것이다.

- 단순 명제 혹은 단순 사실: 둘 또는 그 이상의 사물이나 사건과의 관계를 구두로 말하거나 글로 진술하는 것이다.
- 의미 있게 조직된 명제의 집합체(조직된 정보): 학습된 정보를 요약하여 말하거나 바꾸어 말하거나 보고하는 것으로, 정보의 재진술만이 속한다 (예: 성서에 실린 이야기와 법령의 내용).

② 지적 기능

지적 기능(intelligence skills)이란 방법적 지식 또는 절차적 지식으로 여러 가지 기호나 상징(숫자, 문자, 단어, 그림, 도표)을 사용하여 환경과 상호작용할 수 있는 능력이다. 이 기능은 학교 교육에서 가장 강조하고 있고 또 가장 많은 부분을 차지하는 것이라 볼 수 있다. 지적 기능은 '무엇 무엇을 안다'는 것과는 달리 '무엇 무엇을 할 수 있다'는 것이다. 따라서 지적 기능은 언어적 정보나 지식과 분명히 구별할 필요가 있는데, 그 차이는 삼각형의 정의를 단순히 재생해서 재진술할 수 있다는 것(정보, 지식)과 삼각형의 정의를 사용할 수 있는 것(지적 기능)의 관계로 설명할 수 있다.

지적 기능의 학습을 위해서는 외적 조건보다는 내적 조건의 준비가 더 필요하다. 이는 어떤 기능의 학습에 전제되는 선행 기능의 선행학습이 무엇보다도 중요하다는 것이다(사물의 변별, 선행학습→개념→원리→문제해결). 다른 학습 영역과는 달리 지적 기능은 변별 학습, 구체적/정의적 개념 학습, 원리(규칙) 학습, 고등규칙 학습(문제해결 학습)의 네 가지 개별적 기능으로 분류된다.

③ 운동 기능

운동 기능(motor skills)은 네모 그리기, 자전거 타기 등과 같이 비교적 단순한 것에서 피아노 치기와 같이 비교적 복잡한 수준에 이르는 것으로 되어 있다. 이것은 장기간의 반복적 연습을 통해서 잘 학습되며, 파지에 미치는 영향도 크다. 복잡한 운동 기능은 부분적 운동 기능의 단위로 분석되며, 이들 부분 기능의 학습이 선행될 때 전체적 운동 기능의 학습이 촉진된다.

④ 태도

태도(attitudes)는 개인이 여러 종류의 활동들 가운데 어느 것을 선택하는 데 영향을 주는 능력이다. 즉, 학습자가 여러 종류의 활동, 대상, 사람 중에서 싫어하거나 좋아하는 또는 찬성하거나 반대하는 등의 행위를 선택하도록 하는 내적 상태를 말한다. 태도는 연습이나 유의미한 언어적 설명에 의해 학습되는 것이 아니다. 이는 개인이 한 행동에 대해 직접적으로 보상을 제공해서 학습하는 방법이 있는가 하면, Bandura가 강조하는 대리적 강화(vicarious reinforcement)에 의해 학습되기도 한다.

⑤ 인지 전략

인지 전략(cognitive strategies)은 개인의 학습, 기억, 사고 행동을 지배하며 내재적으로 조직된 기능으로서 개념과 규칙의 활용을 조정해 주고 점검해 주는 기능을 한다. 즉 학습자 자신의 내재적 정보처리 과정을 조정·통제하는 기능이다. 내재적 정보처리 과정은 ① 주의집중과 선택적 지각 과정 ② 입력된 정보를 장기 저장하기 위해서 들어온 정보를 부호화하는 과정 ③ 재생 과정 ④ 문제해결 과정이다. 다시 말하면 학습자들은 학습하는 방법, 기억하는 방법, 학습을 촉진시켜 주는 반성적 사고와 분석적 사고를 수행하는 방법을 배운다. 학습자는 계속적으로 배워감에 따라서 점차로 자기교수(self-instruction)를 할 수 있게 되며, 나아가 독자 학습(independent learning)을 할 수 있게 된다. 이것은 학습자가 자신의 내재적 과정을 조정할 수 있는 효과적인 전략들을 점차로 획득하게 되기 때문이다. 즉 인지 전략이란 학습자들이 이전에 경험하지 않았던 문제 상황에 자신이 가지고 있는 지식과 기능을 사용하는 방법을 말한다. 쉽게 말하면 '자신의 머리를 활용하는 방법'을 말한다.

언어 정보와 지적 기능의 학습에서는 그 대상으로서 직접적으로 관련된 내용이 있는 데 반해, 인지 전략의 학습에서는 학습자 자신의 사고 과정이 인지 전략의 대상이 된다. 그리고 지적 기능과는 달리 그것이 매 시간의 수업에서 결정적으로 영향을 받지 않는다는 점이다. 대신 인지 전략은 비교적 오랜 기간을 거쳐 발달한다.

이상의 다섯 가지 학습 영역을 요약하면 〈표 4-1〉과 같다.

〈표 4-1〉 다섯 가지 학습 영역

학습 영역	학습된 능력	성취 행동	예
언어 정보	저장된 정보의 재생 (사실, 명칭, 강연)	어떤 식으로 정보를 진술하거나 전달하기	애국심의 정의를 의역하는 것
지적 기능	개인이 환경을 개념화하는 데 반응하도록 하는 정신적 조작	상징을 사용하여 환경과 상호작용하기	빨간색과 파란색을 구별하는 것, 삼각형의 면적을 계산하는 것
인지 전략	학습자의 사고와 학습을 지배하는 통제 과정	기억, 사고, 학습을 효율적으로 관리하는 것	기말과제를 작성하기 위해 목록 카드를 개발하는 것
운동 기능	일련의 신체적 움직임을 수행하기 위한 능력 및 실행 계획	신체적 계열이나 행위 시범 보이기	구두끈을 묶거나 배영을 시범 보이는 것
태 도	어떤 사람, 대상, 사건에 관해 긍정적이거나 부정적인 행위를 하려는 경향	어떤 대상, 사건, 사람에 대하여 가까이 하거나 멀리 하려는 개인적 행위 선택하기	록 콘서트에 가지 않고 대신 미술관을 방문할 것을 선택

(2) 필수적 선수학습요소와 보조적 선수학습요소

다섯 가지 학습 영역은 학습에서 요청되는 내적 상태에 있어서 서로 다르다. 이 내적 상태는 성공적인 학습을 위한 선행 요건으로서 필수적인 선수학습요소와 보조적인 선수학습요소 등 두 가지 유형이 있다.

필수적 선수학습요소는 학습자가 목표에 도달할 수 있도록 하기 위하여 사전에 학습하여야 하는 하위 기능들을 말한다. 이러한 선수학습요소들은 특히 새로운 학습과 통합되기도 한다. 이와는 달리 보조적 선수학습요소는 학습을 촉진시키는 데 유용하지만 반드시 필수적이지는 않은 것들을 말한다. 보조적 선수학습요소의 학습은 보다 쉽고 빠르게 교수목표의 학습을 가능하게 해 준다. 예를 들어 학습에 자신감을 갖고 임하는 긍정적 태도는 보조적 선수학습요소에 해당한다.

(3) 학습의 인지 과정

다섯 가지 학습 영역은 학습의 결과로 생성되는 능력이다. 그 능력은 각각 다른 방법으로 학습되고 또한 다른 선행 요건을 필요로 한다는 점이 중요하다.

　　형태심리학자들은 S-R이론가와는 달리 학습의 과정을 기술하려고 한다. 그들은 교과가 지각적으로 자주 상황 요소들과 재조직(통찰)될 때 학습된다고 하였다. 그러나 형태심리학의 연구 이후 인지심리학자들은 학습자가 환경과 어떻게 상호작용하는가에 대한 방법을 밝혀냈다. 환경의 자극에 대한 지각, 기억된 부호로 자극을 변형시키는 것, 저장된 정보의 재생이 그것이다. 그것을 장기 기억, 작동 기억이라 한다. 장기 기억이란 우리의 기억과 학습이 저장되는 기억체제인 반면, 작동 기억이란 환경적 자극의 처리와 관계된다. 그것은 정보저장능력에 한계가 있기 때문에 단기 기억이라고도 부른다.

　　이러한 학습의 과정이 제대로 일어나려면, 첫째로는 학습자 자신이 갖는 내적 조건이 마련되어야 하고, 그 다음으로는 수업자가 마련해 주는 외적 조건이 알맞게 제공되어야 한다.

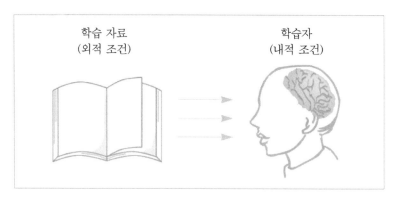

[그림 4-1] 학습을 위한 내적 · 외적 조건

　　Gagné는 인지처리 과정을 그의 학습 분석에 적용하였다. 그는 연속적으로 실행되어야 할 아홉 단계의 학습과정을 밝혀 냈다. 아홉 단계 기능을 분명하게 이해하기 위해 학습 준비, 획득과 수행, 학습 전이의 세 범주로 나누었다. 이 단계들은 그것이 학습의 전 활동을 나타내고, 서로 다른 학습 영역에서 서로 다른 방식으로 실행된다는 점에서 중요하다.

- 학습을 위한 준비: 학습자로 하여금 학습과제에 참여케 하는 것(몇 분만 소요).
- 획득과 수행: 새로운 능력의 학습을 하는 것(학습될 기능의 복잡성 정도에 따라 한 학기 또는 몇 학기 소요).
- 학습의 전이: 새로운 기능 획득 후 얼마 뒤에 이루어짐.

① 학습을 위한 준비

학습의 시작 단계로 주의집중, 기대, 관련 정보의 재생 또는 장기 기억으로부터의 기능 재생이 포함된다. 이러한 활동은 학습이 전개된 세트를 마련해 주는 것이다.

- 주의집중: 학습자가 관련 자극을 받아들이거나 이해하는 것으로, 그 결과 학습 기대가 일어난다. 즉 학습자의 감각이 자극의 원천을 지향하여야 하며 자극을 받아들일 준비를 하여야 함을 의미한다. 주의집중은 학습의 최초의 사태라고 여겨지는 내재적인 상태이며, 자극에는 언어, 정화, 동화, 시범이 있다.
- 기대: 기대는 학습자에게 주어졌거나 또는 스스로 설정한 학습목표에 도달하기 위한 학습자의 특수한 동기화를 뜻한다. 학습자가 달성하고자 하는 것은 주의를 기울여야 될 대상, 학습된 정보를 부호화하는 방법과 반응을 어떻게 조직할 것인가에 영향을 미친다. 기대는 지속적이며 목표성취 지향적인 것으로, 학습자로 하여금 각각의 처리 단계에서의 산출 결과를 선택할 수 있게 한다.
- 장기 기억으로부터의 재생: 학습하였다는 것을 입증하기 위해서는 학습한 것들을 장기 기억으로부터 재생할 수 있어야 한다. 학습자의 기대는 새로운 학습의 필수 사전학습능력의 장기 기억으로부터의 재생으로 이어진다(예: 삼각형이라는 '개념 학습'에서는 아동은 세 변의 모양이 다르다는 것(변별 학습)을 알아야만 한다).

② 획득과 수행

일단 자극이 수용되어 감지되면 획득 단계에 이른다. 이 단계에 이르기

전에는 구체적인 행동을 보이지 않지만, 이 단계에 이르게 되면 개인은 어떤 반응을 보이기 시작한다. 이것이 바로 새로운 능력이 획득되었음을 의미하는 것이다.

수행은 특정 자극과 특정 반응이 맺어진 관계에 의해 나타나는 행동으로 이해하기보다는, 일련의 규칙 진술문에 의해서 행동의 규칙성을 기술할 수 있을 때 규칙을 따르는 행동이라고 말할 수 있다. 선택적 지각, 의미론적 부호화, 재생과 반응, 강화(피드백)의 4단계는 학습과정의 핵심 단계다(박성익 공역, 1996).

- 선택적 지각: 물리적 자극을 알 수 있는 형태로 변형시키고, 의미의 기명이 일어나도록 작동적 기억에 잠시 그 형태를 파지한다.

- 의미론적 부호화: 자극 특성이 개념망이나 의미망으로 받아들여져 장기 기억으로 저장하는 것이다. 단기 기억에 임시로 저장된 명칭의 형태는 장기 기억에 저장되기 위하여 다른 형태로 부호화되는데, 그것의 가장 중요한 기능은 학습자가 학습된 정보를 나중에 접하게 된 상황에서 기억할 수 있을 뿐만 아니라 전이할 수 있도록 만드는 것이다. 그러므로 효과적인 부호화는 나중의 재생을 위한 단서들을 제공해야 한다. 이 과정은 학습에서 중심적이고 결정적인 단계로서 이것이 없다면 학습은 일어나지 못할 것이다. 이 단계에서 저장되는 '부호'는 아마도 개념, 전제 또는 의미 있는 조직일 것이다.
    - 예) 삼각형 개념 학습: 삼각형의 전형적인 예들을 부호화함.
    - 예) 운동 기능 학습: 기능의 시각적 이미지를 부호화하여 실행 과정에서 그 구성 요소들을 수행.

- 재생과 반응: 학습의 핵심적 사태는 새로운 학습의 확인과 함께 일단락 지어진다. 재생과 반응 단계에서 학습자는 장기 기억으로부터 새롭게 저장된 부호를 재생하고 반응을 실행한다.
    - 예) 삼각형 개념 학습: 삼각형의 여러 가지 예들을 찾을 수 있다.
    - 예) 운동 기능 학습: 신체적 수행을 정확하게 시범.

- 피드백(강화): 피드백은 학습자의 수행 결과를 관찰한 후에 제공되는 것

으로, 학습자가 목표를 달성했음을 검증하는 사태이다. 피드백은 외재적
인 확인을 필요로 하지만, 주요한 효과는 분명히 내재적인 것으로 학습
을 교정하고 학습한 것을 영구히 이용할 수 있도록 한다. 이러한 현상을
강화라고도 한다. 이것은 새로운 능력의 획득을 확인한다는 점에서 중
요하다.

③ 학습의 전이

새로운 학습에서 중요한 것은 그것이 다양한 장면에서 적용될 수 있어야
한다는 점이다. 학습자는 학습한 능력을 새로운 예 또는 새로운 상황에 일
반화시킬 수 있어야 한다. 학습자가 그 기능을 새로운 맥락에 적용할 수 있
을 때 학습 전이가 이루어지는 것이다. 이런 방법으로 학습자는 상황에 적

⟨표 4-2⟩   학습의 9단계(인지의 과정)

	단계	기능
학습을 위한 준비	1. 주의집중	− 학습자로 하여금 자극에 경계하도록 한다.
	2. 기대	− 학습자로 하여금 학습목표의 방향을 설정하도록 한다.
	3. 작동적 기억으로 재생	− 선수학습능력의 재생을 자극한다.
획득과 수행	4. 선택적 지각	− 중요한 자극 특징을 작동적 기억 속에 일시적으로 저장하도록 한다.
	5. 의미론적 부호화	− 자극 특징과 관련 정보를 장기 기억으로 전이시킨다.
	6. 재생과 반응	− 개인의 반응 발생기로 저장된 정보를 재현시켜 반응 행위를 하도록 한다.
	7. 강화	− 학습목표에 대하여 학습자가 가졌던 기대를 확인시켜 준다.
재생과 전이	8. 재생을 위한 암시	− 이후의 학습력 재생을 위해 부가적 암시를 제공한다
	9. 일반화	− 새로운 상황으로의 학습 전이력을 높인다.

합한 능력을 발휘하기 위해 장기 기억에서 사용될 수 있는 부가적인 단서를 찾는다. 새로운 예로 재생하고 일반화하기 위한 부가적 단서의 획득은 다른 학습단계들에 이어서 곧바로 일어나지는 않는다. 일반화는 처음 학습 후 하루나 이틀 정도의 짧은 기간이 걸려야 한다.

이상에서 설명한 학습의 아홉 단계를 요약하면 〈표 4-2〉와 같다.

3. 학습의 과정

Gagné 연구의 중요한 공헌은 인간 학습의 누가적 성질을 기술한 데 있다. 그의 초기 연구는 단순한 것에서부터 복잡한 것으로의 지적 기능 조직을 진술하였다. 그것을 '학습위계'라고 하는데, 이 능력들은 학교 교과 수업을 설계하는 데 기제를 제공해 준다.

Gagné의 분석은 단순한 것에서 복잡한 것으로 진행되는 능력들의 두 가지 조직을 포함한다. 이 두 조직은 학습위계와 절차다.

1) 학습의 절차

학습의 절차는 운동 기능과 지적 기능을 포함한 기능들의 연속적인 조직이다. 여러 부분으로 된 긴 절차는 (모든 숫자들을 곱하거나, 비율을 계산하거나 또는 뺄셈하기 등과 같이) 단순한 하위 규칙들로 분석될 수 있다.

뿐만 아니라 절차는 여러 부분으로 구성된 긴 절차가 정확하게 수행될 수 있도록 하기 위하여 특수한 계열에 따라 적용하여야만 하는 단순한 규칙들의 연쇄이다. 이것은 학습자가 단순한 규칙들(그러한 규칙을 구성하는 개념들) 하나하나를 알아야 할 뿐 아니라, 행동 단계의 계열을 따라서 수행할 수 있어야 함을 의미한다(박성익 공역, 1996).

절차를 학습한다는 것은 필수 개념과 원리는 물론 개별 운동 기능을 학습한다는 것이다. 차를 주차하거나 타이어를 갈아 끼우는 등의 절차에는 전 계열을 이루고 있는 단계 단계의 행동을 학습하는 것이 요구된다. 반면에 또 다른 종류의 절차에는 그 절차에서의 어느 한 부분을 다른 어떤 단계로 대치할 것인가에 대한 결정이 요구된다. 이러한 형태를 '조건적 절차'라고 하며, 이러한 절차에서는 한 단계의 결과가 다음 단계의 선택에 단서를 제공해 준다.

2) 학습위계

학습위계(learning hierachies)란 지적 기능만의 조직으로서, 위계상의 각각의 기능들은 다음 단계의 복잡한 상위 기능에 필수적인 선행 요건이 된다. 달리 말하면 위계란 '기능들의 심리적 조직'이다. 그것은 정보, 개념, 원리가 논리적으로 배열된 것이 아니며, 단순히 학습을 돕는 기능들의 집합도 아니다.

학습위계란 하위 요소를 먼저 학습하지 않고는 그 위의 상위 요소를 학습할 수 없는 두 기능 간의 연결이며, 어떤 주제에 대한 '이해'를 표상하는 지적 기능들의 조직된 집합을 획득시키기 위한 최선의 길을 기술한 도식을 말한다(박성익 공역, 1996).

[그림 4-2]는 이 특징을 잘 나타내고 있다.

지적 기능 내에는 분리되는 기능들인 변별 학습, 개념 학습, 원리(규칙) 학습, 고등규칙 학습(문제해결 학습)이 기능의 복잡성 정도에 따라 하나의 위계로 조직되어 있다. 이러한 학습위계는 다음과 같은 몇 가지 특징을 지닌다.

첫째, 하위 능력은 상위 능력에 종속하며, 상위 능력에 긍정적 전이 효과가 있다. 즉 하위 능력을 충분히 학습하면 그것이 곧 상위 능력을 쉽게 학습할 수 있는 필요조건이 된다는 가정이다.

둘째, 각 내용 단위는 학습해야 할 단일한 능력을 지시하고 있다.

셋째, Gagné는 학습의 위계화를 위해 학습 형태를 신호 학습, 자극–반응 학습, 연쇄 학습, 언어연합 학습, 변별 학습, 개념 학습, 원리 학습, 문제해결 학습의 여덟 가지로 나누고 이 순서대로 위계가 성립한다고 본다.

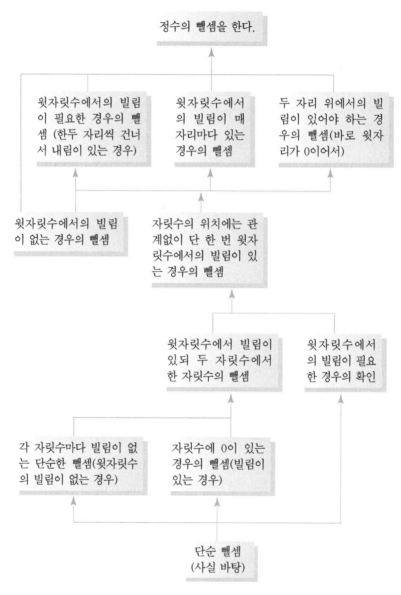

정수의 뺄셈을 한다.

윗자릿수에서의 빌림이 필요한 경우의 뺄셈 (한두 자리씩 건너서 내림이 있는 경우)

윗자릿수에서의 빌림이 매 자리마다 있는 경우의 뺄셈

두 자리 위에서의 빌림이 있어야 하는 경우의 뺄셈(바로 윗자리가 0이어서)

윗자릿수에서의 빌림이 없는 경우의 뺄셈

자릿수의 위치에는 관계없이 단 한 번 윗자릿수에서의 빌림이 있는 경우의 뺄셈

윗자릿수에서 빌림이 있되 두 자릿수에서 한 자릿수의 뺄셈

윗자릿수에서의 빌림이 필요한 경우의 확인

각 자릿수마다 빌림이 없는 단순한 뺄셈(윗자릿수의 빌림이 없는 경우)

자릿수에 0이 있는 경우의 뺄셈(빌림이 있는 경우)

단순 뺄셈
(사실 바탕)

[그림 4-2] '정수의 뺄셈' 과제의 분석도

4. 수업을 위한 원리

Gagné는 '어떤 요인이 수업의 차이 효과를 낳는가?' 하는 견지에서 인간 학습에 영향을 주는 조건들을 분석했다. Gagné의 수업 이론에서 주된 수업 원리는 목표 영역별 수업의 원리로 압축된다. 목표 영역별 수업의 원리란 그가 제시한 다섯 가지 학습 영역에 따라 수업원리가 다양화되어야 함을 말한다. 학교 학습과제를 분석하여 얻어진 구체적 수업목표가 있을 때, 이것이 위의 다섯 영역 중 어느 것에 해당하는가에 따라 다른 수업원리를 동원해야 한다는 것이다(진위교 공저, 1986). 결국 교실 수업 시 특수한 형태의 사태는 학습의 아홉 단계 각각을 도와주는 측면에서 이루어진다.

1) 수업의 성질과 기본 가정

교실 학습에 관한 Gagné의 가정들은 수업의 본질과 수업 설계의 본질을 내포한다. 일반적으로 수업이란 인간의 학습을 도와주는 데 목적을 둔 인간의 일이다. 개개인의 학습에 직접적으로 영향을 줄 수 있는 모든 사태에 중점을 두기 때문에 단순히 교수라고 하기보다는 '수업'이라고 한다. 수업은 교수에 더하여 인쇄물, 그림, 텔레비전, 컴퓨터 등 여러 가지 매체로 전달될 수 있다. 이러한 매체들은 체계적으로 설계된 수업을 통해서 그 효능이 최고로 발휘될 수 있다. 수업 설계를 위한 다섯 가지 가정들은 다음과 같다.

첫째, 수업은 개개인의 학습을 촉진시킬 수 있도록 계획되어야 한다.

둘째, 수업 설계에는 직접적인 단계와 긴 범위의 단계가 모두 포함된다.

셋째, 수업 계획은 우연히 이루어지는 것이 아니며 또한 단지 풍부한 환경을 제공하는 것만도 아니다. 바람직한 인간 발달에 영향을 주기 위해서는 수업은 될 수 있는 한 체계적으로 설계되어야 한다.

넷째, 수업은 체계적 접근을 이용하여 설계되어야 한다.

다섯째, 수업은 인간의 학습하는 방법에 대한 지식으로부터 개발되어야 한다.

2) 수업의 구성 요소

Gagné는 수업이란 내적 학습과정을 도와주는 측면에서 설계되는 외적 사태의 집합이라고 정의하고, 앞에서 설명된 학습의 아홉 단계에 대응하여 수업사태를 기술하였다. 이러한 수업사태는 학습 영역에 따라 다르게 이루어지는데, 수업사태가 적절한가의 여부는 어떤 유형의 능력이 학습되었는가를 확인함으로써 알 수 있다.

학습 영역의 측면에서 중요한 것은, 그것이 학교에서 다루어지는 교과에 공통적으로 들어 있다는 것이다. 그러므로 학습될 능력이 무엇인가를 확인함으로써 서로 다른 교과 영역에서 어떠한 수업 처치가 필요한가를 확인하는 데 도움을 준다. 그렇기 때문에 수업 설계의 첫 단계에서는 수업 성과(Gagné는 '수행 목표'의 형태로 제시)를 명료하게 규정하기를 요구한다.

(1) 수행 목표 설계

다섯 가지 학습 영역은 학교 학습의 중요한 산출을 반영한다. 교육과정의 내용은 대부분 정보의 학습과 지적 기능의 획득이다. 모든 교과 영역에는 기초적 정보의 획득과 상징을 이용한 환경과의 상호작용이 포함된다. 따라서 각각의 교과에는 이러한 두 학습 영역의 수행 목표가 포함될 것이다.

수행 목표의 기능은 학습될 능력을 명백히 진술하는 데 있다. Gagné는 수행 목표는 가능하면 구체적으로 진술되어야 한다고 했으며, 그 이유로서 네 가지를 지적하고 있다(진위교 공저, 1985).

첫째, 수업의 최종 목표를 분명히 해 준다.

둘째, 평가를 위한 준거를 제시할 수 있다.

셋째, 수업을 통해 교정·수정할 수 있는 행동을 확인하게 해 준다.

넷째, 학습자를 위한 강화 장면을 규정해 준다.

(2) 수업사태의 선정

수업의 기능은 학습과 관련된 학습자의 내적 과정을 도와주는 데 있다. 학습의 아홉 단계 각각은 대부분 내적으로 이루어지나 수업사태는 학습이 일어나도록 하는 데 필요한 외재적 조건들을 제공해 준다. 환경 자극의 특별한 배열에도 또한 영향을 받는다. 〈표 4-3〉은 수업사태가 일반적으로 발생하는 순서에 따라 나열한 것이다. 이러한 수업사태는 항상 일정한 순서대로 일어나는 것은 아니며, 이들 사태 모두가 제공되는 것도 아니다. Gagné는 수업이란 복잡하고도 특수한 사태의 여러 가지 제약을 받기 때문에 수업 운영을 하는 데 있어서 교사는 매 순간마다 적절한 결정을 내릴 수 있어야 한다고 했다.

〈표 4-3〉 학습단계와 수업사태의 관계

	학습단계	수업사태
학습을 위한 준비	주의 기대 작동 기억에 재생	주의집중시키기 학습자에게 목표 알려 주기 선수학습의 재생 자극하기
획득과 수행	선택적 지각 의미의 부호화 반응 강화	학습과제에 내재한 자극 제시하기 학습을 안내하기 성취 행동의 유도하기 피드백의 제공하기
재생과 전이	재생 단서 일반화	성취 행동의 평가하기 파지 및 전이 높이기

① 학습을 위한 준비
- 주의집중: 학습 동기를 유발시키기 위한 일차적 요소이며 시각물 제시 등으로 학습자의 주의를 획득할 수 있다.
- 학습목표 제시: 학습자의 행동이 어떻게 변화되어야 하는지(평가 기준)에 대한 학습의 방향을 제시해 줄 수 있다.
- 선수학습 요소의 재생 자극: 학습과제의 학습을 위해 선행해서 학습해야 할 내용이나 능력을 재생하도록 자극을 주는 것이다.

② 획득과 수행
- 자극 자료의 제시: 자극 사태에 내재된 자극과 대상은 학습목표에 따라 달라진다. 그림, 인쇄물, 실물 등 어떤 것을 이용하는가는 학습의 영역

에 따라 다르며, 영역 내의 세분된 학습 형태에 따라 크게 달라진다.

- 학습을 안내하기: 꼭 알아야 할 핵심적인 원리나 개념 등을 안내해 줌으로써 학습자가 목표에 명시된 특정 능력을 획득하도록 돕는다.
- 성취 행동 유도: 학습자가 실제로 특정의 내재적 능력을 획득하고 있는지의 여부를 결정하기 위해서는 학습자가 명백한 행위를 수행하도록 하는 것이 중요하다. 교수자는 반응을 끌어 내기 위해 질문을 하거나 지시할 수도 있다.
- 피드백 제공하기: 피드백은 학습자의 수행에 대한 정확성 여부를 알려 주는 것으로, 학습과정 초기에 기대했던 결과가 이 단계에서 결실을 보게 되는 것이다(성공적 반응 직후 즉각적 강화가 효과적이다.).

③ 재생과 전이

- 성취 행동의 평가: 행동의 평가 역시 피드백을 제공하는 한 방법이다. 일정한 학습과제에 대한 학습이 매듭지어지는 단계에서 간단한 연습이나 테스트를 하며 학습의 진전을 확인한다.
- 파지 및 전이 향상시키기: 파지는 선행의 경험이나 반응 행동이 재생되는 것으로, 이를 높이기 위해서 연습량과 스케줄을 조정할 필요가 있다. 전이는 특정 정보, 기능, 태도가 다른 영역의 활동에까지 영향을 미치는 것으로, 이를 높이기 위한 가장 중요한 방법은 해당 개념이나 원리를 철저히 학습하는 것이다.

5. 학교 교육에 적용

학습위계의 개념과 과제 분석의 사용은 다양한 교과의 학교 학습을 위한 교육과정 설계에서 필수 불가결한 부분으로 되었다.

1) 수업을 위한 적용

학습 분석에 대한 Gagné의 접근은 '수업의 필요'에서 나온 것이다. 그 결과 교실에서 중요한 몇 가지 문제를 밝혔다.

(1) 학습자 특성

개인차, 준비성, 동기는 수업 설계의 체계적 접근과 교실의 교사에게 있어서 중요한 문제다.

① 개인차

Gagné 역시 다른 학습심리학자와 마찬가지로 학습자의 개인차를 대단히 중시한다. 그러나 Skinner 등에서처럼 개인차를 학습 속도의 측면에서만 해석하는 것이 아니라, 인지능력의 발달 정도·동기 수준의 개인차를 인정해야 한다고 보았다. 또한 학생들이 가지고 있는 비교적 선천적인 능력(지능·적성)의 개인차보다는 후천적으로 형성된 능력으로서 학습력에서의 개인차를 강조한다. 이는 학습과제의 성질과 관련된 것으로, 과제에 따라 개별 학습자가 학습한 정도의 영향을 받는다는 것이다.

학습자의 개인차를 학습과제와 구체적으로 관련시킬 수 있게 됨에 따라, 개인차에 따른 교수 처방과 치료가 가능해지는 이점을 찾을 수 있다. 이것은 개별화 수업이 가장 효과적임을 말해 준다(진위교 공저, 1985).

② 준비성

Gagné는 선행학습능력을 학습 준비성으로 보았다. 이러한 준비성 개념은 학습자의 선수학습 수준에 따라 수업을 개별화하려는 측면을 강조한다. 즉 교사는 주어진 학습과제를 제공하기 전에 그 과제에서 요구하는 선수학습 요소를 밝히고, 이 요소에 결함이 있는 학생에게는 필요로 하는 선수학습 요소를 학습시킨 다음 주어진 과제 학습을 시킨다는 것이다. 결국 Gagné의 준비성은 성숙적 요인(유전적·발달적)보다 학습 경험적 요인(선행학습 경험의 누적)을 강조하고 있다고 볼 수 있다.

③ 동기

수업을 효과적으로 설계하려면 학생들의 동기를 확인하고 그 동기를 교육목적을 성취할 수 있는 생산적인 활동과 연결해야 한다. Gagné는 과제 동기 또는 성취 동기가 학습 동기로 강조되어야 한다고 본다. 즉, 하나의 학습과제를 성취하고 마치는 그 자체에서 만족을 느낄 때 학습이 가장 촉진된다는 것이다. 그는 학습을 동기 형성이 되도록 기다려서 할 수는 없다고 생각한다. 때로는 학습자들이 주어진 과제에 대해 몰라서 동기가 생기지 않을 수도 있다. 이때 교사는 학습자들에게 강제적으로라도 수업을 하여 해당 과제에 대해 동기가 생기도록 해야 한다는 것이다.

동기는 학습이 일어나게 하는 원인 역할을 함과 동시에 학습이 계속되게 하는 역할도 한다. 따라서 학습의 계속화, 습관화를 위해서도 동기는 강조되며, 이를 위해 강화, 보상을 비롯한 외적 환경의 구성이 요청된다.

(2) 인지 과정과 수업

Gagné는 '어떠한 요인들이 수업의 차이를 결정하는가?'라는 관점에서 학습을 분석한다. 따라서 학습의 전이, 학생의 자기관리 기능, 문제해결의 교수가 학습 조건의 중요한 구성 요소가 된다.

① 학습의 전이

학습 전이의 개념은 Gagné의 누가적 학습 모델의 핵심이다.

첫째, 필수 선수학습 요소는 다섯 가지 학습 영역 각각에 의해 기술된다.

둘째, 지적 기능에 있는 필수적 선수학습 요소는 두 측면에서 전이를 제공한다. 즉 바로 다음 상위 기능 학습에 기여하고 다른 상황으로 일반화되기도 한다.

셋째, 학습 전이는 아홉 개의 수업사태의 계열화를 위해 제공된다. 학습의 정리 단계에서 단서는 능력의 재생을 위해 제공되고, 새로운 상황은 기능을 적용하기 위해 소개된다.

Gagné이 전이를 수직 전이와 수평 전이로 나누고 있다. 이때 수직 전이는 한 학습위계에서 하위 학습내용을 학습함으로써 함양된 능력이 상위 학습내용의 학습을 촉진시켜 주는 것을 의미한다. 그리고 수평 전이는 한 영역에서 학습된 능력이 다른 영역의 학습, 즉 학습위계상에서 같은 수준의 학습 내용을 촉진시켜주는 것을 의미한다.

Gagné에 의하면 전이는 동일한 요소 또는 아주 유사한 요소가 있을 때 일어나므로 수직 전이의 조건에 주된 관심을 가지고 있다. 그러나 학습위계 모형이 지적 기능 획득에 적합한 모형이라고 주장하는 점에서 수평 전이에 대해서도 그 가능성을 부인하지 않고 있다.

② 학습하는 방법의 학습

이 기능은 Gagné가 '인지 전략'이라 부르는 것으로, 내적으로 조직된 통제과정으로 학습 방법, 사고 방법 등과 같이 독자적으로 개발하고 있는 사고 전략이다. 인지 전략의 수업은 많은 지적 기능의 학습을 통해서 가능하며 또 생산적 사고의 개발을 위한 연습의 기회를 많이 제공하는 것도 좋다. 이러한 연습에서 사용할 수 있는 방법은 다음과 같다(진위교 공저, 1984).

- 될수록 많은 아이디어를 인출하도록 자극한다.
- 아이디어의 적절성을 평가하는 기법을 알려 준다.
- 문제를 전혀 새로운 각도에서 보는 연습을 한다.
- 적절한 질문을 던지는 연습을 시킨다.
- 유용한 단서에 민감하도록 하는 연습을 한다.
- 문제의 본질을 명료하게 하는 방법 등을 익히도록 연습한다.

③ 문제해결학습

문제해결학습은 사전에 학습한 규칙들과 문제를 해결하기 위한 새로운 고차적 규칙들을 결합시키는 것을 말하며, 나아가서 동일한 유형의 다른 문제로 구성된 자극 상황들의 모든 유목에 일반화하는 것을 말한다.

이 과정 동안 학습자는 발견 학습에 참여하게 된다. 문제해결학습은 학습자에게 언어적으로 진술된 해결 방안을 제공할 때가 아닌, 학습자 스스로 해결 방안을 구성하도록 요구할 때 일어나게 된다. 따라서 고차적 규칙을 고안해 낸 학습자는 보다 많은 상황에 효과적으로 일반화하게 되며, 동시에 쉽게 망각하지도 않는다.

(3) 학습의 사회적 맥락

Gagné와 Briggs가 제시한 방법은 교수 모형의 개발보다는 수업체제 설계에 초점을 둔다. 교수 모형은 이질 집단을 위한 수업 관리의 역할을 교사 또는 다른 개인에게 부여한다. 반면에 수업체제에서는 학습자 내에 존재하는 속도와 수업 관리를 위한 자료와 활동까지도 포함한다. 그 결과 수업 설계와 관련 있는 학습 상황은 수업 관리의 효과면에서 논의된다. 즉 개인교수 상황, 소집단 수업 상황, 대집단 수업 상황이 수업사태의 이행에 있어서 어떠한 차이가 있는가, 또 각 상황은 학생들의 출발점 능력에 있어서 어떤 차이가 있는가가 기술된다.

2) 수업 전략 개발

Gagné에 의해 개발된 이론적 틀은 Gagné의 이론에 Briggs의 수업체제 설계모형에 잘 통합되어 있다. 그 모형은 수업 설계를 위한 체제적 접근을 보여 준다. 이 체제 모형은 다음과 같은 세 가지 특징을 지니고 있다.

첫째, 수업은 세분화된 목적과 목표에 의해 설계된다.

둘째, 수업의 개발은 매체 또는 다른 수업 기술을 이용한다.

셋째, 예비 시험, 자료 개선, 자료의 현장 평가는 설계 과정에서 필수적이다.

이러한 설계 · 시험 · 개선 과정이 체제 모형의 주요 특성이며, 그 과정은 서로 밀접한 관계를 지니고 있다. 이 모형의 한 가지 특징은 한 시간 한 시간 수업 개발을 교육과정 설계의 전체 맥락 내에서 한다는 것이며, 그렇게 함으로써 누적적 학습이 교육과정 수준으로 확장된다. 수업에서 이루어지는 학습과 교육과정 수준 간의 관계는 연속적인 목표들의 집단으로 확장된다. 다음은 그 예를 보여 준다.

- 교육과정 목표: 학생은 한 나라의 우선권과 일치하는 사법적, 통치적, 경제적, 정치적 체제의 사태와 상황을 비판적으로 분석할 수 있다.
- 단원 목표: 학생은 정치적 체제와 경제적 체제의 관계를 증명할 수 있다.
- 구체적 하위 기능: 학생은 여러 체제들을 정치적 또는 경제적 체제로 분류할 수 있다.

이러한 설계모형은 일반적으로 큰 단위의 교육과정 설계에 적당하다. 그러나 교사가 교실에서 이행하는 수업 설계 절차는 이 모형의 4단계에서 9단계에 주로 해당한다. Gagné-Briggs의 수업체제 설계모형을 그림으로 간략하게 제시하면 [그림 4-3]과 같다.

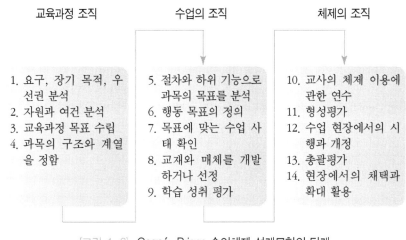

[그림 4-3] Gagné-Briggs 수업체제 설계모형의 단계

3) 이론의 개괄 및 장단점

Gagné는 인간 학습의 복잡성과 다양성을 연구하고 다양성을 설명하는 체제를 개발하였다. 그는 서로 다른 수행과 조건으로 구별되는 학습의 다섯 영역을 제시했으며, 특히 지적 기능은 변별 학습에서 고등규칙 학습(문제해결 학습)까지 하나의 위계를 이루고 있는 네 가지 개별적 지능을 포함한다. 기계적 학습이나 개념획득 학습의 설계와는 달리, Gagné의 다섯 영역은 교과나 학습자의 연령 또는 학년 수준에 관계없이 적용된다.

각각의 학습 영역은 그 특수한 능력을 획득하기 위한 내적 조건(필수 선행 기능과 9단계의 인지 과정)과 외적 조건(학습자의 인지 과정을 도와주는 수업사태)이 서로 다르다.

Gagné 이론의 주목적은 효과적인 수업 설계를 계획하는 데 있다. 즉 학습될 기능은 수행 목표의 형태로 진술되고 학습 영역이 확인된다. 이때 과제 분석을 통해 선수 기능을 확인하고 수업목표에 맞는 수업사태를 선정한다.

(1) 이론의 약점

첫째, 수업 현장에 Gagné의 수업 이론을 활용하자면 학습 이론에 대한 고도의 지식이 필요하기 때문에, 전문적인 소양과 훈련이 없는 사람들은 그의 수업 이론을 이용하여 수업에 필요한 조건들을 처방하고 설계하기가 어렵다. 따라서 교실 교사가 사용하기보다는 교육과정 설계팀이 이행하기에 더 용이하다.

둘째, 학습위계는 논리적으로 상당한 설득력을 갖고 있지만, 교과내용을 실제로 분석해 보면 그가 주장하고 있는 것과 같이 엄격하고 분명한 학습위계가 나타나지 않는 경우가 있다(김순택 공저, 1995).

(2) 학교 수업에 있어서 공헌

첫째, 이 이론의 가장 큰 공헌은 누가적 학습이라는 개념을 사용하여 단순한 것에서 복잡한 것으로 수업을 설계하기 위한 기제를 제공한 것이다.

둘째, 학습위계 개념은 다양한 교과 영역에서 표준적인 교육과정 구성 요소가 된다. 학습과제를 분석하여 위계적으로 계열화시킴으로써 학습 결과의 향상을 저해할 염려는 거의 없으며, 오히려 어떠한 형식으로든 학습에 많은 도움을 줄 수 있다.

셋째, 인간 학습의 본질을 규명하기 위한 틀을 제공해 준다. 최근 이 이론은 정보처리이론의 개념을 이행하기 위한 기제를 제공한다.

요 약

1. 학습의 기본 가정은 매개 변수의 역할을 하는 성장의 한도 내에서, 인간의 행동 발달은 학습의 누적적 효과로부터 나온다고 했다. 그리고 학습은 하나 이상의 과정으로 이루어지며, 이들 과정 중 어느 단계도 어느 하나가 다른 하나를 대신할 수 없다.

2. Gagné는 학습에 대해 "환경으로부터의 자극을 새로운 능력을 획득하는 데 필요한 정보처리의 단계들로 변형시키는 일련의 인지 과정이다."라고 조작적 정의를 내렸다.

3. Gagné는 인간 학습의 결과를 언어 정보, 지적 기능, 인지 전략, 운동 기능, 태도의 다섯 가지 능력으로 나누었다. 언어 정보란 정보의 진술 혹은 전달이라는 수행을 요구하는 능력이며, 지적 기능은 분류, 구체적 개념, 정의된 개념, 법칙, 고도의 법칙의 위계로 나누어진 능력으로 특정 상황에서 적용되는 지적 조작을 나타낸다. 인지 전략이란 학습자의 학습과 사고를 조절하는 학습의 전략으로서, 효율적 수단을 사용하여 다양한 문제를 해결할 수 있는 기반을 제시하는 능력이다. 운동 기능의 능력은 다양한 상황에서 운동 활동을 수행하도록 하며, 태도란 행동의 선택을 결정짓는 인간의 성향으로 해석된다.

4. Gagné는 이러한 능력들이 학습되는 내적 조건들과 그들의 습득을 도울 수 있는 학습의 외적 조건들을 설명하고 있다. 학습의 내적 조건들에는 학습자가 이미 가지고 있는 선수학습능력과 학습과정에서의 학습자의 내적 인지 상태가 포함된다. 학습의 외적 조건이란 학습자의 내적 인지 과정을 도울 수 있는 환경적인 조건들로, 교수의 아홉 가지 사태들로 표현될 수 있다.

정보처리이론

Herbart Simon
(1916~2001)

1960년대까지는 기억과 학습을 연구함에 있어 자극과 반응 간에 어떻게 결합이 일어나고 망각이 일어나는지에 관심을 두었다. 하지만 이러한 결합주의적인 관점은 인간이라는 유기체의 적극적인 기능을 설명할 수 없었다. 이에 정보처리이론이 출현하게 된다.

인간의 인지 과정을 정보처리적으로 분석하며 설명하는 형식은 뇌의 신경조직에서 일어나는 인지 활동에 관한 것이 바탕이 되어 있는데, 이것은 기본적으로 컴퓨터처럼 정보를 입력하고 저장하며 인출하는 과정과 유사한 것으로 생각되고 있다

정보처리이론(information processing)은 인간이 외부 세계로부터 획득한 정보를 어떻게 지각하고 이해하고 기억하는가를 연구하는 것이다. 정보처리라는 용어는 컴퓨터 과학 및 이와 관련된 분야에서 유래된 것이다. 최근에는 정보처리이론의 여러 가지 원리들이 인지발달과 인간의 학습을 설명하는 데 사용되고 있다.

이 장의 학습목표는 다음과 같다.

1. 정보 저장소의 종류를 말할 수 있다.
2. 저장된 정보의 형식을 설명하는 모형을 이해할 수 있다.
3. 정보처리이론에 따른 학습과정을 설명할 수 있다.
4. 정보처리이론에 따른 교수과정을 설명할 수 있다.
5. 정보처리이론의 교육적 시사점을 이해할 수 있다.

1. 정보처리이론과 학습

정보화이론이란 새로운 정보가 투입되고 저장되며 기억으로부터 인출되는 방식에 대한 이론이다. 이는 학습자의 내부에서 학습이 발생하는 과정과 그 기제를 설명하려는 데 초점을 맞추고 있다. 여기에서 정보처리라는 용어는 아침 뉴스 듣기, 재산 증식에 관한 정보를 연구하는 것, 수업 시간에 필기한 것을 해석하고, 차의 엔진 결함을 진단하는 것과 같은 주위의 환경 속에서 우리가 받는 많은 양의 정보를 지각하고 조직하고 기억하는 방법에 해당한다.

정보처리이론은 인지심리학의 한 분야로, 컴퓨터 기술의 발달에 기원을 두고 컴퓨터에서 유추하는 것을 기초로 한다. '인간-컴퓨터 유추'는 인간을 복합적인 기계로 보고, '사고-컴퓨터 프로그램 유추'는 인간이 문제를 해결하기 위해 사용하는 사고의 과정을 컴퓨터 프로그램과 같은 것으로 본다. 따라서 이 이론은 전형적인 학습 이론과는 다음의 세 가지 측면에서 다르다.

첫째, 한 명의 이론가나 특별한 조사 접근에 의해 구성된 것이 아니라 인간 지능, 시각·청각, 기억, 인공 지능의 기술 모델, 초보자와 숙련자의 문제해결에서의 차이점 조사, 컴퓨터 프로그램 등에 관한 다양하고 광범위한 이론을 포함한다. 둘째, 다른 학습 이론이 눈 운동 연구, 인지, 지각과 기억의 연구, 과제를 동시에 해내는 능력을 알기 위한 실험적인 접근인 반면 정보처리이론은 실질적인 상황에 있어 정신적인 활동을 조사한다. 셋째, 정보처리이론은 학습을 가장 중요한 초점으로 다루지는 않았지만 학습과정의 이해에 큰 공헌을 했다.

1) 학습의 기본 가정

인간의 학습을 학습자 외부로부터의 정보(자극)를 획득하여 저장하는 과정이라고 가정한다. 인간에게는 보고 듣고 느끼는 일 등과 관계 있는 감각기관이 있는데, 이들 감각기관을 통해서 들어온 정보를 체계적으로 정리하여 두뇌라는 저장고에 보관하는 과정을 학습의 과정으로 보았다. 또 저장된 정보는 필요한 경우마다 재생시켜서 원하는 곳에 활용할 수 있다고 가정했다.

이러한 학습의 과정이나 기능은 컴퓨터가 하는 일에 비유될 수 있다. 컴퓨터의 단말기를 통해 새로운 정보를 컴퓨터의 저장고에 입력시켰다가 필요한 경우에 저장시켜 두었던 정보를 출력해서 활용하는 과정은 인간의 학습과정과 너무나 흡사하다(예를 들어, 컴퓨터의 키보드나 조이스틱은 입력장치에 해당하고, 하드 디스크는 기억과 처리장치에 해당하다. 그리고 모니터나 프린터는 출력장치에 비유될 수 있다.).

이 과정에서 학습은 감각 등록 단계→단기 기억 단계→장기 기억 단계를 거치게 된다. 이러한 과정을 [그림 5-1]을 통해 구체적으로 알아보자.

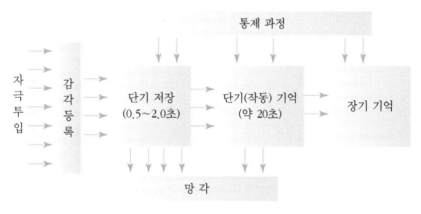

[그림 5-1] 정보처리의 과정

(1) 감각 등록기

감각 등록기(sensory registerators)란 학습자가 환경으로부터 눈이나 귀와 같은 감각수용기관을 통해 정보를 최초로 저장하는 곳이다. 감각 등록기는 자극을 아주 정확하게 저장하지만, 매우 짧은 시간 동안 저장한다는 특징을 가지고 있다. 시각의 경우 약 1초 정도, 청각인 경우 약 4초 정도 정보를 저장한다고 알려져 있다. 감각 등록기는 수용량에 제한이 없지만, 투입되는 정보가 즉시 처리되지 않을 경우 그 정보는 곧 유실된다.

(2) 단기 기억(작동 기억)

작동 기억(working memory)은 보통 단기 기억(short-term memory)이라고도 한다. 성인의 경우 보통 5~9개의 정보가 약 20초 동안 저장될 수 있는 곳이며, 이렇듯 단기간 저장이 가능하다는 이유로 단기 기억이라고 한다. 작동 기억은 간단한 암산과 같은 정신 작용이 일어나기 때문에 붙여진 이름이다. 결국 이곳은 간단한 정신 기능과 단기 기억의 두 가지 기능이 일어나는 곳이다. 따라서 작동 기억과 단기 기억은 서로 혼용되어 불리고 있지만, 이 저장소의 유용하고 기능적인 속성을 강조하기 위하여 이러한 두 가지 기능을 모두 포함하는 의미로 작동 기억으로 불리게 된다.

작동 기억의 가장 큰 기능은 정보의 양과 지속 시간을 규정하고 통제하고 있다는 점이다. 이러한 과정에서 청킹(chunking)의 역할은 매우 중요한 의미를 갖는다. 청킹이란 분리되어 있는 항목들을 보다 큰 묶음으로, 보다 의미 있는 단위로 조합하는 것을 의미한다. 예를 들어, 'r, u, n'이라는 세 글자는 작동 기억 속에서 세 개의 단위로 자리하지만, 이들이 'run'이라는 단어로 조합되면 한 개의 단위로 자리하게 된다. 이와 같은 청킹의 적극적인 활용은 제한된 작동 기억의 수용량을 증가시키는 좋은 방안이 되는 것이다. 그 다음으로 작동 기억의 기능은 외부로부터 들어온 자극을 선별하는 일을 하고 있다. 이 선별의 과정을 통해서 필요한 것과 불필요한 것을 가려서 필요한 것만을 저장하려고 한다.

(3) 장기 기억

장기 기억(long-term memory)은 무한한 정보를 영구적으로 저장할 수 있는 곳이다. 일반적으로 장기 기억은 일상 기억과 의미 기억의 두 부분으로 구성되어 있다고 가정한다.

일상 기억(episodic memory)은 주로 개인의 경험을 보유하는 저장소다. 일상 기억의 정보는 주로 이미지로 부호화되며, 정보가 발생한 때와 장소를 기초로 조직된다. 이러한 일상 기억은 기억되는 경험이 매우 의미 있는 경우가 아닐 때에는 종종 인출에 실패하는 경향이 있는데, 이는 보다 최근에 발생한 정보로 인해 인출이 방해를 받기 때문이다.

의미 기억(semantic memory)에는 문제해결 전략과 사고 기술 그리고 사실,

개념, 규칙 등과 같이 우리들이 경험으로부터 습득했던 일반화의 지식들이 저장된다. 따라서 학교에서 학습하는 대부분의 내용들은 장기 기억 중 의미 기억에 저장되는 것이다. 이때 의미 기억에 저장되는 정보들은 서로 연관을 맺으면서 체계적인 네트워크를 구성하게 되는데, 이는 교육과 관련하여 매우 중요한 함의를 갖는다.

네트워크라는 말은 장기 기억 속에 존재하는 정보들이 따로따로 분리되어 존재하는 것이 아니라, 서로 관련성을 맺고 연결되어 있음을 강조하기 위한 표현이다. 이는 학습자가 단지 설명된 아이디어들을 수동적으로 받아들여서 저장하는 것이 아니라, 그들을 의미 있는 구조로 만들어 간다는 것을 나타낸다. 장기 기억에 존재하는 정보들이 네트워크를 이룬다는 사실은, 학습자가 정보를 수동적으로 받아들이는 것이 아니라 정보를 이해하고 능동적으로 조직한다는 의미다.

2) 저장된 지식의 유형과 성격

인간 기억체제의 기능적 메커니즘도 정보처리이론의 중요한 관심의 대상이지만, 그에 못지않게 기억 내에 저장된 정보의 상징 형식이 어떻게 되어 있는가 하는 것도 중요한 문제다. 감각을 통해 들어온 물리적 형상 그 자체는 완벽한 표상이 아니며, 우리는 기억을 위해 물리적 형상을 어떤 방식으로 변형하여 저장하기 때문에 정보 역시 입력 자극을 형상 그대로 저장하는 것은 아니다. 변환과 부호화 과정은 후에 정보 회상 가능성을 높이므로 이런 상징적 부호의 형태는 중요한 이슈가 된다.

저장된 정보의 형식에 관해 두 가지 중요한 견해가 있다. 하나는 정보란 시각적 혹은 언어적 형태로 보존된다는 이중부호 모형이며, 또 하나는 정보란 단지 언어적 형태로 저장된다고 주장하는 견해다. 비록 몇몇 언어 정보의 조직 형식이 제시될지라도 최근의 주도적인 모형은 망 모형(network model)이다.

(1) 이중부호 모형

이중부호 모형(dual-code model)의 주요한 특징은, 정보란 시각적 혹은 언어적 형태로 보존된다는 것이다. 비록 정보를 처리하고 저장하는 데 있어서 각각의 체제는 상호 연관되지만, 기능적으로는 독립적이다. 개, 집, 소풍과 같은 구체적 대상이나 사건들은 이미지 형태(심상체제)로 저장된다. 진실, 영혼과 같은 추상적 대상과 사건은 언어적 체제로 저장된다. 구체성과 추상성을 모두 갖는 '집'과 같은 대상은 두 체제 모두로 부호화될 수 있다. 구성된 언어적 또는 비언어적 지식의 재현은 제시된 자극의 유형, 제시를 위한 수업 방법, 자극이 제공되는 상황 그리고 학습자 개인이 언어적 또는 비언어적으로 변환하는 능력의 정도에 따라 달라진다.

구체적 사물은 추상적인 대상에 비하여 훨씬 잘 기억되고 쉽게 재생될 수 있다. 그 이유는 구체적 사물의 상징가(imaginative value)가 크기 때문이다. 이 상징가는 언어적으로 표현하는 사물에 있어서 그 기억의 정도 개념에 대한 기억과 재생이 아닌 연속적 관계(seqential memory tasks)로는 그 기억과 재생이 잘 안 된다.

시각적인 이미지화를 비판하는 사람들은 영상 형태로 정보를 저장하는 것은 두뇌의 저장능력을 초과하여 그 영상들을 읽을 '인지자(perceiver)'를 필요로 한다고 주장한다. 하지만 시각적 부호화를 옹호하는 사람들은 저장되는 부호는 영상이 아니라 유추 표상 혹은 유추 기억(analog representation/analogy memories)이라고 주장한다. 즉 심상은 열쇠와 자물쇠가 관계하는 방식으로 실제 세계와 관계하여, 정확한 열쇠만이 자물쇠를 열 수 있는 것과 마찬가지로 특정 대상만이 그 대상이 표상될 신경계의 과정을 활성화할 수 있다고 한다.

(2) 언어적 망 모형

망 모형(network model)을 지지하는 이론가들은 언어적 저장체제의 방법을 잘 설명한다. 그들은 회상(재생)을 위해 심상의 중요성을 의심하지는 않지만 정보의 궁극적인 표상은 이미지가 언어적 형태이며 상징적 형태인 언어적 형식을 통해 재구성될 것이라고 주장한다.

이 언어적 형태는 지식의 기본 단위에 해당하는 명제적 형태로 기억된다. 군집 모형은 독수리, 카나리아, 굴뚝새 등이 깃털을 가졌다는 특징으로 무리 지어 기억되듯이 특수한 군집으로 기억된다. 명제 모형은 1960년대

Chomsky의 영향을 받은 것으로, 고립된 단어로 기억되는 것이 아니라 'Tom is tall.'과 같은 기본 문구에 관련 정보를 추가하여 정보를 저장한다는 것이다. Kintsch에 의하면 명제는 더 쉽게 이해된다. 그는 문장 분석으로부터 파생된 명제를 표현하기 위해 목록을 사용했다. 한 예로 'The old man smiled.'라는 문장이 있다. 여기서 'Old man'은 'smiled man'이라는 두 명제를 포함한다.

(3) 어의적 망 모형

최근에는 이 어의적 망 모형을 중요하게 생각하는데, 이 어의적 망 모형(semantic network model)은 Quillian(1969)에 의해 처음 주장된 것으로, 마디(nods)를 이용하여 개념과 위계적 관계의 상위 종속 개념을 설명하고 있다.

근래에 두 가지 어의적 망 모형이 연구되었는데, 명제적 망 모형과 절차적 망 모형을 들 수 있다.

〈표 5-1〉 어의적 망 모형에서 지식의 유형

모형	지식의 유형	표상 방식	예
Anderson (1980)	언어적으로 표현될 수 있는 서술적 지식 (명제적 지식)	진위가 판명될 수 있는 최소 단위인 명제	원은 둥글다.
Newell & Simon(1972)	절차적 지식	조건-행위(만일~이면~이다) 쌍으로 된 산출 체제	만일 복수형 주어라면 be동사의 현재 시제는 are이다.

3) 쉐마

앞에서 언급한 명제적 지식은 문장과 그림 등에 있어서 그 의미를 표현하는 데 유용하게 사용된다. 그러나 이 경우에 있어서 인지적 조작은 그와 관련된 좀 더 큰 지식의 조직 형태에 의해 지배받는다. 이러한 지식 구조를 쉐마(schema)라고 한다.

쉐마라는 용어는 '잘 적용된 유기체 반응 내에서 작용해야 하는 과거의 학습된 결과 반응들의 조직'으로 정의될 수 있다. 쉐마는 정보 저장소로서의 역할보다는 장기 기억 저장소에 영향을 주는 다음과 같은 기능을 한다는 점에서 더 중요하다.

이 정보처리이론에서 학습된 결과는 장기 기억 장치 속에 얼마나 많은 지식이 저장되어 있는가 그리고 그 저장된 지식을 필요할 때마다 뽑아내고 쓸 수 있는가와 관련된다. 이때 장기 기억 장치란 이 세상의 수많은 정보와 지식을 저장하는 거대한 창고에 비유할 수 있다. 이 창고에 들어 있는 지식은 그 성격에 따라 크게 두 가지로 나눌 수 있다. 그중 한 가지는 개인적 경험과 관련된 지식(episode)과 의미론적 지식(sematic)으로 되어 있다. 이때 개인적 경험과 관련된 지식이란 개개인이 살아가면서 당연하게 경험했던 것들과 관련된 지식이다. 그러나 의미론적 지식이란 누구에게나 공감을 주고 의사가 통용될 수 있는 보편적인 지식이다. 이 의미론적 지식은 이 세상의 사물의 이름이나 추상명사와 관련되는 선언적 지식(declarative knowledge)과 어떤 문제를 어떠한 순서로 해결하느냐에 관한 처방과 관계되는 절차적 지식(procedural knowledge)이다.

이 의미론적 지식은 장기 기억 창고에 다양한 형태로 저장되는데, 그 많은 지식들이 선언적 지식에 해당하는 개념(concepts)과 명제(propsitions) 그리고 어떤 문제의 해결책을 제공해 주는 절차적 지식(procedural)에 해당하는 산출적 체제와 쉐마들로 분류되어 저장된다. 그리고 장기 기억 창고에 저장되어 있는 이들 지식들은 하나의 인지망(networks of nods)을 형성하고, 이들 지식은 독립된 것이 아니라 유기적인 관계를 갖고 서로 영향을 주며 필요에 따라서는 언제든지 도움을 줄 수 있는 유기적인 관계를 형성하고 있다. 그리고 이 쉐마는 이 세상에 존재하는 사물(objects), 사건(events), 상황(situations)들의 일반적 특징을 나타내는 특성들이 인간의 장기 기억 장치 속에 어떠한 모습으로 구성되어 있는가와 관계된다. 예를 들면 쉐마에는 사물과 사건들의 특성이나 특징과 관련된 요소들이 보관되거나 저장된 홈구멍(slots)이 있고, 이들 요소들끼리 서로 연관되어 있어서 필요한 경우에는 언제든지 상호 간에 도움을 주는 것으로 생각하고 있다. 따라서 새로운 정보나 지식을 학습한다는 것은, 외부의 자극(새로운 지식)이 관련이 있는 한 개 또는 여러 개의 홈구멍(slots)에 채워지거나 관련을 짓게 됨으로써 새로이 변형된 쉐마를 갖는 경우를 의미한다.

지금까지 언급한 쉐마의 재구성 과정을 학습이라고 할 수 있는데, 이때 학습은 새로운 자극이 입력과정을 통해서 감각기억장치에 제시되어 지각이 이루어져야만 한다. 이때 지각(perception)이란 감각 등록장치에 들어온 자극의 특징이나 특성을 분석 · 분류하여 자기의 장기 기억 장치 속에 있는 쉐마의 홈구멍에 있는 정보나 지식과 관련을 짓는 일을 의미한다. 그 과정에서 비슷한 점, 공통점, 다른 점 등등을 맞추어 보는데, 이러한 일을 쉐마가 활성화한다고 하며, 이를 통해서 우리들로 하여금 새로이 들어온 지식을 인지(cognition)하도록 해 준다. 이때 그 지각은 외부로부터 들어온 자극이 비디오 카메라와 같이 단순한 사실의 기록처럼 저장되는 것이 아니다. 그 지각은 우리들의 장기 기억 속에 있는 쉐마를 활용해서, 외부로부터 온 자극이나 정보를 해석하고, 그 다음에는 이미 갖고 있는 쉐마와 관련지어 통합과 재구성을 해 나간다는 점이다.

이러한 과정이나 활동을 정신적 활동이라고 할 수 있는데, 이 정신적 활동이 보다 효과적으로 일어나려면, 흔히들 이야기하고 있는 주의집중에 해당하는 정신력(mental energy)이 필요로 하게 된다. 우리들은 어떤 과제를 해결하는 데 한정된 정신력이나 주의집중력을 갖고 있다. 그런데 각 과제들은 다양한 수준의 정신력이나 주의집중력을 요구한다. 예를 들면, 어떤 과제는 주의집중력이 거의 없어도 자동적으로 수행할 수 있는가 하면, 어떤 과제는 대단히 많은 양의 주의집중을 요구하기도 한다. 그런데 주의집중력에는 가능한 수준의 한계가 있기 때문에 우리는 몇 가지 일을 동시에 효과적으로 수행할 수 없다. 만일에 많은 과제를 수행하게 되어 주의집중력의 잠재적 능력을 넘게 되면, 어쩔 수 없이 그들 과제에 대한 주의집중력의 우선 순위를 정하고 주의집중력을 배분해야 한다. 이와는 달리 어떤 과제에 대하여 연습의 기회를 많이 제공하여 충분한 연습을 하게 되면, 그 연습된 과제는 주의집중력이 없어도 자동적으로 수행할 수 있게 되기도 한다.

쉐마가 새로운 정보의 해석과 기억을 위해 중요한 기능을 하지만 이 쉐마는 고정된 것이 아니라 유동적인 것으로 보고 있다. 그리고 이 쉐마는 부첨(accretion), 조율(tuning) 그리고 재구성(restructuring)의 세 가지 방법에 의해 변화하게 된다.

2. 학습의 과정과 요소

위와 같은 인간의 기억의 본질과 지식이 표상되는 방식에 대한 가정을 바탕으로 학습에의 적용 방안을 찾는다면, 우선 개인이 정보를 습득하고 기억하는 과정에 대한 연구가 있다. 정보처리론에 따른 학습의 과정(정보를 습득하고 기억하는 과정)은 다음 세 단계로 나눌 수 있다.

1) 자극에의 주의

기억체제에 의한 정보처리는 물리적 신호가 눈, 귀, 피부를 거쳐 감각 등록기에 수용되면서 시작된다. 이러한 물리적 정보들은 잠시 동안만 보유된다. 이때 시각적 입력은 icon, 청각적 입력은 echo, 촉각적 입력은 tactile라고 불리는 형태로 보유된다. 입력 정보가 감각 등록기에 물리적 신호로 잠시 머무는 것은 몇몇 입력 자극이 각각 기억형태에 알맞게 등록된다. 예를 들면 새로 배운 외국어의 이해는 echo 기억에 의존한다.

이처럼 보유된 물리적 신호들은 감각 등록기의 등록 과정에서 선택적으로 접수되는데, 이러한 선택 과정의 성격에 관해서는 두 가지 견해가 있다. '최초에는 모든 자극이 다 처리되나 원하지 않는 자극들은 기억체제 내에서 여과된다.'는 이론과, '장기 기억 저장고에 쉐마를 가진 기억체제에 맞는 정보만이 선택된다.'는 견해다.

(1) 형태재인

선택된 물리적 자극의 확인은 정보처리의 중요한 부분이다. 이런 과정을 형태재인(pattern recognition)이라 한다. 초기에는 형태재인을 형판배합이론(template matching theory: 입력된 자극을 학습자의 기억 속에 있던 형판 혹은 영상과 비교하여 식별해 낸다는 이론)에 의해서 설명하려고 했다. 그러나 최근에는 특징분석이론(feature analysis theory)으로 형태재인을 설명하려고 한다. 특징분석에서는 기억에 저장되는 것은 이미지 표상이 아니라 자극의 특유한 측면이며 투입 자극은 그 자극의 특유한 측면들이 선택되어 처리된다고 한다. 예를 들어 'E', 'E', 'E'라는 세 자극을 받아들일 때는 그 형태의 특징에 따라 세 개의 평행선과 한 개의 수직선으로 구성되어 있다는 형태 분석의 과정을 거쳐 처리된다. 하지만 형판배합이론으로는 두 개의 다른 형판이 필요하다. 이 두 가지가 특징분석이론의 특성에 해당한다.

(2) 특징분석 과정

특징분석에 의한 형태재인이 이루어지려면 자료 주도적 처리와 개념 주도적 처리의 두 가지 과정이 있어야 한다. 이 과정들은 독립적일 때도 있고 함께 일어날 때도 있다.

① 자료 주도적 처리: 정보는 입력과 동시에 식별이 되며(예: 시계의 똑딱거리는 소리) 투입된 장소 속에서 그 구조를 발견하는 것이다.
② 개념 주도적 처리: 이 과정은 동기, 목표, 맥락에 의해 유도된다. 즉 입력은 기대에 부응하여 고차적 지식이 저차적인 개별 정보의 해석에 기여한다(예: '추석에는 햅_로 밥을 짓고, 햇__을 상에 올린다.'라고 말할 때 기대와 맥락이 '햅쌀', '햇과일'이라는 단어라고 짐작할 수 있다).

(3) 주의의 역할

주의(attention)는 자극이 처리되는 방식에서 중요하다. 어떤 자극은 주의를 기울이지 않아도 일어난다. 그러한 과정들은 의식적인 조절 없이 자동적으로 수행되어 온 것들이다. 한 예로 능숙한 독자에 의한 문자 식별이 있다. 이와는 달리 어떤 식별 과제는 집중적인 노력과 의식적인 조절을 필요로 한다. 그것은 통제적 처리라고 불리는데, 세 자리 수의 곱셈 같은 것이 그 예다. 다시 말해서 친숙한 패턴의 인식은 자동적이고 낯선 패턴의 인식은 심사숙고하는 과정이 필요하다고 할 수 있다.

2) 자극의 부호화

어떤 자극이 장기 기억고에 불활성 상태로 저장되려면 부호화(encoding) 과정이 필요하다. 이는 자극을 변형시켜 나중에 쉽게 회상될 수 있는 형태로 바꾸어 주는 것이다. 전화번호는 전화를 할 때만 기억 속에 남아 있고 곧 망각된다. 따라서 장기 기억에 보존하려 한다면 부호화 과정이 필요하다.

(1) 조직화

조직화(primary rehearsal)가 잘 된 정보는 학습하기 쉽고 기억하기 쉽다. 자료를 조직화하는 데는 위계를 사용하는 방법과 기억술(mnemonic method) 을 이용하는 방법이 있다.

(2) 정교화

새로운 정보에 다른 것을 더하거나 또는 그것을 이미 알고 있는 다른 것에 관련시킴으로써 기억하려고 하는 것의 정보를 확대시키는 과정이다. 이러한 부호화 전략에는 유지 시연(maintenance rehearsal)과 정교화 시연(elaborative rehearsal)이 있다. 유지 시연은 정보를 기억하기 위한 단순한 반복 활동이며, 전화번호의 반복 암송이 그 예다. 또한 정교화 시연은 정보를 특정한 방식으로 변형한다. 다음은 정교화 시연의 과정이다.

① 정보가 기존의 저장된 정보와 관련되도록 구체화한다.
② 다른 상징으로 그 정보를 대치시킨다.
③ 회상할 때를 위해 추가 정보를 보충시킨다.
　예) 'web'이라는 단어를 익힐 때 거미줄과 관련시켜 익히는 것.

(3) 쉐마 전략

우리가 책을 읽거나 남과 이야기할 때 접하게 되는 모든 정보들은 이미 우리가 머리에 저장하고 있는 지식을 기초로 하여 해석하게 된다. 쉐마는 새로운 자극을 유의미한 구조로 정교화하기 때문에 부호화에 도움이 된다. 어떤 자료를 학습할 때 학습자는 필요하다고 생각되는 쉐마를 장기 기억 속에서 활성화하고, 자료의 내용을 쉐마 공간에 맞추려 한다.

3) 저장과 인출

부호화 과정의 목적은 장기 기억고에 정보를 저장하기 위한 준비를 하기 위함이다. 후의 접근과 회상은 그 정보의 저장 형태와 장기 기억 내의 선행 정보의 범위에 의존한다. 예를 들어 프로 체스 기사와 초보자는 체스판의 회상 능력에 크게 차이가 있어서, 프로 기사는 체스판의 70~80%를 회상하지만 초보자는 단지 몇 조각을 회상할 뿐이다. 두 집단의 차이는 장기 기억에 저장된 정보 청크의 크기와 정보가 부호화되는 방식에 따라 다르다.

3. 문제해결 학습의 과정

정보처리이론의 영역 내에서 학습에 중요한 시사를 주는 또 하나로는 문제해결 전략에 관련된 연구가 있다. 문제란 개인이 이전에 경험하지 못한 과제를 수행하도록 요구받거나 해결 방법이 완전히 드러나지 않는 과제에 당면한 상태를 말한다. 이러한 문제로는 수수께끼, 퍼즐, 체스뿐만 아니라 대수나 함수 같은 교과 영역 내의 문제 등이 있다.

1) 문제 유형

문제해결 과정에 대한 연구와 함께 문제의 다양한 유형을 밝히고자 하는 노력도 있었다. Greeno(1975)는 문제해결에 요구되는 지식과 기술이 다른 네 가지 기본적 유형의 문제를 규명했다.

(1) 구조적 귀납의 문제

주어진 요소 사이의 관계를 분석하여 구조로 통합하는 능력이 요구된다. 예를 들어 유추 문제 '상인―팔다 : 소비자―( )'에서 ( ) 속에는 '사다'라는 단어가 유추될 것이다. 그리고 시리즈 완성 문제 '1, 2, 3, 4, 5, 6, 7,?'에서는 7 다음의 숫자로 '8'이 올 것을 쉽게 추리해 낼 수 있을 것이다.

(2) 변환 문제

문제 상황과 목표 상황과의 차이점을 분석하는 수단―목표 분석을 이용하거나 목표 상황과 문제 상황 간의 차이를 줄이는 조작인을 선택하는 기술이 요구되는 문제다. 다음의 예를 보자.

- 하노이탑 문제: 각기 다른 크기의 원반이 꽂힌 말뚝이 세 개 있다. 한 말뚝에서 다른 말뚝으로 원반들을 옮기되 큰 원반이 작은 것의 위에 놓이지 않게 하면서 옮겨야 한다.
- 선교사와 식인종 문제: 선교사 세 명과 식인종 세 명을 강의 반대편으로 옮기되, 강 한쪽에 남아 있는 식인종의 수가 선교사의 수를 넘어서는 안 된다.
- 물주전자 문제: 각기 다른 크기(8, 5, 3컵들이)의 주전자가 주어진다. 이 주전자들을 사용해서 22컵과 같이 주어진 물의 양을 잰다.

(3) 배열 문제

부분적인 해결을 시험해 보는 데 정확하지 않은 정보를 효과적으로 사용해야 하는 문제다. 이것의 예로 조각 그림 맞추기(jigsaw puzzle), anagram(emit, time, item, mite), 암호 산수문제, DONALD+GERALD=ROBERT(0부터 9까지의 숫자를 사용하고 D가 5라는 단서를 이용해 각 알파벳을 숫자로 바꾸는 문제) 등이 있다.

(4) 혼성 배합 문제

지각적 재구조화 혹은 새로운 발명이 요구되는 문제로 토목공사 설계나 발명, 예술을 할 때 구성할 수 있다. 이것의 예로 구조의 변형, 구조의 유추(통찰문제), 성냥개비 문제, 평행사변형 문제, 양초 문제, 두 끈 문제를 들 수 있다.

2) 문제해결 과정

문제해결 과정에 대한 최근의 두 연구 영역에는 문제해결 과정의 컴퓨터 시뮬레이션과 학생들을 동원한 구체적인 주제의 연구가 있다. 컴퓨터 시뮬레이션을 이용한 프로그램은 논리적 문제, 대수 문제, 체스, 의료진단 문제 등을 풀 수 있는 정도까지 개발된 상태다. 이와 같은 두 가지 유형의 문제해결은 다음과 같이 요약된다.

(1) 일반적 문제해결자

컴퓨터 시뮬레이션을 이용한 문제해결을 창안한 Newell과 Simon(1972)에 의해 제시된 견해로, 다음의 세 단계를 거친다.

① 문제, 주어진 조건들, 합리적 조작인 표상
② 목표와 하위 목표 설정, 그 하위 목표 해결하기
③ 수단-목표 분석을 이용해서 문제해결 과정을 탐색하고 필요하면 하위 목표 재정의하기

(2) 발견 문제 전략

Resnick과 Glaser(1976)에 의해 개발되었으며, 일반적 단계는 다음과 같다.

① 기억된 쉐마를 활용해 제시된 문제를 탐색하고 부분적이거나 완전한 해결책을 찾기 위해 활동한다(문제 탐색).
② 해답이 발견되지 않으면 부가 정보를 얻기 위해 환경을 검색한다(특징 훑어보기).
③ 두 번째 단계가 성공적이지 못하면 목표를 수정한다(목표 분석).

이 모형의 특징은 부분적이거나 완전한 해결책을 밝혀내고 시험해 보는 과정에서 1단계와 2단계 사이를 오가는 것이다. 두 모형의 중요한 차이점은 2단계에 있다.

Glaser와 Resnick 모델은 특별히 발견 문제를 위해 고안되었다. 여기서 학습자는 해결에 효과적인 상황을 재구성해야 한다. 이 모형에서 중요한 구성요소는 하위 목표 확인 대신에 일찍이 수단-목표 분석을 이용한다는 것이다. 수단-목표 분석법은 우선 현재 상태와 기대되는 상태 사이의 차이점을 사정하고, 차이점을 줄이기 위한 적절한 조작자 탐색을 한다. 마지막으로 결과의 평가라는 단계를 거친다.

Resnick과 Glaser 모형에서 학습자는 부가적 단서를 찾기 위해 문제 정의와 환경 탐색 사이를 앞뒤로 이동한다. 대조적으로 Newell과 Simon의 모형은 단계마다 해결될 수 있는 문제가 적용된다.

4. 수업을 위한 원리

정보처리이론에서 교수원리를 도출하는 데는 두 가지 어려움이 있다. 하나는 학습이라는 분야가 정보처리 연구의 핵심 분야라기보다는 여러 연구 영역의 하나에 불과하다는 것이고, 다른 하나는 정보처리이론과 다른 인지 심리학 영역 간의 구분이 불분명하다는 것이다. 그럼에도 불구하고 다음의 세 가지 측면에서 보면 정보처리 과정의 중요성을 알 수 있다.

첫째, 학습자가 학습할 때 사용하는 정보처리 전략에 초점을 두었다.

둘째, 인지적 정보처리 기술(오류를 수정하기 위해 학습자가 자신의 지식과 방법을 조직하게 하는 방법)을 직접적으로 가르치는 것이 필요하다는 것을 인식하였다.

셋째, 교육과정 개발 영역 내에서의 발전이 있었다.

Posner(1978)는 교육과정 조직과 내용 분석을 위해 어의적 망 모형을 사용할 것을 제안하기도 했다.

1) 수업의 성격과 기본 가정

학습과 관련된 정보처리론에 깔린 기본 가정은 인간 기억체제의 본질과 기억 내에서의 지식의 표상을 기술하는 것이었다. 정보처리이론을 교실 상황에 적용하는 문제 역시 인간 기억을 새로운 정보나 학습해야 할 기술을 선택하고 조직화하며 저장을 위해 부호화하는 능동적인 체제로 파악하는 가정에서 비롯된다.

인지이론가들이 동의하는 최우선적 가정은, 성공적인 학습은 환경보다는 학습자 자신의 활동에 달려 있다는 것이다. 따라서 교수원리도 환경을 조작하여 학습이 일어나게 하기보다는 학습자의 인지 구조에 변화와 갈등을 일으키려는 방안과 관련된 것임을 짐작할 수 있다.

따라서 정보처리이론가들은 장기 기억 장치에 정보를 저장하는 정확한 요소가 무엇인지를 규명하려고 했다. 그러나 인지심리학자들은 학습자의 정보 저장을 인지 구조로 설명한다. 인지 구조를 설명하는 데 사용되는 용어들은

〈표 5-2〉 인지 구조의 유형

제한된 응용	확대된 응용
• 기계적 암기 학습(학습자의 인지 구조에 정착되지 않은 지식) • 연산적 지식(기계적 규칙이나 공식) • 인지 구조 속에서의 내적인 연관성	• 유의미 학습(개념, 선행 지식과 관계 있음) • 명제적 지식 • 인지 구조 속에서의 외적인 연관성

때때로 습득된 지식의 질적인 특성을 반영하는 것이기도 하다.

2) 수업의 구성 요소

새로운 정보를 습득할 때 본질적 과정은 자극에의 주의, 자극의 부호화, 요약 부호의 저장과 상기이다. 그에 대응되는 수업의 과정은 새로운 자극의 수용 안내 지도, 부호화 촉진, 저장과 인출의 촉진이다.

(1) 새로운 자극의 수용 지도

인간 기억체제는 주의를 기울일 환경 자극을 선택한다. 수용 과정은 선택된 자극에 주의하고 자극을 부호화하여 확인하는 것이 필요하다.

정보 수용에서 교수는 학습자의 주의가 학습되어야 할 관련 정보에 쏠리도록 하는 것이다. 이때 필요한 대표적인 교수 기술에는 행동적 목표와 선행 조직자를 이용하는 것이 있다.

수업목표는 학습자에 의해 습득되어야 할 구체적 기술과 그것이 관련된 환경적 맥락을 설명해 준다. 이것들을 통해 학생들을 새 자료에 주의집중시킨다. 하지만 지나치게 상세히 진술되면 학습자로 하여금 중요한 개념은 빠진 세부적 정보의 회상에만 주의하게 할 수도 있다.

① 선행 조직자

선행 조직자는 적어도 세 가지 효과가 있다. 첫째, 선행 조직자는 수행해야 할 학습에 대한 개념적 틀을 제공한다. 둘째, 학생들이 이전에 저장했던 정보와 새로운 학습의 연결에 도움을 준다. 셋째, 선행 조직자는 오래된 인지 구조와 습득될 예정인 정보 사이에 교량 역할을 하기 때문에 학습자의 부호화 과정을 용이하게 해 준다.

선행 조직자는 학습해야 할 과제를 개관하는 정도에 그치는 정보가 아니다. 선행 조직자는 학습되어야 할 새로운 과제에 대한 구체적인 내용을 담고 있지 않은 시각적 혹은 청각적 정보가 짧게 표현된 것인데, Ausbel(1968)은 선행 조직자가 효과적이려면 다음에 학습할 자료보다는 높은 수준의 추상성, 일반성, 포괄성이 있어야 한다고 하였다. 그래야 그것이 좀 더 상세한 정보가 포착될 수 있는 개념적 근거지로서 기능을 한다는 것이다.

그러나 후속 연구를 통해서, 다양한 구체적 조직자 역시 성공적일 수 있다는 것을 밝혔다. 좋은 선행 조직자는 광범위한 고차원적 규칙과 친숙한 용어로 된 원리적 주제에 관한 토의, 구체적 모형, 유추, 실례 등을 포함한다. 선행 조직자의 계획은 어느 정도까지는 과제의 성격과 학습자 특성, 교수의 형태에 달려 있다.

② 선행 조직자의 유형과 효과

선행 조직자의 유형에는 새로운 자료 내의 논리적 관계를 생성하는 기제를 제공하는 설명적 조직자와 친숙하지 않은 새로운 정보를 기존의 지식과 관련시키는 기제를 제공하는 대비적 조직자가 있다.

다음과 같은 상황에서 선행 조직자는 학습이 잘 일어나게 해 준다.

- 조직화되지 않은 상태이거나 친숙하지 않은 정보를 지각할 때
- 관련 정보나 기술에 대한 지식이 부족할 때
- 학습을 위해 고차원의 문맥을 수용할 때
- 다른 과제를 위해 새로 학습한 것을 전이시키는 능력을 검사받을 때

(2) 부호화 과정의 촉진

학습할 때의 부호화의 기능은 장기 기억에 저장되도록 새로운 정보를 준비시키는 것이다. 이 과정은 나중에 쉽게 회상되도록 정보의 변형을 요구한다. 이러한 부호화를 위한 교수는 두 가지를 고려해야 한다. 장기 기억에 지식을 정착시킬 수 있는 가능성과 새로운 정보와의 통합을 위해 단기 기억으로 정착지를 전이시키는 일이다. 새로운 정보는 그것을 통합하는 데 유용하

다면 유의미하다고 여겨진다. 학습자의 기존의 인지 구조에 새로운 학습을 통합시키는 일은 유의미 학습에 매우 중요하다. 다음 두 가지 접근이 부호화를 촉진시킬 수 있다.

① 교수 측면

교수 자료에서 제공된 단서나 정교함이 선행 조직자가 된다. 어려운 단어 학습에 유용한 높은 빈도의 '동의어', 보충 질문, 내용의 요약과 재검토 '질문', 임의적 연상 학습을 위한 '두문자어' 등이 있다. 이런 방법 외에도 '신호화'라는 방법도 있다. 신호화는 학습자가 교수 자료를 구조화·조직화할 수 있도록 예시문이나 머리글, 중심어 등을 학습자에게 제공해 주는 방법이다.

② 학습자 측면

학습자가 스스로 정교화를 할 수 있도록 기회를 주는 방법이다. 예를 들어 학습자가 생성해 내는 시각적·청각적 단어라든지 장소법을 사용하는 것이다. 이외에도 밑줄 긋기, 노트하기, 밑그림 그리기, 문장 요약 같은 방법이 있으며 선천적으로 조직화하고 연관시키는 능력이 부족한 아동들이 사용하기 좋은 방법으로 '핵심 단어법'이 있다. 그 외 각각 다른 구조를 재인지시킬 때 사용하는 '구조 연습법'이 있다.

(3) 저장과 인출의 촉진

부호화 전략의 중요성은 그것이 최초 학습과 나중의 회상 범위를 증가시킨다는 것이다. 따라서 정보가 필요할 때 특정한 단서를 생각해 냄으로써 정보를 회상하도록 가르쳐야 한다. 학교 학습의 많은 부분은 이전에 이미 학습한 개념, 명제, 정의와 관련된 것이므로 교수 위주의 정교화와 학습자 위주의 정교화는 모두 회상을 증가시키며 선행 학습과 결합하는 데 도움을 줄 수 있다.

3) 문제해결력을 위한 수업

학교 학습에서 복잡한 학습과제 중의 하나인 문제해결력을 어떠한 방법으로 가르칠 수 있을 것인가에 대하여 정보처리이론은 다음과 같은 몇 가지 전략을 제시하고 있다.

첫째, 지식의 구성 요소는 문제해결에 본질적이다. Greeno(1980)는 지식에 근거한 수행과 문제해결을 표상하는 수행에는 분명한 차이점이 있다고 한다. 그런데 학습자가 문제를 해결할 때는 수업 시간에 습득한 지식이나 기술보다는 운이나 뜻밖의 사실에 의존한다는 것이다.

둘째, 높은 수준의 수행을 위한 일반적 기술과 특별한 지식의 주목할 만한 역할이 아직 밝혀지지 않았다. 그러나 교과 영역 내에서 문제해결을 연습하는 것이 무시되어서는 안 된다. 더군다나 개방형 사회과학 문제의 해결책 개발에 관해 수행된 연구는 교과 내의 명제적 지식이 적합한 해결책을 구성하는 데 중요한 요소라는 것을 밝혔다. 즉, 아무리 지혜롭고 유능할지라도 오랜 시간의 훈련과 연습 없이는 고수가 되기 힘들다는 뜻이다.

셋째, 숙달자와 초보자가 사용하는 전략은 몇 가지 면에서 다르다. 전문가는 특별한 유형으로 문제를 보는 반면, 초보자는 하위 목표와 관련된 힘든 단계적 절차를 수행한다. 이러한 초보자와 숙달자의 차이점은 통합된 기초 지식의 부족, 문제의 깊이 있는 분석의 실패, 문제해결에 관련된 논리성의 결함이다.

넷째, 비록 교과 영역 내의 구체적 지식이 다양하게 나와 있다 할지라도 수업에는 일반적 교수 기술이 중요하다. Suchman(1966)은 일반적 탐구 모형을 가르치기를 제안한다. 이 모형의 단계는 ① 문제 확인 ② 잠정적 가설 설정 ③ 가설과 관련된 정보의 수집 ④ 가설 검증 ⑤ 정보 자료가 설명될 때까지 단계 ③과 ④를 반복하는 절차를 거친다.

Suchman의 모형의 중요성은 그것이 목표와 관련된 탐색, 인출, 정보 분석에서 실행 지침을 제공한다는 것이다. 그의 모형은 수단-목표 분석을 위해 학급에서 거쳐야 할 단계를 알려 준다. 즉 수단-목표 분석에서 기억 탐색은 현재 상태와 기대 상태의 차이를 줄이는 조작인을 발견하는 것이다. 기대 상태란 자료를 설명할 수 있는 상태를 말한다. 이 모형을 응용하면 학습자가 조작인을 찾는 방법을 향상시킬 수 있다. 그러나 이 모형은 학습자가 문제를 재개념화하거나 재정의하지 않아도 되는 1단계 문제에서만 적합하다.

5. 학교 교육에 적용

인지이론에 바탕을 두고 있는 정보이론은 학교 학습에서 학습자들이 학습하는 과정을 종합적이고 체계적으로 설명해 주고 있다. 특히 학습의 내용 중 문제해결력과 같은 복잡한 학습내용을 어떠한 절차와 과정을 통해서 학습해 나가는지를 잘 설명해 주고 있다.

1) 수업의 실제와 원리

(1) 감각 등록 단계에서의 원리

투입된 정보는 매우 짧은 시간 동안 감각 등록기에 머무르며, 즉시 처리되지 않을 경우 곧 유실된다. 이러한 특징은 때때로 어린 학생들이 겪게 되는 어려움을 잘 설명해 준다. 어린 학생들은 종종 여러 자극을 동시에 받아들이는 것을 힘들어한다. 예들 들어, 교사가 칠판에 판서를 하며 동시에 설명하는 경우 학생들은 필기에 집중하여 설명을 듣지 못하게 된다. 따라서 두 가지 이상의 감각 정보가 동시에 제시되는 것은 바람직하지 않다.

(2) 단기 기억과 작동 기억 단계에서의 원리

교사들은 종종 학생들이 책을 읽을 때, 그 내용을 전혀 이해하지 못한 채 그저 읽고만 있는 것을 보게 된다. 이러한 예는 교실에서 매우 흔하게 일어나는 일이며, 교사는 때때로 적절한 해결책을 찾지 못하는 경우가 있다. 이때 교사는 학생들이 단어를 음성화시키는 과정에 작동 기억의 공간을 모두 사용하여 의미를 이해하는 데 필요한 공간이 없는 것은 아닌지를 생각해 보아야 한다. 수학시간에도 이와 유사하게 덧셈과 뺄셈 등의 기초 연산 과정을 제대로 숙달하지 못한 학생들의 경우가 나타날 수 있다. 작동 기억이 문제를 해결하는 유용한 정보에 활용되지 못하고 지나치게 기초 연산에만 사용되고 있는 것이다.

이러한 문제를 해결하는 좋은 방법 중 하나는 자동성의 개념이다. 자동성은 정보나 원리를 매우 많이 연습함으로써 습득될 수 있다. 일단 자동성을 획득하게 되면 속도가 빨라지고 노력이 적게 들고 자율적이 되며, 항상성을 갖고, 의식적으로 조절하지 않아도 된다. 위의 경우, 발음과 덧셈 및 뺄셈 등의 기초 학습에 자동성을 갖게 되면 학생의 작동 기억은 그만큼 많은 공간을 확보할 수 있으며, 확보된 공간을 보다 유용하고 고차적인 정보의 사용에 할당하게 된다.

(3) 장기 기억 단계에서의 원리

장기 기억에 존재하는 정보가 네트워크의 구조로 형성된다는 사실은 교사들에게 중요한 함의를 준다. 즉, 교사는 학습자에게 개별적인 사실만을 제공해서는 안 되며, 반드시 사실과의 관계성에 대해서도 설명해야 하는 것이다. 예를 들어, 태양계의 구조를 설명할 때 단순히 '대부분의 행성들이 같은 회전축을 가지고 있다.'라고 설명하는 것보다는, 그러한 사실이 왜 중요하고, 태양계 형성에 어떠한 단서를 주는지에 대해 원리와 관계성을 이해시키려는 노력이 필요하다.

실제로 학교 현장에서 수업하는 교사들을 생각해 보자. 어떤 교사는 단지 주제에 대한 내용만을 가르치고 중간고사와 기말고사만을 본다. 그러나 어떤 교사들은 다양한 예제를 제시하고 각각을 연관시키며, 질문이나 퀴즈를 통해 학생들이 자신의 지식을 평가할 수 있는 충분한 기회를 제공한다. 두 번째 유형의 수업이 조직된 네트워크를 보다 발전시키는 데 기여할 수 있으며, 이는 정보처리이론이 제시하는 가정과 일치한다.

(4) 주의집중을 위한 원리

인지처리과정은 주의집중으로 시작되기 때문에, 교실에서 수업을 시작할 때 학생들의 관심을 수업 안으로 끌어들이는 일은 효과적인 학습에 결정적인 역할을 한다. 주의집중을 유도하는 방법은 대개 물리적 유형, 흥미 유발적 유형, 감정적 유형, 강조적 유형 등으로 나누어질 수 있다. 교사는 인간의 주의집중력이 쉽게 저하된다는 사실을 인지하고 학생들이 학습과 관련된 자극에 집중하고 부적절한 자극들은 무시할 수 있는, 즉 학생들의 주의집중을 포착할 수 있는 계획을 세워야 한다. 위에서 말한 네 가지 유형의 방법 중 어느 한 가지만을 과도하게 사용하게 되면 학생들은 곧 지루함을 느끼고 주의집중능력이 감소되기 때문에, 이들을 적절히 혼용할 수 있는 기술이 필요하다. 이러한 네 가지 유형을 보다 자세히 살펴보도록 하자.

① 물리적 유형

교사가 수업 시간에 사용하는 모든 물리적 도구를 지칭한다. 지도, 칠판, OHP, 실험 도구 심지어는 교사까지도 물리적 유형의 자극이 된다. 교사는 교실을 돌아다니기도 하고 말의 속도를 조절하기도 하면서 다양한 물리적 자극들을 활용하지만, 학생들에게 이미 친숙한 물리적 자극만으로는 주의집중을 지속시키는 데 어려움이 있다. 따라서 교실에서의 물리적 자극은 새로운 유형들로 보충되는 것이 효과적이다.

② 흥미 유발적 유형

호기심을 자극하여 학생들의 주의집중을 이끌어 내는 방법이다. 이는 시각적으로도 가능하고, 학생들의 사고를 자극함으로써 일어나기도 하며, 기이하고 이상한 사건을 만들어 냄으로써도 가능하다. 예를 들어 의복의 변천사를 설명하는 시간에 교사가 중세의 복장을 하고 수업에 들어온다든지, 염색체를 설명하는 시간에 공상과학 영화와 관련시켜 설명하는 것은 좋은 예가 될 수 있다.

③ 감정적 유형

수업 시간에 학생의 이름을 부른다든지 감정과 관련된 단어들을 제시하는 것을 의미한다.

④ 강조적 유형

특별한 때에 강조하는 말이나 행동을 보이는 것이다. '이 부분은 아주 중요합니다. 시험에 출제될 수 있는 곳이에요.' 혹은 '자, 이제 여길 봅시다.' 등은 강조적 유형의 자극이 된다.

(5) 지각을 위한 원리

작동 기억을 통해 들어오는 정보는 객관적인 실재가 아니라 학생에 의해 해석된 주관적인 실재임을 교사는 다시 한 번 기억해야 한다. 그리고 학생의 지각은 과거의 경험과 자신의 기대에 영향을 받는다. 교사는 교실에서 배경 지식이 부족하여 문제를 바르게 이해하지 못하는 학생들을 흔히 보게 된다. 이러한 경우, 정보가 매우 풍부하고 정교하더라도 학생은 자신의 과거 경험에 의해 정보를 제한받게 된다. 따라서 교사가 수업의 내용에 들어가기 전에 지난 시간에 학습한 내용을 잠깐 동안 복습시켜 주는 것만으로도 학생들은 많은 도움을 받을 수 있다.

그리고 학생들의 지각이 자신의 기대에 영향을 받는다는 사실 또한 매우 중요한 함의를 갖는다. 학생들이 정보가 흥미 있고 도전해 볼 만하다고 느낄 때와, 정보가 지루하다거나 도저히 풀 수 없는 것이라고 느낄 때와는 분명 그 반응에 차이가 있게 된다. 따라서 학생의 이러한 기대를 적절히 조절해 주는 것 역시 교사의 중요한 역할이다.

(6) 시연을 위한 원리

교사는 시연에 관한 몇 가지 일반 원리를 알고 있어야 한다. 시연과 관련된 가장 중요한 원리는 정보에 대한 기억이 시연하는 반복의 횟수에 영향을 받는다는 것이다. 또한, 시연을 실행하는 시기 역시 교사가 고려해야 할 원리이다. 예를 들어, 시를 암기시킬 경우 한 번에 모두 암기하도록 하는 것보다는 매일 매일 조금씩 나누어 암기시키는 것이 보다 효과적이다.

(7) 부호화와 인출을 위한 원리

부호화와 인출과 관련하여 교사가 기억해야 할 것은, 학생의 부호화는 유의미하게 일어나야 하며 교사는 학생의 유의미화에 도움을 줄 수 있어야 한다는 것이다. 앞서 살펴보았듯이 부호화와 인출은 밀접하게 연결되어 있다. 즉, 인출은 정교한 부호화에 매우 큰 영향을 받는다. 따라서 효과적인 인출을 위해서는 성공적인 부호화가 선행되어야 한다.

정교화는 장기 기억에 정보를 부호화하는 데 가장 효과적이며 교실 상황에서 가장 폭넓게 적용할 수 있는 전략으로, 개별적인 정보들 간에 연합의 수를 증가시켜 가는 과정을 의미한다. 따라서 정교화는 새로운 정보를 보다 상세히 처리하려고 노력할 때 자연스럽게 발생한다. 교실 상황에서의 조직화, 일치성, 명확성 등은 모두 정보를 정교화하는 데 도움을 주는 요소이며, 이러한 요소들이 결국 학습의 증진을 가져온다는 사실을 교사는 항상 인식하고 있어야 한다.

기억술은 조직화와 정교화만으로 부호화되기 어려운 내용에 유용하게 적용될 수 있는 전략이다. 조직화와 정교화가 매우 유용한 전략이기는 하지만, 모든 정보를 조직화하고 정교화할 수는 없다. 이러한 경우에 기억술은 교실에서 폭넓고 유용하게 쓰일 수 있다. 기억술은 학습내용에 존재하지 않는 연합들을 만들어 부호화하는 것을 의미한다. 그리고 이는 새로운 것과 기존의 것 사이에 인위적인 고리를 만들어 준다.

한편, 효과적인 인출과 부호화를 위하여 초인지 전략을 개발하려는 연구들이 수행되고 있다. 초인지(meta-cognition)란 자신의 인지 과정을 통제하고 조절하는 것을 의미한다. 즉, 자신의 인지 상태와 인지 과정에 대한 정신적인 작용의 총합으로 정의할 수 있는 것이다(임규혁, 1995).

(8) 교수 전략의 개발을 위한 원리

정보처리를 응용해서 교수 계획을 할 때 고려해야 할 중요한 사항은 지식의 논리적 의미가 심리적 의미로 변형될 수 있도록 해야 한다는 것이다. 이때 논리적 의미란 교과 내의 상징, 개념, 규칙 사이의 관계를 말한다. 또 심리적 의미란 학생의 인지 구조에서 상징, 개념, 규칙 사이의 관계다. 지식의 이해와 문제 풀이의 심리적 의미의 발달은 학생과 주제 문제와의 상호작용에 의존한다.

① 이해(이해를 요하는 학습에서의 교수 전략)

단계 1: 새로운 학습의 수용을 안내하기 위한 단서를 개발하라.

1.1 학습자의 인지 구조에 접근하는 비공식적 질문은 무엇인가?

1.2 수업은 학습자의 주의를 끌 수 있는 의도적 질문 혹은 넓게 문자화된 목표를 포함하는가?

1.3 어떻게 새로운 지식이나 기술이 학습자의 기존 지식을 증가시킬 수 있는가?

단계 2: 정보의 부호화를 촉진하는 개념적 지지자를 선택하거나 개발하라.

2.1 학습자의 인지 구조와 새로운 학습을 연결시키기 위해서는 선행 조직자 내에 어떤 정보가 포함되어야 하는가?

2.2 학습자에 의해 이미 학습된 것 중 어떤 개념, 일화, 심상이 새로운 용어, 정의, 개념을 설명하기 위해 사용될 수 있는가?

2.3 교과서에는 학습자에 의해 이차적 연습의 기초로 쓰일 수 있는 부가적 질문이나 주요 요점이 있는가?

2.4 학습자가 이차적 연습에 몰두할 수 있게 하는 교수의 논리적 초점이 무엇인가?(예: 시각적 혹은 청각적 정교화)

단계 3: 학습된 정보의 재생에 도움을 주는 단서를 개발하라.

3.1 관련된 개념, 용어, 생각들은 어떻게 비교될까?

3.2 학습을 마무리하기 위해서는 어떤 결론적 질문을 할까?

② 문제해결(문제해결을 요하는 학습에서의 교수 전략)

문제해결의 지도에는 문제 공식화의 일반 기술, 문제의 제한점과 주어진 조건의 규명, 문제 접근 전략을 개선하고 평가하는 능력의 지도가 포함된다.

단계 1: 문제의 본질을 분석하라.

1.1 문제가 요구하는 과정(배열, 변형, 귀납, 역사적 분석 등)이 무엇인가?

1.2 문제해결에 있어 주어진 조건과 제한점은 무엇인가?

1.3 최적의 문제해결 전략의 개발에 있어 포함되는 전략은 무엇인가?

단계 2: 초보 문제해결자의 행동을 분석하라.

2.1 초보자가 전형적으로 중점을 두는 문제 요소가 무엇인가? 그것들은 숙달자의 문제 요소와는 어떻게 다른가?

2.2 초보자가 전형적으로 무시하거나 잘못 해석하는 문제 요소는 무엇인가?

단계 3: 학습자에게 문제를 제시하고 학습자가 문제해결을 거치는 과정에서 학습자를 도와줄 적절한 전략을 제시하라.

3.1 실제 문제가 주어진 조건은 최소이고 문제에 부가된 제한점이 있는 상태에서 학생이 진술한 실제 문제를 확인하는 것을 돕는다.

3.2 하위 목표를 만들어 내고 역사적 분석 혹은 문제에 적합한 전략을 개발하는 것을 돕는다.

3.3 역사적 분석, 문제에 적합한 전략을 제시하여 학습자가 어떤 단계를 밟기 전에 해결을 위한 전략과 문제 목표를 언어화하고, 만일 문제가

물리적인 것이면 문제를 시각화하고 문제에 의해 부가된 물리적 현실
에 관한 가정을 재조사하도록 장려하라.
3.4 필요하면 방향을 다시 잡아 준다. 결론을 내릴 때 학습자에 의해 확인
된 전략과 조건들을 재검토하라. 효율성을 위해 학습자의 하위 계열
적 노력을 개선하기 위해 시도된 전략을 평가하라.

2) 이론의 개괄 및 장단점

(1) 개괄

정보처리이론은 세 가지 면에서 전형적인 학습 이론과 구별된다.

첫째, 어떤 한 이론가의 연구나 특정한 연구 접근법에 의해 한정되지 않
는다. 이 이론은 인간 지능을 모방한 컴퓨터 프로그램, 시청각 과정의 연구,
기억의 인지 기능에 대한 연구, 초보자와 숙련자의 문제를 해결하는 방법의
차이 등에 대한 연구를 종합적으로 관련지은 이론이다.

둘째, 인지적 영역에서의 현대 철학적 분리이다. 한 견해는 구체적인 정보
처리 과제의 상이한 연구를 통해 정신 활동의 기본적인 작용을 밝혔다. 다
양한 실험실 접근들, 즉 안구 운동 연구, 인지 및 회상표, 자극에 주의하는
능력의 분석, 인지 및 기억에서 간섭 등에 대한 연구를 포함한다. 대조적으
로 실제 세계 문제와 관련된 정보처리의 일반 모형을 개발하려 하였다. 좁
은 실험실의 접근법은 실험실에서나 사용할 수 있는 단편적이고 모순된 정
보다. 이렇게 실험실적 접근과 실제 세계 문제로 나누어지는 것은 20세기
심리학의 구조주의-기능주의 분할과 비슷하다. 구조주의는 인간 의식을 마
음의 요소를 밝히려는 데서 찾으려 한다. 반면에 기능주의의 주요한 연구
목표는 실제 생활 상황에서의 정신적 활동의 조사다.

셋째, 학습의 강조 정도다. 정보처리이론은 학습을 주요 연구 과제로 다루
지 않는다. 학습은 연구 진행 중인 과정의 하나며, 학습과 인지심리학의 하
위 영역과의 상호연관성도 불명확하다. 그럼에도 불구하고 정보처리이론은
학습과정의 이해에 공헌하고 있다.

(2) 이론의 단점

정보처리이론은 사실상 인지 기능에 관한 다양한 접근법을 모아 놓은 이론이다. 더군다나 학습이라는 분야는 정보처리 연구 영역 내에서는 일차적 관심사가 아니다. 결과적으로 이론의 교육적 적용은 불투명한 실정이다. 따라서 인간의 정신 기능을 컴퓨터에 비유하여 유추한다는 것도 타당하지 않다. 다만 계속적인 연구와 조사만이 이러한 의문에 답할 수 있을 것이다.

(3) 수업 개선을 위한 기여

정보처리이론은 구조주의와 장이론이 밝히려 했던 과정을 상세히 기술하고 있다. 교실 학습에 있어서는 주의 깊게 구조화된 수업이 부호화와 저장의 과정뿐만 아니라 문제해결의 과정을 지원해 준다는 것이다. 결국 부호화, 회상, 문제의 공식화와 분석을 가르치는 전략이 학습에는 모두 중요하다고 할 수 있다.

요 약

1. 인간 기억은 복잡하고 능동적인 정보 조직자다. 기억체제는 정보를 장기 기억고에 저장하기 위해 변형시킨다.

2. 정보처리이론에서의 학습은 환경에서 들어온 정보가 인지 구조로 변형되어 들어가는 과정이다.

3. 정보처리이론에서의 학습과정은 자극에 주의를 기울이고, 그 자극을 부호화하여 저장·인출하는 단계를 거친다.

4. 학습과정에 대응되는 교수과정은 새로운 자극의 수용 안내, 부호화 촉진, 저장과 인출의 촉진이다.

5. 교수 계획의 주요 요점은 새로운 학습을 기존의 인지 구조에 관련시키는 것이며, 정보를 유의미한 부호로 변형시키는 것이다.

6. 정보처리이론에서는 학습이 일차적 연구 과제가 아니며, 관련된 교실 적용은 간접적인 추론일 뿐이다. 그러나 실제 교실에 적용할 수 있는 많은 시사점을 가지고 있다.

Piaget의 인지발달이론

Jean Piaget
(1896~1980)

Jean Piaget는 근 60년에 걸쳐 인간의 지능이 발달하는 과정을 집요하게 추적하였으며, '발생적 인식론(genetic epistemology)'이라는 새로운 학문 영역을 창조하였다. Piaget의 이론체제는 기존의 어떤 학문의 계보도 따르지 않은 독창성을 지닌 것이었기 때문에 그것이 세상에 널리 알려지는 데는 상당한 시일이 걸렸다. 또 발생적 인식론은 다양한 학문과 관련지어 발전되었다.

Piaget의 이론에서는 생물학이 중요한 위치를 차지한다. 생물학은 살아 있는 인식 주체의 행동 속에서 인식론적 과제를 정착시키는 가장 유리한 학문 영역으로, 유기체와 환경 간의 상호작용에서 유기체의 새로운 특성이 나타나는 과정에 관심을 두는 학문이기 때문이다. 근래에 와서 Piaget 이론의 가치는 심리학, 철학, 교육학, 언어학, 사회학 등을 포함하는 다양한 학문 분야에서 점차 높게 인정받고 있다.

이 장의 학습목표는 다음과 같다.

1. 인지발달의 정의를 말할 수 있다.
2. 인지발달의 구성 요소(동화, 조절, 평형화)의 개념을 말할 수 있다.
3. 인지발달 단계를 설명할 수 있다.
4. Piaget 인지발달이 교사에게 주는 시사점을 말할 수 있다.
5. Piaget 인지발달이론이 학교 교육에 미치는 영향을 설명할 수 있다.
6. Piaget 인지발달이론의 한계점을 지적할 수 있다.

1. 학습과 인지발달

Piaget 이론의 초점은 출생 때부터 성인기까지의 선천적 사고의 발달이다. 이 이론을 이해하는 것은 그것이 유래된 생물학적 가정과 발견된 지식을 위한 가정들의 함축을 이해하는 데 기인한다.

이 이론의 목표는 유아와 아동이 가설을 이해하고 사고할 수 있는 개인으로 발달하는 과정과 기제를 설명하는 것이다. 이러한 설명의 토대를 이루는 기본 가정은 Piaget 인지발달의 정의와 지능 본질에 관한 개념이다.

1) 인지발달의 정의

아동의 인지발달을 설명하는 대표적인 이론은 Piaget의 인지발달이론이다. Piaget는 지식의 기원과 발생, 즉 발생적 인식론에 관심을 갖고 아동의 인지발달이론을 발전시켰다. 그는 아동이 성장함에 따라 무엇을 알게 되고 어떻게 알게 되는가를 밝힘으로써, 무엇으로 지식은 구성되고 진정한 지식은 어떻게 습득되는가에 대한 해답을 얻고자 하였다. 그래서 그의 이론은 지식의 개념과 밀접하게 관련되어 있다. Piaget 이론의 기본 명제는 '인지발달은 유기체 구조와 환경 자극과의 구성적 통합(Constructive synthesis)의 결과'라는 것이다. 그리고 지식은 신체적, 정신적 활동의 과정으로 본다.

2) 인지발달의 산출

Piaget는 형식적 조작을 가장 진보된 사고 형태라고 하였다. 이 사고 과정은 가설을 세우고, 세운 가설을 실험하고 검증하는 논리적 과정이다. 이것은 세 가지 질적으로 다른 사고 방식의 발달이 선행된 이후에 발달한다. 형식적 조작사고의 발달에 필요한 사전 인지 수준이란 유아의 행동 도식, 아동의 전조작적 사고 그리고 구체적 조작사고이다. 환경과 상호작용하는 이러한 각각의 단계들은 발달의 다음 단계를 위해 기본적인 선행 조건이다. 또한 이들 간에는 질적으로 다른 차이점이 있다. 인지발달의 기능은 이러한 인지 구조들을 산출하는 것이다. 즉 인지 구조는 개인이 유연하고 다양한 방법으로 환경에 작용하도록 한다.

3) 인지발달에 영향을 주는 요소

인지 기능의 발달에 필요한 요소로는 네 가지가 있다. 물리적 환경, 성숙, 사회적 환경, 학습자의 자기조절 과정 즉, 평형화이다. 이것들은 발달에 있어서 반드시 필요한 것이지만 어느 것도 그 자체만으로는 충분하지 않다. 예컨대 인지발달을 위해서는 물리적 환경과 접촉이 있어야 하지만, 개인의 지능이 그 경험을 사용할 수 없다면 지식을 발달시킬 수 없다. 그러므로 신경계의 성숙이 중요하다. 다시 말해, 성숙은 발달의 가능성을 부여하며, 성숙이 부족하면 인지적 성취를 제한하게 된다. 그러나 성숙이 인지발달에 중요한 조건이라 할지라도 발달은 환경과 학습자와의 접촉의 성격에 달려 있다. 세 번째 요소는 사회적 환경인데, 여기에는 언어와 교육의 역할도 포함한다. 사회적 환경의 중요성은 그것이 물리적 경험과 마찬가지로 인지 구조를 촉진할 수도, 지연할 수도 있다는 것이다.

이상의 세 가지 요소들은 다른 이론가들에 의해서도 언급된 요소다. Piaget는 여기에 네 번째 요소인 평형화를 덧붙였다. 이 요소는 학습자의 자기조절과 자기수정 과정이다. 그러나 평형화는 다른 제 요소에 포함되는 것이 아니라 그것들과 마찬가지로 개인과 환경의 상호작용을 조절한다.

4) 지능의 본질

전통적으로 학습 이론은 '학습'과 '지능'이 연관되어 있음에도 불구하고 이들을 분리하고 독립적인 것으로 규정했다. 지능은 양적으로 측정될 수 있는 영속적인 특성으로 보았다. 학습은 지능에 의해 형성된 다양한 변수 내에서 발생하는 특별한 과정이라고 생각한다.

(1) 과정으로서의 지능

Piaget에 의하면, 지능은 양적으로 평가될 수 있는 고정된 것이 아니라 계속적으로 변화하는 과정이다. 따라서 학습이란 이미 존재하는 실제 세계에 대한 지식을 얻는 것이므로 학습자와는 상관없다는 전통적 견해에 반대하였다. Piaget는 여러 가지 다양한 측면에서 지능에 관한 일반적인 언급을 하였다. 널리 인용되는 일반적인 정의의 하나로서 '지능은 생물적 적응의 한 가지 특수한 사례'라는 것이 있다. 이 말은 지능이 인간으로 하여금 환경과 더욱 능률적으로 상호작용하게 하는 일종의 생물적인 성취라는 뜻으로 그 개념을 선명하게 밝히고 있다(장상호, 1991).

(2) 과정으로서의 지식

Piaget의 지식에 대한 견해의 독특성은 지식의 창조에 있다. 개인과 사물은 융화되는 것이지 분리될 수 없다는 것이다. 지식은 또한 많은 주관적인 요소들을 포함한다. 그러므로 그것은 하나의 관계이지 선천적으로 주어지는 것은 아니다. 더욱이 학습자와 사물 간의 관계는 이미 고정되고 결정된 것이 아니라 끊임없이 변화한다.

요약하면, Piaget 이론은 세 가지 중요한 가정들에 의해 지지된다.

첫째, 지식은 환경 내에 있는 객관적 실재가 아니다. 대신에 그것은 개인과 환경 간의 상호작용이며, 주관적인 요소와 객관적인 요소 둘 다 포함한다.

둘째, 지식의 발달은 생물학적 발달처럼 이전의 구조로부터 새로운 구조를 건설하는 것에 의존한다. 새로운 구조들은 환경에 지능이 적응하는 것의 일부로서 구성된다.

셋째, 인지발달에 영향을 주는 근본 요소는 물리적 환경, 사회적 환경, 성숙, 평형화이다. 이러한 모든 요소들은 인지 성장을 위해 필수적이다.

2. 인지발달의 구성 요소

지식은 환경과의 계속적인 상호작용을 통해 개인에 의해 구조화된다고 본다. Piaget는 인지발달기제를 이해하기 위한 탐구에 있어서 다음의 세 가지 기본 요소에서 지적 구조를 기술하였는데, 첫째, 환경과의 상호작용에 포함되는 과정(동화, 조절, 평형화), 둘째, 지식이 구조화되는 방법(물리적 · 논리적

경험), 셋째, 발달의 다른 단계에서 사고의 질적 차이(유아의 행동 도식, 전조
작적 사고, 형식적 사고다).

1) 인간 발달의 기본 과정

Piaget에 의하면 인지발달은 동화, 조절, 평형화의 세 가지 기본적 과정에
의해 영향을 받는다. 동화는 새로운 상황에 적응하는 것이고, 평형화는 동
화와 조절 간의 새로운 재조정이다.

이 세 가지 과정을 보다 자세히 살펴보면 다음과 같다.

(1) 동화

Piaget에 의하면 구체적인 상황에서 유기체 활동은 두 가지 상반된 경
향—동화와 조절—으로 특징지어진다. 동화는 자기보존의 경향으로서 환
경 자극들을 이미 지니고 있는 개인의 행동이나 체계 속으로 흡수 · 통합하
려는 경향이다. 동화(assimilation)는 환경과 상호작용할 때 환경에서 받은 자
극을 이미 지니고 있는 자신의 현재의 행동, 정신체제(도식)에 일치 · 조화시
킨다는 것으로서 사상에 의미를 부여하는 것이라 하였다. 개인은 현실 경험
에 의미를 부여하는 동화 과정에서 현실 사상에 대하여 약간의 수정과 왜곡
을 하게 되고 자신의 과거 이해에 맞춘다. 예컨대, 학생은 교사의 강의 내용
을 자신의 이해 수준에 맞추어 이해한다는 것이다. 동화는 경험에 의미를
부여하는 인지적 작용이다.

(2) 조절

조절(accommodation)은 동화와 상반된 관계에 있는 기능으로서 개인을 현
실 상황에 맞게 조절하고 수정하여 개인이 지니고 있는 행동 형태를 환경에
잘 조화될 수 있도록 바꾸는 것이다. 예컨대, 앞의 예에서 살펴보자면 교사
는 새로운 학생 집단을 만나 그의 과거의 강의 방식을 바꾸는 것과 같다.
동화와 조절은 상황구체적 과정인 반면에, 조직화와 적응은 개인과 환경의
구체적인 상호작용들이 발달의 보다 큰 과정과 어떻게 관계되는가의 전체
모습을 이해하는 데 도움을 주는 개념이다.

(3) 평형화

Piaget 이론의 가장 중요한 개념 중의 하나가 평형화(equilibration)다. 평형화는 동화와 조절이 균형을 이루도록 하는 적응의 과정이다. 개인은 사회적·물리적 환경에 적응함에 있어서 이미 습득한 지식(동화)과 새로운 정보(조절) 간에 균형을 유지하려 한다. 다른 의미로 평형화는 한 단계의 평형 상태로부터 불균형의 전환기를 거쳐서 계층화되어 있는 다음 단계로의 새로운 균형의 형태로 이행하는 변화의 과정이다. 그것은 새로운 적응을 위해서 동화와 조절을 조정하는 유기체의 자율적 규제이며 변화의 기제인 것이다.

평형화는 인지 구조의 각기 다른 세 가지 수준에서 개인의 사고 과정을 조정한다. 동화와 조절 간의 평형, 개인 지식의 하위 체제의 평형 그리고 부분적 지식과 전체적 지식 간의 평형이다.

동화와 조절에 관한 통제에 있어서 평형의 역할은 하나가 다른 것의 희생으로 기인하는 것을 방지하는 것이다. 대부분의 경우 동화와 조절은 똑같이 균형을 이루지만 때로는 어느 한쪽에 치우칠 경우도 있다. 예컨대, 상징 놀이와 모방이 그러한 경우다. 그리고 하위 체제(수와 공간 개념)들은 서로 다른 수준에서 발달하므로 이들 간에 갈등이 일어날 수 있다. 이 갈등과 불균형을 해소하는 과정이 평형화다. 부분적 지식과 전체적 지식 간의 평형에서 지식의 전체성은 끊임없이 부분으로 갈라져 가고 다시 전체로 통합되는데, 이러한 과정을 조절하는 것이 평형화다. 요약하면, 평형화는 계속적인 상호작용과 변화의 과정 동안 견고함을 유지하는 것이다. 이런 평형이 없다면 인지발달은 계속성과 결합력이 없어지게 되어 산산조각 나고 무질서해질 것이다.

2) 지식의 구성

지식의 구성에 있어서 조작의 기본 과정은 평형에 의해 조정되는 동화와 조절이다. 특히, Piaget는 학습자가 관여한 지식 경험들의 형태에 의해 지식의 구성을 설명했다. 그것들은 물리적 경험과 논리적 경험이다.

(1) 물리적 경험

개인이 사물에 관한 물리적 속성을 추출해 내는 환경과 직면하는 어떤 면을 물리적 경험(physical experience)이라 부른다. 아동은 그가 활동하는 환경에 주어진 사물과 자극에 대해 경험하지 않을 수 없다. 경험과 더불어 환경에 스스로를 작용해야 한다. 그러나 이때의 작용은 SR 학습 이론에서와 같은 반응을 넘어서는 것이다. 동화와 조절에 의한 인지 구조의 성장은 환경에 대한 상호작용을 필요로 한다. 유아 시절의 상호작용은 근본적으로 감각 운동 수준에 불과하다. 그래서 유아들은 환경을 직접적인 방법으로 취급하여 손으로 사물을 잡고, 입으로 빨며, 눈으로 살핀다. 여기서 좀 더 발달하면 환경에 대한 상호작용도 발달하여 점점 상징적인 성격을 띠게 된다. 그리하여 아동은 읽고, 셈하고, 말하게 되는 것이다. 이렇게 환경을 동화하고, 환경에 조절되는 울타리 안에서 아동들은 인지적으로 발달한다. 결국 도식은 동화와 조절의 실마리가 되는 자극이 주어지지 않으면 발달할 수 없다(정태위 역, 1976).

(2) 논리적 경험

사물의 물리적 속성들은 물리적 경험을 통해 아동의 정신 구조 속에 추상화되고 통합된다. 그것은 환경을 직접 경험함에 의해 특징지어진다. 여기에서 지식의 원천이란 학습자의 외적 사물이다. 그러나 논리적 경험(logic-mathematical experience)에 있어서 지식의 원천은 학습자 자신의 사고 과정이며, 학습자의 내부에 있다. 즉, 개인의 사고 과정들이 보다 상위의 수준에서 재조직되는 과정이다. 논리적 경험에 있어서 활동은 현재의 행동에 대한 하나의 반영이고, 그것들 자체에 대한 내성적 과정이다. 이것과 경험적 추상화 과정과의 또 다른 차이는, 내성적 추상화는 순수한 추상화로서 물리적 조작과는 관련이 없다는 것이다.

이와 같이 물리적 경험과 논리적 경험은 지식을 발달시키는 데 있어 서로 다른 방법을 뜻한다. 그러나 아동이 환경과 상호작용함에 있어 이 둘은 분리된 것이 아니다. 물리적 지식은 논리적 개념 도식을 넘어서는 구성될 수 없으며, 또한 논리적 지식은 아동의 주변 세계 속에 어떤 논리적 관계성을 형성할 대상이 없다면 구성되기 어렵다. 예를 들면, 어떤 구슬이 붉은색으로

인식되기 위해서는 아동은 붉은색과 붉지 않은 색을 구분하는 경험을 해야
한다. 만약 아동의 환경 속에 붉은색의 구슬과 접촉할 기회가 없다면 이러
한 붉은색에 대한 개념은 형성되지 않을 것이다.

〈표 6-1〉 지식 경험과 과정

개인의 행동	지식 경험의 형태
경험적 추상화: 동화와 조절을 통하여 환경 속에 있는 어떤 물리적 특성에 대한 추상화의 과정	외생적 지식, 물리적 경험
반성적 추상화: 인지 구조의 수정을 통해 행동을 보다 논리적인 패턴으로 재구성하는 과정	내생적 지식, 논리·수학적 경험

(3) 인지 구조

다른 인지이론가들과 마찬가지로 피아제도 아동의 모든 지적 활동을 인지
발달에 기저를 두고, 이를 가능하게 하는 인지 구조의 존재를 가정하고 있
다. 일반적으로 구조란 여러 요소들이 상호 관련된 조직을 이룸으로써 보다
안정되고 광범위한 지적 능력을 발휘할 수 있는 체계를 뜻한다. 예를 들어
물체와 물이라는 두 요소가 상호 관련되면, '물체는 물 위에 뜬다'거나 '물
체는 물속으로 가라앉는다'는 인지 구조가 이루어진다.

인지 구조는 직접 관찰될 수 없으며, 아동의 지적 행동을 통해 그 특징을
추론할 수 있을 따름이다. 4, 5세 아동에게 동물그림 4개와 식물그림 4개가
그려진 카드를 주었다고 하자. 동물그림과 식물그림 중 반은 빨강색이며 나
머지 반은 초록색이다. 아동에게 상자 두 개를 주어 이 그림 카드를 같은
것끼리 모아 보라고 하면, 4세 이전의 아동은 빨강색으로 칠해진 동물과 식
물을 한 상자에 넣는다. 5세 이후의 아동은 동물은 동물끼리, 식물은 식물
끼리 분류한다. 피아제는 관찰된 이런 행동을 근거로 4세 이전의 아동은 지
각적 분류 구조를 갖는 반면에 5세 이후의 아동은 개념적 인지 구조를 갖고
있는 것으로 추론하였다(송명자, 1995).

3) 인지발달의 단계

경험적 추상화와 반성적 추상화는 개인이 지식을 발달시키는 다른 방법이다. 아동 초기에는 아동의 행동에 있어서 경험적 추상화와 반성적 추상화 과정들이 매우 동일하지만 경험적 추상화의 과정이 아동의 사고를 지배한다. 그러나 후기 아동기 동안 논리수학적 능력이 성숙되어 간다.

아동의 인지는 감각적 조작, 전조작, 구체적 조작, 형식적 조작의 단계를 거쳐 발달한다. 각각의 단계는 전 단계를 발전시켜 새로운 수준에서 그것을 재구조화하여 다음 단계로 넘어간다. 예를 들어 유아의 대상영속성의 획득은 전조작기에 질적 동질성에 대한 인지의 기초가 된다. 또 구체적 조작 단계에 있어서 부분과 전체, 계열의 발달은 후의 형식적 조작사고 단계를 위해 필수적이다.

각 개인은 한 단계에서 다음 단계로 개인차에 따라 이동하지만 각 단계들은 불변적 순서를 거쳐 일어난다. 생물적 구조에 있어서의 발생학적 단계들처럼 인지발달에 있어서 각각의 단계들은 다음 단계를 위해 필수적이다.

Piaget에 있어서 발달단계는 구조화된 전체라고 부르는 상호 관련된 행동과 잠재적 행동의 안정되고 응집된 조직화된 체제다. 인지적 구조를 내용으로 하는 인지발달의 단계는 4단계로 나누어져 있다. 이 4단계 또는 수준은 감각운동기(sensorimotor stage), 전조작기(preoperational stage), 구체적 조작기(concrete operational stage), 형식적 조작기(formal operational stage)다.

(1) 감각운동기: 0~2세

이는 전 언어시대(출생~2세까지)로, 피아제가 이 시기를 감각운동기라 명명한 것은 이 시기의 영아가 자신의 감각이나 손가락을 입에 넣고 빠는 등의 운동을 통해서 자신의 주변 세계를 탐색한다는 사실에 연유한 것이다. 다시 말하면, 이 시기의 영아는 새로운 정보를 얻기 위해 자신의 감각을 사용하고 새로운 경험을 찾기 위해 운동능력을 사용하고자 애쓰는 시기라는 뜻이다. 그 결과 반사활동에서부터 제법 잘 조직된 활동을 할 수 있기까지 간단한 지각능력이나 운동능력이 이 시기에 발달한다. 그리고 이 시기의 주요 발달과업으로는;

① 주변의 여러 대상물로부터 자신을 분리하기
② 빛과 소리 자극에 반응하기
③ 흥미 있는 일을 계속하기
④ 조작을 통한 물체의 속성 알기
⑤ 대상영속성의 개념 획득하기 등을 들 수 있다.

또 이 시기의 지적 발달의 특징으로는, 우리 자신을 포함하는 모든 대상들이 독립적인 실체로서 존재하며, 대상이 한 장소에서 다른 장소로 이동하였을 때, 즉 시야에서 그 대상이 사라지더라도 다른 장소에 독립적인 실체로서 여전히 존재한다는 대상영속성이 나타나기도 한다.

(2) 전조작기: 2~7세의 입학 전 아동기

여기서 '조작'이라는 의미는 논리적 사고 능력을 말한다. Piaget는 이 단계를 다시 2~4세경의 전개념적 사고(preconceptual thinking)단계와 4~7세 사이의 직관적 사고(intuitive thinking)단계로 구분하고 있다.

그리고 이 시기의 주요 특징 및 발달과업으로는;

① 자기중심적이다. 즉, 다른 사람의 관점에서 사물을 이해할 수 없다.
② 눈에 똑똑히 보이는 한 가지의 사실에만 기초하여 사물을 분류할 수 있다.
③ 하나의 준거에 의해서만 물체를 수집할 수 있다. 예를 들어, 여러 가지 단추들 중에서 동그랗게 생긴 것들만은 가려낼 수 있지만, 동그랗게 생겼으면서 색깔이 빨간 단추는 가려낼 수 없는 것과 같다.
④ 사물은 단계별로 배열할 수 있다. 그러나 바로 접하지 않은 사물을 추리해서 배열할 수는 없다.
⑤ 사물을 분류할 수 있다. 그러나 그 속성을 이해하고 분류하는 것은 아니다.
⑥ 논리적 사고 또는 연역적 사고가 불가능하다.
⑦ 시간 개념이 없다. 예를 들어, 아동은 매일 밥을 먹고, 세수를 하고, 똥을 싸는 것은 알 수 있지만, 몇 시, 며칠 같은 추상적 시간 개념은 없다.

⑧ 수의 개념을 사용하기 시작한다.
⑨ 보존성의 원리를 어렴풋이 이해하기 시작한다. 보존성이란 물체가 모
  양에 따라 그 양이나 수가 변하지 않음을 말한다.

(3) 구체적 조작기: 6, 7~11, 12세경

이 시기의 인지발달에 있어서 주요한 특징으로는, 구체적인 문제에 대한
논리적 사고가 가능하다. 그리고 특정 사실에 따라 사물을 분류할 수 있게
된다. 따라서 이 시기의 아동은 사물을 위계에 따라 분류하는 것이 가능하
다. 예를 들면, 이 시기의 아동에게 한 웅큼의 5원, 10원, 100원, 500원짜리
동전을 쥐어 주면, 액수대로 분류하고 이것들의 포괄성을 충분히 이해할 수
있게 된다. 그러나 이러한 것은 실제로 돈을 손에 쥐어 주었을 때만 가능하
다. 돈을 손에 쥐지 않고, 머릿속으로만 조작하기에는 제한이 있다. 또 이

〈표 6-2〉 여러 가지 형태의 보존개념 형성

보존유형	최초 제시	최초 제시와 비교되는 변형	습득연령
수(어느 쪽이 더 많은가)			6~7
질량(어느 쪽이 더 큰가)			7~8
길이(어느 쪽이 더 긴가)			7~8
면적(어느 쪽이 더 넓은가)			8~9
무게(어느 쪽이 더 무거운가)			9~10
부피(물의 위치는 어떻게 달라지나)			14~15

시기는 양, 무게, 부피의 보존 개념을 확실하게 획득할 수 있다. 전조작기의 자기중심적 사고는 이 시기에 와서 탈중심적 사고로 바뀌게 된다.

그리고 이 시기에 발달하는 인지 특성을 몇 가지 주요 개념으로 요약하면 다음과 같다.

① 보존개념: 구체적 조작기의 아동은 여러 형태의 보존개념을 획득하게 된다. 그러나 여러 가지의 보존에 대한 개념이 같은 시기에 획득되는 것이 아니라 일반적으로 '수 → 질량 → 무게 → 부피'의 순서로 획득하게 된다.

② 분류조작: 유목포함조작의 분류가 가능하며, 동시에 여러 개의 기준을 관련시켜 사물들을 분류할 수 있는 중다분류조작도 가능해진다.

③ 서열(seriation)조작: 서로 관련되는 별개의 정보를 단계적으로 비교할 수 있게 되어, 어떠한 기준에 따라 순서 짓는 능력을 갖게 된다. 이 능력이 획득되면 추이성(transitivity)의 기술 또한 습득하게 되는데 이것은 정신적인 배열능력과 대상의 비교능력이 요구되는 기술이다. 두 기준을 동시에 고려하여 순서 짓는 다중서열조작능력도 가능해진다. 예를 들어, A>B, B>C이면 A가 C보다 크다는 사실을 추론해 낼 수 있는 능력을 의미한다.

④ 동시성 현상: 유목포함조작, 중다분류조작, 추이성조작, 다중서열조작 등 구체적 조작기 인지발달을 대표하는 네 가지 조작능력이 동일하게 7~8세경에 획득하는 현상으로, 이것은 이들 조작을 통합하는 통합구조가 존재한다는 사실을 입증하는 것이며 나아가 Piaget 이론에서 아동의 인지발달을 크게 네 가지 단계로 구분하는 단계이론의 타당성을 입증해 주는 중요한 경험적 근거가 된다.

⑤ 탈중심화: 언어 사용에 있어서 자기중심적인 경향이 줄어들고, 의사소통에서 사회 지향적인 특성을 보이게 된다.

(4) 형식적 조작기: 11, 12세경 이후

이 시기의 주요 특징으로는 논리적 사고의 시대로 추상적인 사고가 가능하다. 추상적 사고란 융통성 있는 사고, 효율적인 사고, 복잡한 추리, 가설을 세우고 체계적으로 검증하는 일, 직면한 문제 사태에서 해결 가능한 모든 방안을 종합적으로 고려해 보는 일 등과 같은 것을 말한다. 또 이 시기가 되면 청소년들은 처음으로 도덕적, 정치적, 철학적인 생각과 가치문제 등을 이해하기 시작하며 순열, 조합, 확률 같은 이론적인 주제와 논리를 다룰 수 있다. 타인의 사고과정을 이해하고, 다른 사람들은 문제를 어떻게 보고, 어떻게 생각할까 등의 문제에도 관심을 갖게 된다.

그리고 이 시기의 인지발달과 발달과업의 특징으로 다음과 같은 주요 특성을 들 수 있다.

① 가설연역적인 추리: 다양한 현상에 대해 여러 가지 가설을 만들 수 있고 적절한 문제해결을 하기 위해서 각각의 가설을 검증하는 자료를 수집할 수 있다. 구체적 조작기의 아동도 연역적으로 사고할 수 있지만 그들의 사고는 친숙한 사물이나 상황에 제한되어 있다. 그러나 형식적 조작기의 학생들은 가설을 가지고 추상적으로 사고할 수 있는 능력을 가지게 된다.
② 명제를 통한 사고: 보다 추상적이고 융통성 있는 사고를 할 수 있다.

〈표 6-3〉 Piaget의 인지발달 단계

단계	나이	특징
감각운동기	0~2세	• 모방, 기억 사고의 시작 • 대상영속성 인식 • 단순반사행동에서 목적을 가진 행동으로 발전
전조작기	2~7세	• 언어가 점차적으로 발달하고 상징적인 형태로 사고 • 일방적인 관점에서 사고할 수 있음 • 사고와 언어가 자아중심적인 특징을 보임
구체적 조작기	7~11세	• 논리적으로 구체적인 문제를 해결할 수 있음 • 보존의 개념을 이해하고, 유목화하고 서열화할 수 있음 • 가역성을 습득
형식적 조작기	11세 이후	• 논리적으로 추상적인 문제를 해결할 수 있음 • 사고가 점차적으로 과학적이 됨 • 복잡한 언어과제나 가설적인 문제를 해결할 수 있음

③ 조합적인 추리: 문제 상황을 규정할 때 문제의 개별적인 요인들을 분리할 수 있고, 문제해결에 필요한 요인들을 골라내어 구성할 수 있다.

위와 같은 Piaget의 인지발달 단계를 요약하면 〈표 6-3〉과 같다.

3. 논리적 사고력의 학습과정

동화, 조절, 평형화는 사고와 행동을 지배하는 내적 원리들이다. 이러한 원리들은 사고와 행동을 설명하는 데 직접적으로 적용되는 방식을 제공해 주는 연결 개념이다. Piaget의 개념 중 연결 개념에 해당되는 것이 도식(scheme), 조작(operations), 인지 구조(cognitive structures)의 개념들이다.

도식은 조직화되고 일반화된 행동 유형이다. 그것은 유기체와 외계의 사물을 인지하고 대응하는 데 사용하는 '지각의 틀' '반응의 틀' '이해의 틀'인 것이다. 신생아의 빨기, 울기와 같은 행동은 그들의 행동 도식이고, 성장하면서 나타내는 셈하기, 더하기, 빼기와 같은 능력은 지적 도식이다. 경험은 언제나 개인의 도식에 동화된다. 동시에 도식은 현실 사상의 상이한 특질들을 조절하기 위해서 보다 정교화되고 일반화되고 분화된다. 도식 개념은 동화, 조절, 평형의 원리들이 사고와 행동을 설명하는 데 직접적으로 적용될 수 있도록 연결해 준다.

조작은 가역적인 정신 활동 유형이다. 가역성(reversibility)이란 일단 변형된 상태가 반대 절차를 밟으면 다시 원래 상태로 되돌아갈 수 있음을 뜻한다. 가역할 수 있는 내면화된 정신적 작용을 조작이라고 부른다. 더하기, 빼기, 곱하기, 나누기는 인지적 조작의 예다.

1) 구체적 조작 구조

구체적 조작기는 초등학교 시기인 7세에서 14세까지에 해당되는 시기다. 이 시기에는 구체적 사물에 대한 인지적 조작이 가능하게 된다. 인지적 조작이란 앞에서 설명한 바와 같이, 가역적인 정신 활동이다. 구체적 사물에서

'구체적'이란 사물이 물리적으로 존재하거나 조작할 수 있다는 의미가 아니라, 경험할 수 있는 물리적 현실의 요소들을 인지하고 조작할 수 있는 아동의 능력을 의미한다. 그래서 구체적 조작은 구체적인 실제에 대해 가역적인 논리적, 수리적 변형(예: 더하기, 빼기, 곱하기 등)을 수행할 수 있는 아동의 인지능력이다. 구체적 조작기에 있는 아동은 보존이나 가역성의 원리를 획득할 수 있을 뿐만 아니라 자기중심적 사고로부터 탈중심화가 일어나고, 사물은 2차원 이상의 특성이 상호 관계하고 있다는 사실을 이해하게 된다.

(1) 유목포함 조작

부분과 전체의 관계에 관한 이해가 유목포함 조작(class inclusion operation)의 근본적인 특징이다. '장미+튤립=꽃'이라는 것이 그 예다. 전조작기의 아동은 숲 속에 새가 더 많은지 참새가 더 많은지를 물으면 전형적으로 헤아릴 줄 모른다고 말한다. 유목포함 조작의 가역성은 전도나 탈감에 수용된다. 예를 들면 꽃에서 장미를 빼면 튤립이다. 또 이중 분류는 붉은 장미를 다른 세 가지 하위 집단으로부터 분리하는 것이다.

전조작기의 아동들은 한 가지 특성에만 주의를 집중하고 꽃의 유형과 색

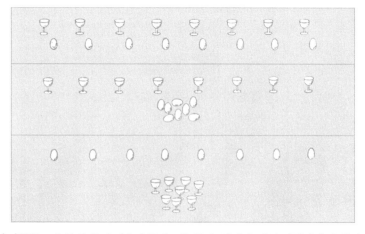

어린 아동들도 흔히 두 줄의 개수가 똑같도록 할 수 있지만, 만일 실험자가 한 줄의 길이를 길게 하거나 짧게 하면 아동들은 개수가 달라졌다고 생각한다.

[그림 6-1] 수 보존개념에 관한 실험의 예

을 분리하지 못하여 붉은 장미를 정의하라는 질문을 받으면 모든 장미나 모든 붉은 꽃을 선택한다.

(2) 계열화

분류와는 달리 계열화(seriation)는 이동성 또는 관계의 이전이라는 특징이 있다. 만약 'A＝B이고 B＝C라면, A＝C' 라는 관계는 요소들 간의 동일성을 나타내며 대칭적이다. 하지만 '～보다 크다' 와 '～보다 작다' 를 나타내는 관계들은 비대칭적이다. 예컨대, A＞B＞C＞D가 그것이다.

전조작기 아동에게 막대를 가장 긴 것부터 짧은 순으로 배열하라고 하면, 한 번에 두 개의 막대만을 비교하므로 많은 실수를 범한다. 그러나 구체적 조작기 아동들은 어떤 요소가 다른 어떤 것보다 큰지 작은지를 이해하므로 가장 길거나 가장 짧은 것을 먼저 찾고 그 다음 길이를 찾는 식으로 한다. 분류와 서열은 수를 이해하는 데 필수적이므로 매우 중요하다.

2) 형식적 조작 구조

형식적 조작기는 14세경부터 성인에 이르는 시기에 해당된다. 형식적 조작기의 전단계인 구체적 조작기에서는 지각과 구체적 경험에 의존하여 문제를 해결하지만, 형식적 조작기인 청년기에 들어서면 논리적 사고에 의해서 문제를 해결한다. 따라서 가설을 설정하고, 그 가설로부터 사례를 연역할 수 있는 가설연역적 사고를 할 수 있다. 논리적 사고의 발달은 현실보다는 가능성으로 사고한다는 것이다. 이때의 가능성은 객관성으로부터 자유스러운 상상이나 공상이 아니라, 잠재적 현실과 논리적 연역을 결합시켜서 논리적으로 무엇이 생기는가 하는 가설, 곧 가능성을 설정할 수 있게 된다는 것이다.

또한 Piaget에 의하면, 형식적 조작기에 있는 청년과 어른의 사고의 차이는 청년기는 아직 자기중심성에서 탈피하지 않았다는 것이다. 10대의 젊은이는 새로 획득된 논리적 사고를 지니고 인간 사회의 현상을 논리적으로 사고하는 것을 기대하는 이상주의자다. 여기서 실제로는 논리로서 해결될 수 없는 사실을 인정하거나 수용할 수 없게 되고, 자기보다도 위의 세대를 비판하여 인간 사회를 개혁하려고 하거나 현재의 부정을 바로잡아 이상적인 미래를 건설하려고 한다.

Piaget는 자기중심성이나 이상주의는 젊은이가 직업을 가지게 되는 성인이 되면 보다 현실적이고 사회적으로 된다고 한다. 형식적 조작기까지 인간은 최초 20년 간의 지적 발달을 통해서 청년기로부터 어른으로 이행하여 인지발달의 과정이 거의 완료된다.

이처럼 논리적 사고의 성장은 유아기에 시작되어 성인이 될 때까지 계속될 수 있는 긴 과정이다. 지능의 발달은 아동의 내부적 활동의 질적 차이에 의한다. 환경과 상호작용하는 활동의 협응적 연속성은 행동 도식이라 일컬어지는데, 이것은 유아에 의해서 구조화된다. 아동의 지능 발달은 결국 아동에 의해서 구조화되며 논리적 사고의 수직적 발달은 세 가지 기본 가정인 동화, 조절, 평형화에 영향을 받는다. 이 세 가지는 기존 인지 구조가 환경으로부터 정보를 통합하고 보다 높은 단계로 인지 구조를 재조직하는 데 포함되는 지능 발달의 핵심이다. 물리적 경험은 특정 사물의 특성을 추상화하는 과정이다(경험적 추상화). 반면에 논리수학적 경험은 더욱 높은 수준에서 개인의 인지적 골격을 재구조화하고 사고 패턴을 내성화하는 과정이다(반성적 추상화).

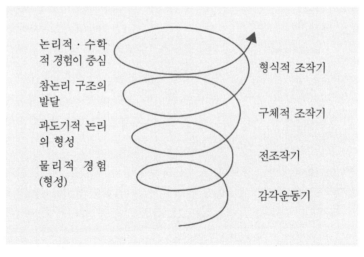

[그림 6-2] 인지발달의 과정

4. 수업을 위한 원리

Piaget의 발달적 인식론으로부터 수업원리를 유도하는 데는 조심스럽고 신중한 분석과 해석을 요한다. 왜냐하면 그것이 논리적 사고를 유도하는 사고 과정들에서 질적인 변화를 설명하는 이론이기 때문이다. 그의 이론의 초점은 지능의 발달에 기반을 두기 때문에, 교수내용을 조직화하기 위한 몇 가지 특수한 지침이 이 이론으로부터 발전될 수 있다. 예를 들어, 수학에서 1:1 대응은 설명되지만, 대수학에서 문제를 해결하는 세부 사항은 이 이론의 영역 밖이다. 대개의 경우 전통적 교육심리학이 합리적이고 조작적인 철학이라는 사실에 의해 교수원리의 유도는 더 복잡하다. 그것은 객관적 교수방법들과 목표에 근거한 평가에 의해 특징지어진다. 결과적으로 전혀 다른 틀에 Piaget의 발생학적 인식론을 적용하기 위한 초기의 노력들은 교육 실행을 위한 이 이론의 오해로 결론지어졌다.

1) 수업의 기본 가정

인지발달에 관한 Piaget의 견해는 전통적인 학습 이론들의 체제와는 다른 교육체제를 위한 요구를 형성하였다. 교육의 본질에 관한 그의 기본 가정들은 아동 사고의 본질에 대한 개념과 지식이 구성되는 방법으로부터 나왔다. 그리고 환경과 상호작용할 때의 아동의 사고과정은 성인의 사고와는 질적으로 다르다고 했다. 또 그는 아동의 논리는 변환적이며 귀납적 또는 연역적 사고의 법칙을 따르지 않으며, 아동의 사고에서 어른의 사고로의 진보는 인지 구조의 단계적 기간을 지나 구성되는 긴 과정이라고 보았다.

(1) 아동과 학교

아동 사고의 본질에 대한 견해는 대단히 중요하다. 만약 아동기가 단순히 성인이 되기 위한 하나의 과정으로 여겨진다면, 교육체제와 아동 간의 관계는 일방적이 될 것이다. 교육적 경험은 교사에 의해 조직되고 방향 지어지며 아동에게 전달된다. 그러한 교육 풍토에서는 수필을 쓰는 것과 같은 개인적인 작업조차도 자발적이라기보다는 복종적인 것이 될 것이다. 그러나 만약 아동기가 논리적 사고의 발달에 필요한 중요한 단계라고 받아들여진다면 교육은 다르게 보일 것이다. 아동의 정신이 기본적으로 중요하게 생각되며, 아동기는 단순히 어른이 되기 위해 정보와 지식을 축적하는 기간이 아니라 논리적·추상적 사고의 발달에 필요한 질적 변화를 겪는 시기다. 그러므로 교육 제도와 아동 간의 관계는 상호 보완적이 될 것이다.

(2) 아동의 자발적 탐구의 강조

교육은 지식의 언어적 전수가 아니라 아동의 자발적 탐구적 방법에 의해야 한다. 특히, 수학적·물리학적 지식은 보육원에서부터 활동적으로 실시되어야 한다. 교양 과목과 과학 과목도 실험적 절차와 훈련을 포함한 자유로운 활동으로 되어야 한다. 자기조절적 경험에 초점을 맞춘 과학 수업은 가능한 한 개별적 실험을 하도록 해야 한다. 물론, 역사나 라틴 어와 같은 과목들은 학생들에 의해 '다시 발견될' 수 없다. 그러나 학생들이 자발적 조작적 사고를 획득하는 방법을 이해할 때 학습은 보다 효과적이다.

(3) 능동적 활동의 강조

Piaget는 학생들이 학습한 진리를 재발견하고 재구조화할 수 있도록 능동적 방법을 사용하도록 권유한다. 이때 교사의 역할은 유용한 문제를 제시하여 학생들이 조직하고 창조할 수 있는 상황을 부여하는 것이다. 또한, 성급하게 결론을 내리려는 학생에게 반대의 예를 제공하여야 한다. 그러나 이러한 능동적 방법은 수행하기가 어렵고 많은 연구와 노력이 필요하며 교사가 고도의 기능과 훈련을 쌓아야 한다. 활동 중심 교육과정에서 더욱 예민한 문제는, 직관에 의한 교수 방법은 실수가 많다는 점이다. 예를 들어 시청각 도구가 그렇다. 그것은 비록 언어 위주의 교수 방법보다 더 진보된 것이기는 하지만 학습 보조자료로 활용되어야 할 것이다. 실험은 학생 상호 간의 협동, 상호작용과 함께 교실 학습의 주된 모습이 되어야 한다. 또 그 교실은 공동으로 수행하는 진정한 경험적 활동의 중심이어야 하고 그것을 통해 논리적 사고가 정교화될 수 있다.

2) 학교 수업의 실제

Piaget 이론을 교수에 적용하기 위해서는 몇 가지 점에 유의해야 한다.

첫째, 아동은 본성적으로 감각을 통해 세계를 이해하려고 하며 그들 자신의 오류를 인정하고 스스로 고치려고 한다. 그러므로 교실 수업은 동화, 조절의 과정을 기를 수 있도록 계획되어야 한다. 그것을 통해 물리적·경험적 추상화와 반성적 추상화가 일어날 수 있다.

둘째, 아동은 실험을 통해 형식적 조작 사고에 필요한 기술을 획득할 수 있고 새로운 아이디어를 생각해 낼 수 있는 능력이 길러지므로 중시되어야 한다.

셋째, 지식은 항상 학습자에 의해 구성되며 현실의 표면적인 복사가 아니라 조작적 사고과정을 포함하고 있다. 사물에 대한 활동의 기회를 주는 상황이 지적인 진보를 낳는다. 가장 진보를 촉진하는 상황에서는 학생들이 개인적으로 유용하고 다양한 형태의 이유들을 비교할 수 있는 것이다.

(1) 아동의 지식 구성의 촉진

아동의 자발적인 연구를 둘러싼 교육과정을 조직하는 것은 전체를 조직하는 것으로, 아동의 지능을 발달시키기 위한 교육적 목적을 암시한다. 다시 말해서, 분리된 행동 실제들의 형태에 있어서 '인지적 기술'을 언급한 교육적 목적은 분리된 교육과정과 언어적 상징들의 조직을 지나치게 강조한다는 문제점이 있다.

① 지시적 교수의 문제점

추상적 아이디어나 원리는 언어적 전달로만 획득되는 것은 아니다. 그 이유로는 첫째, 논리적 법칙이란 아동의 자발적 신념과는 대치될 수 있으므로 혼동을 일으킬 수 있다. 전조작기의 아동은 한 번에 한 가지 사물에 대해서만 생각할 수 있다. 그러므로 그들 자신의 생각과 반대되는 것은 생각하지 못한다. 둘째, 아동의 신념에 반대되는 아이디어를 가르치는 것은 지식 구성의 자발성을 억압하고 사실을 발견하는 능력에 대한 자신감을 잃게 한다. 셋째, 언어적 수단을 통해 사회적 법칙을 가르치는 것도 적당하지 못하다. 동년배 간의 상호작용이 도덕적 가치의 구조화를 위해 중요하다.

② 다양한 활동의 제공

학교 이전의 교육과정에 포함되는 많은 활동들은 인지발달을 위한 기회를 제공할 수 있다. 목판 그림, 손가락 그림, 음악, 게임, 역할극 등이 Piaget식 교육과정에 쉽게 적용될 수 있다. 아동의 활동은 지각적 단서만으로도 해결할 수 있는 단순한 것이어서는 안 된다. 아동은 스스로가 그들 자신의 지식을 구조화하므로 각각 다른 인지 수준에 있는 아동들이 새로운 방식으로 세계에 관해 배울 수 있는 상황을 제공해야 한다. 다시 말해, 학습활동은 아동이 연습할 수 있는 많은 활동과 내용을 제공하여 학습자들이 구조화하고 조정할 기회를 극대화하여야 한다. 이때 감각적 활동의 본성과 교사 질문의 이용에 대해 고려해야 한다.

③ 감각운동적 활동의 강화

학령기 이전의 아동에게는 그들이 직접 활동하고 즉각적으로 관찰할 수 있는 풍부한 기회가 제공되어야 한다. 〈표 6-4〉는 다른 발달수준에 있는 4, 5세 아동을 위한 활동을 요약한 것이다. 이 활동들은 경험적·반성적 추상화를 위한 다양한 기회를 제공한다. 학급 활동을 위한 예측을 한 후 그것을 시험해 보도록 하는 것이다.

〈표 6-4〉에서는 이러한 학급 활동의 한 예로서 활동에 필요한 활동 물체와 잠재적 지식이 포함된 추후 활동과 아동의 활동에 따른 교사의 발전적 질문 등을 간략하게 살펴보았다.

〈표 6-4〉 아동을 위한 학급 활동

학급 활동	활동의 예
활동 물체	빨대로 물 위의 물체 불기 빨대, 탁구공, 면봉, 크레용, 아이보리비누, 종이, 스티로폼
추후 활동 잠재적 논리 (수학적 지식)	탁구공 불기 게임 등 '보다 가벼운', '보다 무거운', '보다 빠른'; 빨대 부는 노력과 속도 간의 관계
발전적 질문의 예	'빨대 두 개를 사용하면 어떤 일이 일어날까?' '다음에는 어떻게 할래요?'

④ 교사의 역할

교사는 아동의 인지발달 수준이나 혹은 그 장애를 진단하고, 적절한 시기를 포착하여 아동이 인지 갈등을 경험하도록 해야 한다. 그리하여 아동이 스스로의 탐구나 발견 활동을 통하여 만족스러운 해답을 얻을 때까지 인내심을 가지고 기다려야 한다. Piaget 인지발달이론은 물론 자기가 담당하는 교과에 대한 지식을 충분히 갖고 있지 않으면 안 되며, 교사도 전문인이기 때문에 의사 못지않게 고도로 높은 교육과 훈련을 쌓도록 해야 한다고 주장한다. 또한 교사는 먼저 Piaget의 발생적 인지심리학의 토대 위에 많은 현장 경험과 수련을 통해 아동의 인지발달이 어느 정도이며 장애 요인은 무엇인지 정확하게 진단 평가하며 그에 따라 알맞은 교육적 처방을 할 수 있는 능력을 배양해야 할 것이다(전윤식 공저, 1984).

(2) 구체적 조작사고의 촉진

진정한 논리적 사고는 구체적 조작기로 설명되는 구체적 조작 구조의 구성으로 시작된다. 다른 내면화된 행동들과는 달리, 구체적 조작은 가역적이며 지각적 단서들에 대해 독립적이다(정태위 역, 1976).

① 구체적 조작

구체적 조작기 아동의 사고는 자기중심적이 아니다. 그래서 아동은 다른 사람이 자기와 다른 결론을 내릴 수 있다는 것을 알게 되며 결과적으로 자신의 사고에 대한 타당성을 추구하게 된다.

Piaget에 따르면, 자기중심으로부터의 해방은 근본적으로 또래집단과의 사회적 상호작용을 통해 일어난다. 이러한 또래집단은 서로 사회적 상호작용을 통해 자기 생각을 입증하려는 의지를 갖게 된다. 이때의 언어는 기능상으로 봐서 소통적이다. 그리고 개념은 사회적 상호작용을 통해서 입증되거나 부정된다.

② 갈등의 인식

구체적 조작사고의 발달은 많은 변환을 겪는 긴 과정이다. 아동은 그들의 판단에 존재하는 모순을 깨달아야 한다. 또 구체적 조작기의 아동은 변환의 기능을 이해하게 된다. 따라서 변환에 관한 문제를 해결할 수도 있고, 연속적 단계들 사이의 관계를 의식하고 이해할 수도 있다.

③ 교실 수업

보존개념을 직접적인 교수로 가르치려는 시도는 다음과 같은 이유에서 삼가야 할 것이다.

첫째, 규칙에 대한 언어적 수용은 사고의 재구조화를 나타내지 않는다. 둘째, 만약 성공적이라 할지라도 Piaget 연구의 요소를 가르치기 위한 직접적인 교수는 다양한 토양을 기름지게 하여 풍부한 수확을 얻으려는 시도와 같다. 셋째, 논리적 사고의 구조화 과정은 하부 체제(수, 공간) 간의 모순을 해결하는 결과다. 따라서 한 가지 형태의 반응을 떼어 놓는 연습을 시키는 절차들은 도식 간의 충돌을 없애 버리므로 무용하다. 그리고 학교의 수업 활동은 어떤 내용을 직접적인 설명으로 가르치기보다는 학생들에게 그들이 생각할 수 있고 대답을 찾도록 '암시'를 주는 것이 아주 유용하다.

(3) 형식적 조작사고의 촉진

다른 각 단계의 사고들이 그 이전의 사고를 곁들여 더하거나 변형하여 이룩되었듯이 형식적 사고도 전 단계인 구체적 조작을 바탕으로 하여 발달한다. 그런데 형식적 조작기의 아동은 보다 훌륭하게 자료를 조직하며 보다 과학적으로 추리하여 가설을 정의한다. 이러한 사고 특성들은 구체적 조작으로는 해결될 수 없으나 형식적 사고에 의해서 용이하게 해결이 되는 많은 문제에서 보인다. 형식적 사고를 요하는 문제들로는 조합적 사고, 복잡한 언어 문제, 가설 문제, 비율 그리고 운동의 보존 등이 있다(정태위 역, 1976).

(4) 학교 교육에서의 평가

피아제는 아동의 인지발달과 학습의 준비도를 측정하는 데 전통적인 지능검사의 사용에 대해서 비판적이었다. 그는 전통적 지능검사는 아동에게 어떤 질문에 대해 정답을 요구하는데 이를 통해서는 아동의 인지 처리 과정을 알 수가 없다고 주장했다. 따라서 지능검사는 아동의 인지발달 수준을 알려 주지 못한다고 하여 그는 다음의 방법을 선호하였다. (1) 아동에게 과업을 주고 어떻게 문제를 해결하는지 알아본다. (2) 교사가 아동이 교실에서 하는 행동을 관찰함으로써 그들의 초론 능력을 알 수 있다라고 주장하며, 아동의 지적 능력 평가에 이러한 방법이 반영되기를 권했다.

5. 학교 교육에 적용

오늘날 Piaget만큼 유아교육에 큰 영향을 준 사람을 찾아보기란 쉽지 않다. 그의 이론은 심리학에서 '인지발달심리학' 이라는 새로운 학파를 낳았고, Piaget식 유아교육 프로그램을 만들었으며, 이는 급속도로 확산 발전하여 현재 유아교육 프로그램의 중핵으로 발돋움하였다. 현재에도 끊임없이 유아교육학자이든 유아교육종사자든 간에 Piaget 이론이 지닌 교육적 의미를 찾는 데 노력하고 있다.

1) 수업에 적용

Piaget 이론은 학문적 학습 이론이 아니며, 교수 이론도 아니다. 그럼에도 불구하고 이 이론에서는 몇 가지 교육적 문제를 지적하고 있다.

(1) 학습자 특성

지식은 궁극적으로 학습자 자신의 자발적 활동에서만 획득되는 것이기 때문에 누구도 그것을 대행할 수 없다. 학습자 자신의 활동을 통해 내부로부터 지식을 창출하고 구성한다는 학습관에서는 교사의 설명보다 학습자의 발견이나 연구 과정을 중시해야 한다(전윤식 외, 1984).

첫째, 개인차에 있어서 시골에서 자란 아동은 도시에서 자란 아동보다 구체적 조작의 획득이 느리다. 게다가 형식적 조작은 모든 개인에게 나타나는 것도 아니고 모든 영역에서 획득되는 것도 아니다.

둘째, 준비성 측면에서 Piaget가 보는 준비성은 아동의 인지 구조나 발달 수준에 알맞은 교과내용을 선정하고 그 수준에 맞게 가르치는 것이라고 말할 수 있다. 이 이론이 우리에게 시사하는 점은 인지발달이 한 단계에서 다음 단계로 빨리 이행하도록 촉진시키려고 노력하기보다는 아동의 어떤 수준의 인지발달이 더욱 폭넓고 풍부하게 이루어지도록 도와주는 것이 수업에서 강조되어야 한다.

셋째, 동기의 측면에서 욕구는 동기의 원천으로 생리적이기도 하고 심리적이기도 한 것이다. Piaget의 견해로 동기는 운동이나 사고, 감정과 같은 모든 행동의 욕구에 대한 대답이고 이것은 곧 불균형의 표명이며 또한 욕구가 충족되면 평형 상태로 다시 회복된다.

(2) 인지 과정과 교수

인지발달이 허용하는 학습은 유의미 학습이 될 것이고 허용하지 않는 학습은 기계적 학습이 될 것이다. 또한 교사는 아동의 인지발달뿐만 아니라 인지발달 수준에 알맞은 교과과정상의 자료와 활동이 어느 것인지 이해하고 선정할 수 있어야 한다(전윤식 공저, 1984).

첫째, 다양한 환경 속에서 반복과 연습의 기회를 많이 제공해야 한다.

Piaget의 인지적 동기이론이 제시해 주는 교육적 의의는 반복 연습이라고 할 수 있다. 아동에게는 일단 하나의 새로운 인지 구조를 획득하게 되면 그것이 완숙되거나 공고화될 때까지 반복해서 사용해 보고 싶은 성향이 있다고 했다. 따라서 반복이나 연습은 지식의 형성과 구성에 필수적인 요소라고 하겠다.

둘째, 탐색의 기회를 많이 제공해야 한다.

유사한 속성으로부터 보다 상위의 것을 학습하는 것을 말한다. 어떠한 발달단계에서건 획득된 인지 구조는 학습자가 다음 단계로 나아가도록 한다. 진정한 학습이란 교사에 의해서 주어지는 것이 아니라 아동 자신이 탐색하는 과정에서 이루어지는 학습이다.

셋째, 학습 계열을 결정하여 순서적으로 가르쳐야 한다.

Piaget 이론은 학습의 도달 목표를 선택하는 단서를 제공할 뿐만 아니라 목표와 연관된 학습과제를 교육과정에 나타내는 계열을 시사한다. 예를 들면, 아동이 물질 보존을 이해하는 데 있어서 처음에는 양의 보존을 이해하고 다음으로 무게의 보존 그리고 체적의 보존을 이해한다는 사실은 학습과제의 순서를 시사한다. 인지발달에는 개인차나 문화적 차이가 있으나, 연령에 따른 일반적 발달 순서는 심리학적으로 올바른 학습활동의 순서를 결정하는 지침이 된다.

넷째, 또래끼리의 상호작용을 강화해야 한다.

교사와 학생의 상호작용에 초점을 두는 교육적 접근과는 달리, Piaget는 또래 상호작용의 중요성을 강조했다. 오직 이 상호작용의 형태를 통해서 학생은 다른 관점으로 문제를 보는 능력을 획득한다. 게다가 학생들은 다른 학생들과의 상호 교환으로 자신의 사고를 시험해 보고, 다른 대안들을 발견하여 학생 자신의 견해나 결론을 결정한다.

2) 이론의 개관과 장단점

Piaget의 인지발달이론은 지능, 지식, 환경에 대한 학습자의 관계를 재규정했다. 유아기부터 성인기에 이르는 사고 방법의 개인차의 발달은 유아의 활동 도식, 전조작기, 구체적 조작기, 형식적 조작기를 포함한다. Piaget 이론의 견해에 있어서 교육의 역할은 아동에 대한 자발적인 연구를 지지하는 것이다.

대부분의 심리학자들이 아동들이 어떻게 사고하는지에 관한 Piaget의 견해에 동의한다 할지라도 왜 사고 발달이 일어나는가에 대한 그의 설명에는 동의를 하지 못하고 있다. Piaget 이론의 단점을 몇 가지 열거하면 다음과 같다.

첫째, 아동들의 사고와 관련하여 그가 제시한 발달단계에 일관성이 부족하다. 둘째로는, 어린 아동들이 어떻게 한 특정한 지식이나 기술 분야를 학습하며, 따라서 그 학습을 효과적으로 학습시킬 수 있는지에 대하여 구체적인 설명을 하지 못한다. 셋째, 아동들의 인지발달과 그들이 속해 있는 문화적·사회적 집단의 중요한 영향력을 간과하고 있다.

요 약

1. 지능은 항상 활동적이고 역동적이며 발전하는 과정이다.
2. 발달은 현실에 대한 적응의 한 형태다. 즉, 기존의 인지 구조에 평형을 깨뜨리는 문제 상황에서 평형을 유지할 때 인지발달이 일어난다(예 : 동화, 조절, 평형화).
3. 지식은 개인과 환경의 상호작용이며 주관적 요소와 객관적 요소 양자를 포함한다.
4. 지능의 성장은 생물학적 발달과 같이 이전의 구조로부터 새로운 구조를 구성하는 데에 의존한다.
5. 인지발달에 영향을 주는 요인들은 물리적 환경, 사회적 환경, 성숙, 자기규제 과정 등이다.
6. 인지발달의 단계는 크게 세 단계로 나눈다.
   제1기: 감각운동기(출생~2세); 제2기: 전조작기(2세~7세); 제3기 구체적 조작기(7세~11세); 제4기: 형식적 조작기(11세~).
7. 수업의 원리로는;
   ① 교육은 아동이나 어른의 자발적인 탐구를 지원하는 방법의 사용에 의해 특징지어져야 한다.
   ② 학생들의 사고의 결과물이 아닌 사고의 과정에 초점을 맞추어야 한다.
   ③ 학생들 간의 사회적 상호작용이 활발한 협동학습을 적극 활용해야 한다.
8. 교육에 대한 공헌으로는, 아동의 발달단계에 맞는 수준별 학습과 통합 교육과정에 많은 시사점을 주었다.
9. 단점으로는 지능, 지식, 학습과 같은 기본 용어를 정의하기가 어렵고 학교학습을 위한 체계적인 대안을 제시하지 못하고 있다.

제7장

Vygotsky의 인지발달이론

인지발달 | 사회적 상호발달 | 고등정신기능 | 매개체 | 내면화 | 정신의 도구 | 언어발달 | 자기중심적 언어
| 발달을 주도하는 학습 | 근접발달영역(ZDP) | 역동적 평가 | 비계설정 | 상보적 교수 | 협동학습

Lev S. Vygotsky
(1896~1934)

이 장에서는 또 다른 인지발달이론으로 Vygotsky의 인지발달이론에 관해서 다루고자 한다. 그는 문화적으로 발달된 도구, 사고 그리고 언어 등이 어떻게 내면화되고 세상을 이해하는 데 사용되는지를 설명하는데 관심을 가졌으며, 또 그는 인지발달에서 학습을 중요하게 생각하였고, 사회환경과 발달의 관계에 대해서 새로운 관점을 제시하였다.

그는 Pavlov, Watson, Thorndike 등의 행동주의자들과 Piaget 등의 영향을 받았다. Vygotsky는 이러한 다양한 이론적 틀 속에서 인간의 인지발달을 이해하려고 하였으며, 또 인지의 사회적 의미와 기원을 찾으려는 노력을 하였다. 또 그는 아동의 발달에 사회·문화적 요인들이 어떠한 영향을 미치는가를 밝히려 하였으며, 인류의 진화적·역사적 발달에 대해서도 흥미를 가지고 있었다. 이러한 그의 관점은 개인의 출생과 개인의 역사를 통한 인간의 발달에 있어서, 이들 간에 의미 있는 유사점과 특성을 잘 설명해 주고 있다고 하겠다. 이 장의 학습목표는 다음과 같다.

1. 인지발달과정을 설명할 수 있다.
2. Vygotsky의 인지발달이론이 언어발달에 어떻게 적용되는지 설명할 수 있다.
3. 인지발달에 있어 매개체의 역할을 말할 수 있다.
4. 근접발달영역과 비계설정의 개념을 설명할 수 있다.
5. Vygotsky의 이론이 교육 실제에 미치는 영향을 설명할 수 있다.
6. Vygotsky 이론의 교육적 시사점을 이해할 수 있다.

1. 학습의 기본 가정

Vygotsky의 발달이론은 사회·문화적 요인들이 발달에 어떠한 영향을 미치는가를 이해하려 하는 것이다. 이러한 관점에서 그가 가졌던 기본 가정은 개개인의 고등정신기능의 발달을 이해하기 위해서는 그가 속해 있는 사회·문화적 요인들과 인류의 진화적·역사적 요인들을 함께 고려해야 한다는 점이다. 즉 Vygotsky는 학습과 인지발달이라는 인간의 정신적 과정은 생물학적 유기체로서의 발달과정을 넘어서는 사회적 환경과의 관계를 형성하는 것으로 보면서, 학습과 발달에 있어서 환경 내에서의 유의미한 타인(성인 및 또래)에 의한 영향의 중요성을 강조하고 있다.

1) 인지발달과 사회적 환경

Vygotsky 이론에 있어 사회적 환경을 빼고는 인간의 인지발달을 설명할 수가 없다. 그는 사회적 환경인 사회구조, 도구(언어, 문자, 제스처 등), 기술 등이 개인의 사고에 얼마나 많은 영향을 주는지에 초점을 맞추어 인지발달을 설명하고 있으며, 자발적인 주의집중이나 정교한 기억 같은 고등정신기능도 사회적 상호작용에 의해서 생기고 유지된다고 했다. 또 이러한 사회적 상호작용은 질적인 변화과정을 겪는다고 하였다. 이러한 관점을 통해 Vygotsky는 일반 발달심리학자들의 개체발생적 발달의 관점을 넘어서고 있음을 알 수 있다. 즉 그는 개체의 일생 동안의 발달을 의미하는 개체발생적 발달에서 나아가 계통발생학적 발달과 사회문화적 역사까지 다루고 있는 것이다. 즉 Vygotsky는 고등정신기능 자체가 발생학적으로 사회적 기원을 가지며 준 사회적 성질을 지닌다고 주장한다. 이러한 그의 입장은 다음 글을 통해서 알 수 있다.

어떠한 내부적인 고등정신기능도 외부적인 발달단계를 거쳐야 한다. 왜냐하면 고등정신기능은 본질적으로 사회적 기능이기 때문이다. 이것이 내부적 행동과 외부적 행동에 관한 문제의 중심과제이다. 우리가 '외부적' 과정이라고 할 때, 이는 '사회적'이라는 것을 뜻한다. 어떠한 고등정신기능도 외부적인 것이다. 왜냐하면 그러한 정신기능은 내부적인 것, 즉 진정한 정신기능이 되기 전에는 사회적인 것이기 때문이다(Vygotsky, 1981).

2) 사회적으로 공유되는 인지

Vygotsky의 이론에서 또 하나의 기본적인 전제는 모든 인간의 독특한 고등정신 활동의 형태들은 사회적이고 문화적인 상황들에서 시작되었고, 그 구성원들에 의해서 공유되고 있다는 것이다. 왜냐하면 인간의 이러한 정신적 과정들은 사회적 환경 속에서 적응을 필요로 하고, 그들은 하나의 특정한 문화에서의 성공적인 삶을 위해 필수적인 지식과 기술들의 성취에 이르게 되기 때문이다. 그러므로 Vygotsky는 개인의 발달을 이해하기 위해서는 개인이 속해 있는 사회적 관계들을 이해해야만 한다고 주장하였다(Berk & Winsler, 1995). Vygotsky는 이러한 개인의 인지적 발달과 그가 속해 있는 사회적 환경과의 관계를 다음과 같이 주장하고 있다.

아동의 모든 문화적 발달은 두 가지 국면(수준)에서 나타난다. 첫 번째 국면은 사회적 국면이고, 그 다음이 심리적 국면이다. 사회적 국면은 개인 간 심리적 범주로 사람들 사이에서 나타나며, 다음으로 개인 내 범주로서 아동의 내면에서 나타난다. 이러한 것은 인간의 자발적 주의집중, 논리적 기억, 개념 형성, 의지력 등의 발달과 직접적으로 관련된다(Vygotsky, 1981).

3) 지식의 구성

일반적으로 구성주의자들은, 아동은 그를 둘러싸고 있는 세계(사회적 환경)과 상호작용을 통해 지식을 구성하는 적극적이고 자기 규제적인 학습자이고, 학습은 현실 상황에 직접 참여함으로써 배양되는 사회활동이라고 본다. Vygotsky도 아동은 환경과의 상호작용을 통하여 지식을 스스로 구성하고 조직하는 능동적인 학습자로 보았다. 그러나 물리적 대상과의 상호작용을 강조한 Piaget와 달리 Vygotsky는 인지적 구성은 항상 사회적으로 매개되며 현재와 과거의 사회적 상호작용에 영향을 받게 되는 것이라고 했다.

또 지식을 구성함에 있어 개인 주체의 역할을 더 강조하느냐 혹은 사회문화적인 역할을 더 강조하느냐에 따라 Piaget와 Vygotsky는 관점을 달리한다. 즉 아동의 사고의 일반적인 구조적 변화를 설명하는 데 있어서 Piaget는 자연적이고 생물학적인 면을 강조하였고, Vygotsky는 역사적, 사회적 환경의 역할을 강조하였다.

2. 인지발달의 구성 요소

Vygotsky는 인지발달이 항상 사회적으로 매개되며 현재와 과거의 상호작용에 영향을 받는다고 했다. 또 그는 물리적 환경과 사회적 상호작용이 모두 발달에 필요하다고 믿었다. 물리적 환경을 직접 조작해 보지 않고 아동은 사고를 구성할 수 없다고 했다. 그리고 사회적 상호작용 없이도 개념을 형성할 수가 없다고 주장했다. 사회적 상호작용을 통하여 아동은 물체의 특성 가운데 무엇이 가장 중요한 것이며, 무엇을 주시해야 하는가를 배운다. 그리고 그는 물리적 환경과 사회적 관계 속에서 아동은 매개체를 활용하여 사고를 형성해 가고 이를 내면화하게 된다는 두 측면을 중요하게 지적했다.

1) 인지발달의 기본 과정

Vygotsky는 인지발달의 과정을 저등정신기능에서 고등정신기능으로의 발달과정으로 설명하고 있다. 저등정신기능은 인간뿐만 아니라 다른 고등동물에게도 나타나는 것으로 감각, 반응적 주의집중, 자발적 기억, 감각 동작 등을 들 수 있다. 반면 고등정신기능은 오직 인간만이 독특하게 지니고 있는 것으로, 매개(mediated)되고 내면화된 행동들이다. 고등정신기능은 지적인 활동을 유발하고 매개하기 위해 언어나 다른 도구들을 사용하는데, 의도된 주의집중, 의도된 기억, 논리적 사고 등을 포함한다. 발달이 이루어지는 동안 고등정신기능은 저등정신기능을 체계적으로 재조직해 나간다. 이러한 과정은 사회적 관계들 속에서 발생하는데 처음에는 개인 간 수준에서 고등정신기능이 일어나다가 그 다음에는 그러한 기능들이 내면화되어 자기 것이 된다. 이런 개인 간 정신기능이 개인 내 정신기능으로 변화하는 과정을 Vygotsky는 내면화와 근접발달영역으로 설명하고 있다.

(1) 내면화의 과정

Vygotsky는 심리적 도구(예: 기호, 제스처, 사인 등)와 사회적 상호작용이 어떻게 내면화되는지에 관심을 가졌다. 그가 말한 내면화(internalization)는 외적 작용의 내적 재구성(internal reconstruction)을 의미한다. 이러한 사실을 보여 주는 좋은 예가 있다.

> 아기들은 물체를 잡으려고 한다. 아기의 손이 물체를 향해 나아가서 손가락으로 움켜쥐려고 한다. 이때 어머니들은 아기의 다가가는 행동을 소통적인 의미로 해석하여 그에게 그 물건을 준다면 상황은 변하게 된다. 그러면 아기는 당장 물체를 잡기보다는 다른 사람(어머니)이 제시하는 행동의 의미를 배우게 된다. 그리하여 결국은 실제 지적하는 행동으로 변하게 되는 것이다. 이 단계에서 아이는 타인에게 의미로운 외적표시(사인)을 사용하게 되는 것이다. 결국 아기는 의식적으로 자신의 제스처를 이해하게 되고, '스스로를 위한 제스처'에 해당하는 심리적 도구가 형성된다(Vygotsky, 1978).

위의 예에서 아기는 몇 가지 변형을 거쳐서 내면화라는 내적 재구성을 하고 있음을 볼 수 있다. 이런 변화는 오랜 기간 동안 발달적 사건들이 계속적으로 일어난 결과의 산물이라고 볼 수 있다.

(2) 근접발달영역(The Zone of Proximal Development : ZDP)과 좋은 학습

Vygotsky는 교육문제에 대해 광범위하게 기술하면서 "교육적인 심리학(educational psychology)"이라는 용어를 사용하였다. 자신의 이론을 실제 교육 현장에 적용하려는 시도로 그는 근접발달영역이라는 용어를 소개하면서 인지발달과정을 설명하였다. 이 개념을 다음 인용문에서 알아보도록 하자.

> 나는 학교에 입학한 두 명의 아동의 지적 능력을 측정하였는데, 그들의 실제 나이는 10살이었지만, 인지발달로는 8세 정도의 아이들이었다. 그들이 인지적으로 같은 단계에 있다고 말할 수 있을까? 물론 그렇다. 이것이 의미하는 것은

무엇인가? 이것은 이 아동들이 평균 8세의 아이들이 할 수 있는 수준의 과업을 혼자서 할 수 있다는 것을 의미한다. 그렇다면 우리는 이들의 학업성취나 정신발달이 같다고 생각할 수 있다. 왜냐하면 이것들은 지적 능력에 의존하기 때문이다. 물론, 다른 요인들이 있을 수 있다. 한 아동이 아파서 반년을 쉬는데 다른 아동은 결석을 한 번도 하지 않았다든가 하는……. 그렇지만 일반적으로 이들은 같은 운명을 갈 것으로 생각된다. 그러나 여기서 나는 연구를 끝내지 않는다. 이제부터 시작이다. 이 아이들은 8세 수준에서 문제를 해결할 능력을 가진 것으로 보인다. 그런데 내가 만일 문제를 해결하는 다양한 방법들을 그들에게 보여 준다고 생각해 보자. 다른 실험이 행해졌는데, 한 아동에게는 시범을 보여 주면서 그것을 반복하게 하였고, 다른 아동에게는 처음의 해결책만 보여 주든지 아니면 문제를 해결할 단서만 제공하면서 과업을 마치게 하였다. 즉, 문제를 해결하는 데 아이들에게 다른 도움을 준 것이다. 이런 환경에서 이후 첫 번째 아동은 12세 수준의 문제해결력을 보여 주었고, 두 번째 아동은 9세 수준의 문제해결력을 보여 주었다. 자! 이 아동들은 같은 인지적 수준을 가지고 있는가? 처음에 이들의 인지발달 수준은 같은 단계였지만 교사의 안내하에 더 높은 수준을 보여 주었고, 이들은 인지적으로 같은 수준이 아니었다. 그들의 학습과정은 확실히 달랐다. 12세와 8세 간 차이 혹은 9세와 8세 간 차이를 우리는 근접발달지대라고 부른다. 이것은 실제 발달수준, 즉 독립적으로 문제를 해결할 수 있는 것으로 정의된 실제적 발달수준과 잠재적 발달수준, 즉 성인의 안내 혹은 더 잘하는 또래의 협력으로 문제를 해결할 수 있는 두 수준 간의 차이다(Vygotsky, 1978).

[그림 7-1]에서 볼 수 있듯이 Vygotsky는 두 발달수준 간의 관련성에 관심을 가졌다. 실제 발달수준은 아동이 스스로 할 수 있는 것이고, 잠재적 발달수준은 다른 사람의 도움으로 할 수 있는 것이다.

Vygotsky는 '지금 아동이 어디에 있는가'에 초점을 두면서 잠재적 성장을 측정하고자 하였다. 그는 잠재적 발달수준의 측정이 필수적이라고 하였는데, 잠재적 발달수준은 현재의 수준과 다를 수 있기 때문이다. 그리하여 그는 이미 완수한 발달에 맞추어 학습목표를 정하는 교육에 대해 비판하였다. 그에 의하면 이런 교수는 새로운 단계를 목적으로 하지 않고, 오히려 기대하는 단계의 뒤에서 꾸물거리고 있다는 점을 지적하고 있다. 근접발달영역은 우리로 하여금 발달을 주도하는 '좋은 학습방안'을 제안하게 한다. 학습

[그림 7-1] 근접발달영역

은 발달을 주도하고 앞설 때 좋은 학습이 되는 것이다.

2) 정신의 도구

도구란 우리가 문제를 해결하는 데 도움을 주며, 행동을 수행할 수 있도록 하는 방편이다. 지렛대는 너무 무거워서 손으로는 움직일 수 없는 바위를 들어올리는 데 도움을 준다. 톱은 손으로 꺾을 수 없는 나무를 자를 수 있게 한다. 이 같은 물리적 도구들은 인간의 능력을 확대하며 인간이 타고난 능력을 넘어서서 여러 가지 일들을 할 수 있게 해 준다. 또 인간은 정신적 능력을 확장시키기 위해서도 정신의 도구를 만들었다. 인간은 이 정신의 도구를 사용하여 무엇인가에 주의를 기울이고, 기억하며, 좀 더 잘 생각하게 된다. 기억 전략과 같은 정신의 도구는 인간이 기억할 수 있는 정보의 양을 몇 배로 늘려 준다. 따라서 정신의 도구는 인간이 선천적인 능력을 확장시키는 것 이상의 일을 한다. Vygotsky는 정신의 도구는 우리가 주의를 기울이고, 기억하며, 생각하는 바로 그 방식 자체를 바꾸어 준다고 믿었다. 또 그는 인지발달에 정신의 도구가 중요한 역할을 한다고 믿었기 때문에 아동이 인지발달과정에서 정신의 도구를 어떻게 획득하는지를 연구해 왔다. 아동은 정신의 도구를 주위의 타인을 통하여 습득하지만, 스스로 창의적으로 활용할 수 있다. 따라서 아동은 인지를 발달시키는 데 필요한 어떤 정신의 도구의 필요를 느낄 때, 독자적으로 새로운 도구를 발명할 수 있게 된다.

3) 사고와 언어

Vygotsky는 모든 고등정신기능의 발달을 설명하려 하였지만, 그의 이론은 주로 언어발달과 언어와 사고와의 관계를 밝히는 데 초점을 맞추고 있다. 특히 언어는 그의 이론에서 아주 중요한 위치를 차지하는데, 그의 이론에서 언어는 두 가지 역할을 하기 때문이다. 언어는 다른 정신기능발달에 도움을 주면서 그 자체로도 정신기능의 한 가지다.

Vygotsky의 가장 유명한 저서가 바로 『사고와 언어(Thought and Language)』다. 그는 언어구조에 대한 것보다는 언어의 사회적 환경을 중요하게 여겼다. Vygotsky는 사고와 언어는 발달에서 서로 다른 뿌리를 가지고 있다고 믿었는데, 이들은 원천적으로는 서로 독립적으로 발달한다고 했다. 그러나 이 두 기능이 서로 만나면 사고는 언어, 말, 주장 등으로 바뀐다. 즉 사고와 언어가 상호작용하여 언어적 사고가 발생한다. 좀 더 높은 수준의 읽고 쓸 줄 아는 환경이 마련되면 언어적 사고는 결국 보다 높은 사고를 형성하게 된다. 그러나 Vygotsky는 사고와 언어를 동일시하지는 않았는데, 그는 성인들에게서도 비언어적 사고(암기전략의 사용)와 비개념적 언어 (전화번호를 기계적으로 암송하는 것 등)를 볼 수 있다고 하였다. 결국 Vygotsky는 언어발달과 사고를 이끄는 심리적 도구로서 언어의 내면화 과정에 관심을 가졌다. 이제 Vygotsky의 사고와 언어발달에 관한 설명을 살펴보자.

(1) 사고와 언어발달 단계

Vygotsky는 아동과 성인 간의 상호작용을 통해 언어가 발생한다고 하였다. Vygotsky에 의하면 언어발달은 다른 고등정신기능의 발달과 같은 경로를 거치며 같은 원리에 따른다. 그에 의하면 이런 사고기능은 일반적으로 4단계를 거쳐서 발달한다.

① 원시적 언어 단계(primitive or natural stage)

생후부터 약 2세까지에 해당된다. 이 단계에서 아동은 인간의 생물학적 성격에 따른다. 주의력이나 기억과 같이 언어발달에서도 그들은 순전히 그리고 직접적으로 환경으로부터의 자극에 반응한다. 이 단계의 초기에 영아들은 정서적 감정을 표출하는 소리를 낸다. 고통에 따른 울음, 만족을 나타내는 옹알이와 같은 것을 들 수 있다. 다음 단계는 생후 약 2개월 정도에 해당하는데, 이때는 다른 사람의 목소리나 외형 등에 반응하는 사회적 소리가 나타난다. 세 번째는 자연적 말로서 이 말은 사물이나 욕구를 나타낸다. 이것은 부모나 다른 성인들이 어떤 대상을 특정 단어와 빈번히 짝 지어 줌으로써 조건화한 것이다.

② 심리적 언어 단계(native psychology stage)

이 단계에서 아동은 도구를 사용하기 시작하고 그들을 둘러싼 환경의 특징들을 인식하는 실용지능이 발달한다. 이 단계에서 아동은 자신들이 사용하는 논리적 현상들을 이해하기 전에 정확한 문법을 사용할 수 있다. 아동들은 단어의 필요성을 느끼고 사물을 명시하기 위해서 언어를 사용하지만, 언어의 상징적 기능은 정확히 알지 못한다. 즉 아동은 인과관계, 조건관계, 시간관계를 이해하지 못한 채로 '왜냐하면, 언제, 만약, 그러나' 와 같은 언어를 사용하여 문장을 만들 수 있다. 이와 같은 현상은 아동의 기억발달에서도 보인다. 예를 들어 언어목록을 기억하는 과업에서, 그림은 보조적인 수단이 된다. 그림이 단어와 관련이 없지만 어린 아동은 기억하는 물체 중에서 그것을 볼 수 있다면 그림을 보조적 수단으로 사용한다. 이 시기에는 의사소통을 위한 외적인 말, 즉 사회적인 말이 나타나게 되는데 외적 말은 사고가 단어로 변형된 것으로서 사고의 구체화고 객관화다.

③ 자기중심적 언어발달 단계(egocentric speech stage)

언어발달에서 자기중심적 언어가 나타나는 단계다. 외적 작용은 내적 문제들을 해결하는 데 상징적으로 사용된다. 이 단계에서 아동은 외적 기호로 손가락을 이용하여 기억을 더 잘할 수 있게 된다. 즉 아동은 손가락으로 수를 세며 여러 가지 기억 보조 수단을 사용하게 된다. 이때 자기중심적인 말이 놀이 상황에서 많이 발견된다. Vygotsky는 자기중심적인 말은 사회적 언어와 내적 언어를 연결해 주는 중요한 역할을 한다고 하였다. 자기중심적인 말은 Piaget의 "자신을 위한 언어, 타인에게 사용되는 것이 아닌"에서도 지적되었다. 이런 유형의 언어들은 아동이 사회적 환경 속에 혼자 있을 때 자주 볼 수 있다. Piaget에 의하면 취학 전 유아의 자기중심적 말은 그들의 세상에 대한 자기중심성을 반영하는 것이다. 이후 아동은 점차적으로 타인의 관점을 알게 되고 그러면 자기중심적인 말은 점차 사라진다고 하였다. 따라서 Piaget에게 있어서 자기중심적인 언어는 인지발달에 중요한 역할을 하는 것이지만, 단지 현재 진행 중인 인지과정을 보여 주는 것일 뿐이다.

그러나 Vygotsky의 연구에서는 자기중심적인 말 즉 혼잣말(private speech)에 대해서 다른 관점을 가진다. Vygotsky는 아이들의 놀이에서 문제 상황 즉, 연필을 잃어버리게 된다든가 종이가 너무 작다든가 하는 상황을 만들어 두었다. 이때 아동들의 자기중심적인 말은 문제의 요소가 없는 같은 상황과 비교했을 때 두 배 정도 증가하였다. 아이들은 스스로에게 말하면서 상황을 해결하려 노력했다. Vygotsky는 초기 아동의 자기중심적 말은 아동의 행동을 수반하고 긴장 완화에 사용됨을 관찰하였다. 그리하여 이러한 혼잣말은 점차 사고의 도구가 되어 문제해결 방법을 찾고 계획을 세우는 등 실제로는 아동의 행동에 영향을 준다는 사실을 보여 준다고 했다.

④ 내적 성장 언어의 단계(ingrowth speech stage)

언어발달에서는 내적 언어의 단계다. 이 단계에서 외적 작용들이 내면화하면서 변화를 겪게 된다. 예를 들어, 이제 아동은 머릿속으로 수를 세고 '논리적 기억'을 할 수 있다. 언어발달에서는 마지막 단계인 내면화 단계로 소리는 없어지고 아동은 머릿속에서 언어를 능숙하게 다룰 수 있다. 이제 문제를 해결하는 데 아동의 사고는 내적 신호를 사용한다. 이제 사고의 도구로서 그리고 언어적 사고로 내적 언어를 사용할 것이다. 이제 내적 언어는 사회적 적응보다는 스스로를 위한 사고로 나타나게 된다. 이에 관해 Vygotsky는 다음과 같이 설명하고 있다.

> 사고의 발달은 언어에 의해서 결정된다. 정신의 언어적 도구와 사회 문화적 경험에 의해서 사고가 발달한다. 필연적으로 내적 언어발달은 외부요소들에 의존한다. Piaget 연구에서도 보았듯이, 아동의 논리발달은 사회적 언어와 직접적으로 관련된다. 아동의 지적 성장은 그들이 정신의 도구 즉 언어를 습득하면서 발생한다(Vygotsky, 1986).

이와 같은 Vygotsky의 사고와 언어발달 단계를 요약하여 제시하면 다음 〈표 7-1〉과 같다.

〈표 7-1〉   사고와 언어발달의 단계별 기능

단계	특징	
	언어특징	기억특징
1. 원시적 언어 단계	옹알이, 정서적 감정 표출, 조건화를 통하여 단어 학습	실제 경험과 물체에 대한 이미지를 가지고 있다.
2. 소박한 심리적 언어 단계	상징의 기능과 문법의 기능을 이해하지 못한 채 사용한다.	신호가 물체와 직접적인 관련이 있을 때만 단서로 사용할 수 있다.
3. 자기중심적 언어 사용 단계	자기중심적인 언어를 사용하여 스스로의 행동을 통제하고 계획한다.	외적 신호를 상징적으로 활용하여 기억을 돕는다.
4. 내적 성장 언어의 단계	자기중심적인 언어가 내면화되어 점점 내적 언어가 발달하여 사고의 기초를 형성한다.	아동은 내적 기억을 가지고 논리적 연관성을 가지고 기억할 수 있다.

(2) 도구로서 언어의 기능

언어는 모든 인간 문화에서 보편적으로 볼 수 있는 도구다. 언어는 각 문화의 모든 구성원들에 의해 창조되고 공유되기 때문에 문화적인 도구며 각 구성원들이 사고하기 위해 사용하기 때문에 정신의 도구다.

언어는 다른 도구의 획득을 촉진하고 여러 정신적 기능을 위해 사용되기 때문에 기초적인 도구다. 언어는 주의집중, 암기, 감정조절, 문제해결 등 여러 가지의 정신기능을 익히기 위한 전략을 개발하는 데 이용될 수 있다. '단지 크기가 문제이구나.'라고 혼자서 말하는 것은 자신의 관심을 대상의 크기에 집중하도록 하고 다른 속성들을 무시하도록 하는 데 도움이 된다. 언어는 우리가 기억하는 내용과 방식에 커다란 영향을 미친다(Bodrova & Leong, 1996).

3. 학습의 과정

Vygotsky의 이론에 있어 학습은 사회적 상호작용으로 아동의 근접발달영역 내에서 새로운 발달을 가져오는 것이다. 이러한 과정은 그것이 내면화할 때까지 연습되며, 결국은 아동이 독립적으로 수행할 수 있는 것이 된다. 따라서 근접발달영역은 현재의 아동의 수준을 넘어서는 인지발달수준이라고 할 수 있다. 아동은 학습을 하면서 여러 가지 정신의 도구들을 매개체로 활용한다. 또한 그들은 이러한 학습을 통하여 새로운 도구들을 만들어 가는데, 이것은 자신보다 더 능숙한 구성원과의 사회적 상호작용을 통해 연습되고 결국 아동이 혼자서 할 수 있는 독립적 기능이 되는 것이다.

1) 매개체의 활용

Vygotsky에 의하면 고등정신기능은 매개된 활동의 결과물이다. 여기서 '매개된 행동'의 의미에 대해서 명확히 해야 한다. 사고의 매개체는 심리적 도구이면서 개인 간 의사소통의 수단이 된다. Vygotsky는 심리적 도구와 실제 도구 간의 비슷한 점을 유추하였다. 도구는 인간의 손과 물체 간의 매개체이고 이것은 외적 환경을 만드는 데 사용된다. 심리적 도구는 인간의 행동과 인지를 만드는 데 사용된다. 심리적 도구는 기호학적인 성질을 가진다.

매개체는 아동으로 하여금 어떤 행동을 쉽게 수행할 수 있게 함으로써 학습을 촉진시킨다. 아동은 매개체를 자신의 활동 속으로 통합시키면서 학습을 해 나간다. 아동이 손가락을 활용하여 덧셈을 한다면, 여기서 손가락은 매개체로 작용하여 정확하게 덧셈을 하도록 도와주는 것이다. 성인의 경우는 좀 더 복잡하고 추상적인 매개체를 활용하는 데 해야 할 일들을 적어 놓은 목록과 같이 그것은 다른 사람에게 보일 수도 있지만 내면적일 수도 있다. 계속 사용하였던 가스레인지는 그것의 표지판인 외적 매개체 없이도 자동적으로 활용할 수 있다.

아동은 매개체를 사용하는 방법을 반복하여 배워서 점차 표면적이고 외부적인 것에서 내면적인 것으로 통합해 가고 이를 활용하여 학습해 간다. 〈표 7-2〉에서 매개된 행동과 그렇지 않은 행동의 예를 살펴보았다.

〈표 7-2〉   매개되지 않은 행동과 매개된 행동의 예(Bodrova & Leong, 1996)

매개되지 않은 행동	매개된 행동
방금 본 복잡한 춤의 순서를 기억하려고 노력하기	'오른쪽으로 두 번 가고 왼쪽으로 세 번 가고 발로 차고'와 같이 혼자서 순서를 중얼거리기
물건의 숫자를 눈으로 어림잡아 세어 보기	물건의 숫자를 세어 보기
교사의 질문에 불쑥 말하기	질문에 답할 준비가 되었다는 표시로 손 들기

2) 사회적 상호작용의 역할

Vygotsky는 행동주의와 Piaget의 두 관점을 모두 반영하면서 학습에 대하여 새로운 접근을 하였는데, 발달에서 사회적 상호작용의 중요성을 강조한 점이다. 아동의 학습은 환경 속에서 또래들이나 성인들과 협동하고 상호작용할 때만 조직될 수 있는 다양한 내적 발달과정을 불러일으킨다. 만일 아동에게 독자적으로 숙달하기에 너무 힘든 경험들을 계속 제시하고 사회적 관계 속에서 도움이 제공되지 않는다면 아동은 발달을 이루는 데 실패하게 된다. 따라서 아동이 학습하도록 하기 위해서는 아동의 근접발달영역 내에 있는 적절한 과제와 함께 사회적 상호작용이 함께 제공되어야 한다.

3) 발달과 학습의 관계

교육 이론은 학습과 발달 간의 관계에서 밝혀진다. Vygotsky의 입장에서 학습과 발달은 분리된 과정도 동일한 과정도 아니다. 학습과 발달은 복잡하고 상호연결되어 있다. 이는 근접발달영역에 대한 Vygotsky의 다음 설명에서 알 수 있다.

아동의 발달에 있어서 모방과 교수는 주된 역할을 한다. 이들은 뚜렷하게 인간 정신의 특성을 발휘하게 하며 아동을 새로운 발달단계로 이끌어 준다. ……
아동이 오늘 다른 사람과 협력해서 할 수 있는 일을 내일은 혼자서 할 수 있다. 그러므로 유일하게 올바른 유형의 교수는 …… 성숙함보다는 성숙 중에 있는 기능들에 목표를 두어야 한다. 학습에 있어 기초 시작점을 결정해야 하는데 이는 어떤 최소한의 기능의 성숙함이 요구되기 때문이다. 그러나 교수·학습 과정에서는 이러한 발달이 반드시 고려되어야 한다(Vygotsky, 1986).

그리고 Vygotsky는 교사가 새로운 지식과 기술을 주도해 갈 때 아동 또한 그들의 정신기능을 인식하고 이를 지배하는 새로운 성취 수준으로의 이행을 해 나간다고 하였다. 즉 아동은 도전적인 과제를 제시받을 때, 능력 있는 타인과의 협력적인 대화를 통해 전수받은 전략을 내면으로 통합시키게 된다. 이를 통해서 새로운 발달이 일어나기 때문에, 결국 학습이 발달을 주도한다고 보았다.

4. 수업을 위한 원리

Vygotsky는 인지발달을 자극하도록 아동을 자극하는 것이 수업이 해야 할 일이라고 하면서 이와 같은 아동을 자극하는 수업을 계획해야 한다고 하였다. Vygotsky 이론에서 수업은 근접발달영역 내에서 생성되고 그 안에서 학습이 가능해지는 것이다. 그러므로 Vygotsky의 이론에 의한 수업의 원리를 한마디로 설명하자면, ZPD에 알맞은 상호작용적 수행보조라고 할 수 있다. 그는 수업이란 일방적 성격의 교수가 아니라 교사에 의해서 이루어지는 교수와 학생에 의해서 이루어지는 학습이 상호작용하는 의미로 보려고 했다. 즉 Vygotsky의 이론에서 수업은 능동적인 공동활동으로서 교사와 학생 양쪽을 모두 포함하고 있다. 이를 다른 말로 표현하면, 수업은 발달을 이끌어 가고 아동이 체계적 추론과 반성적 의식을 하게 하는 강력한 힘이 된다고 하겠다. 즉, 학습자들은 수업을 통하여 자신의 잠재적 발달영역 내의 인지기능에 도전을 받게 되고, 이를 해결하기 위한 전략과 방법을 모방과 교수를 통해 습득하면서 새로운 발달을 형성해 나간다고 하겠다.

1) 수업을 위한 조건과 원리

여기서는 Vygotsky 이론에 기초한 수업이 효과적으로 이루어지기 위한 조건들에 관해서 설명하고자 한다.

(1) 잠재적 발달수준에 알맞은 학습조건을 제공할 것

학교에는 현실적 발달수준은 동등하지만 잠재적 발달수준에는 차이가 있는 학생들이 항상 현존하므로 그들에 대한 가장 효과적인 교수–학습을 위해서는 그들의 잠재적 발달수준, 즉 아동들 개개인의 근접발달영역을 파악하는 것이 중요하다. 그리하여 그들의 ZPD 수준에 상응하는 수행보조, 즉 ZPD 수준이 높은 아동에게는 높은 수준의 암시적 수행보조를 ZPD 수준이 낮은 아동에게는 구체적이고 직접적인 수행보조를 제공하여야 하는 것이 가장 최선의 교수–학습 방법이다. 즉 개개인의 잠재적 발달수준차에 따른 수준별 개별화 수업을 강조해야 할 것이다.

(2) 학생과 교사 간의 효율적인 대화를 강조할 것

수업이 학생의 ZPD 내에서 또는 학생의 ZPD에 상응하여 이루어지기 위해서는 교사와 학생의 교육적 대화라는 효율적 상호작용이 행해져야 한다. 교육적 대화는 숙련가인 교사와 학습자가 각각 자신이 습득한 이해를 바탕으로 말과 글을 주고받는 대화라고 정의된다. 여기서 대화는 알고 있는 '해답'을 넘어서는 무엇인가를 학습자가 말하고자 하는 경우를 뜻한다. 아동이 말하고자 하는 취지를 이해하기 위해서는 교사는 주의 깊게 듣고, 대화의 의미를 추측하려고 노력하고, 아동의 노력을 도와주는 적절한 반응을 보일 필요가 있다.

(3) 교수·학습 과정의 이중적 전개를 고려할 것

교사가 잠재적 발달수준에 상응하는 수행보조를 제공하기 위해서는 그 학습과제와 관련된 일반적 법칙을 알고 있어야 한다. 교사의 수업계획은 일반적 법칙으로부터 그것이 발현된 현실적 현상으로 발전하여야 한다. 즉 일반적 법칙을 설명하기 위하여 교사는 그것을 잘 나타내 주는 구체적 실례를 선택해야 한다. 교사는 일반적인 것에서 구체적인 것으로 발전하는 반면, 아동은 무개념적 행동의 단계, 즉 구체적인 사례들로부터 추상화하고 언어적으로 서술하는 단계(일반적 법칙)로 발전하여야 한다. 즉 아동의 학습은 구체적인 것에서 일반적 추상적인 것으로 발전한다. 이처럼 교사의 가르침과 아동의 학습이 반대방향으로 전개되는 것을 수업의 이중적 전개라고 한다.

(4) 비지시적 교수 활동을 많이 쓸 것

Vygotsky의 이론에 의한 수업의 원리에 기초하여 볼 때 교수 활동에서 감독적 요소와 권위는 바뀌어야 한다. 효율적 수행보조에 있어 권위적, 감독적 요소는 학습자를 억압하고 가르치는 자와 학습자 간의 상호작용을 위축시키는 등 효율적인 수행보조에 장애가 될 수 있다. 수행보조와 가르침은 일방적인 것이 아니라 쌍방적이며 피차간에 영향을 주는 상호작용적인 것이다. 효율적인 수업을 위하여 권위를 내세운 요소는 제거하고 서로 간의 수행을 높일 수 있는 조건이 마련되어야 한다.

(5) 학생들이 보다 적극적으로 참여하는 교수·학습 환경을 제공할 것

학생의 ZPD에 상응하는 교사와 학생 간 또는 학생과 학생 간 상호작용이 교수-학습의 기본 원리이므로, 학생들의 공동참여를 통한 상호작용의 기회를 확대하고 학생과 교사의 교육적 대화 기회를 극대화하는 학습 환경을 설정함으로써 학생의 학습을 보조할 수가 있다.

5. 학교 교육에 적용

학습과 발달의 관계에서 Vygotsky는 학습이 발달을 주도할 수 있다고 하였고, 아동의 발달은 고정된 것이 아니라 언제나 변화하고 있는 과정이라고 하였다. 이러한 변화과정은 종전의 정적 검사 형태로는 불가능하며 역동적 평가를 통하여 변화과정을 측정할 수 있으며 아동의 잠재적 능력을 개발시켜 주는 학습이 필요하다. 이러한 그의 이론을 학교 현장에 적용하려는 많은 움직임들이 있다.

1) 교실 수업과 관련된 문제

이 이론은 인지발달과 학습의 원천으로서 사회문화적 환경을 중요시하고 있다. 교실에서 발생할 수 있는 문제를 다음 세 가지를 중심으로 설명하고자 한다.

(1) 학습자 특성

Vygotsky는 학습자의 특성 중에서 개인차와 준비도를 중요하게 다루고 있다.

① 개인차

Vygotsky의 이론에서 완성되지 못한 개념 중의 하나가 개인차다. Vygotsky는 기억력의 차이는 개인차에서 중요한 것이 아니라고 하였다. 대신 주의력과 집중력이 중요하다고 하였다. 자신의 능력을 사용하는 방법 등이 개인차에서 고려할 요소이다.

② 준비도

근접발달영역을 보여 주는 것이 준비도다. 준비도는 잠재력과 관련되기 때문에 표준화 검사만으로는 측정될 수 없다.

③ 동기

Vygotsky는 '무엇인가를 할려고 하는 노력'에 관심을 가졌지만, 이에 대해서는 개념을 완성하지 못하였다. 그는 초기의 노력들은 점점 더 도덕적이고 윤리적으로 되면서 더욱 복잡한 정신기능으로 형성되어 간다고 하였다. 또 그는 주관적 감정들이 행동을 규제하는데, 이러한 규제력도 발달된다고 하였다.

(2) 수업의 방법

Vygotsky 이론에서는 교수·학습의 사회문화적 성격 때문에 학생들을 어떻게 가르칠 것인가와 교사의 문제해결 기술과 교사의 역할이 강조된다.

① 학습내용의 전달과 형성

모든 고등정신기능은 아동과 지식을 가지고 있는 사회적 구성원 사이에서 발생한다. Vygotsky의 관점에 의하면 결국 이러한 양상은 개인 내 범주로 전이되는데, 이것이 내면화되면 결국 복잡한 지적 기능이 형성된다는 것이다.

② 학습 방법

일반 발달심리학자들은 학습하는 방법에 대해서는 다루지 않았다. 그러나 Vygotsky는 스스로의 행동을 규제하고 조절하는 내적 단서들의 개발, 높은 수준의 상징체계의 활용하는 등의 학습하는 방법에 대해서 논하고 있다. 그에 의하면 논리적 기억이나 상징체계를 활용하는 것이 하나의 학습방법이라고 할 수 있다.

③ 좋은 모델로서의 교사

신호나 상징을 활용하고 문제해결방법을 배우는 것 또한 사회적 맥락 속에서 일어난다. 교사는 과업을 수행하는 학습자로서 아동들에게 적합한 모델이 되어야 한다.

④ 교사의 역할과 수업방법

교사의 역할은 아동들에게 그들의 근접발달영역에 있는 경험들을 제공하는 것이다. 아동들의 학습은 성인들이 그들을 적극적으로 이끌어감으로써 최대화된다. 교사의 역할은 아동들이 준비된 것을 가르치는 것이라기보다는 그들의 근접발달영역 안에 있는 또는 그들이 도움을 받아 할 수 있는 약간 높은 수준의 과제를 계속해서 제공하는 것이다. 이런 과정을 통하여 아동은 발달하기 시작하는 인지기능들을 구체화하고 이를 반복함으로써 내면화할 수 있다.

(3) 학습을 위한 사회적 환경의 구성

교사와 학생 간 학생과 학생 간의 사회적 상호작용을 극대화하는 환경을 조성해야 한다. 이들 간의 사회적 대화가 학생들의 학습을 도와준다. 여기서의 환경이란 두 가지 의미를 내포한다. 즉 학생들이 활동할 수 있는 물리적, 사회적 환경 두 가지 모두를 모두 포함하고 있다.

수업 상황에서 교육적 대화가 많이 발생할 수 있도록 다양한 유형의 대그룹활동, 소그룹활동, 팀활동 등을 제공할 필요가 있다. 이러한 활동들은 교사와 학생, 학생과 학생 간의 상호작용을 통하여 상호주체성과 개념의 내면화, 높은 인지과정의 발달을 가능하도록 한다.

2) 수업의 실제

(1) 비계설정(scaffolding) 기법

비계설정이라는 용어가 Vygotsky에 의해 처음 소개된 것은 아니다. 이는 개별 지도의 가장 중요한 구성 요소를 판별하기 위해 노력하는 학자들에 의해 소개되었다(Bruner & Ross, 1976). 여기서 아동은 능동적으로 그 자신을 구성해 가는 하나의 건물에 비유할 수 있고 사회적 환경은 아동으로 하여금 능동적으로 발달하고 구성하도록 하는 하나의 필수적 비계 또는 지원체계라고 할 수 있다.

성인은 아동의 능력을 넘어서는 과업을 지도한다. 이를 통해 아동은 이 과업에 대한 완벽한 이해 없이도 그것을 다루는 전략적 행동에 참여하게 된다. 아동은 성인이 만든 구조 속에서 활동에 참여한다. 그 과정 속에서 발생하는 사회적 대화가 반복되면서 아동은 점차 자신보다 더 능숙한 사람들의 말과 그들의 반응을 이해하게 된다. Bruner와 그의 동료들(1976)은 3, 4세와 5세아에서 관찰된 스캐펄딩의 다양한 측면을 발견하였다. 여자 성인은 각 아동이 가능한 스스로 많은 것을 할 수 있도록 하였고, 가능한 언어적으로 중재하고 아동이 성공적으로 과업을 완수하도록 직접적인 도움을 주고자 하였다. 따라서 이들 아동의 성공이나 실패는 성인의 반응에 의해서 결정되었다.

성인의 중재와 아동의 그에 대한 반응을 살펴보면, 사회적 대화의 속성이 아동의 나이가 들면서 변화됨을 발견하였다. 3세아와의 활동에서 성인은 아동이 계속해서 활동을 하도록 중재하고 행동으로 많이 보이지만, 아동이 나이가 들어갈수록 스스로 문제를 해결하도록 하고 성인의 중재는 더욱 언어적으로 바뀌어 갔다.

이와 같이 아동의 학습과 관련하여 비계설정의 기능을 다음과 같이 요약할 수 있겠다.

첫째, 교사는 학습자의 현재의 지식 및 기능과 새로운 과제의 요구 간에 다리를 제공하는 데 기여한다.

둘째, 학습자의 활동 맥락에서 교수와 도움을 제공함으로써 교사는 학습자의 문제해결을 지지할 구조를 제공해 준다.

셋째, 학습자가 처음에는 스스로 해결할 수 없는 문제로 시작할지라도 도움을 받아 참여함으로써 학습에서 능동적인 역할을 하고 성공적인 문제해결에 이를 수 있다.

넷째, 학습자를 효과적으로 돕는다고 하는 것은 과제 책무성을 교사로부터 학습자로 옮기는 것을 포함한다.

(2) 상보적 교수(reciprocal teaching)

상보적 교수는 원래 고학년 어린이들의 독해능력을 길러 주기 위해 고안된 교수법이었으나 점차 사회나 과학 영역으로 확장되고 연령도 중고등학교로 확장되었다. 초기의 상보적 교수법은 대부분의 교사−학생 관계는 협력적이기보다는 교사주도적이었다. 교사들은 지시를 하고, 학생들은 말없이 수행하였다. 교사가 질문하면, 학생들이 간단히 대답하는 방식이었다.

이러한 상황에서 Palincsar와 그녀의 동료들(1984)이 Vygotsky의 사회교육적 접근에 근거한 교수 절차인 상보적 교수를 개발하였다. 이것은 교사들이 협력적인 교수대화를 사용하여 자기−규제적인 읽기와 읽기 이해력을 가르치는 것을 목적으로 한다. 상보적 교수에서는 소그룹 아동과 교사가 글을 가지고 토론한다. 이 기법에는 예언하기, 질문하기, 요약하기, 명료화하기의 4가지 토론전략이 사용되었다. 교사와 학생 모두에게 그룹 토론을 이끌 수 있는 글이 주어지고, 모든 사람들이 각 부분을 읽고 나서 그룹의 리더가 내용을 요약한다. 그 다음에는 교사가 질문을 하고, 질문에 대한 토론이 이어지고, 필요하다면 명료화 작업이 제공될 수도 있다. 그리하여 그 다음 내용을 리더가 예언해 본다. 이런 과정을 통하여 교사와 학생들이 대화에 참여할 수 있다. 학기 초에는 교사가 전략들을 사용하는 시범을 보이고, 연습을 시킨다. 교사는 요약하도록 하고 예언을 하기 위한 단서를 제공하는 등의 방법을 사용한다. 교사는 학생들을 격려하면서 부가적인 정보를 제공하며, 요약을 하도록 돕고 학생들에게 질문을 하여 모방해 보도록 한다. 시간이 지나면서 이러한 전략이 학생들에게 내면화되며, 교사는 점차적으로 학생들에게 더 많은 책임을 지우고 대화를 유지해 가도록 한다.

(3) 또래 간 협력학습

Vygotsky의 모든 영역에서 사회직 상호작용은 인시발달에 영향을 주며 인지발달은 성인과 아동의 일대일 관계로 기술되었지만, 상보적 교수에서도 보았듯이 과업은 또래와 함께 할 때 더욱 성공적이다. 아동들은 또래와 함께 문제해결을 해 가면서 파트너로서 해야 할 행동을 습득하고 높은 수준의 언어사용과 인지 전략을 배우게 된다. 이러한 과정 속에서 아동은 스스로 문제를 해결하는 데 필요한 도구들을 내면화한다.

학습과 발달에서 또래 간 상호작용의 효과를 요약하면, 첫째, 또래 간 상호작용은 서로의 다른 관점을 가지고 토론할 때 가장 유용하고 아동은 이 과정 속에서 스스로를 규제할 수 있는 정신기능을 배우게 되며, 둘째로는, 또래 간 협동학습을 통하여 아동은 함께 주제를 더 잘 이해하게 되고 서로의 관점을 고려하게 됨을 학습하게 된다.

(4) 역동적 평가

Vygotsky의 ZPD 설명에서 우리가 시사받을 수 있는 점은 진단적 평가에 관한 것이다. Vygotsky는 IQ나 성취검사에 대해서 상당히 비판적이었는데, 이것들은 정적인 정보만을 주는 평가이기 때문이라고 지적했다. 이러한 평가들이 보여 주는 점수는 단지 이전에 배운 학습의 결과를 반영할 뿐 현재의 수행보다 앞서는 잠재적 특성을 잘 반영하지 못한다는 점을 지적했다. 정적인 IQ나 능력검사 대신에 Vygotsky는 역동적 평가라는 용어를 사용하여 아동의 잠재적 능력이나 특성을 포함한 학습평가를 제안하였다. 그 기법으로는 성인의 도움 속에 아동의 능력을 평가하는 방안을 제안하였다.

3) Vygotsky의 이론이 교육에 주는 시사점

첫째, 사고와 자기-규제 도구로서 언어의 역할을 중요하게 생각한다는 것이다. Vygotsky에 따르면, 아동은 내적 언어를 사용하기 전에 자기-규제적인 언어를 사용할 필요가 있다고 하였다. 내적 언어로 전환되기 전 저학년일 때, 교사들은 혼잣말을 격려하는 과제를 제공할 뿐만 아니라 혼잣말 사용을 허용해 주어야 한다. 다소 시끄러울 수 있지만, 자기-규제를 발달하게 하는 효율적인 환경이 중요하다.

둘째, Vygotsky의 관점에서 보았을 때 가장 중요한 교사의 역할은 스캐펄딩을 제공하는 것이며, 학생들이 ZPD 내에서 과업을 수행하도록 도와주어야 한다. 한 가지 예가 상보적 교수다. 상보적 교수에서 중요한 교사의 역할은 글의 의미를 알아 가는 데 협력적인 대화를 가르치는 것이다. 협력적 대화는 예언하기, 질문하기, 요약하기, 명확히 하기 등의 전략을 이해하여 사용할 때 만들어진다. 통제와 직접적인 교수법 대신에 협력과 지지를 강조하는 것이다.

교사-학생 간의 협력적 상호작용과 같은 의미에서, Vygotsky는 또래 간 상호작용도 이야기한다. 이런 상황에서 아동들은 서로의 관점을 가지고 토론하여 해결점을 찾고 이 과정 동안 타인과 스스로를 규제하는 언어 사용을 연습할 수 있다.

셋째, Vygotsky의 교육에 대한 가장 큰 기여는 '준비도'에 대한 개념이다. 발달을 기다리는 대신에 Vygotsky는 아동이 혼자서 할 수 없는 과업들과 기술에 대하여 학습의 가능성을 강조하였다. 즉, 혼자서는 할 수 없지만 교사나 또래의 도움으로 할 수 있다는 점이다. 달리 말하면 협력을 통해 도움이 주어지면 아동은 어떤 과제를 학습할 준비가 된 것으로 보며 교육이 발달을 자극할 때 '좋은 학습'이 이루어지는 것이라고 했다.

4) 이론의 개관 및 장단점

Vygotsky와 Piaget의 이론은 많은 유사점을 가지고 있다. 그들은 둘 다 심리학적 과정을 이해하고자 하였고 발달적 의미를 알고자 하였다. 그들은 인지발달은 이미 존재하는 양상의 점진적 성장이 아니라 사고의 형태가 변하는 질적 변화과정을 겪는다는 사실을 믿었다. 이들은 발달의 과정과 개인과 사회의 관계에 대해 변증법적 관점을 가지고 있었다. 변증법적 관점은 변화는 갈등으로부터 발생한다고 본다. 갈등을 해결하면서 변화가 발생하여 새로운 질적인 단계로 들어서는 것이다.

Vygotsky 이론은 다음의 세 가지 측면에서 Piaget의 인지발달이론과 구별된다.

첫째, Vygotsky는 사회적 환경 없이는 개인의 발달을 설명할 수 없다고 하였다. Vygotsky는 사회구조, 도구, 기술이 개인의 사고에 얼마나 많은 영향을 주는지에 초점을 두었다. 인지처리과정에 사용되는 사회문화적 도구들은 아동들이 자신보다 더 능숙한 사람들과 함께 상호작용하면서 아이들에게 유용하게 된다. 자발적인 주의집중이나 정교한 기억같은 고등정신기능은 사회적 상호작용에 의해서 생기고 유지된다.

둘째, 아동은 사회적 상호작용에서 관한 것이나 경험한 것을 내면화하여 발달한다. 그러나 이런 내면화가 단순히 행동을 모방해서만 생기는 것은 아니다. 사회적 활동들도 질적인 변화과정을 겪는다.

셋째, Vygotsky는 문화적으로 발달된 도구, 사고 그리고 언어 패턴이 어떻게 내면화하고 세상을 이해하는 데 사용되는지를 설명하려 하였다.

그러나 Vygotsky 이론은 첫째, 언어가 인지발달에 미치는 영향을 지나치게 강조하여서 다른 형태의 상징적 기능들이 고등정신기능의 발달에 어떻게 공헌하고 있는지를 제대로 설명하지 못하고 있고 둘째, 공유된 활동에서 타인의 역할을 지나치게 강조한 반면 능동적 참여자가 되기 위해 아동이 무엇을 하는지에 대해서는 충분히 설명하지 못한다는 단점을 가지고 있다.

요 약

1. Piaget와 Vygotsky는 모두 발달이 질적 변화를 겪는다는 데 동의하고 있지만, 사회와 물리적 환경의 중요성에서는 다른 의견을 가지고 있다.

2. 고등정신기능은 문화로부터 발생하는 정신적 도구에 의해서 매개된다.

3. 고등정신기능이 발달하면서 저등정신기능은 정신적 도구를 사용하면서 변화한다.

4. Vygotsky는 정신적 도구를 아동이 어떻게 습득하는지를 해석하는 데 발생학적인 문화 발달원리를 적용했으며, 발달은 사회적 경험을 내면화하는 과정이다.

5. Vygotsky의 핵심은 언어발달과 언어와 사고 간의 관계에 대한 설명이다. 사고와 언어는 원래는 독립적이지만 점차 언어적 사고가 발생한다.

6. 아동의 언어구조는 사고구조의 기초가 되기 때문에 Vygotsky는 언어발달의 중요성을 강조하였다.

7. Piaget와는 달리, Vygotsky는 학습이 인지발달에 필수적이라고 하였다. 학습은 근접발달영역을 만들며, 이것은 아동의 실제 발달수준과 잠재적 발달수준과의 차이다.

8. 비계설정의 개념은 근접달달영역과 깊은 관련이 있다. 비계설정이란 성인이 아동이 문제를 완수하도록 지지를 제공하는 것이다.

9. 상보적 교수에서 아동은 자기-지시적인 이해 전략들을 습득하는데, 소그룹으로 교사나 또래와 대화를 통해서다.

10. 또래와의 협력관계가 아동 발달에 도움이 된다. 서로의 관점을 공유하고 토론에 참여하면서 이득을 취한다.

11. Vygotsky는 기존의 정적 검사에 대해 비판적인 입장을 취하면서 역동적 평가가 사용되어야 한다고 하였다.

12. Vygotsky 이론이 교육에 주는 시사점은; (1) 과제와 관련되는 혼잣말을 격려하기 (2) 비계설정, 협력 등을 통해 아동과 대화하기 (2) 협력적인 또래 상호작용을 활용하기 (4) 아동의 현재 발달수준보다 앞서는 기술이나 과업에 초점을 두기 등이다.

Bandura의 사회학습이론

Albert Bandura
(1925~현재)

　　원래는 관찰학습으로 언급되던 Bandura의 사회학습이론의 관점에 따르면 심리적 기능은 행동적, 인지적 그리고 환경적인 영향력들 사이의 끊임없는 상호작용이라는 견지에서 가장 잘 이해될 수 있다. 이것은 행동, 개인적 요인, 사회적 영향력들 모두가 서로 맞물려서 행동의 결정 요인으로 작용한다는 것을 의미한다. 즉 행동은 환경에 의해서 영향을 받지만, 인간 역시 사회적 환경과 그들의 일상적인 사건에서 발생하는 다른 상황들을 창조하는 역할도 수행한다는 것을 의미한다.

　　더욱이 직접경험에 의한 학습에 전적으로 관심을 둔 Skinner와는 달리, Bandura는 행동의 습득에 있어서 관찰학습의 역할을 크게 강조한다. 뿐만 아니라 Bandura 이론의 가장 두드러진 특징은 대부분의 우리 행동은 다른 사람들을 관찰하고, 그를 본보기로 삼아 행동을 수행함으로써 학습된다고 믿는 데 있다.

　　Bandura는 초기에는 친사회적/반사회적 학습에서의 행동적 모델의 역할과 행동의 모방화에서의 모델의 역할을 동일하게 취급했다. 그러고 나서 개인이 타인의 행동의 관찰로부터 복잡한 행동을 배우는 과정과 조건화를 동일시했다.

　　이 장의 학습목표는 다음과 같다.

> 1. 사회학습이론의 학습 구성 요소 세 가지를 말할 수 있다.
> 2. 학습자의 인지적 과정에 대해 설명할 수 있다.
> 3. 자기효능감과 자기규제체제에 대해 말할 수 있다.
> 4. 교수의 구성 요소에 대해 말할 수 있다.
> 5. 교육적 적용에서의 시사점을 말할 수 있다.

1. 학습의 성격과 기본 가정

Bandura의 사회학습이론은 일상적인 생활 속에서 학습하는 현상을 설명하려고 하였다. 이 이론은 사람들이 부지불식간에 주변 사람 또는 어떤 상황 속에서 일어나는 사례로부터 태도를 모방하는 것이 어떠한 과정을 통해서 학습되는지에 초점을 두고 있다. 실험실과 같이 통제된 상황과는 달리 자연적인 사회적 환경은 개인이 모델의 행동과 모델 행동의 결과를 통해서 복잡한 기술이나 능력을 학습할 수 있는 많은 기회를 제공하고 있다.

1) 학습에 관한 기본 가정

사회학습이론의 기본 가정은, 인간은 자연스러운 환경 속에서 일상적인 환경과의 관계에서 의도적 또는 무의식중에 새로운 것을 모방하는 과정을 통해서 학습한다는 것이다. 따라서 사회학습이론은 종전의 모방학습이론에 바탕을 두고 있으며, 모방학습의 현상이나 과정을 구체적으로 밝혀 사회학습이론의 기틀을 정립시켰다. 그렇기 때문에 사회학습이론은 행동주의이론과 아동의 사회화에 관한 이론을 고루 포함하고 있다.

(1) 모방학습과 행동주의적 관점

일반적으로 행동주의자들은 인간의 학습을 특정한 형태의 자극과 반응 간의 관계로 설명하려고 했다. 그리고 인간의 태도 학습에 있어서도 위와 같은 과정을 거쳐 모방학습을 하는 것으로 믿어 왔다. 조작적 조건화이론을 빌려서 이러한 과정을 설명하면; ① '모델 행동(S^D)'이 제시되어 학습자가 보게 되고 ② 학습자가 의도적 또는 무의식적으로 모델 행동과 같이 반응(R)하게 되면 ③ 후속적으로 모델 행동과 같이 반응한 행동에 강화(S^{reinf})가 이루어지면서 모방학습이 일어난다는 것이다. 물론 이러한 일회적인 '$S^D - R - S^{reinf}$' 과정으로 모방학습이 일어날 수도 있지만, 일관성 있게 반복적으로 일어날 때 모방학습이 일어날 확률은 더 높아질 것이다.

이와 비슷한 입장으로 Miller는, 특정한 행동을 모방하려고 동기화된 학습자는 모델 행동을 모방하고 모방한 행동에 대하여 강화를 받게 되면 모방학습은 더 잘 일어난다고 밝혔다. 이 경우에도 학습이 완전히 되기까지는 시행착오의 과정을 거치게 된다.

Bandura는 이런 접근들에 있어서 몇 가지 문제점을 지적하고 간접적 강화에 의한 모방학습의 이론을 정립하려고 했다.

첫째, 이들 행동주의적 연구는 자연적 상황이 아닌 좁은 학습 상황에서 이루어졌다. 특히 대부분의 자극을 조작하여 사회적 다양성의 범위를 부시한 특수한 상황 속에서 학습자의 모방학습만을 연구하였다.

둘째, 실험실 접근방법의 결과로서 부분적으로 이들 이론은 새로운 반응의 습득을 설명할 수가 없다. 자연적 상황에서 관찰자는 관찰된 행동을 단순히 흉내 내는 그 이상의 일을 한다. 이들은 흔히 다양한 행동을 모방하고 여러 가지 모델의 활동으로부터 행동들의 목록을 형성하여 새로운 반응을 만들기도 한다. 예를 들어, 아이들은 다양한 공격 행동을 나타내는 수많은 모델들을 관찰한 후에 관찰된 요소들을 새롭게 결합하여 색다른 반응을 일으키기도 한다.

셋째, 행동주의이론에서는 직접경험학습만 설명할 수 있다. 즉 학습자는 반응을 하고 그 결과에 따라 주어지는 강화를 직접적으로 경험하는 것이다. 이와 같은 모방학습의 유형을 '직접경험모방(instantaneous matching)' 이라고 한다.

따라서 행동주의적 이론들은 모델화된 대상 행동이 며칠 또는 몇 주 후에까지 수행되지 않는 것들에 대해 설명하지 못한다. Bandura는 이러한 형태의 학습을 간접경험모방으로 설명한다. 예를 들어 어느 학급에서 한 아이가 친구에게 물건을 나누어 주어 선생님으로부터 칭찬을 받는다. 며칠이 지나서 다른 아이들과 노는 동안 관찰자는 지속적으로 자신의 크레용을 나누어 준다. 이때의 자극은 모델 행동에 의한 강화이다. 이들 두 접근의 차이를 간략하게 요약하면 〈표 8-1〉과 같다.

또 행동주의학습이론은 자극(S)-반응(R) 모형으로 한정하고 있다. 그러나 다른 이론에서는 아동과 성인 간의 상호관계에서 어른들의 행동과 사고의 유형이 아동이 사회적 행동을 습득하는 주요한 요소가 된다고 주장한다. 이에 대한 근거로 '모델과의 동일시(identification)'를 제시했다. 같은 성의 부

〈표 8-1〉   직접학습과 간접학습의 비교

학습의 형태	설 명
직접경험모방학습 (행동주의적 접근)	학습자는 모델 행동에 대한 반응을 개인적으로 수행하여, 강화를 받고 계속적으로 직접 경험을 하게 된다. (S^D-학습자 반응-S^r)
간접경험모방학습 (Bandura의 접근)	학습자는 강화된 행동을 관찰하고, 시간이 경과한 후에 똑같은 행동을 함. (S^D+S^r-학습자의 관찰-유사한 상황-관찰된 행동의 학습자에 의한 수행 반응)

모와의 동일시, 양육, 권력, 질투 등을 포함하는 여러 메커니즘을 모방학습의 근거로 제안한다.

예를 들어 성역할 행동의 학습은 좀 더 간단하게 같은 성의 부모와의 동일시를 포함한다. 성역할 훈련은 아이 방에 해 주는 분홍 또는 파란색의 장식과 함께 시작되며, 성역할의 선택이 옷과 장난감과 성에 맞는 행동에 대한 부모의 강화와 함께 같이 계속된다. 부모가 성역할 훈련에서 행동 규칙을 가지는 것이다. 또한 모방에 관한 연구에서 보면 행동 모방이 한쪽 부모에게만 제한되지 않으며 아이들은 물질적 자원을 지배하는 모델을 모방한다는 결과를 보여 준 연구도 있다.

(2) 학습자와 환경의 관계

Bandura에 의하면 간접경험 대상과 인간에 의해 획득된 친사회적/반사회적 행동(B)의 범위는 개인(P)과 환경(E)과의 일방적인 관계로는 설명될 수 없다. 행동주의자들과 인간중심주의자들은 이 둘의 관계를 서로 다른 일방적인 관계로 제안한다. 행동주의자들은 환경의 통제 여하에 따라 학습의 성패(행동)가 결정된다고 하여 환경과 행동의 관계를 B=f(E)로 표현한다. 반대로 인간중심주의자들은 인간의 사고와 행동에 보다 강조점을 두고 환경은 행동에 의하여 결정된다고 하여 E=f(B)로 표현한다.

사회학습이론의 시각에서 행동과 환경의 양자는 수정할 수 있고 또한 행동적인 변화의 최초 결정인자이다. 그러나 복잡한 행동의 획득은 단순한 환경과 개인 사이의 일방적인 관계로 설명되지 않는다. 대신에 대부분의 행동에서 환경적 영향은 다양한 개인 내적 요인들에 의해 좌우된다. 관찰된 사건의 선택과 사건을 인지하고 판단하는 방법인 개인 내적 요인은 환경적 영향과 행동 사이를 중재한다. 따라서 Bandura는 이런 세 가지의 서로 맞물린 관계를 [그림 8-1]과 같이 제시하였다.

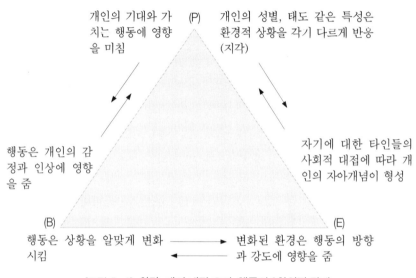

개인의 기대와 가치는 행동에 영향을 미침

(P)

개인의 성별, 태도 같은 특성은 환경적 상황을 각기 다르게 반응 (지각)

행동은 개인의 감정과 인상에 영향을 줌

자기에 대한 타인들의 사회적 대접에 따라 개인의 자아개념이 형성

(B)

(E)

행동은 상황을 알맞게 변화시킴 ────▶ 변화된 환경은 행동의 방향 과 강도에 영향을 줌

[그림 8-1] 환경, 개인 내적 요인, 행동의 3차원적 관계

[그림 8-1]에서 보듯이 환경과 개인 내적 사건 그리고 행동 사이의 관계는 복합적이고 미묘함을 쉽게 알 수 있다. Bandura에 의하면, 사람은 어떤 식으로 행동하느냐에 따라서 환경에 영향을 미치고, 이렇게 하여 변화된 환경은 다시 자기의 후속 행동에 영향을 미친다. 그러나 개인 내적 요인, 환경 그리고 행동 간의 상호작용이 있기는 해도 어느 순간에서 보면 세 가지 요소 중 하나가 다른 것들보다 더 영향을 끼칠 수 있음을 지적하고 있다(김영채 역, 1995). 이 세 가지 요소 간의 관계를 '상호결정론'이라 한다. 여기서 결정론이란 개인이 미리 결정된 외부적 요소에 의해 좌우되는 숙명론적 관점을 말하는 것이 아니라 환경에 따라 영향을 받는다는 의미다.

(3) 학습의 결과

환경, 개인의 내적 요인과 행동의 삼원 관계는 인지발달과 다른 개인적인 요인이 행동에 영향을 준다는 것을 명확히 보여 준다. 이런 시각에서 사회 학습이론에서는 학습과 수행을 구별된 것으로 본다. 개인은 수행할 수도 있고 하지 않을 수도 있는 행동에 대한 상징적 표상을 획득하는 것이다. 이때 학습된 표상체계는 미래 수행을 위한 안내자로서 제공되는 기억 부호의 형태로 간직된다. 관찰된 행동의 기억 부호들은 표상체계로서 일컬어지는 상징적 부호이다. 표상체계에는 시각적 부호와 언어적 부호 두 가지 형태가 있다. 시각적 부호는 물리적 자극(활동, 장소, 사물 등)이 없어도 생생한 심상을 나타낸다. 즉 학습자는 물리적 자극을 계속 제시받으면 그것 없이도 시각적 심상을 생각해 낼 수 있게 된다. 예를 들면, 테니스를 해 본 사람은 직접 테니스를 치지 않아도 테니스에 대한 시각적 심상을 떠올릴 수 있다.

그러나 몇몇 사건들은 언어적 형태로 기록된다. 특별한 과정의 상세함은 언어적인 기록으로의 변환을 통해 좀 더 쉽게 기억될 것이다. 언어 상징들은 일상생활에서 언어적 부호로 가장 많이 사용되며 숫자, 음악적 기호법, 모스부호 등이 그 예가 된다. 시각적·언어적 부호의 중요성은 그들이 좀 더 쉽게 정보를 저장하는 형태라는 것이다. 따라서 다음의 세 가정은 사회 학습이론을 잘 지지하고 있다.

첫째, 학습과정은 인지적 과정이며 학습자가 스스로 결정하는 과정이다.

둘째, 학습은 환경, 개인 내적 요인과 행동이 서로 맞물린 삼원적 관계이다.

셋째, 학습은 행동의 언어적·시각적 부호 획득의 결과이다.

2. 학습의 구성 요소

자연적인 상황에서 개인은 모델의 관찰과 자기 행동의 영향을 통해 새로운 행동을 학습한다. 학습자의 인지적 과정에서 추상적 정보는 수많은 환경에서 행동을 증가시킨다. 이런 정보는 기억 속에 저장되어 이후에 학습자에 의해 수행될 것이다.

학습에서 모든 행동이 표현되는 원리는 모델, 관찰된 행동의 학습에 기여하는 환경적인 요인과 개인 내적 과정에 의한 행동의 증가이다. 따라서 학습의 구성 요소는 행동적 모델, 모델화된 행동의 결과, 학습자의 인지적 과정이다.

1) 행동적 모델

모델 행동의 주요한 역할은 관찰자에게 정보를 전달하는 것이다. 이 역할은 세 가지 방식으로 나타날 수 있다. 첫째, 모델 행동은 다른 사람들에게 유사한 행동을 유발시키는 사회적 촉진제의 역할을 한다. 둘째, 모델화의 효과는 특별한 행동의 수행에 대하여 학습자의 자제력을 약화하거나 강화한다. 행동에 대한 부정적 결과를 관찰하게 함으로써 모델 행동을 모방하려는 관찰자에게 억제 효과를 유발할 수 있다. 다른 한편으로 탈억제 효과는 학습자의 특정한 행동 수행에 대한 억제력을 약하게 한다. 셋째, 모델링의 영향은 행동을 새로운 패턴으로 변경하는 것으로, 인간의 광범위한 행동이 모델을 통하여 획득된다.

Bandura에 의하면 인간은 살아 있는 모델, 상징적 모델, 언어적 설명이나 교수 세 가지 형태의 모델링 자극을 만들어 낸다. 첫째로, 살아 있는 모델은 개인이 직접 접촉하는 가족 구성원, 친구, 직장 동료 등을 포함한다. 둘째로, 상징적 모델은 행동의 생생한 묘사를 의미한다. 오늘날의 TV와 같은 매스미디어가 여기에 해당한다. 셋째, 언어적 설명이나 교수는 비수행적 모델이다. 예를 들면, 기계 조립에 대한 일련의 수업을 들 수 있다.

2) 행동의 결과

조작적 조건화에서와 같이 행동의 결과는 사회학습이론에 매우 중요한 요소다. 그러나 행동의 결과에 있어서 조작적 조건화와 사회학습이론 간에는 다음과 같은 두 가지 차이점이 있다.

첫째, 조작적 조건화에서 강화는 학습의 조건화를 위해 필요하지만, 사회학습이론에서 강화는 단지 학습에 영향을 주는 조건화를 촉진하는 한 요소일 뿐이다.

둘째, 조작적 조건화는 단지 반응 수행에 직접적으로 영향을 주는 결과만을 포함하지만, 사회학습이론에서는 이와는 달리 세 가지 형태의 강화를 포함한다. 하나는 Bandura가 말한 직접강화이고, 다른 두 가지 형태는 대리강화와 자기강화다.

사회학습이론은 외부에서 주어지는 피드백의 유력한 역할을 인정하는 반면(직접강화에 의한 학습), 보다 폭넓은 강화 효과를 가정하고 있다. Bandura는 강화가 때때로 학습과정을 촉진시키기는 하지만 학습을 일으키기 위한 필요 조건은 아니라고 생각했다. 그는 행동의 강화적 결과 외에도 사람들이 관찰하거나 그렇지 않은 것에 영향을 줄 수 있는 다른 많은 요인이 있다고 하였다(이훈구 역, 1995).

(1) 대리강화

대리강화가 일어나기 위해서는 모델이 어떤 행동의 수행으로 인해 강화받아야 하고 그에 따라서 관찰자의 행동 수행의 빈도수가 증가해야 한다. 일반적으로 대리강화는 관찰자가 모델이 바로 전에 한 어떤 행동에 뒤따른 것으로 지각된 외적 결과가 주어지는 행동을 목격할 때마다 작용한다. 관찰한 결과에 의해 얻은 정보는 관찰자로 하여금 외부에서 가해진 강화 요인이 보상이 될 것인지 처벌이 될 것인지를 판단할 수 있도록 해 준다. 따라서 만약 다른 사람들이 그들이 행한 것에 대해 보상받는 것을 본 사람은 그러한 행동을 할 가능성이 더 커지며, 다른 사람이 처벌받는 것을 보았다면 그러한 행동을 할 가능성은 더 작아진다(이훈구 역, 1995). 대리강화의 효과는 다음과 같다.

첫째, 어떤 상황에서 어떤 행동이 적합한지에 관한 정보를 제공한다

둘째, 관찰자에게 즐거움과 만족이라는 정서적 반응을 일으킨다.

셋째, 강화는 유인-동기 효과를 초래한다. 따라서 모델 행동은 기능적 가치를 획득한다. 기능적 가치란 그들이 관찰자를 위해 성공적인 결과를 예언하는 것으로, 모델에게 준 강화가 관찰자로 하여금 강화적 동인이나 모델에 대한 평가를 변경시키도록 하는 상황을 말한다.

(2) 대리처벌

관찰된 결과에 따라 행동은 촉진될 수도 있고 금지될 수 있다. 대리적 처벌의 과정에서는 부적 결과의 관찰이 관련된 행동의 경향성을 감소시킨다. 이러한 현상은 공격이 처벌되는 것을 본 경우가 공격이 보상을 받거나 전혀 분명한 결과가 수반되지 않는 경우에 비해서 모방적 공격행동이 더 적게 일어났다. 그리고 상반되는 결과의 관찰이 모방적 공격에 어떠한 영향을 미치는가를 조사한 연구는 모욕적인 행위가 계속 보상받는 것을 본 아동이 가장 공격적이었고, 계속 처벌되는 것을 본 아동은 사실상 모방행동을 거의 보이지 않았으며, 공격이 때로는 보상받고 때로는 처벌받는 것을 본 아동이 중간 정도의 공격성을 나타냈다고 밝혔다. 때로는 모델이 자신의 행위에 대해서 스스로 벌하는 경우도 많이 있고, 이 역시 관찰자에게 금지적 효과를 나타낸다고 했다. 자신의 성취가 보상받을 값어치가 없는 것으로 모델 스스로 비판하는 것을 봄으로써, 관찰자 역시 비슷한 수준의 성취에 대해 보상받을 수 있다고 생각하는 경향이 감소된다고 했다. 따라서 직접적이든 간접적이든 행동의 제지가 역제지보다 일반적으로 쉽다.

대리처벌은 다음과 같은 세 가지 주요 효과를 낳게 된다.

첫째, 정보는 처벌받기 쉽거나 또는 부적절한 행동에 관한 정보를 전달한다.

둘째, 공격적인 행동 모방의 억제 효과를 가진다.

셋째, 긍정적 모델 행동이 관찰자에게 성공적으로 전달되지 않았기 때문에 어떠한 행동을 모델로 삼아야 할지에 대한 올바른 정보의 제공이 부족할 경우에 정보를 제공한다.

(3) 처벌의 부재

처벌에 대한 예상은 대개 금지된 행동의 모방을 억제한다. 그러나 개인이 위반에 대해 처벌을 받지 않는다면 정보는 그것을 조건 없는 수용으로 전달한다. 행동은 처벌의 수용을 통해 기능적 가치를 획득하게 된다. 만약 개인이 공격적인 행동에 대해 처벌을 받지 않는다면 그런 공격적 행동을 수용하게 되고 강화로 작용하게 된다. 예를 들어, 만약 어느 학급에서 학기 초에 선생님이 학생의 부적합한 행동에 대해 무시하고 수업을 진행한다면 학기가 끝날 무렵이면 그 학급은 난장판이 되고 말 것이다.

(4) 자기강화

직접강화와 대리강화는 환경에 의해 주어지는 결과와 관계가 있다. 그러나 자기강화는 각 개인에 의해 의식적으로 만들어지는 것이다.

Bandura는 행위는 주로 자기 자신의 행동에 의해 자발적으로 생산된 결과를 통해서 자기지배된다고 주장한다. 자기강화의 개념에 따르면 인간 행동은 전적으로 외적인 영향에 의해서만 좌우되는 것이 아니라 자신의 감정, 사고, 행동을 통제할 수 있는 자기 반응적 능력을 가지고 있다. 따라서 행위는 자기 생성적 요인과 영향 요인의 상호작용에 의해서 지배된다(김영채 역, 1995).

자기강화는 사람들이 수행 또는 성취 기준을 설정하고 자신의 기대를 달성하거나 초과하거나 또는 못 미친 경우에 자신에게 보상 또는 처벌을 할 때마다 명백하게 나타난다. 그들은 자신의 특징과 행동을 자축하고, 자신의 성취를 칭찬하거나 비판하며, 자신이 이용할 수 있는 수많은 사회적ㆍ물질적 보상과 처벌을 스스로 관리한다(이훈구 역, 1995). 자기강화는 다음과 같은 세 가지 요소를 포함한다.

첫째, 스스로 설정한 행동의 기준이다.

둘째, 개인의 통제하에 강화되고 있는 사건이다.

셋째, 자기 자신에 대한 강화 집행자로서의 개인이다.

3) 학습자의 인지적 과정

사회학습이론에서 인지과정은 중요한 역할을 한다. 일시적인 경험을 상징적인 형태로 부호화하여 저장하고 생각으로 미래의 결과를 예상하는 학습자의 능력은 인간 행동의 획득과 모방의 실체다. 사건의 잠재적인 결과에 대한 인지적 과정은 그 행동에서의 행동과 결과를 연결한다. 중요한 점은 학습자의 행동은 강화에 의해 형성되기보다는 오히려 인지적인 과정에 의해 이루어진다는 것이다.

이러한 학습자의 인지적 과정은 주의집중, 파지, 재생산, 동기화의 네 단계를 거친다. 이를 좀 더 자세히 살펴보면 [그림 8-2]와 같다.

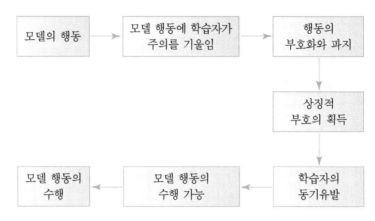

[그림 8-2] 사회학습이론에 따른 관찰학습의 과정

(1) 주의집중 과정

무엇보다도 모델에 주의를 기울이지 않는다면 모델을 모방할 수 없다. 이때 주목하도록 결정하는 것은 어떤 것인가 하는 문제가 제기된다. 시각 장애자와 청각 장애자를 가르치기 위하여 사용하는 모델 자극은 정상적인 시력이나 청력을 갖고 있는 사람을 가르치기 위하여 사용하는 것과는 달라야 하는 것은 말할 필요도 없다. 관찰자의 선택적 주의집중은 과거의 강화에 따라 영향을 받는다. 또한 모델의 특징들도 주의집중에 영향을 끼친다(김영채 역, 1995). 따라서 학습자의 주의 과정은 모델의 특징, 행동의 기능적 가치, 관찰자의 특징 등 여러 가지 요인에 의해 영향을 받는다.

주의집중 과정에 영향을 주는 요소로는 다음 몇 가지 요인을 들 수 있다.

① 관찰자의 특징: 주의집중 자체가 선택적 지각이라고 할 때 관찰자가 흥미를 갖고 의미 있다고 여기는 것을 관찰하거나 개인적인 과거의 경험 및 강화와 관련지어 영향을 받는다. 즉, 과거에 선행된 경험이나 직접적인 강화에 따른 보상이나 처벌의 경험이 있다면 더욱더 집중하게 된다.

② 모델의 특징: 어떤 형태의 모델 제시는 그 자체의 보상적 가치가 내재되어 있기 때문에 자신과 비슷한 연령, 성별, 특성일 경우 보다 집중하게 된다. 모델 자체의 매력 또한 영향을 미치는데, 관찰자가 느끼기에

매력이 없는 모델은 일반적으로 무시되고 거부된다. 오늘날 대중매체가 제공하는 상징적인 모델 제시(연예인)는 시청자로 하여금 다양한 행동양식을 관찰하고 모방하게 된다.

③ 행동의 기능적 가치(모델 자극의 특성): 모델에게 준 강화가 관찰자에게 있어 강화적 동인이나 모델에 대한 평가 또는 인식의 변화로 작용하는 것을 말한다. 즉 관찰자에게 학습이나 관찰을 통하여 자신에게 이익이 된다고 판단되는 행동들을 인식하는 것이다.

④ 인간 관계의 구조적 성질(교제유형): 주의집중 과정에서 가장 큰 영향을 미치는 것으로서, 반복적으로 관찰된, 즉 학습된 행동의 유형은 좋아하여 어울리거나 싫어하게 된 사람들과의 관계에 의해 영향을 받는다. 즉, 자주 접하는 사람이나 집단 성원의 행동을 더 많이 관찰하고 모방한다. 예를 들어, 학교에서 많은 시간을 보내는 아이들에게 있어 교사의 행동 또한 강력한 관찰과 모방의 대상이 된다.

(2) 파지 과정

관찰자는 모델을 관찰한 후 어느 정도 시간이 지난 다음에 모방하기 때문에 모델의 행동을 시각적 또는 언어적인 형태의 상징적인 부호로 저장하는 방식을 가져야만 한다. 만일 사람을 기억할 수 없다면 모델 행동을 관찰해서 크게 영향받을 수 없다. 그뿐 아니라 모델이 행한 것을 기억할 수 있는 능력을 가지고 있지 못하다면 관찰자는 어떠한 지속적인 행동 변화도 나타낼 수 없을 것이다.

파지 과정에서 중요한 것은 시연이다. 시연에는 외적 시연과 내적 시연이 있다. 내적 시연은 개인이 행동하는 것을 마음속으로 상상해 보는 것이고 외적 시연은 실제로 행동을 나타내 보는 것이다. 학습자는 내적 시연을 한 뒤 외적 시연에 들어가면 보다 잘 할 수 있다. 파지 과정은 또한 학습자의 발달수준에 의해 영향을 받는다.

(3) 운동재생산 과정

관찰자가 상직적인 부호를 획득한 후에 수행하는 행동은 학습자의 운동재생산 과정과 동기 과정에 의존한다. 운동재생산 과정은 인지적 수준에서 반응의 선택과 조직을 포함하며 실행이 따른다. 행동을 정확하게 표현하려면 필요한 운동 기술을 갖추어야 한다. 파지 과정처럼 운동재생산 과정도 개인의 발달수준에 영향을 받는다.

(4) 동기화 과정

Bandura는 아무리 사람들이 모델 행동에 주의를 기울이고 그것을 기억하고 수행할 수 있는 능력을 많이 갖고 있다고 하더라고 충분한 유인가나 동기 없이는 행동을 수행하지 않을 것이라고 조심스럽게 지적한다. 다시 말하면 사람은 모델화된 행동을 습득하고 기억하며 능숙하게 수행할 수 있는 능력을 가질 수 있지만, 그 행동이 부정적으로 승인되거나 바람직하게 받아들여지지 않는다면 그러한 학습은 좀처럼 외부 행동으로 활성화되지 않을 수도 있다(이훈구 역, 1995).

관찰한 모델 행동의 실제 수행은 강화 가능성에 따라 좌우되는데 동기유발자로서 작용하는 것은 직접강화, 대리강화, 자기강화이다.

3. 관찰학습

1) 관찰학습의 의미

사회적 상황에서 다른 사람들의 생동을 단순히 관찰하고 모방함으로써 행동을 학습할 수 있다. 이것을 관찰학습(observation learing) 또는 모방학습(imitation learing), 사회학습(일상적인 상황 속에서 이루어 질 수 있기 때문에), 대리학습(다른 사람의 보상 또는 처벌을 받는 것을 관찰함으로써 간접적 경험을 통해 학습했다고 해석)이라고 부른다.

관찰학습의 속도와 수준은 시범 행동 그 자체의 성질, 예컨대, 행동의 명료성과 복잡성에 의해서도 어느 정도 결정된다. 또한 관찰자의 정보처리능력도 사람들이 관찰 경험으로부터 어느 정도 많은 이익을 얻는가를 결정하게 된다. 과거 경험과 상황적 요청에 의해서 도출되는 지각적 태세가 관찰자로부터 추출할 수 있는 특징을 결정하고, 보고 들은 것을 어떻게 해석하는가에 영향을 미친다.

　관찰학습은 수많은 요인에 의해 통제되기 때문에, 비록 저명한 모델이라 하더라도 모델을 제시했다고 해서 누구에게나 자동적으로 같은 행동이 일어난다고 할 수 없다. 사람들은 기적적인 과정을 생각하지 않고서도 모방행동을 할 수 있다. 모델이 형성하려고 하는 반응을 되풀이해서 반복하고, 그 반응을 재생하도록 지시하며, 실패했을 경우에는 도움을 주고, 성공했을 때는 보상을 주면, 모델 학습이 더 잘 일어나게 된다. 또 모델 제시의 경우를 설명하고 그 효과를 주기적으로 얻으려고 한다면 여러 가지 결정요인을 고려하지 않으면 안 된다. 반면에 특정 상황에서 관찰자가 모델의 행동을 배우는 데 실패했다면 관련 활동의 관찰의 실패, 기억 표상 과정에서 시범 사건의 부적절한 부호화와 학습된 내용의 파지 실패, 신체적 수행능력의 결여, 불충분한 유인 등의 이유가 있을 것이다.

2) 관찰학습의 유형

① 배합의존형

　모방학습의 가장 간단한 모형으로서 직접모방형이라고 한다. 이는 관찰자가 모델의 행동을 관찰하고 그 행동을 본대로 시행함으로써 보상을 받는 것을 기본 전제로 하는 것이다. 이러한 형태는 맹목적이고 맹목적인 행동을 습득시키기에 적당한 방법이라고 할 수 있다. 관찰자는 모델이 왜 그렇게 행동을 하는지 그 단서가 무엇인지 알지도 못할 뿐 아니라 알 필요도 없이 그렇게 하는 것이 능률적이라 지각할 뿐이다.

> 예) 처음 양식을 먹을 때나 외국 여행을 할 때 곁눈질로 남을 관찰하면서 남과 같은 행동을 하여 실수를 하지 않으려는 행동이다.

② 동일시형

　관찰자가 모델의 행동 중 특수한 행동 형태를 모방하기보다는 일반적인 행동을 모방함으로써 강화가 주어지는 것이 특징이라서 배합의존형과 구분하기 위하여 모형학습(modeling)이라고도 부른다. 즉, 가치관이나 정서반응 양식, 의식체계를 모방하는 것을 말한다.

> 예) 아들이 아버지를 닮는 행동을 한다든가 특수 집단의 구성원들이 집단에 동조하는 행동이나 태도, 신념을 갖는 것을 볼 수 있다. 이것은 어린이

가 아버지와, 집단 구성원이 집단과 동일시하려는 것에 비롯된다고 할 수 있다.

③ 무시행학습형

이는 과찰자가 모델의 행동을 관찰하고 그 관찰된 행동을 예방하거나 시행해볼 기회가 없었거나 강화가 주어지지 않았음에도 모방학습이 나타나는 경우를 말한다.

> 예) 오늘의 청소년의 문제에 대한 설명은 그들은 성인이나 TV 영화 및 신문, 잡지 등의 독서물에 따른 모방학습의 결과로 풀이될 수 있다.

④ 동시학습형

모델과 관찰자가 동시에 같은 일을 할 때 관찰자가 모델의 행동을 모방하는 형태의 것을 말한다. 특히 관찰자와 같은 행동을 모델이 하고 있으며 또한 그 모델의 행동이 관찰자에 의하여 관찰되어 일어나는 모방형태이다. 이를 사회적 촉진(social facilitation)이라고 하며, 자신의 일에만 열중한다면 일어나지 않게 된다.

> 예) 배부른 돼지나 닭은 배가 부르면서도 남이 먹는 것을 보면 또 먹는다. 이처럼 인간도 남과 같이 일할 때 남이 열심히 일하는 것을 보면 나도 자연히 열심히 하게 되고, 술집에서 남들이 떠드는 것을 보면 자기도 같이 떠들게 되는 예를 볼 수 있다.

⑤ 고전적 대리조건 형성형

관찰자가 모델의 무조건적인 정서 반응을 보고 자기도 그러한 정서적 반응을 하는, 즉 정서적으로 모방하는 형태인 것이다. 관찰자의 과거의 경험이 모델의 행동과 공유될 때 보다 효과적으로 나타나고 전혀 경험이 상이할 때는 그러한 모방학습은 이루어질 수 없다.

> 예) 감정이입(empathy)이라는 말처럼 슬픈 영화나 연극을 보거나 이야기를 듣게 되면 자기가 그러한 경우를 당한 것처럼 심정적으로 공감을 느낄 때를 말한다.

3) 관찰학습의 결과

① 새로운 행동을 가르침

모델링은 다른 사람(모델)을 관찰하는 것을 통해 발생하는 행동이나 사고, 정서 등에서의 변화이다. 기술뿐 아니라 무용, 운동, 공예를 가르치기 위해서는 '모델링(modeling)'이 오랫동안 이용되어 왔다. 모델링은 또한 정신적 기술을 가르치고 한계를 넓히기 위해 교실에서 의도적으로 적용될 수 있다. 교사들은 단어를 발음하는 것에서부터 학급에 대한 열정 등 매우 광범위한 행동에 대해 학생들의 모델이 된다.

예를 들어, 학생들의 질문에 대해 '말로 표현된' 사고에 의해 건전한 비판정신 기술의 모델이 될 수 있다. 혹은 직업에 대해 고정관념적인 생각을 가진 것처럼 보이는 여학생들을 걱정하는 고등학교 교사들은 비전통적인 직업을 가진 것처럼 보이는 여성을 초대하여 강연회를 열 수도 있다. 모델링이 의도적으로 응용될 때, 그것은 새로운 행동을 가르치는 데 매우 효과적이고 편리할 수 있다. 연구결과들은 교사들이 관찰학습의 모든 요일들을, 특히 강화와 연습을 이용할 때 모델은 가장 효과적일 수 있다고 보고했다.

② 이미 학습한 행동을 고무시킴

우리 모두는 익숙하지 않은 상황에 처하면 다른 사람들로부터 행동의 단서를 찾으려고 한다. 다른 사람의 행동을 관찰하면 이전에 학습했던 우리의 행동 중에서 어떤 것들을 이용할 수 있는지 알 수 있다. 즉 샐러드를 먹기에 적당한 포크, 언제 모임에서 떠날까, 어떤 언어가 적당한가 등뿐만 아니라 TV 인기 연예인들의 옷이나 치장 방식을 따라하는 것은 이런 효과의 대표적인 예가 된다.

③ 억제의 강화와 약화

관찰학습은 새로운 행동을 획득하게 할 뿐만 아니라, 이미 학습한 반응을 촉진시키기도 하고 억제 약화시키기도 한다. 교사가 어떤 학생의 바람직한 행동을 칭찬하거나 바람직하지 못한 행동을 벌줌으로써, 그 학생뿐만 아니라 그것을 보는 다른 학생들에게도 어떻게 하면 칭찬을 받고, 벌을 받는지를 암시하는 것이다. 만약 학급 구성원들이 한 학생이 규칙을 어기고도 벌

받지 않는 것을 보게 된다면, 그들은 규칙 위반에 바람직하지 못한 결과가 뒤따르는 것이 아님을 학습할 것이다. 그 학급은 앞으로 규칙을 위반하는 것을 덜 억제할 수도 있다. 만약 규칙 위반자가 인기 있고 높은 지위의 학급 리더라면, 모델링의 효과는 더욱 명백할 것이다. 이러한 형상을 '파급효과(ripple effect)'라고 부르기도 한다. 파급효과는 모방을 통한 행동이 '전염병적' 확산이라고 말할 수 있다.

④ 주위를 집중시킴

타인을 관찰함으로써 우리는 행위에 대해 배울 뿐 아니라, 또한 그 행위에 개입된 대상들을 알게 된다. 예를 들어, 유아반에서 한 아동이 며칠간 무시해 온 어떤 장난감을 열심히 가지고 놀 때, 많은 다른 아이들도 그 장난감을 갖고 싶어할 것이다. 비록 다른 아이들이 그것을 다른 방법으로 갖고 놀든지, 혹은 단순히 갖고 돌아다닐지라도 말이다. 부분적으로 아이들의 주의가 특정 장난감에 집중되었기 때문에 이런 일이 일어난다.

⑤ 정서를 각성시킴

관찰학습을 통해서 사람들은 비행이나 운전과 같이 한 번도 직접 경험해 보지 못한 상황에 대해 정서적 반응을 발달시킬 수도 있다. 가령, 친구가 그네에서 떨어져서 팔이 부러지는 것을 지켜본 아이는 그네타기를 두려워하게 된다. 그리고 학생들은 어떤 특정 교사의 반으로 배정될 때, 그 교사가 얼마나 '비열한지'에 대해 위협적인 이야기를 들어 왔기 때문에, 불안해할 수도 있다. 어떠한 상황에 대해 이야기를 듣거나 글을 읽는 것은 관찰의 또 다른 형태이다.

4. 학습의 과정

Bandura에 의하면 행동의 성공적 학습을 위해서는 주의, 파지, 재생산, 동기화 과정 이외에 두 가지 요소가 더 필요한데, 이를 자기효능감과 자기규제체제라고 했다. 이 두 가지는 모방학습을 위해 매우 중요한 요인이다.

1) 인지된 자기효능감

자기효능감(할 수 있다고 믿는 신념)은 우리가 단순히 주어진 한 행동을 성공적으로 수행할 수 있다는 신념이다. 따라서 효능감은 자기 행동을 지배하며, 우리 자신의 효능감은 스스로의 행동에 대해 무슨 행동을 어떻게 할 것인지를 결정하는 일을 한다.

따라서 인지된 자기효능감은 최소한 세 가지 측면인 ① 학습자가 참여할 활동의 선택 ② 학습자 수행의 질 ③ 어려운 과제에 직면 시 각자의 행동에 영향을 미친다. 그리고 인지된 자기효능감은 자기평가를 포함한다. 나아가 인지된 자기효능감의 수준 정도는 학생들의 직업 고려뿐만 아니라 흥미의 범위를 방향 짓게 된다. 따라서 어떤 행동이나 과업 수준의 정도나 어려운 과제 상황에서 끈기의 정도는 효능감의 수준에 영향을 받는다. 인간 발달과 다양한 모방 행동에 관한 연구에서 자아효능감이 장기적인 행동의 변화에 중요한 요인이 된다고 밝히고 있다.

효능감 기대는 반응 결과 기대와 혼동해서는 안 된다. 반응 결과 기대는 특별한 행동이 확실한 결과를 가져올 것이라는 믿음이고, 효능감 기대는 행동을 성공적으로 수행할 수 있다는 자신의 능력에 대한 믿음이다. 그래서 반응 결과 기대는 환경적인 접촉에 관한 믿음인 반면 효능감 기대는 자신의 능력에 관한 자기판단이다.

그래도 최후의 분석에서 자기의 인지된 자기효능감에 가장 강하게 영향을 끼치는 것은 성공과 실패에 대한 자기의 직접적 또는 대리적 경험이다. 자기효능감을 높게 지각하는 사람은 낮게 지각하는 사람보다 더욱 노력하고 성취도가 높으며 과제에 대한 끈기가 있다. 인지된 자기효능감이 높은 사람은 환경에 있는 사상을 보다 잘 통제하여 불확실성을 덜 경험하기 때문일 것이다. 사람들은 자기가 통제하지 못하는 사상을 두려워하고 그래서 불확실해하는 경향이 있기 때문에, 인지된 자기효능감이 높은 사람은 공포를 덜 경험하는 경향이 있다. 인지된 자기효능감과 실제의 자기효능감은 서로 상응할 수도 있고 상응하지 않을 수도 있어서, 실제로는 자기효능감이 높은데도 스스로 자기효능감이 낮다고 믿을 수도 있다. 자기의 열망이 자기의 능력과 병행하는 장면이 최선이다(김영채 역, 1995).

높은 자기효능감과 낮은 자기효능감을 비교한 것이 〈표 8-2〉에 잘 나타
나 있다.

〈표 8-2〉   자기효능감의 비교

	높은 자기효능감	낮은 자기효능감
단기적 영향	• 어려움이 닥칠 때 노력이 증가하며 이미 획득된 기술을 강화하는 노력과 주의가 집중됨.	• 어려움이 닥칠 때 노력이 감소하며 일을 포기함. • 갈등의 정도가 증가됨.
장기적 영향	• 다양한 경험과 행동을 포함하여 자기 발전을 보조. • 개인은 일에 대해 즐거움을 느낌. • 실패의 원인을 능력의 부족보다 노력의 부족이라고 생각함. • 도전에 대해 흥미와 관심을 갖고 목표에 매진함.	• 과업의 수행 중 곤란함을 당하면 그 일을 회피하려고 함. • 스트레스를 받으며 즐거움을 느끼지 못함. • 열등의식을 갖게 됨.

2) 자기규제체제

자기규제체제의 영향은 훈련된 행동을 통제하는 어떤 정신적인 것이 아니
며 또한 의지의 활동으로 단순히 발생할 수 있는 것도 아니다. 대신에 자기
규제체제는 개인의 행동과 그 결과를 예견하고 통제하는 인지적 구조로 자
신의 행동의 기준과 자기관찰(self-observation), 자기판단(self-judgement), 자
기반응(self-response)의 과정을 거친다.

인간의 행동은 전형적으로 자기관찰적 차원에 따라 달라진다. 주어진 성
과가 훌륭하여 보상받을 만한 것으로 여겨지는가 아니면 불만족스러워 처
벌받을 것으로 여겨지는가의 여부는 그 성과를 평가하는 개인적 기준에 좌
우된다. 일반적으로 내재적 기준에 합격되는 행동은 긍정적으로 평가되고
기준에 못 미치는 행동은 부정적으로 평가된다. 수행에서의 자기 확립 기준
은 적절한 수행에 대한 절대적인 평가에 기초하지 않는다. 평가 기준은 다

른 개인의 수행, 준거 집단의 수행 또는 자신의 과거의 수행 기록에서 얻게 된다. 종종 자신의 과거 수행을 비교해 높은 기준을 설정하게 된다. 이후에 수행에서 특별한 수준에 이르면 도전은 사라지고 새로운 자기만족감을 찾게 된다.

Bandura는 많은 인간 행위가 자기만족, 자부심, 자기불만족 그리고 자기비판으로 표현되는 자기평가적 결과를 통해서 규제된다고 주장하였다. 자기평가적 반응이란 다른 조건들이 동일하다면 성과의 긍정적인 자기평가는 보상적 자기반응을 일으키는 반면, 부정적 자기평가는 처벌적 자기반응을 일으킨다는 것이다(이훈구 역, 1995).

자기평가의 실례는 모델이 개인의 자기규제체제의 발달에 있어서 중요한 요인이 된다는 것이다. 관찰자는 다양한 상황에서뿐만 아니라 다양한 모델의 행동에서부터 일반적인 기준을 형성한다. 부모, 교사, 직장 동료, 또래집단 등은 행동에 대한 정보의 원천으로서의 기능을 한다.

또한 중요한 것은 환경의 지지적인 평가와 개인에 의해 선택된 자기강화에 의해 제공되는 외적인 강화다. 외적인 강화는 뛰어남에 대한 보상과 자기보상을 받을 가치가 없다고 여겨 그들 자신을 금지하는 개인에 의한 부적인 제재를 포함한다. 여기서 부적인 강화는 대중적인 불명예를 포함한다. 행동적인 기준은 개인에 의해 사용되며, 자기강화의 전달은 특별한 과제와 개인의 노련함과의 관계에 의존한다.

5. 수업을 위한 원리

사회학습이론에 근거한 수업의 이론은 아직은 제대로 체계화되지 않았다. 그러나 이 이론의 원리들은 교육적 실행과 교육체계의 감소된 정보 전달 역할을 이해하는 데 중요한 적용점을 가진다. 20세기 초까지만 하더라도 부모, 교회, 학교가 문화, 사회, 다음 세대를 위한 사회적 기능에 대한 정보 전달의 역할을 전적으로 맡아 왔지만 오늘날에는 매스미디어가 그 역할을 상당량 대신하고 있다. 따라서 학생들은 매스미디어의 주인공이나 내용을 모델의 대상으로 삼는 경우가 많다.

1) 수업의 구성 요소

사회학습이론에서 학습의 실제적인 구성 요소는 행동적 모델, 모델에 대한 강화, 모델화된 행동에 대한 학습자의 인지적 과정이다. 따라서 수업의 구성 요소로는 ① 교실에서 적당한 모델과의 동일시 ② 행동에 대한 기능적 가치의 확립 ③ 학습자의 인지과정을 들 수 있다.

(1) 모델과의 동일시

교실에서 교사와 학생은 다양한 사회와 학문적인 행동에 대해 살아 있는 모델로서 역할을 할 수 있다. 실물 모델로서 교사, 동료, 지역사회 인사 등은 또한 사회 구성원으로서의 역할을 보여 줄 수 있다. 그러나 이러한 모델을 통해 최대 효과를 얻기 위해서는 잘 계획된 프로그램을 가지고 있어야 한다. 또한 상징적 모델(예: 이순신 장군)은 친사회적인 행동의 발달에 정서적인 영향을 준다. 이러한 실물 모델과 상징 모델은 추상적인 인지적 역할, 문제해결 전략, 통합된 행동의 지속성을 성공적으로 가르칠 수 있다.

모델의 선택은 실제 수업내용이나 활동을 고려하여 선택하게 된다. 예를 들어, 운동 기술을 위한 실물 모델은 학생 앞에서 행동의 신체적 실연을 하고 학생들에게 질문할 기회를 주는 것이다.

(2) 행동의 기능적 가치의 확립

사회학습이론에 의하면 환경 속에서 강화가 예언되는 사건에 대해서 개인들은 주의를 집중한다. 따라서 Bandura는, 교수는 항상 긍정적인 산물(결과)이 기대되게끔 시도되어야 한다고 말한다. 그러한 기대가 목표에 주의를 집중하게끔 해 준다는 것이다. 모방 행동에 대한 기능적 가치는 모델에 대한 직접적인 강화와 강화를 예언하는 인지적 상황의 두 가지 방법 중 하나로 확립된다. 물론 관찰자의 행동 수행 후에 환경으로부터 곧 주어지는 강화가 필요하다. 그렇지 않다면 그 행동은 학습자에 의해 지속되지 않을 것이다. 강화를 줄 때는 다음 두 가지 점을 고려해야 한다.

첫째, 대리강화는 무언의 강화와는 다르다. 교사는 특정 행동에 대해 한 사람에게 준 강화로 모든 학생들에게 강화를 주었다고 생각할 수 있으나 강화받지 못한 학생들에게는 그것이 벌로 여겨질 수도 있다.

둘째, 강화는 받는 이에 따라서 다르게 느껴질 수 있다. 개인은 반복된 관찰에 의해 개인적인 참조 기준을 개발하고 그 기준에 따라서 외부 강화가 주어졌을 때 보상으로 혹은 벌로 받아들일지를 결정한다.

기대되는 처벌의 생략은 허락의 인상을 전달하여 행동의 억제가 감소되고 이전에 금지되었던 행동은 훨씬 자유롭게 행해진다. 따라서 학급에서 확실히 명시된 규칙은 위반이 일어났을 때 꼭 지켜져야만 한다. 학생들은 이전에 금지된 행동이 지금은 허락된다고 추측할 수도 있다. 따라서 교사의 일관성 있는 행동이 중요하다. 그러한 교사들의 반응이 처벌에 대한 정보를 전달하고 동료 모델에 대한 처벌이 본보기를 제공하게 되는 것이다.

(3) 인지능력과 운동 기술의 지도

수업활동은 학습할 내용이나 행동 형태에 따라 다소 다르다. 그러나 인지능력과 운동 기술의 학습에 요구되는 공통된 두 가지 요소가 있다. 첫째는 관찰된 행동을 부호화하여 시각적 혹은 언어적 상징으로 나타내는 것이고, 다른 하나는 모방한 행동을 시연해 보는 것이다.

운동 기술의 학습에 있어서 복잡한 운동 기술(골프, 스키, 테니스)의 성공적인 수행은 운동감각적 피드백에 있어서 학습자 개인의 내적인 모니터링이 큰 영향을 준다.

운동 기술에 있어 효과적인 전략을 예로 들면 ① 비디오로 녹화된 모델을 제시하기 ② 개념적 표현이나 언어적으로 설명할 수 있는 기회를 제공하기 ③ 학습한 행동을 모니터링을 통해 시각적 피드백 실행하기 등이 있다.

운동 기술을 가르치는 데 있어 특별히 중요한 것은 신체적 수행 이전에 내적 시연이 먼저 이루어져야 한다는 것이다. 운동 기술의 학습에 있어서 상징적 시연이 없이 단순한 신체적 동작의 모방과 시연은 정확한 운동 동작의 왜곡을 가져올 수가 있다.

2) 교실 수업의 실제

사회학습이론에서 복잡한 기술 습득에 필수적인 두 개의 요소는 개인의 인지된 자기효능감과 자기지시다. 따라서 학급 교수는 학습자의 내적 연결 기술의 획득에 덧붙여 이런 기술의 발달을 가능하게 해 줄 수 있어야 한다. 이것들을 개발시키기 위한 성공적 프로그램 설계에서 유의할 사항을 Bandura는 다음과 같이 제시하고 있다.

첫째, 숙련감을 개발시키려는 노력만으로는 복잡한 기술을 습득하는 데 불충분하다. 따라서 필수적인 기술의 습득을 위해서도 노력을 해야 한다.

둘째, 새로운 행동은 강화해 주지 않으면 지속되지 못한다.

셋째, 개인의 효능감은 상황적 요인들과 결합하여 작용한다. 어떤 상황은 고도의 기술을 요하고 부정적 결과가 일어날 가능성이 높다. 이럴 때 개인적 효능감은 낮아지는 경향이 있다.

(1) 학급 환경

학생들이 많은 시간을 보내는 학급은 학생들에게 학습에서 자기기대와 자기규제의 발달을 촉진하거나 약하게 하는 환경이 될 수 있다. 학생들에게는 자기 발전을 인정해 주는 학급 분위기가 중요하다. 더 나아가 행동의 가치화된 유형과 자기평가의 기준이 교사에 의하여 모델화되어야 한다. 만약 목표는 발전을 강조하면서 학습을 위한 협동적인 분위기가 지양된다면, 교사는 학생들의 제안에 개방적이지 못하고 학급은 권위주의적 행동에 좌우된다. 사회학습이론은 학생들이 그들 자신을 위한 긍정적인 결과를 가져오는 것을 제외하고는 활동에서 협동하기가 쉽지 않다는 것을 언급하고 있다.

(2) 자기효능감을 위한 프로그램

자기효능감과 자기지시 기능을 향상시키기 위한 프로그램의 개발에는 다음과 같은 네 가지 중요 요소가 있다. 그것은 ① 하위 목표의 사용 ② 지속성 및 숙달되는 데 필요한 다른 기술들을 모방하는 것(대리경험) ③ 적극적인 숙달 경험 ④ 개인의 효능감을 향상시키거나 확실히 해 주는 긍정적 유인물 등이다.

하위 목표와 강화의 사용은 문제해결 기술을 거의 가지지 못한 아동들의 수행을 향상시키는 데 유용하며, 또래 동료들의 성공을 관찰하는 것도 수행이나 자기효능감을 높일 수 있다. 또 하나 중요한 요소는 교사효능감

(teacher efficacy)이다. 이것은 교사 자신이 학생의 수행에 영향을 끼칠 수 있다고 스스로 믿는 정도를 말하는데, 높은 효능감을 가진 교사는 무엇보다 비방어적인 행동과 노력의 가치를 보여 주는 모델이 된다는 점에서 중요하다.

6. 학교 교육에 적용

사회학습이론은 교육적 측면에서 다음의 두 가지 중요한 면을 포함하고 있다. 첫째, 개인은 특정한 모델을 닮으려는 것이 아니라 오히려 그 모델의 특정한 행동을 닮으려는 경향이 있다. 둘째, 학습과정을 실물 모델과의 직접적인 접촉 범위를 넘어서 다양한 모델의 대상이 있는 것으로 확장했다. 아이들은 집과 학교 외에도 모델의 정보를 얻을 수 있는 다양한 자원들을 가지고 있다. 매스미디어의 급속한 발달은 모방할 수 있는 다양한 행동과 맥락들을 집집의 거실로 가져왔으며, 이런 모델들은 사회 현실의 메시지를 전달한다.

1) 학습자의 개인차와 모델링 수업

사회학습이론은 교실 상황과 관련되는 몇 가지 문제를 설명하고 있다. 몇몇 학습자 특징과 학습을 위한 사회 상황의 양상을 보여 준다.

(1) 학습자의 특징
학습자들은 그들의 개인적 특성인 개인차, 준비도, 동기 등에 따라서 제공되는 수업이나 모델과 각기 다른 상호작용을 한다.

① 개인차
학습자들은 추상적 부호화, 기억, 실행 능력, 모델을 수용하는 능력들에 있어서 차이가 난다. 특정한 모델에 대한 수용성은 ① 관찰자가 생각하는 그 행동에 대한 가치 ② 관찰된 행동의 모델/상황과 관찰자의 지위, 상황의 유사성 정도에 따라 다르다.

학년 초가 지나면 학급에서 학생들은 학교 또는 교사에 의해 확립된 학습 결과의 기능적 가치에서 차이가 날 것이다. 많든 적든 긍정적인 칭찬을 받았던 학생들은 열정적으로 학습활동에 참여할 것이고, 결과에 아무런 사회적 가치가 없다고 지각한 학생들은 반사회적인 행동을 할 수도 있다.

② 준비도

개인의 관찰학습능력을 결정하는 두 가지 중요한 요소는 개인의 발달수준과 특정 모델에 대한 수용성이다. 학습자의 지각 상황과 강화의 기대 정도는 모델에 주의를 집중할 것인지 또는 무시할 것인지를 결정하는 데 영향을 준다.

또한 모방하는 행동의 특징들을 추상화하고 후에 실수 없이 기억해 내는 능력은 학습의 범위와 정확도에 영향을 준다.

③ 동기

대개의 행동은 직접강화에 의해 시작되지만(예: 목마름, 배고픔 등의 고통에 의해서 유발되는 행동들), 동기의 주요 원천은 인지에 기초한다. 인지적 동기에는 두 가지 형태가 있다.

첫째, 특정한 행동이 가져다 줄 미래의 결과에 대한 인지적 표상; 과거의 경험들은 특정 행동이 어떤 가치 있는 이익을 가져다 줄 것이라는 기대들을 하게 한다.

둘째, 기준 설정과 자기평가체제와 관련 있는 학습자의 자기동기다. 이런 종류의 동기는 개인의 자기규제체제의 부분으로 발달된다.

(2) 인지과정과 교수

학습의 전이, '어떻게 배울 것인가' 하는 학습 기술의 개발과 문제해결의 가르침은 교육에 있어서 중요한 인지적 문제다. 사회학습이론에서 학습의 전이에 대한 개념은 두 가지 측면에서 연구된다.

첫째, 공포증 환자를 위한 다양한 처치법의 연구다. 자기지시적 숙달 경험들은 단순한 모델링 경험보다 일반적인 위협 상황들에 전이시키는 데 더 유용하다.

둘째, 인지적 행동의 모델링은 유사한 과제에서 즉각적 전이와 지연된 전이 둘 다를 제공한다. 개념 획득, 언어 규칙의 학습, 그리고 문제해결 전략들은 유사한 상황들에서 일반화된다.

(3) 학습에 대한 사회적 배경

사회학습이론은 자연적인 상황에서 학습의 문제를 설명하고 있다. 따라서 개인들이 그들 일상생활에 관한 각각의 개인적 학습으로서의 특별한 메커니즘이 있음을 기술하고 있는데, 다양한 모델(예: 가족, 영화, TV 등)의 관찰과 동료와 타인으로부터 주어지는 강화는 학습에 중요한 영향을 미치게 된다는 것이다. 특히 사회학습이론은 교실을 벗어나 확장될 수 있는 미디어 지향 사회에서의 학습방법과 그에 따른 교육체제를 생각해 보게 한다.

2) 수업의 실제

(1) 수업의 절차와 계획

관찰학습의 교수 설계는 모방되는 행동과 학습에 필요한 과정에 대하여 세심한 분석을 해야 한다. 이러한 과정을 네 단계로 나누어 설명하면 다음과 같다.

① 모방되는 행동을 분석할 것

1.1 그 행동은 무엇인가? 그것은 일차적으로 개념적 · 운동적 · 정서적인가? 혹은 학습 전략인가?

1.2 그 행동에서 연속되는 단계는 무엇인가? 어떠한 연속되는 단계들이 그 행동에서 나타나는가?

1.3 관찰하기가 어렵다든지, 부적합한 행동, 그 연속선상에서 중요한 점은 무엇인가?

② 모델 행동의 가치를 분명히 하고 행동 모델을 선택할 것

2.1 그 행동은 성공적 예언을 수반하는가?

2.2 그 행동이 성공적 예언을 할 수 없다면, 어떤 잠재적 모델이 성공을 가장 잘 예언할 수 있겠는가?

2.3 실물 모델을 택할 것인가? 아니면 상징 모델을 택할 것인가?

2.4 모델은 그 행동에 대해 어떤 강화를 받을 것인가?

③ 교수 절차를 개발할 것

3.1 운동 기술을 위하여 사용되는 언어적 부호는 무엇인가?

3.2 어느 단계에서 천천히 행동을 보여 줘야 하는가?

3.3 배울 내용을 어떤 방법으로 머릿속에 연상시킬 것인가?

④ 학습자의 인지적 · 운동적 재생산 과정을 유도하는 교수를 실시할 것

〈운동 기술〉

4.1 모델을 제시할 것

4.2 상징적 시연을 할 기회를 제공할 것

4.3 시각적 피드백과 함께 연습할 기회를 제공할 것

〈개념적 행동〉

4.4 모델에게 도움이 되는 언어 부호를 제시하거나 보기들 간의 일관성을 찾도록 지시할 것

4.5 개념이나 규칙의 학습이라면 모델 행동을 요약할 기회를 제공할 것

4.6 문제해결이나 전략 적용이라면 모델화에 참여할 기회를 제공할 것

4.7 다른 상황에 일반화할 수 있는 기회를 제공할 것

(2) 수업의 실례

다음에 제시되는 예는 필기 기술의 모델링이다.

여러 가지 방법을 통해 교사는 모델이 되어 학생들에게 필기법을 가르쳐 줄 수 있다. 먼저, 교사가 글로 쓰인 교재를 이용하여 필기하는 전략을 시범 보인다. 여기서 중요한 것은 교사가 특정한 회상 단서(recall cue)를 선택하는 것이다. 교사는 마음속에 떠오를 수 있는 단서와 나쁜 회상 단서의 배제에 대한 이유를 큰 소리로 이야기해 주어야 한다. 교사의 시범 후에 학생들은 다음 연습에서의 노트 필기를 연상하게 된다. 이런 활동은 초기 학습에서 정확한 피드백을 제공한다. 그리고 나서 학생은 그들 스스로 노트 필기를 해낸다. 이런 활동은 개념적 행동에서 상징적 부호와 내적 시연이 필요하다는 것을 보여 준다.

　구두적 표현으로는 노트 필기의 기술을 배우기 힘들다. 그것은 좋은 듣기 기술과 일시적인 음성적 자극을 기억하는 능력에 달려 있다. 이런 기술의 교수에서 듣기와 구두적 자료를 회상하는 연습은 노트 필기 연습 이전에 되어 있어야 한다.

　교사는 학생들에게 그들이 듣거나 읽는 자료를 기억하기 위해 그리고 좋은 노트 필기 전략이 그들의 점수를 향상시킬 것이라는 노트 필기의 중요점을 설명한다. 네 단락 읽기에서 교사는 첫 단락을 크게 읽는 동안 학생들에게 조용히 따라 읽을 것을 요구한다. 노트 필기형은 시각적으로 OHP를 통해 보여 준다. 그것은 '회상 단서'와 '노트'라는 표제가 붙은 두 칼럼으로 나누어져 있다. 교사는 그것의 요점을 첫 단락을 통해 이야기한다. 그리고 나서 '노트' 칼럼 아래 단락의 두 요약 문장과 '회상 단서' 칼럼에서 관계 있는 단서를 넣는다. 교사는 학생들이 단락을 기억하는 데 도움을 주는 이런 문장과 회상 단어의 방법을 말로 표현한다. 그리고 나서 교사는 같은 방식으로 계속 진행한다. 다른 두 단락에서 각각을 크게 읽고 난 후 교사는 노트를 위한 여러 가지 대안을 이야기하고 하나 또는 둘을 선택하여 단서와 관계 있는 적당한 칼럼에 그것을 넣는다.

　이런 연습에서 중요한 점은 학생들이 교사의 단락 분석과 요약 문장을 선택하는 방법을 관찰한다는 것이다. 그리고 나서 학생과 교사는 둘 또는 세 가지 연습을 통하여 학생들의 필기법에 대한 생각을 함께 한다. 다음 활동은 그들이 다른 데서 선택한 짧은 한 절을 바탕으로 스스로 한 노트 필기를 가져오는 것이다.

3) 이론의 개관과 장단점

　Bandura의 사회학습이론은 모방행동학습에 대한 앞선 접근들에 대한 분석으로 시작되었다. 그의 관점에서 볼 때 행동주의자의 패러다임은 모방학습을 단지 모델에 의해 수행되는 특정한 반응의 흉내라고만 보았다. 또 다른 이론들은 친사회적 그리고 반사회적 행동을 그저 그대로 받아들이는 것에 대해 다양한 메커니즘을 제안하고 있다. 이것과 관련하여 Bandura는 친사회적/반사회적 행동의 획득을 설명하는 하나의 패러다임을 제안하고 있는데, 그 구성 요소는 ① 모델화된 행동 ② 모델이 얻은 결과 ③ 학습자의 인지적 과정이다.

관찰자의 학습 행동에 공헌한 모델에게서 받는 결과는 다양한 대리적 강화, 대리적 처벌 그리고 처벌 기대의 부재 등이 있다. 이러한 결과는 행동이 기능적 가치를 가지며 관찰자에게 유용하게 될 것인지의 여부를 알려 주는 신호가 된다. 관찰자에 의한 이후의 성공적인 수행은 학습자의 인지적 과정에 의존한다. Bandura에 따르면 학습은 환경, 개인 내적 사건, 개인의 행동 등 세 방향의 상호작용에 의해 표현된다(상호결정론). 또한 이론에서는 어떤 영역에서든 눈에 띄는 수행의 발달에 필요한 요소인 목표 설정, 자기평가, 그리고 자기지시적 보상과 처벌을 포함하는 자기규제체제의 발달이 포함된다.

(1) 이론의 단점

Bandura는 학습을 일으키는 메커니즘으로 상호결정주의 개념을 가져왔다. 그러나 학습자의 자기지시와 환경의 상호작용에서는 자기효능감이 중요하나 한계를 가진 학급 상황에서 개개 학습자의 자기규제체제와 효능감을 발달하게 하는 어려운 과제다.

(2) 학교 교육을 위한 기여

중요한 공헌은 강화와 처벌에 대한 자세한 기술 부분이다. 처벌이나 처벌의 부재는 대리적 강화와 마찬가지로 작용하며, 둘 다 실제 교실 상황에서 나타난다. 아마도 이론의 가장 중요한 공헌은 매스미디어로부터 학습되는 행동과 태도의 범위를 명확히 규정해 냈다는 점일 것이다. 사회에서 증가되는 폭력과 공격성의 표출이 사회학습이론에서 설명된 관찰학습 개념으로 설명된다.

요 약

1. 이론의 기본 가정은 다음과 같다.
   ① 학습과정은 인지적 과정과 학습자의 의사결정 기술을 필요로 한다.
   ② 학습은 환경, 개인 내적 요인, 행동의 세 요인에 따라 결정된다.
   ③ 학습은 행동의 언어적 · 시각적 부호 획득의 결과이며, 학습의 결과는
      행동의 수행을 통해 나타날 수도 있지만 나타나지 않는 경우도 있다고
      보았다.
2. 학습의 구성 요소
   ① 모델 행동 : 모델 행동의 주요한 역할은 관찰자에게 정보를 전달하는 것
      이다.
   ② 행동의 결과에 따른 강화 : 강화는 단지 학습에 영향을 주는 한 요소일
      뿐이며, 행동의 강화적 결과 외에도 영향을 줄 수 있는 다른 많은 요인
      들이 있다.
   ③ 학습자의 인지적 과정 : 학습자의 행동은 강화의 반복에 의해 조성되기
      보다는 오히려 인지적인 과정에 의해 안내받는다.
3. 학습은 ① 주의집중 과정 ② 파지 과정 ③ 운동재생산 과정 ④ 동기화 과
   정을 거친다.
4. 수업의 주요 원리
   ① 적당한 모델과의 동일시를 할 수 있는 기회를 제공할 것.
   ② 모델 행동에 대한 기능적 가치를 부여하여 주의를 집중시킬 것.
   ③ 학습자의 인지와 기능면을 같이 가르칠 것.
5. 교육에의 공헌으로는 강화와 처벌에 대해서 체계적으로 이론을 정립한 결
   과 매스미디어로부터 학습되는 행동과 태도의 변화 과정을 이론적으로 체
   계화시킨 점을 들 수 있다.

제9장

Weiner의 귀인이론

귀인 | 내적 통제-외적 통제 | 능력, 노력, 운 | 과제곤란도 | 정보 단서 | 원인 도식 | 원인의 소재 | 안정성 | 통제성
| 타인의 반응 | 도움 행동 | 성공-실패에 대한 귀인 | 학습된 무력감 | 동기화 | 교사의 태도 | 교실 환경

Bernard Weiner
(1925~현재)

Weiner에 의해 발전된 귀인이론은 인간 행동의 심리적 원인을 밝혀 원인에 대한 설명과 예측을 하는 데 관심을 두었다. 이러한 이론을 귀인이론 또는 동기이론이라고 하며, 이는 Heider와 Kelly에 의해 발전된 귀인이론에 근거하고 있다. 귀인이론에 의하면, 인간의 행동은 인지적 귀인의 결과가 동기의 두 요소인 기대와 가치에 영향을 주게 되며, 이 두 요소에 의해 행동의 동기 수준이 결정된다고 했다. 이때 귀인이란 어떤 사건이나 결과에 대해 개인이 지각한 원인을 뜻한다.

Weiner의 귀인이론의 초기 연구는 개인의 성패 결과와 뒤이은 행동 사이에 전형적으로 영향을 미치는 네 가지 중요한 원인인 능력, 노력, 과제의 난이도, 운을 밝히는 일에서 시작되었다. 최근에는 성공과 실패에 대한 개인의 귀인에 대한 다른 사람의 반응의 역할과 개인의 행동을 도와주는 역할에 대한 연구도 이루어지고 있다.

이와 같이 개인들은 자기의 원인을 어떻게 지각하느냐에 따라 새로운 과제에 대한 성취 동기의 수준이 달라진다. 학교 학습에서도 좋은 성적을 얻게 된 원인이 어디에 있었다고 지각하는지에 따라서 다음의 학습에 대한 성취 동기 수준이 달라진다. 따라서 어떤 과업의 결과에 대해 개인이 지각하는 성공과 실패의 원인을 아는 것은 대단히 의미 있는 일이다.

이 장에서 학습할 학습목표는 다음과 같다.

1. 귀인의 개념을 말할 수 있다.
2. 귀인의 단서와 구성 요소들에 대해 말할 수 있다.
3. 귀인이 자아개념과 성취에 미치는 영향을 설명할 수 있다.
4. 성공과 실패에 따른 귀인의 누적 효과에 대해 말할 수 있다.
5. 귀인이론이 학교 교육에 주는 시사점을 설명할 수 있다.

1. 귀인이론의 기본 가정

1) 귀인이론의 개관

1950년대를 고비로, 인간이 환경에 어떻게 적응하는가, 환경에 대해서 어떻게 행동하는가 하는 명제를 가지고 인간 행동을 설명하려던 기능주의자들에 의한 행동주의는 급속히 약화되고, 인간의 인지를 중심으로 인간 행위를 설명하려는 시도가 이루어지기 시작하였다. 이러한 생각의 초점은 인지(cognition)가 행동에 영향을 주느냐 주지 않느냐가 아닌, 어떤 조건하에서 어떻게 인지의 영향이 나타나고 있는가에 두었다. 이처럼 개인의 인지와 인지의 방향은 행동의 원인이 된다. 즉 인간 행동의 원인은 개인이 지니고 있는 제 특성이나 환경적 요인에 대하여 자신이 어떻게 인지하고 지각하느냐에 따라 달라지게 된다. 이러한 행동의 원인을 설명하고 예언하려는 이론을 귀인이론이라고 한다.

이처럼 귀인이론이란 행동의 원인을 추리하려는 시도로서, 사건이나 행동 결과에 대해 인간이 내리는 원인론적 해석을 다루는 이론이다. 이 이론은 귀인양식이 그 자신의 행동에 어떤 영향을 미치는가에 관심을 두고 있다. 사람들이 성공과 실패를 어디에 귀인하며, 그에 따라 개인의 성취 수준과 행동 및 정서와 어떠한 관계를 가지는가를 밝히려는 데 초점을 두고 있다.

예를 들어, 수학시험에서 안 좋은 점수를 받은 후 각기 그 원인을 다르게 설명하고 있는 학생들을 상상해 보자. 그들이 다음 수학시험을 위해 취할 행동도 그 이유만큼 다양할 것이다.

- 나는 수학적인 머리가 없나 봐.(능력부족)
- 나는 시험 준비를 충분히 못했어.(노력부족)
- 이번 시험이 내가 본 시험 중에서 가장 어려웠어.(과제의 난이도)
- 예상 문제를 영 잘못 짚었는걸.(운)

이처럼 성공이나 실패의 원인을 찾으려고 하고 그 원인을 무엇으로 귀인하느냐에 따라 후속 행동과 정서적 반응에 영향을 준다고 보는 것이

Weiner의 귀인이론이다.

귀인이론들이 공유하고 있는 기본 가정은 행동이 일어나는 원인을 어떻게 지각하느냐에 두고 있다. 달리 말하면, 특정 행위가 나타났을 때 그 행동을 하게 된 개인이 그것이 일어나게 된 이유를 어떻게 지각하느냐에 따라 후속될 그의 행동이 달라질 것이라는 점을 가정하고 있다.

이러한 이론들이 탐구의 바탕으로 생각하고 있는 기본 가정은 다음의 세 가지로 설명된다.

첫째, 지각된 행동의 원인은 내적(개인적) 원인과 외적(환경적) 원인으로 나누었다. 둘째, 투입되는 자극 정보와 인지구조 및 원인적 추론 간에는 법칙성이 존재할 것을 믿었다. 마지막으로, 행동의 원인적 추론은 인간이 나타내는 다양한 행동을 예측할 수 있을 것이라고 가정했다. 예컨대, '특정 행동에 대해 지각한 원인은 무엇인가? 어떤 정보가 원인적 추론에 영향을 주는가? 추론된 원인 뒤에 일어나는 행동은 무엇인가?' 등에 대한 정보는 개개인이 특정 행동을 하게 된 원인을 밝혀낼 뿐만 아니라 그 사람이 수행하게 될 행동을 예측할 수 있게 해 준다.

2) 귀인과 동기

귀인이론은 개인적 성취와 관련된 결과, 원인적 신념, 그 이후에 뒤따르는 감정과 행동들 간의 관계를 중요시한다. 이 이론의 기본 가정은 원인 추론의 본질(귀인)과 그런 행동에 대한 추론들과의 관계에 따라 인간의 행동은 다르게 나타난다는 것이다.

(1) 귀인의 성격

원인 추론의 중요한 특성은 인간 행동의 광범위한 영역에서 발생한다는 것이다. 귀인은 예를 들어, 시험에 왜 실패했는지 또는 학기말 리포트에서 왜 낮은 점수를 얻었는지와 같은 성취 결과에서 발전되어 왔다. Weiner의 귀인 연구의 중요한 가정은 원인 추론을 위한 정보들의 근원(출처)이 복잡하며 그것은 단일 차원이 아니라는 것이다.

① 단일 차원적 관점

Heider에 의해 발전된 원인 구조의 초기 분석은 행동은 개인과 환경의 함수(B=f(P·E))라는 Lewin의 이론에 영향을 받았다. 그 이후 후속된 연구는 행동의 지각된 원인이 다양한 내적-외적 차원에 있다는 가정에 바탕을 두고 연구되었다. 이러한 분석은 곧 Rotter(1966)에 의해 연구된 통제 구성의 바탕이 되었다.

Rotter는 행동이 지각된 원인은 내적인 통제와 외적인 통제라는 양극단 사이의 연속선상에 있을 것이라고 보았다. 즉 통제의 소재를 개인의 내적 요인과 외적 요인으로 나누고, 어떤 행동의 원인이 내적 요인에 의해서 결정된다고 지각하는 사람과 외적 환경 요인에 따라 결정된다고 지각하는 사람들 간에는 각기 다른 행동을 보인다는 점을 지적했다.

또 deCharms(1968)는 개인이 어떤 행동이나 과제를 할 때 자신을 능동적으로 지각하느냐 수동적으로 지각하느냐에 따라 각기 다른 행동을 취하게 된다고 했다.

이러한 두 이론과 그들이 제시한 기본 가정을 간략히 제시하면 〈표 9-1〉과 같다.

〈표 9-1〉에 제시된 것처럼 긍정적인 결과(강화)가 자신의 행동에 따라오

〈표 9-1〉 귀인의 개인-환경 차원(단일 차원적 관점)

이론적 관점		개인적 통제	환경적 통제
Rotter의 통제의 소재	내적 지향	성취의 결과가 자신의 힘으로 지각(개인들은 자신의 운명을 통제)	
	외적 지향		운, 운명, 강력한 타인에 의해 통제됨(개인의 행동과 강화 간에는 관계가 없음)
deCharms의 능동적-피동적 분석	능동적(origin)	환경을 바꿀려는 행동을 시도하는 개인	
	수동적(pawn)		환경에 의해 떠밀려 가는 개인

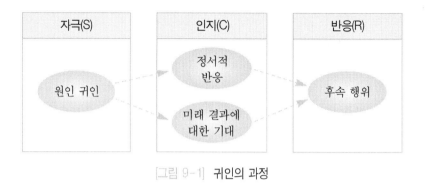

[그림 9-1] 귀인의 과정

는 것이라 여기는 사람들은 또한 그들 자신의 운명을 통제할 수 있다고 믿는다. 그들은 내적 지향적이며, 긍정적 사건들이 전형적으로 열심히 일하고 주의 깊게 계획한 결과라고 믿는다. 그리고 삶에서 발생하는 사건들에 대해 책임을 다한다. 그러므로 수업에 늦게 도착한 결과를 외부적인 원인보다 집에서 늦게 출발한 것으로 인정한다. 이와는 대조적으로, 외적 지향인 사람들은 행동과 결과 간에는 아무런 관련이 없다고 지각한다. 대신에 운, 운명, 강력한 타인들에 의해 통제를 받는다고 생각한다. 그러므로 시험에서 D학점을 받은 학생은 그 이유를 능력 부족의 결과(내적 소재)나 선생님의 편견(외적 소재)의 결과로 여긴다.

deCharms는 인간 행동의 원인에 있어 각 개인이 자기가 어떠한 사람이라고 지각하느냐에 따라 행동에 각기 다른 영향을 준다고 했다. 즉 개인의 특성을 능동적, 수동적으로 나누었는데 이는 Rotter의 외적-내적 통제의 차이와 비슷하다. 그러나 deCharms는 '내재적으로 동기화' 되고, '외재적으로 동기화' 된 것을 origin과 pawn의 원인적 개념으로 묘사하고 있다. 그는 능동의 개념을 내재적으로 동기화된 행동(자기의 힘), 운동의 자유 그리고 도전으로서의 상황 인식과 연결하고 있다. 반면에 수동의 개념은 외재적 힘에 의해 동기화된 행동, 운동의 억압, 상황을 위협으로 인식하는 것과 연결되어 있다.

② 단일 차원적 추론에 따른 문제점

B=f(P, E)에서 P를 한 차원으로 보면 가장 큰 문제점은 그것이 다음에 오는 결과를 설명하는 데 적절하지 못하다는 것이다. 둘 다 내적 차원인 능력

의 부족과 노력의 부족이라는 귀인이지만 각각 다른 예상을 가져오기 때문이다. 나쁜 성적을 능력 부족 탓으로 돌리면 다시 그렇게 될 수 있다고 예상되지만 노력 부족으로 돌리면 학생의 노력 여하가 변화의 관건이므로 미래에는 나쁜 성적이 안 나올 수도 있는 것이다.

(2) 행동에서의 원인 추종의 관계

Weiner는 관련 과제 성취와 개인 간의 관계가 복잡하다고 주장했다. 귀인이론은 인지이론가들의 인간 행동 설명 과정에서 동기적 요소와 행동 사이에 개입되는 인지적 과정에 대한 이론이라고 할 수 있다. 인지 모델은 S-C-R 모델 구조를 가지는데 여기서 C는 원인 인지(개인의 신념체계와 성공과 실패를 유발시킬 원인에 대한 지각)를 나타내며, S와 R은 자극과 반응 또는 전 사건과 그에 따른 결과와의 관계를 나타내고 있다. 선행 정보와 개인이 처한 환경에 대한 인지적 표상과의 연결(S-C)은 인식론의 한 부분이며, 원인 추리와 행동과의 연결(C-R)은 인지의 기능적 의미에 대한 연구 영역의 한 부분이다. 귀인이론은 심리학에 있어 가장 기초적인 두 문제의 교차점에 위치하고 있다.

그러므로 미래의 행동이 사람의 신념체계와 궁극적 또는 부정적인 결과에 대한 인지적 원인 분석의 영향을 받는다는 점이다. 실패를 능력의 부족으로 여기면 미래에 또 실패할 거라 예상하기가 쉽고, 노력의 부족으로 여기면 계속되는 성공을 기대한다.

이와 같이 귀인이론의 주요 가정은 ① 이 이론은 행동의 동기화의 요인에 초점을 두고 ② 결과(행동)에 대한 근원은 단일 차원이라기보다 다양한 차원이다. 그리고 행동의 동기는 한 개인의 과거의 성패에 대한 경험에 대해 개인이 지각한 원인에 의해 결정된다.

2. 귀인이론의 구성 요소

Weiner에 따르면 심리적 연결의 논리적 순서에서 감정은 귀인과 인지의 결과다. 감정들은 새로운 정보(변화된 인지)에 의해 변한다. Schachterdh와

Singer(1962)의 실험에서 생리적 흥분을 일으키는 약을 투여받은 뒤 흥분을 일으키는 상황에 처했을 때, 약에 대해 설명받지 못한(아무런 다른 귀인이 없는) 상황의 피험자들은 자신의 흥분 상태를 정서적인 것으로 해석했다.

정서의 경험에서 중요한 것은 첫째가 흥분이었고, 둘째는 그 흥분에 부여된 인지적 명칭이나 귀인이었다. 내부의 흥분 상태들은 매우 애매해서 그럴 듯한 자극에도 귀인될 수 있다. 경험되는 정서는 실제의 내부 감각들의 성질에 의존되기보다 사용 가능한 그럴 듯한 원인들에 의존한다. 또한 뒤이은 행동은 개인의 감정과 기대되는 결과에 영향을 받는다.

1) 귀인과 학습의 과정

개인은 실패나 성공과 관련된 개인의 주관적인 평가로 행동을 결정한다. 이러한 결정에 관련된 정보는 개개인의 내적인 가치 기준, 포부 수준, 사회적인 기준 등을 포함한다. 따라서 한 개인의 행동은 자신이 지각하는 귀인의 요인과 정서적 반응에 따라서 주로 결정된다. 그리고 지각된 귀인과 별도로 일반적인 정서적 반응에 따라 미래에 대한 기대 수준이 달라지고, 이 기대 수준들에 따라서 후속 행동은 다르게 표출된다. 이들의 관계를 그림으로 나타내면 [그림 9-2]와 같다.

① 정서적 반응

결과의 형태인 성공과 실패는 지각된 원인과 별도로 정서적 반응을 일으킨다. 성공은 행복, 기쁨, 만족이라는 감정을 가져오고, 실패는 불쾌, 불행, 슬픔까지 가져온다. 귀인 또한 특정한 정서적 반응을 낳는다.

정서적 반응의 중요성은 후속 행동의 원동력으로 작용한다는 점이다. 능력 부족이라는 실패 귀인에 따른 포기와 억압은 노력을 저하시킨다. 그러나 외적 원인에 따른 실패라면 행동은 달라질 것이다. 예를 들어 시험 전날 같은 방 동료가 파티를 열었다면?

② 지각된 귀인

여러 가지 원인 중에서 가장 두드러진 것은 능력, 노력, 과제곤란도, 운이다. 예를 들어 송기주(1985)에 따르면 능력에 있어 자아개념이 높은 사람은

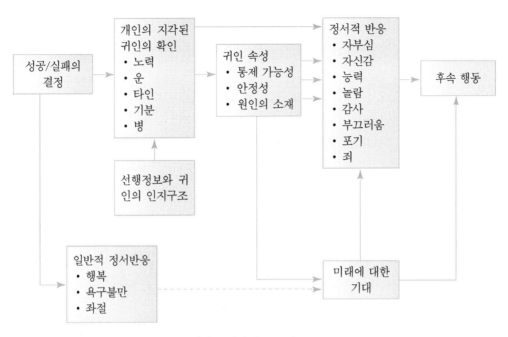

[그림 9-2] 귀인 모델의 주요 요인

성공을 능력으로 보고, 실패를 불운이나 노력의 결핍으로 본다. 반면 자아 개념이 낮은 경우 성공을 행운에, 실패를 능력이나 과제곤란도에 귀인한다.

③ 모델의 응용 가능성

귀인의 모델이 다른 영역에서도 보편화될 수 있다. 예를 들어 가석방이나 집행유예에 사용되는 원인 귀인의 분석은 또한 후속 행동 결정에 관해 지각된 원인 특질의 중요성을 지적했다. 범죄의 원인이 내적이거나 통제 가능하고 안정적이면(그는 나쁜 사람이다.) 가석방이나 집행유예의 가능성은 거의 희박하다. 반대로 그 원인이 외적이거나 통제 불가능하고 불안정한 요인(이전의 경제적 조건 등)이면 가석방이나 집행유예의 가능성이 있다는 것이다.

2) 귀인 추론의 선행 요인

행동을 유발한 귀인의 주요 요인은 그 행동을 낳게 한 선행 요인이라고 한다. 선행 요인의 세 유형은 특정한 정보 단서(개인의 성공 경험 등), 원인 도식으로 불리는 개인의 내적 인지구조, 개인의 성격 등이다. 이를 보다 자세히 설명하면 다음과 같다.

(1) 특정한 정보 단서

개인의 과거 성공 경력은 능력 유무를 결정하는 일차 결정자의 역할을 한다. 계속되는 성공은 능력으로, 어쩌다 일어나는 성공은 운으로, 자주는 아니지만 가끔 일어나는 경우는 노력으로 본다.

능력에의 귀인 단서는 수행 형태와 최고 수행 수준이다. 일정한 수준을 계속 유지하다 정상 수행을 한 사람은 더 능력이 있는 것으로 보인다. 노력의 경우는 자신의 노력을 수행 정보를 통해서 확인을 할 경우에 지각하게 된다(시간, 피로의 정도, 근육 긴장의 정도). 운에 귀인시키는 단서는 과제의 구조와 결과의 형태다. 수행 결과가 독립적이고 무선적이라는 것은 운이 결정요인이라는 것이다.

다양하게 이용되고 있는 단서 정보는 다음과 같이 요약된다. 첫째, 주어진 모든 정보가 귀인에 이용되었다. 선행 수행을 단서로 쓰는 경우, 선행 수행과 현재 수행이 일치하면 능력과 과제곤란도에 귀인시키고, 불일치하면 운과 노력에 귀인시켰다. 둘째, 사회적 규준을 단서로 사용하기도 한다. 즉, 타인의 수행이 자신의 수행 결과와 불일치할 때는 능력과 노력에 귀인시키고, 일치할 때는 과제곤란도에 귀인시키고 있다. 마지막으로, 성공은 내적 요인, 즉 능력과 노력에 귀인시키는 반면, 실패는 과제곤란도에 귀인시키는 경향이다. 이것은 자아 고양과 자아 방어적인 귀인 경향을 의미하는 것이다.

(2) 원인 도식

원인 도식은 사건과 관련된 원인들에 관한 개인의 일반 신념을 나타내는 비교적 영구적인 인지구조다. 즉 관찰된 사건과 그 사건이 지각된 원인 간의 관계가 유지된다고 믿는다.

보통의 사건(쉬운 과제의 성공과 어려운 과제의 실패)을 설명하는 데는 중다충분 도식이, 보통이 아니거나 극단적인 사건(어려운 과제의 성공과 쉬운 과제의 실패)은 중다필요 도식을 유발한다. 예를 들어 쉬운 과제의 성공은 능력이나 노력의 결과로, 어려운 과제에 대한 실패는 능력이나 노력의 부족에 기인된 것으로 기대한다. 반면에 어려운 과제의 성공은 능력과 노력이 원인으로, 쉬운 과제의 실패는 능력과 노력 둘 다의 결여에 기인하는 것으로 지각한다.

(3) 개인적 성격

성취 욕구가 높은 사람은(아동에 있어서는 자아개념이 높을수록) 성공과 실패를 노력과 기술의 영향으로, 낮은 사람은 외적 요인에서 찾으려는 경향이 있다. 그리고 문화에 기초한 구체적인 학습 경험은 개인 상호 간의 평가에서 증명되는 가치에서 차이를 나타냈다. 미국인과 이란인은 어떤 사건에 대한 귀인에 있어서 뚜렷한 차이를 보였다. 어떤 변호사가 자신의 의뢰인의 요청으로 급히 가는 도중 사람을 치어 병원에 실어 가서는 설명도 없이 가버려 그 사람이 죽었을 때, 변호사의 행동에 대한 설명에서 미국인들은 내적-성향적 귀인(그 사람이 나쁘다.)을 많이 했고, 이란인들은 외적-환경적 귀인(무슨 사정이 있었을 것이다.)을 많이 했다.

3) 귀인에 영향을 주는 요소들

(1) 독특성

먼저 어떤 행동이 나타났을 때 그 행동이 상황과 어떤 관계가 있는지를 살펴보는 것이다. 이를테면 어떤 사람이 지각을 했을 때, 그 사람이 특별히 한 번 늦은 건지, 아니면 늘상 지각을 하는 건지를 알아본다는 것이다. 독특성이 높다면, 즉 그 문제 있는 행동이 이번에만 특이하게 나타난 것이라면 원인은 바깥에 있는 것이다. 하지만 상황에 관계없이 늘 그런 모습을 보인다면, 즉 독특성이 낮다면 원인은 그 사람 자체에 있다고 귀인하게 된다.

(2) 일치성

어떤 행동이 나타났을 때, 그 한 사람만 그렇게 한 것이냐 아니면 다른 사람도 비슷한 행동을 했느냐를 알아보는 것이다. 늦게 출근한 사람이 있을 때, 그 사람과 같은 동네에 사는 사람들이 다 같이 늦게 왔다면 원인은 그 사람 자체가 아니라 바깥에 있다는 것으로 귀인하게 된다. 따라서 문제행동의 일치성이 높으면 원인은 바깥에 있는 것이고, 반대의 경우라면 원인은 그 사람에게 원인이 있는 것이다

즉, 남들이 얼마나 잘 수행했는가에 관한 정보인데 모든 학생 다 잘 했다면 외적으로 귀인, 한 학생만 좋은 점수를 받았다면 내적으로 귀인된다.

(3) 일관성

성공이든 실패든 과거와 유사한 결과라면 능력과 같은 안정적 요인에 귀인하게 되고, 과거와 다른 결과라면 불안정한 요인인 노력이나 운에 귀인한다는 특성이다.

문제가 있는 행동을 하는 사람이 옛날부터 늘 그렇게 해왔다면 당연히 그 사람 자체에 문제가 있는 것이다. 이처럼 시간을 두고 관찰해 보았을 때 문제행동이 계속적으로 나타나는가를 보는 것이 일관성이다. 따라서 문제행동이 일관성이 높다면, 즉 옛날부터 늘 늦게 오는 걸로 악명 높은 사람이라면 원인은 그 사람 자체에 있을 것이고, 예전에는 별로 지각을 한 적이 없는데 오늘 이상하게 늦게 왔다면 원인은 바깥에 있는 것이다.

(4) 과거의 성공 또는 실패 경험

과제를 항상 미숙하게 수행한 아동은 성공을 외적 원인으로 그리고 실패를 능력 부족으로 귀인시킨다. 과제를 항상 잘 해 왔던 아동은 성공을 내적 원인으로, 실패를 외적 원인으로 귀인시킨다.

(5) 문화적 요인

일본인이나 중국인은 미국인보다 노력에 더 많이 귀인하고, 능력에 덜 귀인하는 경향이 있다. 그리고 원인지각은 어느 정도는 개인이 속한 문화적 특성에 따라 사회화된다는 것을 보여 주고 있다.

(6) 성차

남성이 여성보다 성공을 자신의 능력으로, 여성은 남성보다 실패를 낮은 능력으로 귀인한다.

(7) 개인적 성향

높은 성취 욕구를 가진 사람은 성공을 내적으로 귀인한다. 그리고 낮은 성취 욕구를 가진 사람은 성공을 외적으로 귀인한다.

동일한 행동이 다양한 상황 속에서 장기간 계속될 때에도 성향에 귀인하게 된다. 예를 들어 한 모델이 어떤 광고에 지속적으로 출연하는 경우에 소비자는 '이 모델은 돈을 바라고 이 광고에 출연하는 것만은 아닐 것이다.'라고 생각하며 모델의 개인적 성향에 그 원인을 돌리게 되는 것이다. 관찰자가 행위에 대한 상황적 원인을 유추해 낼 수 없을 때에도 성향에 귀인한다. 예를 들어 기업들의 탁아소 운영, 장학금 지급, 불우이웃 돕기 등에 대한 소식에 접했을 때에 사람들이 '아마 돈 벌어서 좋은 데 쓰려는 모양이지.' 하고 생각하게 된다.

(8) 발달단계

유치원이나 초등학교의 저학년들은 자신의 능력을 높게 평가하고, 성패의 원인을 운으로 생각한다. 초등학교 2, 3학년이 되면 그들 자신에 대해 상대적인 평가를 시작한다.

(9) 교사의 태도와 행동(피드백)

낮은 과제 수행에 대한 교사의 분노는 아동으로 하여금 실패를 노력 부족으로 귀인시킨다. 그리고 동정심을 표현하는 교사는 실패의 원인이 아동 자신의 능력 부족이라고 귀인하게 한다.

4) 귀인 추론의 특성

Weiner는 행동의 동기와 관련된 귀인의 특성으로 안정성, 통제 소재, 통제 가능성과 같은 세 가지 특성을 밝혀냈다. 귀인 추론에 있어서 두 가지 원인 차원을 생각하는데 첫째는 개개인의 미래의 목표에 대한 기대를, 두 번째는 정서적 반응의 특이한 형태를 든다.

이 정서적 반응들은 후속 행동에도 영향을 미친다. 그러나 이러한 두 가지 원인은 개개인의 인성 특성과 관련하여 안정적인지 불안정한지, 통제의 소재가 개인의 내부인지 외부인지 그리고 귀인의 원인을 개인이 통제 가능한지 불가능한지 세 가지 특성으로 나눈다.

(1) 소재성 차원

이는 정서적인 측면에 있어서 내적 귀인과 긍정적인 관계가 있지만 절대적인 것은 아니다. Weiner(1978)는 성과 의존적, 귀인 독립적인 정서가 있다고 했다. 성공했을 때의 기쁨은 원인의 소재와는 별개로도 기분이 좋은 것이다. 또 Weiner는 정서를 성과의존정서(기쁨, 행복, 만족)와 귀인의존정서(능력 귀인의 경우 유능감/무능감에의 확신, 노력 귀인의 경우 자부심/죄의식)로 분류하였다.

성취 상황에서의 정서의 원천은 다음과 같다.

① 성과와 직접적으로 연결된 정서
② 일반적인 감정에 수반되는 정서인 감사, 적대, 놀라움
③ 자신에 대한 귀인에 의해 매개되는 유능, 긍지, 수치 등 자존감에 관계된 정서가 있다.

(2) 안정성 차원

주로 성공의 기대와 연관되는 것으로 밝혀졌다. 기대 변화는 성공과 실패가 이전의 성과에 대한 지각된 안정성에 달려 있다. 어떤 사람이 성공 또는 실패했는데 그 성과를 초래한 원인이나 조건들이 계속 변하지 않는 것으로 지각되면 더 확신을 가지고 기대하게 된다는 것이다. 교사가 아동의 성적을 내부적(외부적)이고 안정적(불안정적)으로 귀인할 때 뒤의 학업 성적에 대한 높은(낮은) 기대가 형성된다.

(3) 통제성 차원

타인에 대한 추론 또는 성공이나 실패가 타인의 책임이라고 믿는 경우 행위자가 그 사람에게 어떻게 반응하는가를 다룬다. 여기에는 도움 행동, 평가 등이 포함된다. 도움의 경우 환경적 장해일 경우 돕는 경향이 증가했다. 평가의 경우 노력은 의지의 통제를 받으며 능력은 안정된 요인으로 외적 통제를 받지 않는다고 생각하므로 능력보다는 노력이 평가에 있어서는 훨씬

중요하다. 또한 노력 귀인은 도덕적 감정을 끌어낸다.

이를 간략하게 표로 나타내면 〈표 9-2〉와 같다.

〈표 9-2〉 성취와 관련된 주요 귀인의 특성

귀인	특 징					
	안정성		원인의 소재		통제성	
	안정	불안정	내적	외적	통제가능	통제불가능
능력	○		○			○
노력		○	○		○	
과제곤란도	○			○		○
행운		○		○		○
기분, 질병		○	○			○
타인의 도움		○		○		○

이처럼 원인 추론의 세 가지 특성인 원인의 소재, 안정성, 통제 가능성 각각은 후속되는 사상과 일차, 이차적으로 연결된다. 원인의 소재는 개인의 자아존중감과 연결된다. 자기에 귀인하는 원인은 자아가치의 감정을 향상시키거나 부정적인 자아상에 기여한다.

이러한 귀인의 요인과 각 요인별 하부 차원 그리고 그에 따른 개인의 지각을 요약하여 제시하면 〈표 9-3〉과 같다.

또 통제 가능성의 특징인 타인 반응의 중요성은 그 반응이 특정한 행동과 연결된다는 점이다. 능력의 부족보다 노력의 부족이 더 자주 벌을 받는다. Weiner(1980)의 연구에서 노트를 빌려 주는 행동을 보면, 상대방이 필기를 못한 원인이 내적이고 통제 가능할 때는 빌려 주기를 꺼리고, 어쩔 수 없이 그렇게 된 것이라고 지각되면 빌려 주려 했다. 통제 가능한 경우에 실패했을 때는 도움이 유보된다. 이것은 알코올 중독자를 돕기보다는 장님이나 학대받는 아동을 돕고자 하는 것을 보면 잘 알 수 있다.

〈표 9-3〉 강화와 벌의 관계

귀인	차원	평가
능력	내재적 안정적 통제 불가능	자신감, 무력감, 자부심, 수치심이 생김 동일한 결과를 다시 기대; 자부심과 수치심 증가; 실패 시 체념과 무관심 증가 실패 시 좌절과 무관심 증가
노력	내재적 불안정 통제 가능	성공에 있어서는 자부심이 생김 성공에 대한 기대를 감소시키지 않음 자부심이나 죄책감 증가
운	외재적 불안정 통제 불가능	자아상은 불변 성공에 대한 기대가 감소되지 않음 성공이나 실패에 대해 놀람
타인	외재적 불안정 통제 불가능	자아상은 불변 성공에 대한 기대가 감소되지 않음 도움에 대한 감사, 방해에 대해 분노
과제곤란도	외재적 안정정 통제 불가능	성공적인 결과라도 자아존중감이 향상되지 않음 같은 결과를 다시 기대함 실패 결과에 대한 침울과 좌절

5) 귀인의 주요 단서

(1) 능력에의 귀인과 단서

능력에 귀인시키는 것은 기본적으로 과거에 관한 정보에 의해 결정된다. 계속적인 성공이나 되풀이되는 실패는 부분적으로는 개인에게 부딪힌 과제를 할 수 있는지 없는지를 결정하게 된다. 따라서 이러한 두 가지 관계에서 일관성(consistency)은 능력 귀인에 있어 중요한 단서가 되는 것이다. 예컨대, 높은 성적을 자주 얻는 경우 그 사람이 똑똑하다는 증거로 받아들여지게 되며, 경기에서 여러 번 이기게 되면 좋은 팀으로 지각하게 되는 것이다. 여기에 쓰이는 두 가지 관계의 정보들이 특히 사회적 규준과 결부될 때에는 능력에 귀인시키는 경향이 더 크다. 예컨대, 다른 사람들은 모두 실패한 과제에 어떤 사람이 성공했다면, 그 사람은 매우 능력이 있는 사람으로 지각하게 된다.

이러한 과거사와 사회적 규준 이외에도 능력에 귀인하게 하는 다른 단서가 적어도 두 개가 있다. 하나는 수행 형태(pattern of performance)이고, 다른 하나는 최고 수행 수준(maximum performance)이다. 수행 형태를 단서로 쓰는 경우는 지금까지의 수행이 일정한 수준을 계속 유지하다 하강 곡선을 보이는 경우, 일정한 수준을 대체로 유지하지만 수행에 굴곡이 있거나 상승하는 사람보다 능력이 있는 것으로 지각한다. 이것은 능력 귀인에서 나타나는 초두 효과(primacy effect)이다. 최고 수행 수준에서 단서를 얻는다는 의미는 일정한 수준을 계속 유지하다 정점 수행(peak performamce)을 한 사람은 그렇지 않은 사람보다 더 능력이 있는 것으로 지각하게 된다는 것이다.

(2) 노력에의 귀인과 단서

일반적으로 자신의 노력에 관한 정보가 노력에 귀인시키는 것에 잘 반영될 것이라는 생각을 가질 수 있다. 그러나 우리들은 이렇게 고지식하게 노력 귀인을 하지 않는다. 예컨대, 자신이 얼마나 노력했는가에 대해서 자신이 나타낸 결과, 즉 자신이 이룬 수행 정보를 통해서 추론하고 있다는 것을 실험적으로 검증하였다.

이 실험은 일련의 숫자에서 다음에 나타날 숫자가 '0'인지 '1'인지를 예측케 하는 매우 단순한 것이다. 연구자들은 숫자가 무선적으로 배열되었지만 피험자들이 해답에 관한 어떤 법칙을 발견하게 될 것이라고 믿었다. 수행 결과에 대한 피드백을 준 뒤에 피험자들은 각기 자신들이 노력한 정도를 평정했다. 이 결과는 성공적으로 맞춘 피험자들이 그렇지 못한 피험자들보다 노력을 더 많이 한 것으로 지각했다는 것으로 나타났다. 많이 맞출수록 노력을 더 했다고 지각하고 있다는 것이다. 이것은 노력에 귀인하는 한 형태를 엿볼 수 있는 실험 결과이다.

그런데 수행의 형태는 능력에서와 마찬가지로 여기서도 귀인의 단서가 되고 있다. 상술된 실험에서 피험자들은 성공하는 비율이 상승하는 경우, 하강하는 경우, 또는 무선적인 경우 등 각기 다른 수행을 한 것으로 피드백을 받았다. 말하자면 각 피험자마다 세 개의 다른 수행 형태를 나타낸 것으로 피드백받았다는 것이다.

이 결과 상승 형태의 조건에서는 다른 두 조건보다 노력을 크게 기울인 것으로 믿고 있음이 나타났는데, 이것은 수행 형태가 실험자에 의해 조작된 것이기 때문에 노력에 대한 귀인은 결국 수행의 형태에서 단서를 얻는다고 말할 수 있게 된다.

(3) 과제곤란도에의 귀인과 단서

과제곤란도의 지각은 부분적으로는 다른 사람들이 그 과제를 지각하는 것과 관련이 있어서, 많은 사람들이 어떤 과제에 성공했다면 그 과제는 쉽게 지각되며 그렇지 않으면 어렵게 지각된다. 따라서 대다수와 일치되는 정보가 곤란도를 추론하는 데 중요한 단서가 되는 것이다. 물론 과제의 길이, 복잡성, 새로움의 정도와 같은 과제의 객관적인 특징도 과제곤란도의 단서로서 영향을 주게 된다.

그러나 이러한 정보들은 수행 결과에는 별로 영향을 미치지 못한다. 예컨대 모든 과제들을 정확히 수행했다면, 과제곤란도에는 별로 중요한 의미가 주어지지 않을 것이다. 하지만 명백히 어려운 과제일 때에는 결과의 지각에 중요한 단서가 될 수도 있다.

(4) 운에의 귀인과 단서

심리학적 실험에서 운은 일반적으로 특별한 지시를 통해 유발시키게 된다. 즉, 피험자들은 단순히 과제 수행의 결과가 찬스에 따라 나타난다고 듣게 된다. 하지만 운에 귀인시키는 대부분의 특징적인 단서는 과제의 구조(또는 형태)이다. 동전 던지기와 같은 것을 생각하면 된다. 그러나 운으로 귀인하는 데 가장 잘 쓰이고 있는 단서는 역시 결과의 형태이다. 수행 결과가 독립적이고 무선적이라는 것은 운이 원인적인 결정 요인이라는 것을 의미하게 된다.

그런데 유의해야 하는 것은 동전이나 주사위를 되풀이해서 던지면 확률적인 분포가 나타나게 되어 운으로 자각하는 일이 더 이상 나타나지 않는다는 것이다. 길거리에서 큰돈을 줍거나 계속적인 성공이 있은 다음 커다란 실패를 경험하게 되는 경우처럼 독특한 사건도 운에 귀인하게 만든다.

(5) 정서적 반응의 역할

특정한 귀인과 그 귀인의 차원에 의해 유발된 감정뿐만 아니라, 그 결과 자체로도 일반적인 감정 반응을 유발시킨다. [그림 9-3]에 제시한 모델에서 알 수 있듯이 정서를 유발시키는 다른 근원들은 '성과의존정서'와 '귀인의 존정서'로 분류된다.

귀인 모델에서 정서가 중요한 이유는 뒤따르는 행동의 동기화에 도움을 준다는 데 있다. 즉, 귀인은 우리에게 무엇을 느끼게 될 것인가를 말해 준다. 그리고 느낌(정서)은 우리에게 무엇을 할 것인가를 말해 준다. 예를 들어 동정, 포기, 무능력감을 경험했던 개인은 그와 유사한 상황에서 그것을 성취하려는 노력을 하지 않을 것이다. 반면에 감사함, 자신감을 경험한 개인은 만족감을 가지고 성취 관련 상황에 더욱 접근하려 할 것이다.

이외에도 타인으로부터 이루어지는 정서적 단서나 반응은 개인의 자기 지각에 대한 단서로서 작용할 수 있다. 아이들은 화난 선생님을 보고 그들이 노력하지 않았다고 생각하고, 동정심을 표현하는 선생님을 보고 그들의 능력이 부족한 것이라고 추론한다. 결국 실패 이유에 대한 아이들의 신념은 관찰자의 정서적 반응에 의해 영향을 받는다.

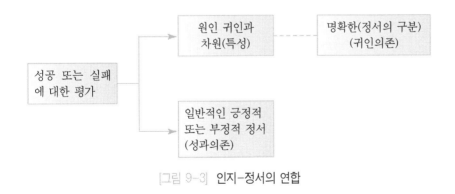

[그림 9-3] 인지-정서의 연합

6) 성공 또는 실패를 통한 귀인의 누적 효과

하나의 긍정적 또는 부정적 결과에 대한 개인의 분석에 있어 사건의 일반적인 순서는 지각된 원인의 확인→귀인에 대한 정서적 반응→미래에 대한 기대→독특한 방식으로 행동하려는 경향성으로 볼 수 있다.

일정한 기간이 지나서 개인의 성패 경력과 거기에 따르는 귀인은 개인의 자기존중과 성취 장면에서의 원인 귀인에 지속적인 영향을 준다. 일관된 성공(실패) 기록을 가진 개인은 자아존중감이 높고(낮고) 계속적인 성공(실패)을 기대하며, 실패의 원인을 외부적인 것—질병, 운, 분위기 등(능력 등의 내적인 것)으로 돌린다.

(1) '학습된 무력감'의 개념

교실에서의 특별한 관심사는 낮은 자아개념과 성공을 거의 경험한 적이 없는 학생에게 두어진다. 그런 학생들은 그들의 성공과 행동 간에는 아무런 관계가 없다고 여기고 실패를 능력의 부족으로 귀인한다. 그들의 행동과 결과는 독립적이라는 신념은 '학습된 무력감'으로 알려져 왔다. 학습된 무력감(learned helplessness)이란 아무리 노력해도 성공할 수 없을 것이라고 느끼게 되는 것을 의미한다.

(2) 학교에서의 학습 무력감

개인의 무력감의 구조는 다른 사람들에 의해서는 달성될 수 있었음에도 불구하고 개인의 행동에 의해서는 결과에 도달될 수 없는 상황을 설명하기 위한 것이다. 예를 들어, 노력에도 불구하고 다른 사람은 다 합격한 시험에 실패한 학생을 들 수 있다. 개인적 무력감의 특징은 낮은 자아존중감과 관계가 있다. 또한 성별의 차이도 있는데, 교사의 차별적 태도에 따라 여학생이 무력감을 더 많이 느끼는 것으로 나타났다.

아동에 있어서 무력감은 다음과 같은 세 가지 행동 특성을 나타낸다. ① 실패에 직면하면 포기하는 경향, ② 실패의 원인으로서 개인적 책임의 회피, ③ 책임이 인정되었을 때 실패를 노력 부족보다는 능력 부족으로 귀인시키려는 경향이 있다.

Johnson(1981)의 연구에서 보면, 기대와 가치는 무력감에 빠진 어린이가 결과에 대한 기대와 부합되는 과제가 주어졌을 때, 그 과제를 계속하지 않는 데 영향을 준다. 다만, 학문적인 보상만을 준 것보다 돈을 보상으로 주는 (과제와 부합되지 않는) 조건에서만 열심히 하는 경향을 보인다. 그리고 학업의 실패, 실체의 내적 귀인 및 성공의 외적 귀인에 의해서 낮은 자아개념이 형성될 수 있다.

3. 수업을 위한 원리

Weiner에 의해 발달한 귀인이론은 성공과 실패 결과의 효과 범위를 설명하고, 교실 내 교사와 학생의 상호작용의 분석을 위한 틀을 제공하기 때문에 특히 교육적 체제와 관련이 있다. 따라서 교실에의 귀인적 틀 적용에 대한 연구는 비교적 새로운 모험이고, 아직 명확한 수업원리는 나오지 않았다. 그럼에도 불구하고 귀인적 틀은 교실 내 실행을 위한 중요한 지침으로 사용될 수 있다.

1) 교실 내 귀인 형성의 요소

교실 환경에서는 교사와 학생 간의 다양한 상호작용이 발생한다. 이러한 작용은 교실의 과제에서 학생의 능력과 노력에 관한 교사와 학생들의 믿음을 위한 정보의 근원이다. 교사는 학생의 행동을 평가하고 학생들은 세 가지 방법으로 자신의 능력을 추론한다.

첫째, 성취에 관해 학생들에게 주어진 특별한 피드백

둘째, 교사의 비언어적인 정서적 반응(놀람, 동정, 격려 등)

셋째, 학생에 대한 교사들의 후속 행동(지나친 도움, 부가 과제 등)

이와 같은 수업 중 교사의 수업 행동 유형, 학생과의 상호작용의 유형, 학생에게 주어지는 평가적 피드백은 학생들의 학문적 성취와 능력에 관해 직접적이고 명백한 정보를 제공한다. 따라서 학생의 성취 노력을 강화하는 교실 환경을 개선시키는 것은 학생의 성공과 실패에 대한 학생과 교사의 귀인 요인의 분석에서 시작해야 할 것이다.

교실 환경에 대한 최근의 연구는 다양한 요인들이 학생 귀인에 영향을 주는 것으로 확인되었다. 앞에서 논의된 것처럼, 동정과 분노의 정서적 반응이 그 한 예다. 동정은 실패하고 있는 학생에게 교사가 도전적 과제를 제공

하는 것을 방해하고, 교사의 지나친 도움은 학생의 학습에 대한 책임감마저
도 없애 버리는 결과를 낳을 수 있다. 이 외에도 학습자의 귀인 지각에 영
향을 주는 교실 요인으로, ① 성공할 가능성이 없다고 믿어지는 학생들에
대해 행하는 교사의 특별한 행동 ② 학생에 대한 교사의 긍정적인 피드백
③ 학생 특성에 대한 이해와 배려 등을 들 수 있다. 이를 좀 더 자세하게 알
아보자.

(1) 낮은 성취아에 대한 교사의 행동

어떤 학생이 낮은 성취를 보일 것이라고 기대하는 교사는 그런 학생들을
특별히 취급하게 되어 학생의 배울 기회는 줄어들고 성취도 낮게 된다. 낮
은 성취아에 대한 교사의 행동 유형을 볼 때 학생 행동 원인을 능력의 부족
으로 인정하는 경우에는 지나친 도움을 주게 된다. 그러나 노력의 부족으로
여기는 교사는 낮은 성취자에게 필요한 교실 구조를 만드는 데 역점을 두어
그 학생들에게 다른 학습의 기회를 제공해 줄 뿐만 아니라 다른 귀인적 메
시지를 사용하려고 노력해야 한다.

(2) 학생에 대한 교사의 피드백

교사의 피드백은 학생들이 그들의 능력을 지각하는 데 있어서 중요한 요
인이다. 한 연구는 일에 대한 교사의 피드백이 다른 교사나 동료의 상호작
용보다 아동들의 능력과 노력을 지각하는 데 더 훌륭한 예언자라고 보고한
다. 일에 대한 칭찬을 받았던 아동은 자신이 영리하다고 생각하게 되고, 칭
찬을 받지 않은 아동들보다 일을 더 열심히 하였다.

그러나 쉬운 과제 성취에 대한 교사의 칭찬은 학생이 낮은 능력의 소유자
라고 귀인하게 된다. 이때 성공에 대해 칭찬을 받은 학생들은 중립적인 피
드백을 받은 학생들보다 능력이 낮은 것으로 평가된다.

(3) 학생 특성의 고려

자아개념, 발달수준, 성 등의 학생 특성이 귀인의 선택에 영향을 준다. 높
은 자아개념을 가진 학생은 성공을 내적 원인으로 귀인하고 실패를 외적 요
인으로 귀인한다.

어린 아동은 능력 수준을 성패의 기록과 연관시키지 않으며 1, 2학년 때는 노력만 하면 잘할 수 있을 것이라고 여긴다. 3, 4학년이 되면 아동은 성공과 실패의 귀인을 위한 과제곤란도, 노력, 능력에 관한 정보를 혼합한다.

학교 상황에서 특히 중요한 것은 실패의 취급에 있어 성공 경험 아동과 실패 경험 아동을 다르게 다루는 전략이다. 단지 학생들에게 '좀 더 열심히 하면 좋은 성적을 낼 수 있을 거야.'라고 말하는 것은 별로 효과가 없다. 학생들은 아무리 노력해도 결과가 개선되리라고 생각하지 않는다. 학생들에게 상황이란 변화될 수 있는 것임을 믿게 하기 위해서는 노력이 효과를 거두는 실제적 증거가 필요하다. 이에 대한 한 가지 효과적인 방법은 학생이 특정 분야에서 발전이 있거나 잘한 것이 있으면 그것을 강조하고, 과거의 노력과 성취 간의 연관을 강조하는 것이다. 예를 들면, 학생들의 과제물에 대해 특별한 요구 사항을 달아서 되돌려 주고 만약 학생이 조금이라도 향상되면 칭찬을 해 주는 것이다.

(4) 교실 수업 분위기의 개선

일차적인 것은 성취에 대한 강조보다 학습에 강조를 두는 교실이다. 학습에 대한 강조는 교실을 학생의 노력, 학생 활동에 있어서 필요한 변화를 향한 문제의 접근, 학습을 용이하게 해 주는 전략에 초점을 둔 것으로, 그것은 또한 학생 활동에 대한 강조로서 답의 맞고 틀림보다 실수를 바로잡는 것에 대해 학생들에게 특정한 피드백을 주어야 함을 의미한다.

긍정적인 학습 환경에 기여할 수 있는 또 다른 체제는 소집단에서 행해지는 협동학습의 실행이다. 협동 그룹 구조는 성취에 대한 압력을 줄일 수 있고 학생들에게 긍정적인 자아상을 발달시킬 수 있는 기회를 제공할 수 있다.

경쟁적이고 수동적인 학습 태도를 요구하는 교사 주도적 수업 방식인 전통적 수업보다는 소집단학습, 학습자 주도적인 개방적 수업 방식에서 내적으로 귀인하는 학생들이 높은 성취도와 긍정적인 태도를 보인다. 지시적인 수업 방식이 내적으로 귀인하는 학생에게 효과적이지 못한 이유는 학생 자신이 통제하지 못하는 수업 상황에서는 좌절감을 느끼기 때문이다. 그러나 성공 경험을 제공하고 부정적 실패 결과를 제거하는 것으로는 자아개념이 낮은 아동들의 자아존중감을 강화시켜 주기는 불충분하다. 본질적인 요소는 교사에 의해 전달되는 귀인적 메시지다.

2) 귀인의 변화를 위한 프로그램 설계

귀인 변화 프로그램은 거의 고정된 행동 양상으로 굳어 온 조건을 변경해 보는 것으로, 1단계는 일반적으로 아동의 경험에 있어서 실패를 표시하는 귀인 단서에 대한 분석이 되어야 한다(교사의 아동의 원인 추론에의 단서 역할이 특히 중요함). 2단계는 교사로부터 학생에게로 전달되는 귀인 단서로 적용할 수 있는 대안 행동을 확정하는 일이다. 3단계는 목표 설정에 대한 강조이다. 노력해서 성공한 친구의 얘기나, 현실적 목표 달성을 격려하는 게임을 이용하는 것이 좋다.

실제로 적용된 프로그램을 살펴보자. deCharms(1972)는 2년간의 주체 훈련 프로그램을 통하여 교사와 학생들이 자기 자신들을 수업과 학습의 주체(스스로 통제할 수 있고 책임을 질 수 있는 사람)로 인식하도록 훈련하였다. 그 결과 교사와 학생들의 언어 기술을 증진시킬 뿐만 아니라 학생들의 학습 동기를 향상시킨 것으로 밝혀졌다. 실험의 성과는 여학생보다 남학생에게 더 큰 것으로 나타났다.

Wang(1983)은 자기관리기법 훈련 프로그램을 이용하여 학생들의 귀인 행동을 변경시켰다. 학생 스스로가 학습을 통제하고 책임지기, 현실적 목표 세우기 경험, 학습 시간의 독자적 관리, 자기 속도로 학습 자료 조직하기 등으로 구성되어 있다. 이런 자기관리기법이 숙달됨에 따라 학생들은 통제 가능성과 책임감이 향상되었으며 과제가 주어졌을 때 그것을 성공적으로 끝까지 수행해 내는 빈도가 높아졌다.

귀인재훈련 프로그램의 효과를 검증한 Dweck는 그의 연구에서 학습에 대해 무력감을 가지고 있는 학생들에게 학습 실패에 대해서 본인들이 책임지도록 가르쳤으며, 실패의 원인을 능력 부족보다는 노력 부족으로 귀인시키도록 가르쳤다. 또 다른 학생들에게는 계속적으로 성공만 경험시켜 주는 프로그램을 제공했다. 실험 결과 귀인재훈련 프로그램을 받은 학생들은 자신들의 학습활동을 증진시켰으나 성공만 계속 경험시킨 집단은 학습활동이 감소되는 것으로 밝혀졌다.

이것은 전통적으로 강조되어 온 칭찬을 가능한 많이 하라, 성공 경험을 가능한 한 많이 갖도록 하라는 수업 전략이 항상 옳은 것은 아니라는 점을 증명한다. 즉 학생들에게 성공 경험을 시키되 그 성공이 자신의 노력에 의한 것이라는 믿음을 길러 주는 것이 더 중요하다.

4. 학교 교육에 적용

학교 교육을 위한 귀인이론의 적용은 교실 수업 속에서 교사와 학생, 학생과 학생 간의 보다 긍정적인 상호작용을 통해서 효과를 높일 수 있다. 많은 연구자들은 학생과 교실의 목표 지향 간의 상호작용 분석을 통해 귀인적 인과관계를 밝혀 주었다. 그리고 이 연구를 통해 학습자들의 동기를 제고시키기 위한 많은 교육 프로그램을 만들고 있다.

1) 교실 수업과 관련된 문제점

(1) 학습자 특성

학습에 관련된 주요 특성으로는 학습에 대한 준비성, 동기유발 등에 있어서 개인차가 있다는 점이다. 그런데 이 개인차에 따라 학생들이 성공과 실패의 원인을 어떠한 귀인의 요인으로 보고 있느냐의 결과는 다르게 나타난다.

① 개인차

학생의 발달수준과 자기존중감의 정도가 귀인 선택에 영향을 미치는 것으로 확인되었다. 어린 아동에게는 노력이 실패를 수정할 수 있지만 자기존중감이 높은 사람은 실패를 외적 불안정 원인으로 귀인시킨다.

② 학습 준비도

새로운 수업 기술에 도움이 되는 능력에 따른 새로운 학습을 위한 준비도는 성공과 실패에 대한 학생의 이전 귀인의 영향을 받는다.

③ 동기화

귀인이론은 성공과 실패에 대한 학생의 원인을 동기의 주요 근원으로 간주한다. 그러므로 학교에서 주요한 동기가 되는 사상은 학습 자료를 덧붙이는 대신에 성취와 관련된 학생 행동에 대한 교사와 동료의 반응이라고 할 수 있다. 학생의 동기유발에 영향을 미치는 교실에서의 정보의 근원은, 교사로부터의 성공 또는 실패에 대한 정보적 피드백, 결과에 대한 교사의 정서적 반응(동정, 분노), 결과에 따라 학생에게 형성된 성향, 질문에 대해 답변할 수 있는 기회와 학급의 좌석 배치의 변화를 들 수 있다.

(2) 인지적 과정과 수업

교육에 있어서 중요한 세 가지 인지적 관심은 학습의 전이, 문제해결 수업, 학생들의 학습법에 대한 기술의 학습이다. 과거의 누적된 성공과 실패의 경험으로 형성된 귀인적 특성은 지금 현재 학습할 것에 영향을 준다. 예를 들어 문제해결력을 요구하는 학습 상황에서 계속적 실패를 경험한 학생들은 자주적으로 문제를 해결해 보려는 의욕이나 동기가 없이 그저 피동적으로 학습에 참여하게 된다.

(3) 학습을 위한 사회적 상황

귀인이론은 다양한 상황에서 개인이 자기 능력의 자각을 구성하는 데 사용되는 정보의 형태를 말한다. 특히, 학생이 스스로의 능력에 대해 믿게 하는 중요한 정보의 근원은 교사라 할 수 있다. 실패의 상황에 있어서 동정이라는 정서적 반응은 능력 부족의 메시지로, 분노는 노력 부족의 신호로 파악한다.

2) 수업 전략의 개발

학급의 분위기는 경쟁적인 성취보다는 학습의 과정에 초점을 맞출 때 촉진된다고 한다. 이러한 학급 분위기는 학생이 기대 결과에 따른 성공과 실패를 평가하는 횟수를 최대한 줄인다. 학습은 구조적인 노력을 통하여 얻어진다는 신념을 강화하도록 학급이 조직되어야 한다.

① 학습과정 및 전략의 견지에서 학급 목표를 재구성하라.

1.1 어떤 목표가 학습 전략을 강조하는 데 재기술될 수 있는가?

1.2 학습과정을 강조하기 위해 학습 자료에 요구되는 변화는 무엇인가?

1.3 목표를 위한 시험의 본질은 무엇인가? 형성 또는 진단 평가에 요구되는 학습 전략의 변화에 대한 피드백이 포함되는가? 학생은 학습한 것을 증명할 수 있는 충분한 기회를 부여받았는가?

② (a) 개인 상호 간의 경쟁을 강조하지 않는다.

　　(b) 효율적인 과제 접근 노력과 전략의 발달을 촉진하는 학급 활동을 확인한다.

2.1 학습활동에 할당된 시간의 비율을 볼 때 소집단학습에 비해 개인의 학습활동이 너무 높지는 않은가?

2.2 학습과정을 강조하는 학습 자료에서 어떤 변화가 필요한가?

2.3 학생의 노력과 학습 전략 개선을 향상시킬 수 있는 유용한 개인 또는 집단 게임은 무엇인가?

③ 적절한 귀인 메시지를 전달하는 언어적 피드백 진술법을 개발하라.

3.1 칭찬은 적절히 사용되는가?(쉬운 과제의 성공인 경우는 피하고, 어려운 과제의 성공뿐만 아니라 적절한 전략을 사용하거나 열심히 노력했을 때 제공한다.)

3.2 성공하지 못한 성취에 대하여 동정 대신에 사용할 수 있는 건설적인 교사의 전략은 무엇인가?

3.학생이 그들 자신의 학습에 대한 책임을 갖도록 격려하기 위해 사용될 수 있는 전략은 무엇인가?

3) 귀인이론의 교육적 시사점

Weiner의 귀인이론의 장점은 많은 교실 학습에서의 경쟁적 성질에 따르는 문제점들을 증명하였다는 것이다. 심리학적 측면에서 교실 활동, 아동의 정신적 태도, 아동의 행동 간에 연계를 분명히 제시하였다. 그리고 성공 또는 실패에 대한 학생들의 신념 및 행동의 연결에 기여하는 교실 내에서의 실천을 확인하였다. 즉, 아동의 내적 귀인 경향을 육성시켜 줌으로써 학업 성취를 촉진시킬 수 있고, 학습 태도의 지적 수월성을 높여 줄 수 있을 것이다. 그리고 교실에서 작용하는 많은 정서적 행동을 분석하도록 모형을 제공하였다. 그러나 귀인이론을 실제 교실에서 실행에 옮기기 위한 수업을 개발하기 어렵고, 귀인이론을 적용할 정도로 교실 과정이 발달되어 있지 못하며, 따라서 앞으로 특수한 교실 절차가 이 이론의 도구로 개발되어야 한다.

귀인이론의 가정 중의 하나는 학교 학습에서 학생들이 자신들의 성공이나 실패를 통제 불가능한 요인(능력 혹은 운)에 귀인시킬 때보다는 통제 가능한 요인(노력)에 귀인시킬 때 학습 동기가 증진된다는 것이다. 이는 학습자 자신의 의지에 따라 그 결과를 변경할 수 있으므로 학습하고자 하는 동기가 높아질 가능성이 많기 때문이다.

학교 학습과 관련하여 귀인이론이 교사에게 시사하는 바를 제시하면 다음과 같다.

첫째, 교사는 학습자의 현재 학습 행동을 고정된 것으로 생각하지 말고 학습자를 적극적으로 도와주어야 한다. 즉, 교사는 교육 환경에서 인과적 귀인에 미치는 변인들을 확인하고, 실제로 그러한 변인들과 관련하여 학습자에게 학습 결과를 내적이고 통제 가능한 귀인 요인과 관련시켜 줌으로써 학습자의 교육적 경험을 증진시켜 주어야 한다.

둘째, 교사의 평가적 송환은 학생의 계속적인 과제 수행 및 학습 향상을 위한 동기화에 영향을 미칠 수 있다는 가능성을 시사해 주고 있다. 자기 학습의 실패 원인이 능력 부족이라고 생각한 경우 가장 많이 좌절하고, 노력 부족이라고 지각한 경우 가장 많이 자책한다. 그러므로 교사는 성취 결과에 따른 송환보다는 성취 결과의 원인과 관련해서 평가적 송환을 해 주는 것이 바람직하다. 즉, 성공한 학습자 중에서도 노력에 의한 성공일 때에 많은 보상을 해 주고 실패한 학습자에게는 노력하지 않았기 때문이라고 격려함으로써 성취 결과를 노력에 귀인하도록 해 주어야 할 것이다.

셋째, 귀인 성향은 학생들이 학교에서 경험하는 학업 성취의 성패에 달려 있다는 것을 귀인이론은 시사하고 있다. 학습에 성공하고 그것이 운이 좋아서 혹은 과제가 쉬웠기 때문이라고 생각하는 학생에게는 운이 좋다거나 과제가 쉬워서 성공한 것이 아니고 노력과 능력의 결과라고 원인 귀인을 수정해 주고, 노력하면 다음 학습에는 성공할 수 있다고 격려해 준다. 교사는 학생들에게 가능한 한 성공적인 학업 성취의 경험을 많이 제공하는 것이 필요하다. 그러기 위해서는 교사는 학생들의 능력에 맞는 학습과제를 제시하고 그 과제를 학생들의 노력으로 해결할 수 있어야 한다. 즉, 교사는 노력이 성공을 가져올 수 있도록 학습과제의 곤란도를 적절하게 조절해야 한다.

넷째, 학습 환경이 경쟁적인 구조에서는 학습자가 성취 결과를 능력과 운 같은 통제 불가능한 요인으로 귀인시킴으로써 부정적인 정의적 특성을 갖기 쉽고 미래의 학습을 위한 노력을 지속하지 않게 된다. 이렇게 볼 때 귀인이론이 주는 시사점은 경쟁적인 것보다는 개별화 혹은 협동적인 학습 상황에서 학습할 수 있도록 함으로써 학생들이 성취 결과를 내적 요인으로 귀인하여 미래의 학습과제를 성공적으로 이끌어 갈 수 있도록 노력해야 할 것이다.

요 약

1. 귀인이론의 기본 가정은 다음과 같다.
    ① 행동의 방향과 힘은 기본적으로 개인의 동기화 수준에 따라 다르다.
    ② 귀인은 결과에 대한 정보의 복합적인 근원이며 단일 차원이라기보다 다양한 차원이다.
    ③ 미래의 행동은 이전 결과의 지각된 원인에 의해 결정된다.
2. 성취 영역에서 성공과 실패 결과에 대한 전형적인 귀인들은 능력, 노력, 과제곤란도, 운이다.
3. 귀인의 차원은 원인의 소재, 안정성, 통제 가능성으로 구분한다.
4. 학습된 무력감이란 아무리 노력해도 성공할 수 없을 것이라고 느끼게 되는 현상을 말한다. 이런 학생은 학업 성취에 있어 자신의 잠재력을 거의 발휘하지 못하며, 쉽게 학업을 포기하게 된다.
5. 개인의 행동은 부분적으로 지난 결과의 원인에 대한 자신의 믿음에 의해 결정된다.
6. 낮은 성취아에 대한 교사의 행동에 있어서, 어떤 학생이 낮은 성취를 보일 것이라고 기대하는 교사는 그런 학생들을 특별히 취급하게 되어 그 학생의 배울 기회는 줄어들고 낮은 성취를 하게 된다.
7. 학생에 대한 교사의 피드백에 있어서, 쉬운 과제 성취에 대한 교사의 칭찬은 학생이 낮은 능력의 소유자라고 귀인하게 만든다.
8. 자아개념, 발달수준, 학생의 성의 특성이 귀인의 선택에 영향을 준다.
9. 긍정적인 학습 환경에 기여할 수 있는 체제인 협동학습은 성취에 대한 압력을 줄일 수 있고, 학생들이 긍정적인 자아개념을 발달시킬 수 있는 기회를 제공한다.
10. 학교 교육에의 공헌은 교실에서 발생하는 많은 정서적 사건들의 분석과 연구를 통해 관찰학습의 틀을 체계화시켰으며, 실패와 학생들의 신념 및 행동의 연결에 기여하는 교실의 실천 방안에 대한 이론을 정립시켰다.

Keller의 학습동기이론

J. M. Keller
(?~현재)

학습 환경에서 학습자들의 동기를 유발하고 유발된 동기를 계속 유지하기 위한 전략인 ARCS 이론은 Keller에 의해 발전하였다. ARCS 이론은 수년에 걸친 경험적 연구의 결과로 수정ㆍ보완되어 왔고, 여러 가지 다른 수업 상황에 적용되면서 구체화되었다. Keller의 ARCS 이론은 교수의 세 가지 결과 변인인 효과성, 효율성, 매력성 중에서 특히 매력성과 관련하여 학습자의 동기를 유발하고 유지하는 전략들을 제공하고 있다.

Keller는 학습동기를 유발하고 유지하는 변인들로 주의(attention), 관련성(relevance), 자신감(confidence), 만족감(satisfaction) 등을 제시하였고, 각 범주 내에서는 구체적이고 처방적인 동기유발 및 유지를 위한 동기 설계와 개발의 과정이 포함되어 있다.

Keller는 교수 효과를 극대화하기 위해서는 학습동기에 관한 체계적이고 구체적인 접근 방식이 필요하다고 주장하고 있다. 이때 동기를 행동의 정도와 방향을 결정짓는 요인으로 보면서 "동기란 사람들이 어떤 경험이나 목적을 추구할 것인지 혹은 회피할 것인지를 결정짓는 요인이면서 동시에 그들의 선택된 방향에 대한 노력의 정도에 영향을 미친다."라고 정의하고 있다.

이 장에서 학습할 학습목표는 다음과 같다.

1. 동기유발의 개념과 기능을 알 수 있다.
2. Keller의 거시적 이론이 가지는 특성을 알 수 있다.
3. Keller의 ARCS 이론의 네 가지 개념적 범주를 알 수 있다.
4. 동기이론의 구체적인 전략을 알고 활용할 수 있다.
5. 동기설계 모델을 수업에 활용할 수 있다.
6. ARCS 이론의 유용성과 제한점을 말할 수 있다.

1. 학습과 동기유발

"말을 물가로 데리고 갈 수는 있지만 물을 먹일 수는 없다."는 속담처럼, 하고자 하는 마음이 없으면 학습 효과를 기대할 수 없는 것은 당연한 사실이다. 이러한 생각의 근거에는 동기유발의 개념이 자리 잡고 있다. 동기유발이란 어떤 활동을 촉진, 지시 및 유지하려는 내적 상태 또는 과정을 포함한다. 이 개념은 교육심리학의 중심 개념 중의 하나지만 직접 관찰할 수 없는 것이기 때문에 인간의 행동을 보고 거기에서 유출해 내는 개념이며, 이에 대한 정의는 바라보는 관점과 강조하는 내용에 따라 각기 다르다.

1) 동기유발의 기능

동기는 인간 행동의 선택과 수행에 다양한 기능을 한다. 동기가 유발되지 않으면 인간의 삶이나 행동은 바다에 표류하는 배처럼 행동의 방향을 잃어버리고 힘없이 떠밀려 다니는 것처럼 살아갈 것이다. 그리고 무슨 일에나 흥미와 관심을 갖지 못하고 무력감으로 소극적인 자세를 취하게 될 것이다. 이처럼 동기와 동기유발의 수준은 인간의 행동에 있어서 대단히 중요하며 여러 가지 기능을 하게 된다. 동기유발의 기능은 크게 네 가지로 나눌 수 있는데 이를 간략하게 설명하면 다음과 같다.

첫째, 활성적 기능(activating function)을 갖는다. 동기는 행동을 유발하고 지속하게 해 주며 유발한 행동을 성공적으로 추진하는 힘을 주게 되는데, 이것을 '활성적 기능'이라고 한다. 유기체를 행동으로 향하게 하는 데는 유기체 내에 동인(動因)의 발생이 있어야 하며, 유발한 행동은 동인이 존재하는 한 지속되며, 동인이 해소되었을 때 행동이 끝난다고 생각할 수 있다. 그리고 유기체 욕구 수준에 따라 동인의 수준이 달라진다.

둘째, 지향적 기능(directive function)을 갖는다. 행동은 환경 속에 있는 대상을 향해 전개되는 경우가 많다. 이처럼 행동의 방향을 어느 쪽으로 결정 짓느냐는 동기에 따라 달라지기 때문에 이를 '지향적 기능'이라고 한다. 행동의 방향 선택에 있어서 유인(誘因)은 동기의 지향적 기능을 성립시키는 중요한 환경 요인이며, 이는 유기체로 하여금 행동의 방향을 선택하는 데 있어서 그 유인과 가깝게 또는 멀리하게 하도록 행동시키는 기능을 한다.

셋째, 조절적 기능(adjusting function)을 갖는다. 선택된 목표 행동에 도달하기 위해서는 필요한 다양한 동작이 선택되고 이를 수행하는 과정을 겪는데, 이와 같은 다양한 분절 동작을 선택하고 수행하는 과정에 동기는 조절적 기능을 한다.

넷째, 강화적 기능(reinforcing function)을 갖는다. 행동의 수행이 유기체에게 어떠한 효과를 미치는가에 따라 그 행동이 일어날 확률이 증가하기도 하고 감소하기도 한다. 즉, 행동의 결과로 어떠한 보상이 주어지느냐에 따라 동기유발의 수준은 달라진다. 이때 보상(reward)이란 어떤 행동의 결과로 생기는 외적 강화를 말한다. 만일 어떤 행동의 수행이 강화적 기능을 가질 경우에는 보상의 기능으로 볼 수 있다. 보상이 유기체에 미치는 효과가 어떤가에 따라 그 행동이 다시 일어나는 경향이 강해지기도 하고 약해지기도 한다. 보상은 유기체가 그것에 가까워지려는 행동을 일으킨 경우를 가리키며, 그것으로부터 멀어지려는 행동을 일으킨 경우는 벌이 된다.

2) 학습에 있어서의 동기유발

(1) 내발적 동기유발과 외발적 동기유발

유인의 강화와 관련하여 동기의 유형을 보면, 행동의 전개 자체가 목표인 내발적 동기(intrinsic motive)와 행동의 목표가 행동 이외의 것이어서 행동이 수단의 역할을 하는 외발적 동기(extrinsic motive)로 구분할 수 있다. 손이 더러워서 기분이 좋지 않아 손을 씻는 경우는 전자에 해당하고, 어머니에게 꾸중을 듣지 않으려고 손을 씻는 경우는 후자에 해당된다. 전자는 손을 씻는 행동 이외에는 동기를 만족시킬 수 없지만, 후자는 어머니에게 들키지 않는다든지, 더러워진 손을 숨긴다든지, 어머니와 얼굴을 대하지 않도록 방에 들어가 어머니의 꾸중을 피하는 등 여러 가지 다른 행동에 의해 만족을 얻을 수 있다.

학교에서 주는 상이나 진급 등을 사용하여 동기를 유발시키는 경우는 외발적 동기유발이라고 하며, 학습자가 학습하는 그 자체에 의미를 갖게 하거나 스스로가 학습하는 것에 만족하는 경우를 내발적 동기유발이라고 한다.

(2) 학습동기의 유발

첫째, 학습자들의 능력에 따라 적절한 수준의 학습목표가 선정되어야 한다. 학습목표는 학습활동을 방향 짓는 유인이기 때문에, 학습목표의 선정은 동기를 유발하는 시발점이 된다. 학습목표 그 자체가 갖는 유발성의 정도와 학습목표에 도달할 수 있는 가능성의 정도가 동기유발의 크기를 결정하는 중요한 요인이다. 따라서 학습자의 능력 수준에서 적절한 수준의 곤란감을 갖는 학습목표가 선정되어야 한다.

둘째, 학습의 결과에 대한 정보가 제공되어야 한다. 학습목표가 내발적 동기유발에 있어서 중요한 의미를 갖는 것임에 비하여, 외발적 동기유발에 있어서 중요한 역할을 하는 것은 학습의 결과에 대한 학습자가 갖고 있는 인식과 이해의 정도다. 자신의 행동의 진행 상황 및 결과에 대한 정보를 결과의 지식이라 하는데, 이는 학습의 과정에서 피드백의 효과를 가진다.

셋째, 상과 벌을 적절하게 사용해야 한다. 학습에 있어서 적절한 인지적 · 감정적 · 정의적 행동에 대해서는 상을 주고, 허락하지 못할 행동에 대해서는 벌을 주는 상벌의 적절한 조치에 의한 시행은 동기를 유발하는 데 큰 역할을 한다. 상은 일반적으로 활동을 활발하게 하고, 행동을 목표 지향적으로 만든다. 이에 반해 벌은 벌을 가져오는 자극을 회피하려 하고, 장기적으로 보면 부정적 효과를 갖는 경우가 많다.

넷째, 인지적 동기유발의 활용을 더 많이 제공해야 한다. 학습자들에게 지적 호기심을 환기하고, 이러한 지적 호기심이 충족되어 학습자가 성공에 대한 쾌감을 느낄 수 있는 기회를 많이 갖게 하는 것은 내발적 동기유발의 방법으로서 중요하다.

다섯째, 경쟁적인 방법의 활용을 통해서 동기를 유발시킬 수 있다. 경쟁은 학습동기를 유발하는 데 흔히 사용되고 있는 방법이지만, 대부분의 교육학자들은 이 방법을 환영하지 않는다. 왜냐하면 경쟁적인 상태에서는 오직 한 사람의 승리자만 있을 뿐이고, 학생들이 자기 자신에게만 집착하는 경향이 있으며, 경쟁적 분위기는 외적 보상을 받기 위한 학습이 됨으로써 내발적 동기유발을 저해하기 때문이다. 그러나 이러한 경쟁적 방법은 학습자의 동기유발을 위해 흔히 활용하고 있는 기법이다.

3) 동기유발과 욕구

학습자들에게 동기유발이 될 때, 그들은 더 많이 학습하려 하고 나쁜 짓을 덜 할 것이다. 모든 학생의 동기를 항상 유발하는 단일한 방법은 없으며, 교사들은 광범위한 동기유발원리와 기법을 적용해야 한다. 욕구이론(need theory)에 의하면, 인간은 다양한 욕구를 충족하기 위해서 어떤 행동을 하려는 동기가 유발된다고 한다. 예를 들어 배가 고픈 사람은 먹을 것을 찾으려고 노력할 것이고, 교사로부터 인정을 못 받은 학생은 교사의 관심과 사랑을 받으려는 행동을 하게 될 것이다. 이처럼 인간의 욕구 종류와 수준은 한 인간의 행동을 선택하고 그것을 수행하는 힘을 결정하는 동기유발에 큰 영향을 미친다. 이러한 욕구는 크게 세 가지로 나눌 수 있다.

(1) 생리적 욕구

생리적 욕구는 기본적 욕구라고 하는데, 기본적인 욕구가 만족되지 않으면 인간은 다른 무엇에도 주의를 집중하기가 힘들다. 생리적 욕구에는 음식물과 음료, 신체적 편안함, 안전이 포함된다. 따라서 교실의 물리적 환경은 편안하고 안전해야 하며, 수업 절차와 진행에 대해서는 학생들이 무엇을 위해 어떠한 활동을 하게 될 것인지 알 수 있게 해 주어야만 걱정이나 불안감이 줄어들 것이다.

(2) 정서적 욕구

정서적 욕구에는 능력적 욕구, 성취 욕구 및 자아 존중의 욕구가 포함된다. 학생들로 하여금 그런 목표에 대처하기 위한 목표와 활동을 선정하는 일에 참여하게 하고, 학생들에게 유의미한 일을 제공해야 한다. 또 학생이 성공할 수 있는 계열로 너무 쉽지도 너무 어렵지도 않은 활동을 제공하고, 학생들의 인격을 존중해야 한다.

(3) 인지 욕구

지적 동기는 신체적, 정서적 동기만큼 강력한 동기적 힘이 될 수 있다. 성공의 성취는 정서적 동기로 생각될지 모르지만, 그 성취의 기대는 인지적이다. 인지 욕구에는 성취 기대 욕구, 개념적 갈등 및 인지 부조화 해결 욕구, 자극화 욕구가 포함된다. 학생들에게 그들의 성취를 기대할 수 있도록 수업목표를 말하고, 수수께끼 · 질문 · 대비 · 불일치 · 정반대의 관점으로써 다양한 제시 방법을 활용해야 하며, 제시 · 시범 · 토의 및 보조자료를 사용하여 자극화를 제공해야 한다.

2. Keller의 동기이론: ARCS 이론

인간의 동기에 대한 수많은 개념과 이론을 실무자들에게 유용한 전략으로 통합한 것이 Keller의 ARCS 이론의 특성이다. Keller에 의하면 ARCS 이론은 다음과 같은 세 가지 특성을 가지고 있다. 첫째, ARCS 이론은 인간의 동기를 결정지을 수 있는 여러 가지 다양한 변인들과 그에 관련된 구체적 개념들을 통합한 네 개의 '개념적 범주'를 포함하고 있다. 둘째, ARCS 이론은 교수 · 학습 상황에서 동기를 유발하고 유지하기 위한 구체적이고 처방적인 전략들을 제시하고 있다. 셋째, ARCS 이론은 교수 설계 모형들과 병행하여 활용될 수 있는 동기 설계의 체제적 과정을 소개하고 있다.

1) ARCS 이론의 기본 가정

Keller(1981)는 그동안 교육공학 분야에서 동기에 관한 연구가 내포하고 있던 문제점을 두 가지로 분석했다. 첫 번째 문제는 교육공학이론가들의 태도에 관한 것이고, 두 번째 문제는 동기의 측정과 이론에 관한 기술적인 것이다. 이러한 문제점은 바로 ARCS 이론의 출발점이자 기본 가정이라고 할수 있다.

첫째 태도에 있어서의 문제점을 살펴보면, 교육공학의 주된 관심사는 가장 효과적이고 효율적인 교수 상황을 설계하고 개발하는 데에 있다. 효과적인 교수는 학습자가 주어진 학습목표를 실제로 달성하도록 구성되어 있는가에, 효율적 교수는 주어진 목표에 도달하는 가장 적절한 방법을 도입하여 시간과 노력을 감소하도록 구성되어 있는가에 각각 관심이 있다. 그런데 여기서 문제가 되는 것은 학습과정 중의 학습자 동기가 전혀 고려되고 있지 않다는 것이다. Keller의 지적에 따르면, 그동안 교육공학이론가들의 태도는 "교수가 효과적 · 효율적으로 되도록 구성되어 있다면 동기 문제는 자연히 해결될 것이다."라는 것이다. 즉 이러한 효과적 · 효율적 교수는 단지 학습자의 학습 결과만을 검토하여 판단되고 있으며 학습자의 학습과정상의 동기는 무시되고 있다는 것이다. Keller는 효과적 · 효율적 교수가 반드시 동기면에서도 우수한 것은 아니라고 지적하면서 동기면의 연구가 더욱 체계적으로 진행되어서 교수 설계 및 개발 과정과 마찬가지로 동기 설계 및 개발 과정에 대한 체제적 접근이 필요하다고 역설하고 있다.

두 번째 동기 연구의 문제는 보다 기술적(technical)인 것으로, 동기의 특성을 밝히고 동기를 측정하려는 노력과 연관되어 있다. Keller는 동기를 능력(ability)과 분리시켜, 동기는 "한 개인이 ~을 할 것이다."라는 의미이고, 능력은 "한 개인이 ~을 할 수 있다."라는 의미라고 주장한다. 따라서 Keller는 동기와 능력에 관한 연구를 비교하면서 능력에 관한 연구는 어느 정도 일관성 있는 결과를 산출하고 있는 데 비해 동기에 관한 연구는 동기의 정의나 특성에서도 연구자들이 합의하기가 어렵다고 지적한다.

또한 Weiner(1972)가 지적했듯이, 동기에 관한 연구들이 개인적 · 환경적 변인들을 포함시키려고 노력해 왔으나 현재까지 체계적으로 두 변인을 통합시킨 연구는 거의 없었다고 한다. 또한 동기라는 개념의 정의와 특성에 학자들이 일치하지 못했던 것과 아울러 동기를 '어떻게' 측정하느냐 하는 문제도 교육공학이론가들이 학습동기를 연구하는 데 방해 요인이 되어 왔다. 특히 동기에 관한 좋은 이론이나 모델이 제시되어 있지 않은 상황에서 동기를 측정하기란 매우 어렵다고 지적하였다. 또한 가족의 사회 · 경제적 상태 등의 변인과 관련하여 동기를 연구하려는 간접적 측정은 많이 시도되었으나 동기와 학습 성취 간의 직접적 측정은 일관성 있는 결과를 보여 주지 못한 듯하다. 이러한 상황에서 Keller는 일반적 학습동기를 측정하여야 하는 필요를 인식하고, 이를 위한 기초 작업으로 동기의 정의 및 특성

에 관한 체계적인 연구와 이를 바탕으로 한 학습동기 모델의 필요성을 강
조한다.

2) 학업 성취와 동기

Keller에 따르면 '동기'는 학습자의 학습과정을 이해하는 핵심적인 부분
이면서도 그동안 경시되어 온 분야라고 한다. 행동주의나 인지주의 심리학
은 교수 이론 발달에 큰 도움을 주었는데, 그들은 주로 인간이 '어떻게 배
우는가'에 초점을 맞추어 왔고 '왜 배우는가'에 대해서는 거의 관심을 갖지
않았다. Keller의 학습동기, 학업 수행 및 교수의 영향에 관한 이론은 어떻
게 동기이론이 행동주의나 인지주의 이론들과 통합하여 보다 효과적이고
효율적인 교수 상황을 학습자에게 제공할 수 있는가를 보여 주고 있다. 특
히, 이 이론은 어떻게 교수·학습 상황을 보다 흥미 있게 만들 수 있느냐에
관심을 두고 있다. Keller의 이론은 개인적인 특성과 환경이 노력, 수행, 결
과에 미치는 영향을 설명해 주고 있다.

Keller의 ARCS 이론의 모체인 학습동기, 학업 수행 및 교수의 영향에 관
한 이론을 간단히 소개하면 [그림 10-1]과 같다.

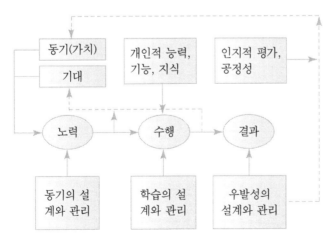

[그림 10-1] 학습동기, 학업 수행, 교수의 영향에 관한 모형(정인성 · 나일주, 1992)

이 이론은 Porter와 Lawler(1968)의 연구에 기초하여 발달하였는데, 학업 '수행'과 학습을 위한 '노력'을 구분하고 있다. Keller에 따르면 수행이란 실제적인 학업 성취를 의미하며, 노력이란 한 개인이 주어진 과제를 달성하기 위한 활동에 참여하느냐를 지칭하는 개념이다. 즉, 수행보다는 노력이라는 개념이 동기의 직접적인 측정자가 된다는 것이다. 반면 수행은 학습의 측정자로, 동기를 측정하는 데는 간접적으로 관련되어 있다. 이때 수행은 동기뿐만 아니라 학습자의 능력 및 학습의 기회나 환경에도 영향을 받는다. 따라서 동기 측정을 수행과 직접적으로 관련시킨 연구들은 '노력'이라는 개념을 고려하지 않았다고 지적할 수 있다.

Keller의 학습동기, 학업 수행 및 교수의 영향에 관한 이론은 수행과 노력을 분리하여 동기를 설명한 동시에, 수행과 결과도 구분하여 설명하고 있다. 수행이 외적으로 나타나는 실제적 성취인 반면, 결과는 개인에게 귀속되는 내적·외적인 산물을 모두 포함한다. 즉, 결과에는 학습자의 정의적 반응, 사회적 보상 및 물질적 보상까지도 포함된다.

Keller의 이론에서 보면 '결과'는 동기에 영향을 미치는 요소로, 이것은 결과가 학습자의 동기에 영향을 미칠 수 있는 인지적 평가를 포함하고 있기 때문으로 해석된다. 결과에 의해 영향을 받은 동기는 후에 학습자의 학습 노력에 직접적으로 관련된다. Keller는 자신의 이론에서 한 개인의 행동은 개인적 특성과 환경과의 상호작용으로 설명할 수 있다고 하였다. 이것을 함수화하면 다음과 같다.

$$B=f(P \cdot E)$$

B: behavior, P: person, E: environment

3. ARCS 이론의 요소

Keller는 개인의 동기를 설명하기 위하여 네 가지 개념적 요소로 구성된 ARCS 이론을 개발하였다. ARCS 이론은 동기에 관한 기존의 각종 이론 및 연구들을 종합하여 체계화한 것으로, 교수·학습 상황에서 학습동기를 유발하고 유지하기 위한 동기 설계의 전략들을 제공하고자 하였다(Keller, 1979).

이러한 특성을 가진 ARCS 이론은 학습동기에 네 가지 요소가 있음을 주장한다. [그림 10-2]는 네 가지 요소를 간단히 요약한 것이다.

ARCS 이론은 4요소를 정의하면서 각 요소마다 세 가지 하위 범주를 밝히고 각 동기 요소들을 유발·유지하는 데 필요한 구체적 전략의 예를 소개하였다. 다음은 각 요소에 대한 설명이다.

[그림 10-2] ARCS 이론의 네 요소

1) 주의

학습동기에 있어서 첫 번째 요소는 '주의(attention)'이다. 거의 모든 학습이론들이 학습에 있어서 주의의 중요성을 가정하고 있다. 학습이 일어나기 위해서는 적어도 학습자가 학습 자극에 흥미를 가지고 주의를 기울여야 한다. 학습동기가 유발·유지되기 위한 필수 조건으로서 학습자의 주의는 주어진 학습 자극에 기울어져야 하고 일단 기울어진 주의는 유지되어야 한다. ARCS 이론은 동기의 유발과 계속적인 유지를 위해 어떻게 학습자의 주의를 유발시키고 유지시키는가에 관심을 두고 있는 것이다.

'주의'는 호기심, 주의 환기, 감각 추구 등의 개념들과 연관되어 있다고 한다(Keller, 1983). 특히 호기심은 학습자의 주의를 유발·유지하는 주요 요인으로 지적되고 있다. Keller는 호기심을 설명하기 위해 Maw와 Maw의 정의를 이용한다.

> 호기심 있는 사람은 ① 그의 환경 속에 있는 새롭고, 이상하고, 기존의 것과 맞지 않는 요소들에 대하여 관심을 갖거나 그들을 조작해 보려 함으로써 긍정적으로 반응하고, ② 그 자신과 주위의 환경에 대하여 더 알고 싶어하거나 알아야 될 필요성을 느끼며, ③ 새로운 경험을 추구함으로써 그의 주위를 탐색하고, ④ 주위의 자극들을 더 잘 알기 위해 그들을 계속적으로 검토하고 탐구한다(Maw & Maw, 1968).

위와 같은 특성들이 '호기심'을 설명해 주고 있다면, 문제는 어떻게 하면 그런 특성들을 교수·학습 상황에서 행동으로 보일 수 있도록 하느냐 하는 것이다. 여기서 새롭고 이상하고 놀랍고 기존의 것과는 다른 무엇인가가 학습자의 주의를 끌 것이라는 가정이 성립될 수 있다. 특히 '지각 수준의 호기심'을 자극하는 상황 설정이 도움이 될 것이다. 다음의 문제는 일단 유발된 주의를 어떻게 계속 자극하고 유지할 수 있는가 하는 것이다. Keller는 학습자에게 '보다 심화된 수준의 흥미를 자극'할 수 있는 탐구 기회를 주어야 한다고 주장한다. 즉, 학습자가 스스로 주위 환경을 탐구하고 탐색하여 볼 기회를 가짐으로써 흥미는 계속적으로 유지될 것이라고 주장하였다. 또 그는 새롭고 신기한 사건이나 사실을 제시함으로써 학습자의 호기심이나 주의를 유발하는 것을 지각적 주의 환기(perceptual arousal)라 하고, 학습자들이 스스로 새로운 정보를 추구하고 문제해결을 하도록 계속적으로 주의나 호기심을 유지하는 것을 인식적 주의 환기(epistemic arousal)라고 하였다.

주의에는 지각적 주의 환기, 탐구적 주의 환기, 다양성의 세 가지 하위 범주들이 들어 있다.

(1) 지각적 주의 환기의 전략

이 전략은 새롭고 놀라우면서 기존의 것과 모순되거나 불확실한 사건 또

는 정보를 교수 상황에서 사용함으로써 학습자의 주의를 유발·유지시킨다
는 전략이다. 이 전략의 기본 가정은 학습자들은 기대하지 않고 있던 외부
의 자극에 쉽사리 반응하게 된다는 것으로, Keller는 이 전략에 포함되는 구
체적·처방적 동기유발 및 유지의 방법들로 다음의 세 가지를 제시한다.

① 시청각 효과로서 각종 애니메이션과 삽화나 도표 및 그래프, 흰 공백,
  다양한 글자체, 소리나 반짝거림, 역상 문자 등을 사용할 수 있다.
② 일상적이지 않은 내용이나 사건들을 활용하는 것으로, 패러독스나 학
  습자의 경험과는 전혀 다른 사실을 제시한다든지, 괴상한 사실 등을
  사용하거나, 믿기 어려운 통계들을 제시하는 것이 학습자의 주의를 끄
  는 효과적인 방법이다.
③ 위의 두 가지 방법을 남용하면 비효과적일 수 있으므로 너무 많은 지
  각적 자극이나 주의를 분산시키는 자극은 피해야 한다.

(2) 탐구적 주의 환기의 전략

이 전략은 Berlyne(1965)의 '인식적 호기심'과 유사한 개념으로, 학습자에
게 스스로 문제나 질문 등을 만들어 보도록 함으로써 정보 탐색 활동을 자
극하는 것이다. 일단 지각적 주의 환기 전략을 사용하여 학습자의 주의를
끈 후에는 더욱 심화된 수준의 호기심을 유발·유지하도록 하여야 하는데,
이는 학습자를 보다 탐구적인 과정에 몰입하도록 함으로써 가능해진다. 이
전략에 속하는 구체적·처방적 동기유발 및 유지의 방법들로서 Keller는 다
음의 세 가지를 제시하고 있다.

① 학습자의 능동적 반응을 유도해 내는 것으로, 학습자에게 흔치 않은
  비유를 해 보라고 요구한다든지, 내용과 관련된 연상을 스스로 만들어
  보라고 함으로써 학습자의 탐구적 주의 환기를 돕는 것이다. 또한 질
  문―응답―피드백의 상호작용을 통해 적극적인 사고를 유도할 수도
  있다.
② 문제해결 활동을 구상하게 함으로써 학습자의 탐구적 주의 환기를 돕
  는 것이다. 이는 학습자 스스로 문제를 내고 풀어 보게 한 후 적절한
  피드백을 제공하여 결과를 제시하여 줌으로써 학습자가 자신의 지적

호기심을 계속적으로 유지하도록 도와주는 방법이다. 또한 학습자에게 그들의 호기심을 충족시키는 학습과제나 숙제, 프로젝트 등을 선택하게 하는 것도 좋은 방법의 하나라고 지적한다.

③ 학습자에게 신비감을 주는 방법으로, 이는 탐색 과정에서 문제 상황을 제시하면서 필요한 지식은 부분적으로만 제공하여 줄 때 가능하다.

(3) 다양성의 전략

이 전략은 교수의 요소들을 변화시킴으로써 학습자의 흥미를 유지시키기 위한 것이다. Keller는 다양성의 전략과 주의 환기 전략을 구분시킨 이유를 "지각적 주의 환기의 전략에 속하는 신기성(novelity)의 효과와 같은 주요 요소들은 무언가 새로운 것이기 때문에 주의를 끄는 것, 혹은 유행하는 것까지 암시하고 있다. 그러나 다양성은 교수 사태의 전개 순서상의 변화를 의미하거나 정보가 조직되고 제시되는 방식의 또 다른 측면을 의미한다."라고 설명하고 있다. Keller는 이러한 다양성의 전략으로 다음의 네 가지 방법을 포함하고 있다.

① 교수의 한 단위를 간결하고 짧게 잡되 학습자의 주의집중 시간에 따라 정보 제시, 연습, 시험 등의 다양한 형태를 적절히 사용하는 방법이다. 이러한 다양한 교수 형태의 사용은 학습자의 주의를 집중 · 유지시키고 흥미를 유발할 수 있다는 점에서 좋지만, 어느 정도의 일관성은 유지되어야 한다고 지적한다. 교수내용을 해치고 주의를 산만하게 할 소지가 있는 것은 다양성의 원리를 사용함에 있어 특히 주의해야 한다.

② 강의 형태로 이루어지는 일방적인 정보 제시와 토론식 수업에서와 같은 상호작용식 교수 · 학습 기회를 적절히 혼합하는 것으로, 이는 교수자와 학습자 간의 상호작용 기회와 학습자 간의 상호작용 기회도 적절히 혼합되어야 한다는 원리까지도 포함하고 있다.

③ 교수 자료의 형태와 관계있는 것으로, Keller는 각 페이지 혹은 각 화면마다의 형태는 일관성이 있어야 하되 흰 공백, 그림, 표, 다른 글자 형태 등을 사용하여 적절한 변화를 주어야 한다고 주장한다.

④ 기능적 통합을 강조한 것으로, 어떤 다양성의 방식을 사용하든지 그 방식이 교수목표와 수업의 주안점을 가르치는 것과 기능적으로 통합되어야 한다는 것이다. 예를 들어 교수에 사용된 그림이 독립적으로 있을 때에는 별 의미가 없으나 교수의 목표와 연결되어 수업의 중요 부분에 주의를 집중시키도록 도와준다면 그림의 사용은 교수와 기능적으로 통합되었다고 말할 수 있는 것이다.

2) 관련성

두 번째의 주요한 동기유발 요소는 관련성(relevance)이다. 일단 주의가 기울여지고 나면 학습자들은 '왜 이 과제를 공부해야 하는가'에 의문을 갖게 되고, 학습 상황에서 볼 수 있는 중요한 개인적 필요를 지각하려고 할 것이다. 개인적 필요, 즉 관련성이 지각되어야만 학습동기는 계속적으로 유지될 것이라는 것이 Keller의 가정이다. 관련성의 원리란 '이 과제가 나의 개인적 흥미나 삶의 목적과 어떻게 관련되는가'에 대한 긍정적인 해답을 제시하고자 하는 노력으로 해석된다.

Keller는 관련성에는 결과와 과정이라는 두 가지 측면이 있다고 본다. 결과의 측면은 학습자가 교수의 내용을 자신의 장래에 어떤 중요한 목적을 달성하는 데 도움이 된다고 인지할 때 더욱 높은 학습동기를 유지하게 될 것이라는 주장이다. 그러나 Keller는 결과 측면에서의 관련성이 반드시 미래에 초점을 맞출 필요는 없다는 것도 역설한다. 현재의 교수내용이 학습자의 '현재'의 흥미와 목적, 과거의 경험 등과 연결되어 그 중요성이 부각된다면 관련성은 증가할 것이라고 주장한다. 과정의 측면에서 본 관련성은 학습자의 필요 충족을 추구하는 교수방법에서 찾아볼 수 있다.

Keller(1981)는 동기유발·유지의 방법으로 학습자의 성취 욕구(need for achievement)를 들고 있다. 성취 욕구란 학습자가 주어진 과제를 빨리 잘 하고자 하는 욕구와 과제 성취를 방해하는 요인을 극복하여 보다 어려운 과제를 잘 풀려고 하는 욕구를 지칭한다. 학습의 과정이 성취 욕구를 충족시켜 준다는 가정하에 연구자들은 현 학습의 학습자에 대한 '관련성', '충동이론' 등의 각종 동기이론 및 교수 이론 등을 통하여 사람들의 욕구 및 필요를 분류하려는 노력을 해 왔다. 그 결과 인정을 받으려는 욕구, 성공의 욕구, 소속감의 욕구, 참여의 욕구 등이 학습의 과정에서 관련성을 증가시키기 위해서 고려되어야 할 것으로 지적되고 있다. 이러한 결과 및 과정의 측면에서 본 관련성을 높이기 위한 전략으로 친밀성, 목적 지향성, 필요 또는 동기와의 부합성을 지적한다.

(1) 친밀성의 전략

친밀성(familitarity)이란 학습자의 경험과 가치에 연관되는 예문이나 구체적인 용어, 개념 등을 사용함으로써 얻어질 수 있는 전략이다. 인지주의적 관점에서 보면 사람들은 이미 알고 있거나 가지고 있는 지식, 정보, 기술, 가치 및 경험에 바탕을 두고 새로운 과제가 제시될 때 그들의 기존 인지구조와 새로운 인지구조의 관계를 더 잘 이해할 수 있으며 구체적 이미지를 구상할 수 있다. 예를 들어 사람들은 그들과 전혀 관계없는 사건보다는 그들이 알고 있는 사람이나 사건이 포함된 이야기를 좋아한다. Keller는 친밀성의 전략을 구체화하는 방법으로 다음의 세 가지를 제시하고 있다.

① 개인적으로 친밀한 이름이나 인물 그림 등을 사용하여 학습의 친밀도를 높일 수 있다. 수업에서 학습자의 이름을 불러 주거나, 교수 자료에 친밀한 사람이 포함되는 그림을 제시하는 방법 등이 도움이 될 것이다.

② 구체적인 그림을 사용하여 추상적이고 새로운 개념 등을 가르칠 수 있는 방법을 사용한다. 학습자에게 친숙한 그림을 사용하여 새로운 정보를 구체화시킴으로써 학습과제의 친밀도를 높일 수 있다.

③ 학습자들에게 친밀한 예문이나 배경 지식을 사용하는 것이다. 예를 들어, 대학생들에게 통계의 개념 및 방법을 가르칠 때 그들이 전공하는 과목과 연결시켜 가르친다면 동기유발 및 유지에 더욱 도움이 될 것이다.

(2) 목적 지향성의 전략

목적 지향성(goal orientation) 전략은 결과 측면의 관련성을 높일 수 있는 구체적인 방법을 제시해 주기 위해서 교수의 목표나 실용성을 나타내는 진술이나 예문을 포함시킬 것을 강조한다. 또한 성취 목적을 제시해 주거나 학습자 스스로에게 성취 목적과 기준을 세우게 할 수도 있다. Keller는 이 전략의 구체적 방법으로 다음의 세 가지를 제시하고 있다.

① 학습과제의 중요성이나 실용성에 중점을 둔 목표를 분명히 제시한다. 사람들은 그들이 지금 어디로 가고 있고 왜 그곳에 가야 하는지를 분명히 알 때 그곳에 가려는 노력을 기울이게 될 것이다. 특히 학습목표가 미래의 실용성 및 중요성과 연관되어 분명히 인식된다면 목적 지향성의 전략은 쉽게 성취될 수 있다.

② 목적이나 실용성들을 분명히 제시하기 어려운 학습과제일 경우는 학습자에게 학습활동 자체의 목적을 제시해 주기에 용이한 게임, 시뮬레이션 등의 학습 형태를 이용하는 것이 좋다. 이는 게임, 시뮬레이션 등이 그 자체로 어떤 목적을 지향하는 학습 형태이기 때문이다. 특히 반복 연습이 필요한 과제일 경우 이러한 내재된 목적을 가진 학습 형태가 유리하다. 이때 시뮬레이션의 경우는 친밀감 있는 상황을 이용함으로써 '관련성'을 높일 수 있는 장점도 있다.

③ 목적 지향성을 높이는 방법은 학습자에게 다양하게 제시된 목적 중에서 스스로에게 적합한 목적을 선택하도록 하는 것이다. 특히 어떤 목적을 달성하기 위한 학습방법 및 순서 등을 학습자 스스로 선택하게끔 도움을 주는 방법도 유용하다. 이 방법은 학습자가 학습목적, 방법, 순서 등을 선택할 때 자신의 경험, 지식이나 필요에 맞는 것을 선택하리라는 가정하에서 효과적으로 사용될 수 있을 것이다.

(3) 필요 또는 동기와의 부합성 강조의 전략

이 전략은 학습자가 필요나 동기와 부합되는 수업 전략을 사용할 것을 주장한다. Keller는 학습자가 가진 필요 중 성취 욕구와 소속감의 욕구(need for affiliation)를 중시하면서 이들을 충족시킬 수 있는 네 가지 구체적인 방법을 제시하고 있다.

① 학습의 목적을 다양한 난이도로 제시하여 학습자가 본인의 능력이나

특성에 따라 적절한 수준을 선택하도록 하는 것이다. 이는 학습자의 성취 욕구를 자극하기 위한 방법으로, 학습자에게 책임감 및 학습에의 권리 등을 제공할 수 있다.

② 첫번째 방법과 연관 지어 생각할 수 있는데, 이는 학습자가 자신에게 적절한 수준의 학습과제를 해 나가는 과정에서 필요한 피드백을 제공해 주는 것이다. 학습자의 학업성취 여부를 계속적으로 기록하고 그에 따라 적절한 피드백을 제공함으로써 학습자의 성취 욕구를 만족시키면서 새로운 과제에 대한 성취 욕구를 자극할 수 있으리라 보인다.

③ 높은 수준의 과제를 성취할 때 위험이 적고 치열한 경쟁이 없는 안전한 학습 상황을 선택할 수 있는 기회를 주는 방법이다. 학습자에 따라서는 학업성취의 수준을 도전할 만한 것으로 정하되 경쟁적 학습 환경은 피하고 싶을 수도 있다. 이러한 학습자는 높은 소속감의 욕구를 갖고 비경쟁적이고 협력적인 관계 속에서 학습하기를 즐긴다고 한다. 비경쟁적 학습 환경을 선택할 수 있게 수업을 설계함으로써 특정 학습자의 필요나 동기에 부합되어 수업의 관련성을 높일 수 있을 것이다.

④ 비경쟁적 학습 상황을 선택하게 하는 방법과 연관 지어 학습자에게 전혀 위험이 없다고 믿고 학습과정에 몰두하게 하는 협동적 상호 학습 상황을 제시한다면 소속감의 욕구가 충족될 수 있을 것이다.

3) 자신감

동기유발 및 유지를 위해서 학습자는 학습에 재미와 필요성을 느껴야 하는데 이에 덧붙여 성공의 기회가 있다는 것을 인식할 수 있어야 한다. 즉, 학습에 대한 자신감(confidence)을 가져야 한다. 항상 100%의 성공이 보장되지는 않더라도 적정 수준의 도전감을 주면서 노력에 따라 성공할 수 있다는 자신감을 심어 주는 것이 높은 동기유발 및 유지의 요소가 된다.

Keller는 자신감에는 여러 측면이 있음을 밝히고 그중 중요한 것으로 능력에 대한 지각, 통제 가능성에 대한 지각, 성공에 대한 기대를 들었다.

첫째, 능력에 대한 지각을 통한 동기유발을 시켜야 한다. 사람들은 자신에게 어떤 일을 성공시키기 위한 '능력'이 있다고 느낄 때 그 일을 하면서 높은 동기를 가질 수 있는데, 학습의 과정에서 일어나는 시행착오들은 능력이 없음을 뜻하는 것이 아님을 인식시켜 주어야 한다. 학습이 끝난 후에는 적절한 수준의 도전감을 줄 필요가 있으며, 학습과정을 거쳐 가지게 된 능력을 최대로 발휘했을 때 성공할 수 있도록 수업이 구성되어야 한다.

둘째, 통제 가능성에 대한 지각을 통해 동기유발을 시켜야 한다. 사람들은 그들이 내린 선택이나 기울인 노력이 행동의 결과에 직접적으로 영향이 있다고 믿을 때 그들의 행동에 대하여 보다 자신감을 갖는다. 반면 어쩔 수 없다는 무력감이나 다른 외부 요인이 인생에 우선적인 영향력이 있다고 느끼는 것은 사람들을 실망하게 만들고 지속적으로 일을 추진하는 것을 방해하는 경향이 있다. 결과에 대하여 개개 학습자가 통제할 수 있다는 느낌을 주는 교수의 요소는 학습자의 자신감과 지속성을 개발시키는 데 도움이 될 것이다.

셋째, 성공에 대한 기대감을 높여 동기를 유발시켜야 한다. 자아충족 예언과 유사한 개념으로, 사람들이 어떤 일을 할 때 그 일에 대한 성공에의 확신이 있으면 더욱 그 일을 위해 노력하고 그럼으로써 실제 성공률도 높아진다는 것이다.

Keller가 주장하는 자신감의 세 가지 측면은 다음의 자신감을 높이기 위한 세 가지 전략에 잘 반영되어 있다.

(1) 학습의 필요조건 제시의 전략

이 전략은 학습자에게 수행의 필요 조건과 평가 기준을 제시해 줌으로써 학습자가 성공의 가능성 여부를 짐작하도록 도와주려는 것이다. 만약 교수목표와 학습 효과의 평가 간에 일관성이 있다면, 학습자에게 교수목표를 제시하는 것은 성공에 대한 기대감을 증가시킬 것이다. 또 하나의 가정은 진술된 교수목표가 학습 상황의 실제 목표와 같아야 한다는 것이다. 흔히 학습 상황에서 비교적 사소한 측면이 교수목표로 진술되기도 하는데, 그 이유는 단순히 교수설계자가 중요한 목표를 관찰 가능한 용어로 기술하는 기능이나 구상력을 지니고 있지 못하기 때문이다. 이러한 가정을 받아들인다면, 잘 진술된 교수목표는 불안을 감소시켜 주고, 긍정적 기대감을 증가시켜 주는 이중적인 동기유발 효과를 가질 수 있다. 여기에는 구체적으로 다음의 네 가지의 방법이 사용될 수 있다.

① 학습의 목표, 수업의 전반적 구조가 분명하게 제시되어야 한다.
② 평가 기준을 분명히 제시하면서 또한 수업목표를 달성할 수 있도록 연습 기회를 제공하는 것도 도움이 된다.
③ 학습자의 성공을 돕기 위해 미리 선수 지식, 기술이나 태도 등을 진술해 주는 방법이다.
④ 학습자에게 시험의 조건들을 미리 말해 줌으로써 학습자가 학업 수행의 필수 요건이 무엇인지를 인식하도록 도와주어야 한다.

(2) 성공의 기회 제시의 전략

만약 어떤 사람이 성공에 대해 일반적으로 낮은 기대감이나 주어진 영역에서 실패에 대한 특별한 전력을 갖고 있다면, 그 영역에서의 '일련의 유의미한 성공'은 성공에 대한 그 사람의 기대감을 개선시킬 수 있을 것이다. 이러한 방략의 목표는 학생에게 긍정적 기대감을 증가시켜 줌으로써 정상적인 수업 조건에서 더욱 성공적이게 하려는 것이다. 결과적으로, 긍정적 기대감을 형성하게 하는 성공 경험은 '전이 상황(transfer situation)'에서의 성공 경험과 유사하다. 일련의 사소하고 쉬운 일에서의 성공은 적절하거나 지극히 어려운 것으로 지각된 과제에 직면하고 있는 학생에게는 도움을 줄 수 없다. 성공의 기회는 학습과정과 수행의 조건에서 적절한 수준의 도전감을 제공하는가와 관계가 있다. Keller가 말하는 수준의 도전감이란 학생들에게 의미 있는 성공의 경험을 제공하는 것으로, 학습자가 재미있어 하면서도 너무 위험하다고 즉, 성공의 기회가 전혀 없다고 느끼지 않는 수준의 도전감이다. Keller는 성공의 기회를 높일 수 있는 방법으로 다섯 가지를 제시하고 있다.

① 학습의 과정에서 성공의 기회를 높이는 한 방법으로는 쉬운 내용에서 어려운 내용으로 수업을 조직하고 강화를 자주 또는 매번 사용하는 계획을 짜야 한다. 성공의 기회를 최대로 부여하기 위해 수업내용이나 연습은 쉬운 것부터 시작해야 한다.
② 학습의 필요조건과 선수 지식, 기술을 부합시켜 너무 지나친 도전과

　　권태를 방지하고 적절한 수준의 난이도를 유지하기 위한 수업 관리 전
　　략의 하나로 제시되었다.
　③ 학습자들의 수준을 알아보기 위하여 준비 시험을 제시하고 학습 순서
　　상 각기 다른 능력 수준의 학습자들이 자기에게 맞는 수업을 시작하도
　　록 구성하는 방법이다.
　④ 초기 학습이 어느 정도 이루어진 후에 효과적인 방법으로 연습이나 적
　　용의 과정에 무작위로 다양한 사태들을 제시하여 학습자 본인이 조절
　　할 수 없는 도전감을 첨가한다.
　⑤ 다양한 수준의 난이도를 제공하는 방법으로 시간 조절, 자극 조절, 상
　　황의 복합성 조절 등으로 이루어질 수 있다. 이 방법은 학습자 스스로
　　가 개인적으로 의미 있는 도전의 수준을 정하고 자신감을 높일 수 있
　　는 기회를 제공한다.

(3) 개인적 조절감 증대의 전략

　학업에서의 성공이 개인의 노력이나 능력에 기인한다는 피드백과 조절의
기회를 제공함으로써 얻어질 수 있는 것이 개인적 조절감이다. 이러한 방략
은 학습된 무기력감과 같이 학생이 자신의 노력과 결과 사이의 연결을 인식
하지 못할 때 특히 중요하다. 이러한 방략을 실행하기 위한 직접적인 접근
의 하나는 적절한 시점에서 교사가 직접적인 개입을 하는 것이다. 예를 들
면, 특정 주제에 대해 학습된 무기력감을 가지고 있는 사람은 행동과 결과
사이에 어떠한 인과적인 관계가 있는지를 인식하지 못한다. 이러한 사람은
성공 혹은 실패의 원인을 외재적 귀인의 영향이라고 생각한다. 수학에서 이
러한 사람은 문제가 쉬우면 풀고 어려워지면 그만둘 것이다. 이러한 사람은
성공의 열쇠라고 할 수 있는 능력과 인내심의 결합 관계를 이해하지 못한
다. 이런 상황에서, 교수설계자는 '처음에는 쉽지만 점점 어려워지는' 문제
의 계열성(혹은 상황에 따른 다른 숙제)을 개발해야 한다.
　성공할 때마다 교사는 계속 노력하라고 '격려'를 해 주고, 좀 더 어려운
문제를 풀고 나면 말로써 귀인적 피드백을 제공한다. 예를 들면, '자, 봐라.
네가 계속 노력했기 때문에 너는 성공했어. 너는 할 수 있는 능력이 있어.'
와 같은 피드백을 제공한다. 이것은 깊이 자리 잡은 무기력감을 극복할 수

있도록 그와 같은 경험을 많이 하게 하는 것이다.

Keller는 성공이 반드시 자신감을 높이는 것은 아니라고 지적하면서 외부의 운이나 과제의 난이도 등에 성공의 요인을 돌리는 사람에게 특히 그러하다고 한다. 이때는 평가나 피드백의 방법을 사용한다. 학습자가 학업을 수행하였을 경우 그에 대한 피드백을 제공하여 주고 학습자가 교수 상황에 대하여 개인적 조절감을 갖도록 하는 것은 성공의 내부적 요인(능력이나 노력)을 부각시키는 방법이며, 이는 학습자의 자신감을 높이는 데 도움을 준다. 다음은 개인적 조절감을 주는 구체적인 방법들이다.

① 학습자들이 언제든지 학습 상황에서 빠져나갈 수 있고 돌아오고 싶을 때는 다시 돌아올 수 있으며 학습의 전 상황으로 가서 복습도 할 수 있게 하는 방법으로, 컴퓨터나 다양한 시청각 매체를 이용할 수 있다.
② 학습자 스스로 다음 내용으로 진행하도록 하는 조절의 기회를 주어야 한다.
③ 학습자에게 그가 원하는 부분으로 쉽사리 가도록 허락하는 것이다. 교수자나 기타 매체에 의해 필요 없는 부분을 반복하도록 할 때는 동기가 저하될 우려가 있다.
④ 학습자가 여러 가지의 다양한 학습과제와 난이도에 따라 자신에게 맞는 것을 선택하도록 교수를 조직하는 방법이다. 교수자에 의해 고정된 학습과제와 난이도 수준은 학습자에게 '개인적 조절감'을 박탈하여 학습에 대한 자신감을 저하시킬 우려가 있다.

4) 만족감

ARCS 이론의 네 번째 요소는 만족감(satisfaction)이다. 동기의 한 요소로 만족감이 강조되는 이유는 학습자의 노력의 결과가 그의 기대와 일치하고 학습자가 그 결과에 대하여 만족한다면 학습동기는 계속 유지될 것이며, 이는 학습자의 학업 수행에도 영향을 미치기 때문이다. 만족감은 학습의 초기에 학습자의 동기를 유발시키는 요소라기보다는 일단 유발된 동기를 계속 유지시키는 역할을 하는 것으로 지적되었다.

Keller(1981)는 만족감에 영향을 미치는 요소를 크게 학습의 내적 결과와 외적 결과로 구분하였다. 내적 결과에는 학습자의 학업 수행과 결과에 대한 인지적 평가(cognitive evaluation)와 기타 내적 보상이 포함되며, 외적 결과에는 강화와 피드백이 포함된다.

예를 들면, 성미는 반 학생들 앞에서 연설을 한 직후에 의기양양해 있었다. 그녀는 전체 연설을 기억하고, 실수 없이 연설을 마쳤기 때문에 의기양양해 있었던 것이다. 몇 분 후에 교사는 성미에게 외재적 보상으로 '성미는 긴장했고, 소리가 작아 잘 들리지 않았으며, 확실히 숙달되지 않았다.'고 지적하였다. 만일에 성미의 의지가 강하지 않았거나 매우 강력한 원대한 목적을 지니고 있지 않았다면, 그녀가 이 행동에 부여하는 동기 혹은 가치는 저하되고 더욱이 수행과 결과 간의 관계에 관하여 성공에 대한 그녀의 주관적 기대감은 감소하게 될 것이다. 이는 외재적 강화가 내재적 동기를 감소시킬 수 있음을 보여 주는 예이다. 주어진 활동에 대한 개인적 동기를 발전시키고 유지시키기 위해서는 강화를 사용하되, 통제 영향이 '내재적' 만족을 감소시키지 않는 방식으로 사용하는 것이 중요하다. Keller가 제시한 만족감의 구체적 전략은 다음과 같다.

(1) 자연적 결과 강조의 전략

이 전략은 학습자의 내재적 동기를 유지시키려는 것으로, 학습자가 새로 습득한 지식이나 기술을 실제 또는 모의 상황에 적용해 보는 기회를 제공하는 것을 말한다. 자연적 결과를 구체화시키는 방법에는 다음과 같은 것이 있다.

① 적용하는 연습 문제를 제시해 주는 방법으로, 이것은 새로 습득한 지식 및 기술을 적용해 볼 수 있도록 구성되어야 한다.
② 수업은 새로 습득한 지식이나 기술을 다음 후속 상황에서 적용할 수 있도록 설계되어야 한다.
③ 학습된 기술이나 지식을 적용해 볼 수 있는 모의 상황이나 게임 등을 수업 끝에 첨가시켜 적용의 기회를 증가시켜야 한다.

(2) 긍정적 결과 강조의 전략

이 전략은 바람직한 행동을 계속 유지시키기 위하여 성공적인 학습 결과에 대하여 긍정적 피드백이나 보상을 제공하는 것을 의미한다. 이 전략은 행동주의의 원리를 반영한 것으로 외적 보상을 강조하고 있다. 구체적인 방법들은 다음과 같다.

① 새로운 지식이나 기술을 배우는 단계에서 학습자의 반응 뒤에는 매번 긍정적 피드백이나 다른 보상을 해 주고 학습자가 배운 지식이나 기술을 적용해 보는 연습 단계에는 간헐적인 강화계획을 사용하는 것이 좋다.
② 학습자 수준에 맞는 의미 있는 강화를 주어야 한다는 것으로, 쉬운 문제와 과제에 대하여 긍정적 보상을 자주 하는 것은 피드백의 긍정적 동기 효과를 저하시킬 우려가 있다.
③ 옳은 반응 뒤에만 긍정적인 외부 보상을 하고 틀린 반응 뒤에는 보상을 주지 않는다.
④ 외적 보상을 사려 깊게 사용하여 보상이 실제 수업 상황보다 더 흥미를 끌지 않도록 구성하여야 한다.
⑤ 학습자에게 선택할 수 있는 보상의 종류를 제공하는 방법이다.

(3) 공정성 강조의 전략

공정성(equity)의 전략이란 학습자의 학업 성취에 대한 기준과 결과가 일관성 있게 유지되어야 한다는 것으로, 학습자의 학업 수행에 대한 판단을 공정하게 함과 동시에 성공에 대한 보상이나 기타의 강화가 기대한 대로 주어져야 함을 암시한다. 만약 학습자가 공정성이 없다고 지각한다면 학습 상황에 대한 만족도는 떨어질 것이다. 이러한 공정성의 원리는 다음과 같은 방법으로 구체화될 수 있다.

① 수업의 내용과 구조를 제시된 수업목표와 일관성 있게 맞추어야 한다.
② 학습 도중에 연습한 내용과 시험의 내용을 일치시키는 것이다.

ARCS 이론은 네 가지 동기 요소를 기초로 하여 처방적인 동기 전략들을

주의 환기 및 집중을 위한 전략	(1) 지각적 주의 환기의 전략	① 시청각 효과의 사용 ② 비일상적인 내용이나 사건 제시 ③ 주의 분산의 자극 지양
	(2) 탐구적 주의 환기의 전략	① 능동적 반응 유도 ② 문제해결 활동의 구상 장려 ③ 신비감의 제공
	(3) 다양성의 전략	① 간결하고 다양한 교수형태 사용 ② 일방적 교수와 상호작용적 교수의 혼합 ③ 교수 자료의 변화 추구 ④ 목표-내용-방법이 기능적으로 통합
관련성 증진을 위한 전략	(1) 친밀성 전략	① 친밀한 인물 혹은 사건 활용 ② 구체적이고 친숙한 그림 활용 ③ 친밀한 예문 및 배경 지식 활용
	(2) 목적 지향성의 전략	① 실용성에 중점을 둔 목표 제시 ② 목적 지향적인 학습 형태 활용 ③ 목적의 선택 가능성 부여
	(3) 필요나 동기와의 부합성 강조의 전략	① 다양한 수준의 목적 제시 ② 학업성취 여부의 기록체제 활용 ③ 비경쟁적 학습 상황의 선택 가능 ④ 협동적 상호 학습 상황 제시
자신감 수립을 위한 전략	(1) 학습의 필요조건 제시의 전략	① 수업의 목표와 구조의 제시 ② 평가 기준 및 피드백의 제시 ③ 선수학습능력의 판단 ④ 시험의 조건 확인
	(2) 성공의 기회 제시의 전략	① 쉬운 것에서 어려운 것으로 과제 제시 ② 적정 수준의 난이도 유지 ③ 다양한 수준의 시작점 제공 ④ 무작위의 다양한 사건 제시 ⑤ 다양한 수준의 난이도 제공
	(3) 개인적 조절감 증대의 전략	① 학습의 끝을 조절할 수 있는 기회 제시 ② 학습 속도의 조절 가능 ③ 원하는 부분에로의 재빠른 회귀 가능 ④ 선택 가능하고 다양한 과제의 난이도 제공 ⑤ 노력이나 능력에 성공 귀착

(계속)

만족감 증대를 위한 전략	(1) 자연적 결과 강조의 전략	① 연습 문제를 통한 적용 기회 제공 ② 후속 학습 상황을 통한 적용 기회 제공 ③ 모의 상황을 통한 적용 기회 제공
	(2) 긍정적 결과 강조의 전략	① 적절한 강화 계획의 활용 ② 의미 있는 강화의 강조 ③ 정답을 위한 보상 강조 ④ 외적 보상의 사려 깊은 사용 ⑤ 선택적 보상체제 활용
	(3) 공정성 강조의 전략	① 수업목표와 내용의 일관성 유지 ② 연습과 시험내용의 일치

제시하고 있다. 앞의 표는 ARCS 이론의 네 가지 요소와 각 요소 내의 하위 전략 및 구체적이고 처방적인 동기유발 및 유지 방법을 요약한 것이다.

4. ARCS 이론의 장단점

ARCS 이론은 인간의 동기에 관한 연구들을 통합하여 동기를 주의, 관련성, 자신감, 만족감의 측면에서 검토하고 있다. 이러한 동기의 요소는 각각 학습동기를 유발하고 유지하는 전략들을 창출해 내는 개념적 도구로 사용되었다. 이 글에서는 우선 동기에 관한 연구들의 문제점이 지적되었고, 그 문제를 극복할 수 있는 노력의 첫 단계로 ARCS의 이론적 배경이 소개되었다. Keller에 의해 고안된 '학습동기, 학업 수행 및 교수의 영향에 관한 이론'은 기존의 인간 동기에 관한 연구들을 통합하여 주요 변인을 찾아내고, 기존 연구들의 성격을 규정해 보는 데 개념적인 틀을 제시하고 있다. 이러한 개념적 틀에서 밝혀진 주의, 관련성, 자신감, 만족감이라는 동기의 주요 요소는 ARCS 이론의 기본 범주를 구성한다. Keller는 네 가지 동기의 기본 요소를 설명하면서 각 요소를 실현시킬 수 있는 구체적인 동기 전략을 소개하고 있다.

마지막으로 이 글에서 소개된 것은 ARCS 이론을 이용한 개발의 과정으로, 이 과정은 정의, 설계, 개발 및 평가의 단계로 구분된다. 교수 설계 및 개발의 과정에 통합되어야 하는 것으로서의 동기 설계 및 개발은 효과적·효율적이며 재미있는 교수를 위한 ARCS 동기 전략의 적용 과정으로 해석될 수 있다. 위에서 살펴본 바와 같이 ARCS 이론은 교수의 동기 설계를 돕기 위한 수단으로서 가치가 있다. Keller는 ARCS를 '문제해결의 모델'로 보고 교수·학습 상황에 적절히 적용하기 위해서는 그것의 기본 범주들과 전략을 잘 이해해야 하며 교수자의 현명한 판단과 끊임없는 노력이 필요하다고 지적한다.

1) 이론의 장점

동기와 관련된 연구들을 종합하도록 도와주는 주의, 관련성, 자신감, 만족감이라는 구체적인 변인을 제공하고 있다는 것이다. 기존 동기 연구들의 종합 작업은 동기에 관한 응용 연구들의 개발을 좀 더 용이하게 할 수 있다고 보여지는데, 이는 종합 작업이 현실 상황과 동시에 관련을 맺으면서 동기에 영향을 주는 여러 변인들을 밝혀 주기 때문인 것으로 분석된다. 기존의 동기 연구들은 동기에 영향을 주는 변인들 중 한 측면에만 치중하여 연구를 하였기 때문에, 한 연구가 현실의 교수·학습 상황의 복잡한 관계를 밝히기에는 무리가 있었다. 교수설계자들에게 유용한 처방적 전략들을 제공하기 위해서는 여러 연구들을 통합하는 체제적 접근이 필요한데 ARCS는 이러한 체제적 개념의 틀을 제공한다. 실험 상황에서 연구자에 의하여 조작되어 나온 원리들은 복잡한 교수·학습 상황의 현실 개선에는 충분하지 못할 것이다.

또, 동기 설계를 위한 구체적인 전략들을 하나의 체계적인 이론적 틀 속에서 제공함으로써 통합적 가치를 가진다. ARCS에서 제시하고 있는 동기 전략들은 많은 연구를 통하여 효과적임이 밝혀졌으며 그러한 연구를 바탕으로 수정·보완 작업이 계속적으로 이루어지고 있다. 그러나 이러한 ARCS 이론의 유용성에도 불구하고 다음과 같은 몇 가지 제한점이 지적될 수 있다.

2) 이론의 단점

첫째로, 인간의 학습동기를 유발·유지시키기 위한 동기 전략은 동기에 영향을 미치는 조건들의 복합성으로 인해 구체적·처방적 전략으로 제시되기가 매우 어렵다. ARCS 이론이 현재까지도 여러 연구들에 바탕을 두고 수정·보완 작업을 계속하고 있지만, 교수·학습 상황의 특수성 및 교수설계자의 특성으로 인해 동기 전략을 실제로 적용할 때 많은 부분이 교수설계자나 교수자의 능력 및 노력에 의존할 수밖에 없도록 되어 있다. A라는 상황이나 시기에 유용했던 동기 전략이 B라는 상황이나 시기에는 그 효과를 상실할 수 있는 것이다. 교수·학습 상황에서 존재하는 동기유발 및 유지에 영향을 미치는 요인들을 보다 체계적 형태로 밝혀내고 그러한 요인들에 바탕을 두어 보다 구체적·처방적 전략들이 제시될 수 있을 때 ARCS 이론의 효과는 더욱 높아질 것이다.

둘째, Keller가 두 번의 현장 연구를 통해 밝혀낸 ARCS 이론 적용의 제한점은 그것이 학습자 개인의 특성 문제를 해결해 주는 것이 아님에도 불구하고 많은 교수자들이 ARCS 이론을 그 문제에 적용하려 했다는 것이다. 이는 ARCS 이론을 적용하기 전에 학습 상황의 문제가 정확히 분석되어야 하고, 문제가 교수의 동기적 측면에 해당될 때만 ARCS가 사용되어야 함을 암시한다. 그러나 교수의 동기적 측면은 학습자 개개인의 특성과도 관계를 맺고 있기 때문에 교수자가 이 둘을 분리하여 문제를 분석하기란 용이하지 않을 것이다.

결론적으로 말해 ARCS 이론은 지금까지의 동기 연구들을 개념적으로 통합하여 어느 정도 처방적 동기 전략들을 제공하고 있지만 인간의 '동기'라는 측면이 가진 복합성과 환경적 요인과의 관계 때문에 교수설계자에게 직접적으로 유용한 처방적 동기 전략을 세부화시키는 데는 제한이 있다. 보다 체계화되고 총체적인 방법을 통한 현장 연구의 결과는 이러한 ARCS 이론의 단점을 극복하는 데 도움을 줄 것이다.

요 약

1. Keller의 학습동기, 학업 수행 및 교수 영향에 관한 이론은 한 개인이 어떤 과제를 해결하려는 '노력'과 실제로 행하는 '수행', 그 수행의 '결과'에 영향을 미치는 개인 특성 변인과 환경 변인을 통합한 거시 이론으로 해석될 수 있다.

2. ARCS 이론은 인간의 동기를 결정지을 수 있는 여러 가지 다양한 변인들과 그에 관련된 구체적 개념을 통합한 네 개의 '개념적 범주'를 포함하고 있다.

　① 주의는 동기의 요소로서 어떻게 하면 학습자의 주의를 끌고 그것을 유지시키느냐에 관심을 두며, 학습의 선수 조건으로서 어떻게 하면 학습자를 자극에 집중시키느냐에 관심을 둔다.

　② 관련성은 학습자들이 왜 이 과제를 공부해야 하는가에 대한 의문과 개인적인 필요에 대한 긍정적인 해답을 제시하는 것이다.

　③ 자신감은 적용의 기회를 주거나, 긍정적 피드백과 보상을 제공하여 동기를 계속 유지시키는 역할을 한다.

　④ 만족감은 학습자가 스스로 학습 상황을 조절할 때 느낄 수 있는 학습의 자아조절의 의미로, 강화를 관리하고 자기통제가 가능하도록 한다.

3. 동기 설계 모델은 구체적 동기 전략들을 교수 설계와 수업 계획의 과정에 적용하는 과정을 포함한다.

　① 정의 단계에서는 해결하여야 할 동기 문제를 분석하고, 동기 문제를 더욱 구체화하여 알아보기 위해서 학습자 분석을 하며, 학습자 분석 후 동기 목표를 설정한다.

　② 설계 단계에서는 매 목표마다 브레인스토밍 과정을 거쳐 가능한 동기 전략들을 많이 창출해 내고, 그 중에서 실제로 사용될 동기 전략을 추출한다.

　③ 개발 단계에서는 동기 목표를 달성하기 위한 구체적 자료를 개발하고 개발된 자료를 교수과정 속에 통합한다.

　④ 평가 단계에서는 효과성, 효율성과 동기유발의 수준 정도를 측정한다.

교수·학습 이론의 적용

PART **3**

제11장

개별화수업

　　교육의 역사가 상당히 오래된 만큼 여러 형태의 교육이 주류를 이루어 왔다. 그러나 가르치고 배우는 내용과 방법, 진도, 평가 등이 동일하여 개인의 자율성, 융통성이 제한되어 온 것이 사실이다. 교육의 목적이 개인이 가진 잠재력의 개발과 실현이라고 볼 때 개인이 가진 잠재력을 발견, 개발하고 실현하기 위해서는 개인의 개성과 특성이 존중되어야 한다. 또한 이것들이 교육적 활동을 마련하는 데 중요한 요소로 고려되어야만 한다. 이러한 의미에서 최근 교육학자들은 교육개혁 내지는 혁신의 방향을 수업의 개별화 쪽으로 잡아가고 있다. 이 장을 학습하면 다음과 같은 학습목표를 성취할 수 있을 것이다.

1. 개별화수업을 정의할 수 있다.
2. 개별화수업과 전통적인 수업을 비교할 수 있다.
3. 개별화수업의 필요성을 설명할 수 있다.
4. 개인차를 고려한 세 가지 수업의 접근을 비교 설명할 수 있다.
5. 개인차의 특성을 능력적, 비능력적 특성으로 구분하여 하위 요소를 지적할 수 있다.
6. 개별화수업을 위한 수업목표의 선택 시 고려사항을 지적할 수 있다.
7. 개별화수업을 위한 수업방법의 선택 시 고려사항을 지적할 수 있다.
8. 개별화수업을 위한 학습 자료의 선택 시 고려사항을 지적할 수 있다.
9. 개별화수업을 위한 학습 집단 편성 시 고려사항을 지적할 수 있다.
10. 개별화수업을 위한 평가방법의 선택 시 고려사항을 지적할 수 있다.
11. 개별화수업을 위한 학교 운영 측면에서 고려사항을 지적할 수 있다.

1. 개별화수업의 성격

1) 개별화수업의 개념

'수업의 개별화' 또는 '개별화수업'의 의미를 어떻게 규정할 것인가에 대해서는 다양한 견해가 있을 수 있다. 개별화수업에 대한 정의는 '학습자가 미리 설정된 목표를 성취하기 위하여 자신의 학습 속도에 맞게 처방된 과제를 가지고 공부해 나가는 것'에서부터 '학생이 자신의 목표를 성취하기 위하여 자신의 수단과 방법을 자유롭게 선택하도록 하는 학습지도법'에 이르기까지 매우 다양하다. 이러한 다양한 정의는 인본주의적 접근과 행동과학적 또는 체제 접근적 방법으로 양분할 수 있다. 전자의 경우는 수업의 초점을 학급 성원인 개별 학생에게 두고 가능하면 모든 학생이 의도한 학습목표에 도달하도록 하기 위해 각 개인의 능력, 적성, 동기 등을 고려해서 적절하고 타당한 수업방법 및 절차, 자료의 선택, 평가 등을 변별적으로 실천하는 수업이라 할 수 있다(김순택, 1994). 즉 개개의 학습자들에게 최적의 학습 환경을 조성해 주기 위해서 수업의 모든 요소를 각 학습자의 독특한 요구와 특성에 알맞게 조정하는 것이라 할 수 있다.

여기서 학습자의 독특한 요구와 특성은 곧 학습자의 개인적 요구 또는 특성으로서 흔히 개인차라고 부르는 것이다. 따라서 개별화수업이란 학습자의 개인차를 최대한 고려하여 수업을 실천하는 변별적인 수업방법이다. 수업의 모든 요소, 모든 절차에 최대한 개인차를 고려하는 것이다. 예를 들어, 교수·학습목표나 학습과제의 선정, 학습 자료나 설비의 선정, 학습 환경이나 교수방법의 선정은 물론이고 교수자와 학습자 간의 관계 형성 양태, 학습을 해 나가는 속도와 장소와 같은 시·공간적 요소까지도 가능하면 학습자의 개인차를 고려하여야 한다. 이러한 견해에서는 개인차의 중요성을 올바르게 인정하여 학생에 대한 진정한 관심을 표출시키는 것이 교육의 본질이라고 보았다. 반면 후자의 경우는 수업의 과정에서의 투입→과정→산출을 강조한다. 수업자의 수업 설계 행위에 초점을 두고 있는 것으로서 수업 설계나 자료의 개발, 수업 전략의 수립, 수업과정의 분석, 정확한 평가방법의 고안 등을 개별화수업의 주요한 내용으로 보았다.

개별화수업에 대한 위의 두 견해는 이론적 측면에서 본 개념 규정이라고 할 수 있다. 이와 대조적으로 현실적으로 학교 현장의 수업 실제에서 느껴지는 개별화수업의 개념은 상대적 입장에서 이해될 수밖에 없다. 거의 모든 수업은 전통적인 수업의 요소와 개별화수업의 요소들을 함께 지니고 있기 때문에 이들 두 요소 중에서 어느 것을 더 많이 가지고 있느냐에 따라 전통적 수업 혹은 개별화수업이라고 규정지을 수 있게 될 것이다. 그러므로 완벽한 전통적 수업이나 완전무결한 개별화수업은 그 어느 것도 실제로는 존재하기 어렵다. 따라서 우리는 개별화수업의 개념을 '수업 절차나 형태, 수업 기술이나 전략, 수업 매체, 평가방법 등 수업에 관한 모든 변인들이 학습자의 선행 지식이나 성장, 발달 등의 특성에 맞도록 처방된 수업이라고 규정하고자 한다. 이와 같은 정의에 의하면 개별화수업은 적어도 다음과 같은 일곱 가지 특성을 가정할 수 있다(김호권, 1970).

① 학습자 개인은 서로 다른 학습 진도를 보인다.
② 학습자 개인은 공부하는 기술에 있어서 서로 다르다.
③ 학습자 개인은 서로 똑같은 방법으로 문제를 해결하지 않는다.
④ 학습자 개인은 서로 다른 흥미 경향을 가지고 있다.
⑤ 학습자 개인은 서로 다른 학습 경향을 가지고 있다.
⑥ 학습자 개인은 특정 시점에서 똑같은 학습 준비도를 가지고 있지 않다.
⑦ 학습자 개인은 특정 시점에서 똑같은 학습능력을 가지고 있지 않다.

그리고 개별화수업이 지향하는 목적은 모든 학습자에게 최적의 학습 조건을 마련해 주는 것, 모든 학생의 잠재력과 개성을 최대한 신장시키려는 것이라 하겠다. 개별화수업은 소수의 학생을 위하는 것이 아니라 모든 학생을 위한 것이다. 종래의 전통적 수업에서는 개개인 모두에게 적절한 학습 조건을 마련해 줄 수 없었다. 전통적인 수업에서는 학생들에게 동일한 과제를, 동일한 방법으로, 동일한 매체를 사용해서, 동일한 속도로 가르치는 식의 획일적 처방을 하기 때문에 학습자 각자가 가진 특성이나 개인차에 대응할 수 없었다. 학습자들은 누구나 사전 지식, 학습 속도, 학습 양식, 흥미, 동기, 신체적 특성 등 여러 가지 면에서 독특성과 차이가 있기 때문에 만병 통치약처럼 모든 학생에게 다 잘 들어맞는 수업 처방이란 찾아보기 어렵다. 약도 체질에 따라 그 효과가 다르게 나타나지 않는가? 개별화수업은 이러한 전통적 수업의 문제점을 극복하기 위한 형태의 수업체제이다.

2) 개별화수업의 필요성

오늘날 학교 교육에서 가장 관심을 쏟고 있는 점은, '어떻게 하면 학생들의 개인차에 알맞은 수업을 제공해 줄 것인가'이다. 한 학급 속에 있는 학생들은 그들의 욕구, 흥미, 재능, 포부, 당면하고 있는 문제 등에 있어서 각기 다른 특성을 지니고 있다. 특히 각 교과목의 학습 속도와 학습의 역사에 있어서 각 개인은 다른 수준의 능력과 경험을 갖고 있다. 이렇게 각 학습자들이 다른 특성을 지니고 있음을 생각할 때, 학교에서 제공되는 수업은 마땅히 이러한 개인차를 고려한 수업방법을 제공해야 한다.

학생들의 개인차를 고려한 수업에 관심을 두게 된 것은 일반적으로 20세기 초부터이다. 1911년에 Thorndike는 『개별화(Individuality)』란 책자에서 "오늘날 학교 교육은 너무나 경직되고 획일화되어 가고 있다. 따라서 이러한 상황에 반동적인 움직임이 싹트기 시작하고 학부모, 학생 그리고 교사들은 다같이 돌파구를 찾고 있다."고 당시의 상황을 지적했다. 그 후 세계 각 나라에서는 학습자들의 개인차에 적합한 수업방법을 구안하고 이를 적용하려고 다각적인 노력을 해 왔다. 이러한 노력에서의 관심은 표준적인 한 가지 수업방법에 모든 학생들을 맞추려고 할 것이 아니라 학생들의 특성에 수업방법을 맞추는 데 두었다.

최근 우리나라에서도 학습자 개개인의 특성을 고려한 수업방법의 개선에 관심을 쏟기 시작하고 있다. 「2000년을 향한 국가 장기 발전 구상: 교육 부문 보고서(한국교육개발원, 1985)」에서는 개인차를 살릴 수 있는 수업방법으로 ① 학급 규모의 유연화 ② 교수·학습 자료의 다양화 ③ 다양한 교수방법의 개발·보급 ④ 수업 운영의 현대화 ⑤ 평가의 개별화 등을 들고 있다. 교육개혁심의회의 교육방법 쇄신의 기본 방향에서도 이러한 점이 매우 강조되고 있다. 예를 들면 ① 개성을 중시하는 교육 ② 자발적 학습이 강조되는 수업 ③ 학습하는 방법의 학습이 중시되는 교육 ④ 자료와 매체의 획일성을 탈피하는 교육 등을 교육방법 쇄신의 지향점으로 두고 있으며, 어떻게 하면 집단 속에 있는 개개인의 특성을 살려 교육할 것인가에 초점을 맞춘다. 또 경남교위에서는 학교 현장에서의 필요성에 대하여 실제적인 방안을 탐색하여 학교 교육 발전에 이바지하고 있다(경상남도교육위원회, 1986). 이 외에도 많은 연구들이 진행되고 있는데, 이러한 연구·개발의 기본 방향은 다양한 수업방법과 자료의 개발을 통해 학습자의 특성에 알맞은 방법을 제공하려는데 있다.

그러나 오늘날 우리나라의 각급 학교에서 이루어지고 있는 수업은 강의 일변도의 획일적인 수업이 팽배하고 있다. 교사가 이끄는 한 가지 수업방법에 그 학급의 모든 학생들이 맞추어야 하는, 개인차가 조금도 고려되지 않은 수업이 이루어지고 있다 해도 과언이 아니다. 한 가지 수업방법에 알맞은 학생은 극히 적은 수이고 보다 많은 학생들은 그 방법이 알맞지 않거나 오히려 그들의 학습을 저해하는 것일는지도 모른다. 이러한 문제를 Bruner(1966)는 다음과 같은 말로 잘 요약하고 있다.

> 광범위한 개인차가 학생들 속에 분명히 내재하고 있다. 이러한 개인차의 존재는 수업의 자료와 방법에 있어서 다양화와 학습 기회의 확대를 요구한다. 학습자들 모두에게 알맞은 한 가지 이상적 방법은 있을 수 없다.

위에서 Bruner가 지적한 바와 같이 우리나라의 학교 교육이 당면하고 있는 큰 병폐는 모든 학생들이 똑같은 내용과 똑같은 수준의 것을 배워야 한다고 생각하고 있는 점이다. 또 교사들은 이러한 생각의 틀을 벗어나지 못하고 한 가지 방법으로 모든 학생들을 가르친다. 인간의 잠재적인 능력과 개인이 지니고 있는 특성은 차이가 대단히 크기 때문에 다양성을 무시하거나 획일화하려는 시도는 매우 어리석은 일이다(Flecher, 1978). 따라서 앞으로 수업의 개선은 어떻게 하면 학습자 개개인이 지닌 특성을 감안한 다양한 수업방법을 개발하여 제공할 것인가에 관심을 두고 노력을 투입해야 할 것이다.

앞에서 강조한 바와 같이 학습자의 특성을 최대한 고려한 수업방법을 개별화수업(individualized instruction)이라고 한다. 개별화수업은 이 말 자체가 뜻하는 바와 같이 학생들의 요구와 특성에 수업의 절차와 방법을 맞추는 수업방법을 뜻한다. 한 학급(또는 학습 집단)의 학생들은 각기 다른 재능, 흥미, 욕구, 기대 수준, 선수학습능력, 적성, 학습 양식 등을 갖고 있다.

각기 다른 이러한 특성들로 인하여 학생 개개인은 학습하게 될 목표뿐만 아니라 학습방법에 있어서도 선호가 다르다. 이와 같은 점을 전제로 할 때, 학교에서 제공할 수업의 방법은 필연적으로 다양화되어야 할 것이다. 이와 같은 기본적인 가정은 다음과 같은 몇 가지 주장에서 정당화될 수 있다.

첫째, 학급 속의 학생들은 나이가 같더라도 그들이 지니고 있는 인지적·정의적·기능적 특성은 각기 다르다는 점이다. 둘째, 이렇게 출발부터가 다른 학생들을 모두 같은 모양으로 교육시킬 수가 없다는 점이다. 오늘날까지 발전되어 온 교육도 똑같은 모양의 학생으로 교육시킬 수 있는 힘이 없거니와 그렇게 하려는 것은 교육의 참뜻을 저버리는 것이다. 셋째, 오늘날 사회의 변화는 개인의 인간적 존엄성을 인정하는 방향으로 나아가고 있다는 점이다. 오늘날의 사회는 그 사회를 구성하는 다수 집단 세력만을 위한 것이 아니라 소수 집단이나 개인의 권익을 보호해 주어야 하는 방향으로 나아가고 있다. 학교 학습도 학급의 다수 그룹뿐만 아니라 소수의 학생들도 동등한 교육의 기회와 권리가 보장되어야 한다는 점이다. 넷째, 교사 중심의 한 가지 수업방법은 그 방법에 적합한 학습자들에게는 좋을 수 있지만 나머지 학습자들에게는 비효과적인 수업방법이 될 수 있다는 점이다.

이러한 가정에 비추어 전통적으로 생각해 오던 '표준화된 수업 프로그램에 학생을 맞춘다.'는 통념을 무너뜨리고 '학생들에게 알맞은 수업 프로그램의 설계'로 방향 전환을 해야 할 것이다. 이 점을 Fantini(1980)는 "학생들이 어떤 학습에 실패한 것은 학생의 잘못이 아니라 수업 프로그램이나 방법의 잘못 때문이다."라고 주장하며 새롭고 다양한 수업방법의 제공을 요구하였다. 이와 같이 개별화수업의 성격과 강점을 볼 때 개별화수업의 필요성은 다음과 같이 요약될 수 있다.

① 현대 사회에서는 인간의 존엄성과 함께 개인의 독자성이 존중되어야 한다. 이러한 사회가 요구하는 구성원의 자질은 분석력, 종합력, 비판력 같은 고등정신능력이지 단순한 사실적 지식에 대한 기억력이 아니다.

② 고도 산업사회, 후기 산업사회의 요구에 부응하려면 전문화와 다양화

가 필수적이다. 따라서 높은 교양을 갖춘 민주 시민의 자질뿐 아니라, 다양하게 나름대로의 전문적 능력을 길러 주는 교육이 요청되고 있다.

③ 헌법에 보장되고 있는 교육의 기회 균등이란 단순한 취학의 균등한 권리라고도 해석할 수 있지만 이러한 피교육자들 간에 존재하는 개인차가 교육활동의 실제에서 무시되지 않고 반영될 때 교육의 기회 균등이 확실하게 보장되는 것이다.

④ 인간은 제 측면에서 저마다 타고난 재질이 서로 다르다는 사실은 모든 심리학자가 공통적으로 인정하고 있다. 이 말은 '모든 사람은 서로 다르다.' 또는 '어느 두 사람도 서로 같지 않다.'라는 명제로 표현될 수 있다. 이러한 명제에 부응하여 저마다 타고난 소질을 개발하려면 교육이나 수업은 개별화되지 않을 수 없다.

⑤ 국가, 사회의 전체적인 차원에서 볼 때의 교육력의 총량은 개별 학생들의 교육력을 모두 합친 것이라고 할 수 있다. 따라서 국가의 교육력을 최대로 증대시키려면 학생 한 사람 한 사람의 교육력을 극대화시키는 방법을 강구하지 않을 수 없다. 한 예로, 학생들 간에 존재하는 출발점 행동에서의 개인차를 진단평가를 통하여 측정하여 결손을 보충한 뒤에 계획된 수업 절차를 진행시킴으로써 모든 학생들이 똑같이 도착점 행동에 이르게 되어 전체 수업력(교육력)이 최대로 되는 것이다. 만약 진단평가를 통한 학습 결손을 보충하지 않은 채 수업을 하게 되면 수업 전의 선행 지식의 차이 때문에 모든 학생이 수업목표에 도달한다는 것은 기대하기 어려울 것이다. 개인차에 대한 적절한 처방을 요구하는 개별화수업의 필요성은 이런 점에서 이해할 수 있다.

2. 개인차를 고려한 수업 방안

1) 개인차를 고려한 세 가지 접근

개인차를 고려한 개별화수업은 크게 선별적 수업방법(selective educational model), 접합적 수업방법(adaptive educational model), 상호작용 수업방법

(adaptive curriculum and instruction)으로 나누어 볼 수 있다.

(1) 선별적 수업방법

선별적 수업방법은 Darwin의 적자생존의 원칙에 바탕을 둔 것으로, 학교의 교육 조건이나 환경에 교육받을 능력이 적합하다고 판정되는 학생들만을 선발하여 가르치려고 한 초기의 개인차를 고려한 수업방법을 말한다. 이방법은 학생들의 개인차를 인정하되 선발이라는 하나의 과정을 통해 학습집단 구성원들의 개인차를 최소화시켜서 그 집단에 적합한 하나의 수업방법으로 가르치려던 접근이다. 이와 같은 방법의 대표적인 것으로 입학 시험을 통해서 개인차가 유사한 학생들을 선발하여 학생 집단을 만들고 그에 접학한 한 가지 방법으로 가르치는 것을 들 수 있다.

선별적 수업방법에 있어서도 학생들의 개인차가 고려되고 있다고 말할 수 있지만, 학습자 개개인의 학습 속도, 적성, 혹은 선호하는 학습 양식 등에 따라서 적합한 수업 조건을 제공하여야 한다는 요구는 충족시켜 줄 수가 없다는 한계를 지니고 있다. 이러한 방안으로부터 한 걸음 나아간 새로운 시도가 접합적 수업방법이다(Glaser, 1972).

(2) 접합적(接合的: adaptive) 수업방법

접합적 수업방법은 학습자 개개인이 지니고 있는 특성에 학교의 수업방법과 학습 조건을 적절하게 선택하여 제공함으로써, 각 학습자들이 자신에게 알맞은 수업방법에 의하여 성공적으로 학습할 수 있도록 하려는 접근이다. 접합적 수업방법에서는 수업의 초기 단계에서 학습자가 지니고 있는 특성을 진단하거나 측정하여 각 개인별로 적합한 수업방법이나 학습 자료를 선택하여 자기에게 알맞은 학습을 하도록 한다. 이 방법의 대표적인 예로는 1960년대에 연구되었던 IPI(1964), IGE(1965), PLAN(1967) 등을 들 수 있다.

(3) 상호작용적 수업방법

이들 연구보다 한 걸음 더 나아간 방법이 Cronbach와 Snow(1977) 등이 제안한 ATI에 바탕을 둔 상호작용적 수업방법이다. 이 접근에서의 관점은 단순히 가르치는 방법에만 국한시키지 말고 학습자 개인이 성취하여야 할 수업목표나 내용의 수준과 양도 학습자의 개인차를 고려하여 달리 정하여야 한다는 데 있다(Walberg, 1975; Glaser, 1977 등). 또 이것은 학습자들은 각자가 지니고 있는 적성, 수업 이해력, 선수학습능력의 수준, 요구와 관심 사항 등이 다르기 때문에 각 개인이 성취해 낼 수 있는 학습의 양과 수준은 다를 것이며, 학습해 나아가는 속도가 각기 다를 것이라는 가정에 바탕을 두고 있다. 따라서 학습자가 지니고 있는 특성을 감안하여 학습자들이 성취해야 할 목표와 방법을 알맞게 제공할 수 있는 것이 어떠한 것이겠는가에 관심을 두고 이를 위한 방안을 구안하기 위해 많은 연구들이 수행되었다.

상호작용적 수업방법의 대표적인 접근으로는 완전학습(mastery learning: Carroll, 1963), 협동학습(cooperative learning: Johnson et al., 1981), 컴퓨터 수업(CAI: computer-assisted instruction) 등을 들 수 있다. 이러한 방법들이 학교의 교육적 효과와 수업 효과를 높일 수 있는지에 관해서는 일차적으로 이러한 방법을 제안하였던 사람들에 의하여 그 효과가 검증되었지만, 그 후 다른 사람들에 의해서도 긍정적으로 밝혀지게 되었다. 그중 대표적인 것이 Yeany와 Miller(1980)의 분석 연구이다.

그들은 초등학교부터 대학까지의 학생들을 대상으로 상호작용적 수업방법이 얼마나 효과적인가에 관한 여러 사람들의 논문 28편을 수집하여 그 결과들을 분석한 결과, 이러한 방법으로 학습한 학습자들이 다른 방법으로 학습한 학습자들에 비하여 훨씬 높은 수준의 학업 성취를 하였다고 밝혔다. 또 Slavin(1980)은 협동학습의 효과를, Ariello(1981)는 진단-처방식 수업방법의 효과를 그리고 Bangert와 그의 동료들(1983)은 개별화수업에서의 학습 효과를, 밝혀내는 등 많은 사람들이 상호작용적 수업방법의 효과를 긍정적으로 밝혀냈다.

2) 학습자의 개인차 요인

학습자들의 개인차를 고려한 수업을 제공하기 위해서는 학습자의 다양한 특성에 알맞은 다양한 방법을 구안하여 학습자의 독특한 특성에 접합시켜 주어야 한다. 따라서 학습자의 특성별로 최적의 수업방법이나 교수·학습 자료를 제공하기 위해서는 무엇보다도 먼저 학습 효과와 관련 있는 학습자의 특성이 무엇인지를 밝혀야 한다. Carroll(1963)은 완전학습을 위한 학교 수업 모형에서 학습자의 학습 성취 정도는 주어진 학습과제를 성취하는 데 필요로 하는 시간량과 학습과제를 성취하기 위해 투입한 시간량의 관계에 따라 다르다고 했다. 즉, 필요로 하는 시간량을 분모로 하고 실제로 투입한 시간량을 분자로 하여, 그 함수의 수치가 1이 되면 100%의 완전학습이 된다. 이 모형에서 분모를 결정하는 것이 학습자가 지니고 있는 특성에 해당한다.

Carroll은 학습과제를 성취하는 데 필요로 하는 시간량을 결정하는 학습자의 특성으로 적성, 수업 이해력, 지구력의 세 가지를 들고 있다. 주어진 학습과제를 학습하는 데 알맞고, 수업 이해력이 높고, 학습에 대한 흥미와 관심이 높아 지구력 있게 학습에 참여하게 된다면 자연히 학습과제를 성취하는 데 필요로 하는 시간량은 적어도 될 것이다. 그러나 이와 반대의 경우라면 필요로 하는 시간량은 늘어나게 된다. 이처럼 학습자가 지니고 있는 특성들은 어떤 학습과제를 성공적으로 학습할 수 있을지의 여부와 그 학습과제에 얼마나 많은 시간이 소요될지를 결정하는 데 가장 큰 힘을 지니고 있다.

이와 비슷한 입장으로, Bloom(1976)은 학습자들이 어떤 학습과제를 학습하는 데 소요될 시간량을 결정하는 요인으로 학습자의 출발점 행동을 지적하였다. 그리고 이 출발점 행동은 학습자들이 새로운 학습과제를 학습하게 될 바로 그 시점에서 각 학습자들이 지니고 있는 인지적 특성과 정의적 특성으로 나누었다. 여기에서 인지적 특성으로는 학습자의 적성, 지능, 선수학습능력, 창의력 등을 지적하였으며, 정의적 특성으로는 교과목에 대한 학습자의 태도와 흥미, 자아개념 등을 지적하였다. 그리고 그는 이러한 학습자의 특성에 알맞은 수업방법이 제공되면 학습자들은 보다 짧은 시간 내에 주어진 학습과제를 성공적으로 성취해 낼 수 있다고 하였다. 이러한 기본 가정에 의하여 Bloom은 교수·학습이 시작되기 바로 직전에 학습자들이 가진 출발점 행동을 진단·측정하여 알맞은 수업방법을 제공하는 수업 전략을 제안하였다.

앞에서 제시한 것과는 달리, Dunn과 Dunn(1978)은 학습자들이 어떠한 학습 환경이나 조건 속에서 학습하기를 선호하느냐에 따라 상황적 환경, 정서적 환경, 사회적 관계의 조건, 물리적 조건으로 나누었다. 이 네 가지 요소를 다시 여덟 개의 하위 상황으로 나누어 각 학습자들의 학습 양식을 측정하려고 했다. 그리고 학습 양식을 측정하여 학습자들이 어떠한 조건이나 상황에서 학습할 때 학습이 능률적으로 이루어지는지를 밝혀 각자에게 그들이 선호하는 학습 환경이나 조건을 마련해 줄 때 학습의 효과가 높아진다고 했다. 실제 학교의 수업 상황에서 학습자 각자가 선호하는 학습 조건이나 환경을 그대로 제공해 주기란 극히 어렵겠지만, 학습자 개개인의 학습 양식에 따라 적합한 수업방법과 조건을 마련해 줄 수 있는 하나의 새로운 방략을 제시했다는 점에서 또 다른 시사를 주었다고 하겠다.

또 Doyle(1978)은 학습과 관련되는 학습자의 특성으로 학습능력, 학습 역사, 성취, 기대 수준, 학교에 대한 자아개념, 잠재능력, 인지능력, 학습 양식 등을 들고 있다. 그리고 Wang과 그의 동료들(1983)은 학습자의 능력적 측면, 환경, 비능력적 측면 등을 총망라하여 학습자의 사회경제적 지위, 성별, 문화적 배경, 동기 수준, 언어능력, 자긍심, 인지 양식, 흥미와 태도, 건강과 영양, 성취를 위한 외부 압력을 들고 있다. 이 외에도 Bennett(1978)는 적성과 선수학습능력을 학습과 가장 밀접한 관계가 있는 것으로 지적하였다.

이와 같이 학습자들은 각기 다른 다양한 측면의 제 특성을 지니고 있다. 이들 특성이 어떠하냐에 따라 혹은 어떠한 특성을 지녔느냐에 따라 학교 교육에서 제공되는 수업이 그들 각자에게 알맞기도 하고 부적절하기도 하여 학습의 효과가 다르게 나타나게 된다. 따라서 개인차를 고려한 수업 방안을 선택하기 위해서는 그러한 특성들 가운데 학습의 성패를 좌우할 수 있는 특성을 밝혀서 그 특성에 알맞은 방법을 제공해야 할 것이다. 위에서 제시한 몇몇 학자들이 지적한 개인차 특성들을 능력적 측면과 비능력적 측면으로 나누어 요약하면 다음과 같다.

능력적 특성

- 적성(Carroll, 1963; Bennett, 1978)
- 수업이해능력(Carroll, 1963; Cooley & Leinhardt, 1975)
- 선수학습능력(Bruner, 1966; Cooley & Leinhardt, 1975; Glaser, 1976; Glaser, 1977; Bennett, 1978)

비능력적 특성

- 인지 양식(Dunn & Dunn, 1978; Glaser, 1976)
- 지구력(Bruner, 1966; Carroll, 1963; Harnischfeger & Wiley, 1976)
- 교과목에 대한 흥미(Bloom, 1976; Cooley & Leinhardt, 1975)
- 자아개념(Bloom, 1976)
- 급우에 대한 태도(Cooley & Leinhardt, 1975)

3) 개인차를 고려한 수업의 원리

학생들의 개인차를 고려한 최적의 교수·학습을 위해서 제공될 수업의 모습은 일반적으로 제공되고 있는 집단 수업과는 확연히 달라야 할 것이다. 학교의 조직과 운영 체제는 말할 것도 없고, 교육목표의 수준과 양, 학습내용의 계열과 조직, 수업의 절차와 방법, 학습 집단의 조직, 평가의 기능과 방법 등 많은 부문에서 변화를 수반하게 될 것이다. 그리고 학생들이 개별적으로 또는 집단으로 활용하게 될 교수·학습 자료도 개별화수업에 알맞게 새로이 연구·개발되어야 하며, 이러한 방안이 그 효율성을 높일 수 있도록 하는 지원체제도 고려되어야 할 것이다. 또한 개인차를 고려한 수업의 방안을 강구하기 위해서는 그것을 위한 분명한 철학적·이론적 근거가 있어야 할 것이다. 특히 새로운 수업의 절차와 방법을 구안하고 그 절차와 방법을 위해서 활용될 새로운 교수·학습 자료를 개발하기 위해서는 교수 이론과 원리를 고려하여야 할 것이다.

(1) 수업의 질을 향상시키기 위한 일반적 원리

- 수업목표를 학습자들이 분명히 알고 학습활동을 하도록 해야 한다 (Carroll, 1963 ; Gagné, 1977; Mager, 1965 등).
- 학습자의 능력과 특성에 학습과제를 맞추어야 한다(Carroll, 1963; Gagné, 1977 ; Glaser, 1976 ; Snow, 1977 등).
- 학습 동기를 유발·지속시켜야 한다(Bruner, 1966; Cooley & Leinhardt, 1975; Gagné, 1977 등).
- 학습내용을 구조화, 계열화시켜서 학생들에게 제시해 주어야 한다

(Bennett, 1978; Bruner, 1966; Cooley & Leinhardt, 1975; Gagné, 1977; Horan & Lynn, 1980; Snow, 1977 등).

- 수업목표에 적합한 수업사태를 제공하여야 한다(Bloom, 1976; Cooley & Leinhardt, 1975; Gagné, 1977; Laser, 1976 등).
- 체계적이고 다양한 강화가 제공되어야 한다(Bloom, 1976; Gagné, 1977; Laser, 1977; Lysaskowsky & Walberg, 1981 등).
- 교정적 피드백이 제공되어야 한다(Bloom, 1976, 1979; Gagné, 1977; Glaser, 1977; Scriven, 1967; Snow, 1977 등).
- 수업자는 열성적으로 수업을 하여야 한다(Cooley & Leinhardt, 1975; Harnischfeger & Wiley, 1976 등).
- 실제 학습 시간량을 늘려 주어야 한다(Carroll, 1963; Fredrick & Walberg, 1980 등).

(2) 교과목과 수업 자료의 특성을 고려한 원리

- 사회과의 수업에서는 소집단의 협동학습 기회를 많이 제공하여야 한다(Slavin, 1980; Ide., et al., 1981 등).
- 수학과, 과학과에서는 '진단-처방식 수업'의 방법이 많이 제공되어야 한다(Yeany & Miller, 1980; Ariello, 1981 등).
- 수학과, 과학과에서는 학습자의 학습 속도에 알맞게 학습의 기회가 허용되어야 한다(Hartley, 1977; Bangert, Kulik & Kulik, 1983 등).
- 개인차를 감안한 수업을 위해서는 프로그램 학습방법과 자료가 많이 활용되어야 한다(Kulik & Kulik 1983 등).

앞에서 제시한 원리들은 모두가 개인차를 고려한 수업의 체제를 구안하거나 교수·학습 자료를 개발할 경우에 반드시 고려되어야 할 사항이다.

3. 개별화수업의 실제

학생들의 개인차에 알맞은 교수·학습을 제공하기 위해서는 다양한 측면에서 새로운 변화가 있어야 한다. 즉, 수업목표와 내용, 수업방법과 수업 자료, 학급과 학습 집단, 평가의 방법 그리고 학교의 운영 체제 등에 있어서 지금까지 해 오던 방식으로부터 변화를 일으키지 않으면 안 된다. 그리고 이러한 각 측면은 긴 안목에서 하나의 지향점이 되는 기본 방향과 전략을 설정해 놓고 현실적인 여건을 고려하여 점차적으로 개선시켜 나가야 할 것이다.

1) 양과 수준에 차이를 둔 수업목표와 내용의 선택

학습자들은 어떤 학습을 성공적으로 이룩하는 데 요구되는 능력적 특성이 각기 다르다. 그리고 그들의 희망, 재능, 부모의 기대 등도 다르다. 이 때문에 각 학습자들은 학습의 속도나 성취의 수준에서 차이가 날 뿐만 아니라, 학교의 선택이나 좋아하는 교과목의 선택에 있어서도 다양하다. 따라서 학생들의 개인차를 고려하려면 우선 각 학습자들이 성취해야 할 수업목표의 양과 수준을 달리하여 학생들이 자기에게 맞는 학습량과 수준을 선택하도록 허용해 주어야 한다. 또 선택 과목의 폭을 넓혀 주거나 수업 시간 내에 수행할 학습활동의 선택에 개인차가 허용될 수 있도록 다양한 교과목과 학습활동들이 계획되어야 한다.

① 학습자가 달성해야 할 성취 수준과 학습량은 학생의 필요를 감안하여 차별화한다.
- 교육과정에는 모든 학생들이 반드시 성취해야 할 최저 수준의 공통 목표와 각 개인의 흥미와 필요에 따라 택할 수 있는 선택 목표가 구분되어 제시되어야 한다.
- 새로운 학기에 교과목의 학습이 시작되기 전이나 새로운 단원의 학습이 시작되기 전에 학습자들의 출발점 행동, 요구, 흥미 등을 측정·조사하여 각 개인이 학습할 목표치를 결정하는 데 활용한다.
- 각 학습자들이 성취해야 할 수업목표의 수준과 양을 결정할 때는 학생 각자의 의견이 존중되어야 한다.

② 각 교과목별로 학습목표와 내용은 교과의 특성을 감안하여 계열화시킨다.
- 각 교과별로 학습자들이 학습해야 할 것을 정선하여 구조화시켜야 한다.

- 학습내용이나 목표는 학습의 난이도, 전이 관계 등을 고려하여 계열화 시켜야 한다.

③ 학습자들이 달성해야 할 수업목표는 명확하게 진술한다.
- 수업목표에는 구체적 내용과 구체적 행동이 분명히 제시되어야 한다.
- 수업목표의 진술은 그 목표의 달성 여부를 직접적으로 평가할 수 있는 수준까지 명료하게 진술되어야 한다.
- 진술된 수업목표들은 각 교과목별로 위계화시켜야 한다.

2) 다양한 수업방법과 절차의 제공

개별화 학습이 강조될수록 학습 기회가 많아진다. 그리고 동일한 수업시간이지만 각 학습자들은 각기 다른 수준의 목표를 각기 다른 방법으로 학습하게 된다. 따라서 수업의 방법은 한 시간 내에서도 다양해야 하며 각 학습자들이 학습해 나아가는 노정도 달라야 한다. 이를 위해서는 새로운 수업방법과 기술이 제공되지 않으면 안 된다. 또 수업시간의 시작과 끝도 지금까지 해 오던 방법과는 다르게 계획되어야 할 것이다.

① 수업의 기본적인 절차는 학습자의 특성을 진단하고, 진단 결과에 의하여 알맞은 처방이 제공되도록 한다.
- 수업의 절차는 '진단 → 방법과 자료 결정 → 학습활동 → 확인 평가'의 흐름을 지키도록 한다.
- 진단 결과에 따라서 각 학습자들이 학습해야 할 방법을 결정해야 한다.
- 학습 방식이나 인지 양식에 따라 각기 다른 수업 자료나 방법이 제공되어야 한다.

② 학습자가 혼자서 자율적으로 학습할 수 있는 개별화 학습의 기회를 보다 많이 제공한다.
- 교수 · 학습활동에서 학습자 스스로 읽고, 관찰하고, 조사 · 보고하는 경험을 많이 제공한다.
- 모듈 학습(module learning) 방법이나 자율학습 자료집에 의하여 학습자

혼자서 학습하고 학습 결과를 스스로 평가하도록 한다.
- 학습 계약(learning contract) 방법에 의하여 학습 결과에 대한 책임을 학습자 자신이 지는 경험을 저학년 때부터 강화한다.
- 학습 시간량에 있어서 개인차가 있음을 전제하고 개개인에 따라 학습 시간량을 융통성 있게 허용한다.

③ 학습차를 고려한 학습 기회를 제공하기 위해 정규 수업 이외에 과외 수업을 효과적으로 활용한다.
- 일과 후의 수업은 자율학습으로 하고, 지진아에게는 보충, 속진아에게는 심화학습의 기회가 되게 한다.
- 일과 후의 자율학습을 위해서 장소, 활용할 자료, 시간 등을 사전에 계획하여 알맞게 제공한다.
- 보충학습과 심화학습을 위해서는 수업자의 도움 없이도 학습이 가능한 학습 자료가 준비되어야 한다.

④ 학교의 일과 시간표는 각 학급의 특수성에 맞게 융통적으로 변경할 수 있어야 한다.
- 오전의 일과 시간표는 전교가 통일되도록 하나, 오후의 일과 시간표는 각 학년, 각 교과목 또는 각 학급에 따라 융통성 있게 활용되도록 한다.
- 수업 시간의 단위는 한 가지로 획일화하지 말고 교과목이나 학년에 따라 다양하게 계획될 수 있도록 한다.

⑤ 학습자들은 교수 · 학습의 과정에서 내적, 외적 강화를 많이 받도록 해 준다.
- 학습 자료를 통해 내적 강화를 많이 받도록 한다.
- 수업자로부터 외적 강화를 많이 받도록 한다.

3) 자율학습이 가능한 학습 자료의 제공

학습자의 인지 양식과 학습 양식은 다양하다. 이렇게 다양한 특성들은 학습하는 방식에 있어서도 달라 어떤 방법으로 학습하느냐에 따라 그 효과도 다르다. 그리고 학습 속도가 다르기 때문에 교수 · 학습의 상황은 각 학습자가 제공된 학습 자료에 따라 혼자서 학습하게 되는 경우가 많아진다. 이 때문에 개별화수업을 위해서는 학습자의 자율적인 학습이 가능한 학습 자료와 수업 매체가 필수적이다. 오늘날은 교육공학과 통신매체가 발전하여 다양한 교수·학습 자료가 개발되었으며, 이러한 자료의 활용방법도 체계적으로 구안되어 있다.

따라서 자율적으로 학습할 수 있는 학습 자료가 많이 제공되어야 하고, 이 자료들이 소기의 효과를 내기 위해서는 수업의 절차와 방법이 동시에 계획되어야 할 것이다.

① 현대적 교육공학과 통신공학적 기기를 이용한 교수·학습 자료를 많이 활용한다.
- 수업에 컴퓨터, VTR, 녹음 테이프, 컴퓨터와 VTR의 통합기기 등을 활용하여야 한다.
- 교육공학기기는 학습자들이 자율적으로 학습하는 데 활용되어야 한다.
- 각종 교수·학습 기기의 효율적인 활용을 위하여 다양하고 체계적인 수업의 절차를 개발하여 수업자가 그것을 수행할 수 있어야 한다.
- 각 학습자들은 누구나 각종 교수·학습에 이용될 기기를 작동할 수 있어야 한다.

② 학교에는 도서관을 포함한 학습 센터를 마련하여 학습자들이 언제나 혼자서 학습할 수 있는 여건을 마련해 주어야 한다.
- 학습 센터에는 학교의 교과 학습에 직접적으로 관련 있는 다양한 자료를 비치하고, 혼자서 학습할 수 있는 공간도 마련하여야 한다.
- 학습 센터에는 학습자의 학습을 안내할 수 있는 교사가 배치되어야 한다.

③ 학습자들의 자율학습을 도울 수 있는 다양하고 충분한 양의 자율학습 자료가 준비되고 활용되어야 한다.
- 모듈 학습 자료(수업목표, 주요 개념, 학습 요령, 사전평가, 사후평가, 학습할 내용과 요령, 참고사항 등이 포함)를 활용한다.
- 교과목별로 학습 안내 자료, 결손 부분의 보충학습 자료, 프로그램 학

습 자료 등이 준비되어야 한다.
- 방송학습과 학습실험실, 언어학습실 등이 준비되어야 한다.
- 학습자들의 학습 양식과 인지 양식에 적합한 다양한 학습 자료가 준비되어야 한다.

4) 융통성 있는 학급과 학습 집단 편성

학습자들은 학습의 역사를 통해서 누적적으로 성취한 수준이 각기 다르며, 학습의 속도 또한 다르다. 이러한 성취 수준의 차이와 학습 속도에서의 차이는 새로이 학습하는 것에 대해서도 여러 측면에서 차이를 낳는다. 따라서 한 가지 수업방법이나 자료에 의해서 가르치기란 극히 어려우며, 학습의 효과를 향상시키는 면에 있어서도 비능률적이 된다. 그러므로 이미 우리들이 갖고 있는 학년, 학급이라는 개념에 변화를 가져오지 않으면 안 될 것이다.

개별화수업을 할 경우에는 학년과 학급의 벽을 무너뜨리거나, 학습 집단 편성에 융통성을 주지 않으면 안 된다. 능력이 있으면 언제나 상위의 수준이나 다음 학년으로 올라갈 수 있고, 능력이 없으면 그 위치에 더 머무르게 할 수도 있어야 한다.

① 일제 학습을 하는 시간량은 줄이고, 각 교과의 특성을 살릴 수 있는 개별학습과 분단학습의 기회를 늘려야 한다.
- 수업의 흐름을 '일제 → 개별 → 분단 → 일제' 등의 형태로 융통성 있게 제공한다.
- 교사의 역할은 직접적으로 가르치는 일로부터 수업을 관리하고 안내하는 역할로 바뀌어야 한다.

② 학생의 특성과 교과목의 특성에 따라 융통성 있는 학급 및 학습 집단을 조직·편성한다.
- 속진 방법이나 월반제를 도입하여 학습자들의 학습 속도에 알맞은 학습이 이루어지도록 한다.
- 교과목별로 학생들의 능력을 고려하여 동일 학년에 동질 학급을 편성

하여 가르치도록 해야 한다(이때 학생들에게 동질 학급의 장단점을 충분히 이해시켜야만 그 효과를 얻을 수 있다.).

- 학급 내에서는 필요에 따라서 능력별 동질 학습 집단을 만들어 각 집단의 수준에 알맞은 목표와 방법이 제공되도록 한다.
- 한 학급의 구성 인원은 30~40명으로 한다.
- 교과목의 특성에 따라서는 서머힐과 같은 자유스럽고 학년의 구분이 없는 수업 집단으로 편성한다.

5) 수업 개선을 위한 평가방법의 다양한 활용

개인차를 고려한 수업을 하기 위해서는 학습자들이 지니고 있는 다양한 특성을 측정하고 진단해야 한다. 새로운 학년이나 새로운 단원의 시작 단계에서 학습자들이 지니고 있는 출발점 행동을 진단해야만 그에 따른 처방이 가능하다. 그리고 학습자들이 학습해 가는 과정에서는 수시로 학습자들의 학습 진척 상황을 수업자와 학습자가 분명히 알아야 하고 그에 따른 조치를 강구해야만 한다. 이 때문에 개별화학습에서 평가는 학생들의 성적을 가늠하는 기능이 아닌, 수업의 개선에 주 기능을 두고 다양한 기능을 수행하도록 제도적인 장치를 해야 한다. 따라서 평가의 목적과 기능을 분명히 정하고, 기능별로 다양한 평가활동을 계획하여야 한다.

① 수업의 효과를 높이기 위해서는 상대 평가에서 목표 지향 평가로 바꾸어야 한다.
- 평가의 도구는 학습해야 할 목표에 도달했느냐 그렇지 못했느냐를 판단할 수 있는 목표 지향적 평가 도구이어야 한다.
- 학습자의 평가는 각 학습자들이 성취해야 할 목표치에 따라서 달리 평가되어야 한다.
- 평가의 기준에는 반드시 성취 여부를 판가름하는 기준이 제시되어야 한다.

② 다양한 측정 도구가 사전에 제작되어 학교에 비치되어야 한다.
- 각 교과목별 또는 각 단원별로 진단, 형성, 총괄평가를 위한 자료가 제작되어 있어야 한다.

- 학생들의 적성, 학습 양식, 인지 양식, 선수학습능력 등에 관한 누가 기록이 비치되어 있어야 한다.
- 학생들의 적성, 학습 양식, 인지 양식, 교과에의 흥미 등을 조사할 수 있는 측정 도구가 마련되어 있어야 한다.

③ 진단평가나 형성평가 후에는 적절한 후속 조치가 수반되어야 하며, 이를 위한 개별화 학습 자료가 준비되어 있어야 한다.

- 진단평가의 결과 학습 결손이 있다고 발견된 학습자에게는 결손 부분을 보충해 주는 보완학습이 뒤따라야 한다.
- 형성평가 후에는 미완성(미성취) 부분을 보충시킬 수 있는 교정학습이 뒤따라야 한다. 교정학습 후에는 보충 여부를 확인하고, 확인 결과에 따라 필요하다면 재교정학습이 뒤따라야 한다.
- 학습 결손과 미성취 부분을 보충시키기 위해서는 이에 알맞은 자율학습 자료가 준비되어 있어야 한다.

④ 평가의 결과는 가능한 한 빨리 알 수 있어야 하며, 각 학습자의 학습 역사나 과정은 언제나 알아볼 수 있도록 정리되어 있어야 한다.

- 평가 결과의 채점과 통계적 분석을 위하여 CMI를 활용한다.
- 학습자 개개인의 학습 역사나 과정을 일목요연하게 볼 수 있는 누가 기록표가 마련되어 있어야 한다.

6) 융통성 있는 학급과 학교 운영

개별화수업이 일어나는 기본 단위는 학급이지만 각 학급에서 보다 효율적인 학습이 일어날 수 있기 위해서는 학교가 이를 체계적으로 지원하지 않으면 안 된다. 개별화수업은 한 학급을 단위로 하여 학급 내에서 이루어질 수 있는 부분이 있지만, 이러한 경우에는 개인차를 고려한 수업방법이 극히 제한된다. 선택 과목의 폭을 넓힌다든지, 시간표의 일정을 다양하게 한다든지 또는 능력별로 학습 집단을 융통성 있게 편성하여야 할 경우 등에 있어서 학교의 시설, 인적 조직, 일정 계획 등이 달라지지 않으면 불가능하다. 이 때문에 학교의 운영은 개별화를 고려한 수업을 위해서 이를 적극적으로 뒷받침할 수 있는 방향으로 계획되어야 하며, 융통성 있게 운영되어야 할 것이다.

① 학습자의 학업 성취와 능력에 기준을 두어 진급을 달리하는 무학년 제도가 활용되어야 한다.
  - 학습 속도가 빠른 학습자를 위하여는 계속적으로 승급할 수 있는 속진법 또는 월반제가 적용되어야 한다.
  - 학습 속도가 느린 학습자를 위해서는 유급 제도가 활용되어야 한다.
  - 학급 내에서는 교사의 재량에 따라 동질 집단을 편성하여 가르칠 수 있는 융통성이 주어져야 한다.

② 수업자의 업무 중 일부를 지원해 줄 수 있는 조교사를 활용할 수 있도록 해야 한다.
  - 조교사의 업무는 수업자의 가르치는 업무 가운데 특별한 전문적 지식이나 자질이 없더라도 가능한 업무를 수행하도록 한다.
  - 조교사는 사범 교육을 끝낸 임용 직전의 인력을 활용하거나 학부모 가운데 요건을 갖춘 사람들로 구성한다.
  - 수업자의 전문성을 향상시키고 수업의 효과를 높이기 위하여 팀티칭(team teaching) 기법을 활용한다.

7) 기타 지원체제의 강화

개별화수업을 위해서는 다양한 교수 · 학습 자료가 있어야 하고 새로운 기법을 알고 있어야 한다. 그리고 학생들 가운데 특히 지진아의 경우에는 가정과 학부모의 이해와 지원이 없으면 지도가 곤란하기 때문에 학교와 가정의 연계가 필요하다. 또 개별화수업은 일제수업에 비하면 단위 교육비가 크게 상승하게 되는데, 이를 뒷받침해 주지 않은 채 효과적인 개별화수업을 기대하기는 어렵다. 따라서 개별화수업을 위해서는 이에 알맞은 교수 · 학습 자료가 개발 · 제공될 수 있는 여건이 갖추어져야 하고, 학부모와 학생들이 이러한 방법에 관해 이해를 해야 하며, 이를 지원하려는 적극적인 태도가 형성되어야 한다.

① 개인차를 고려한 수업을 위해서는 단위 교육비의 인상이 불가피하다. 이를 위한 재원의 확보가 강구되어야 한다.
- 개별화 교육을 위한 학교 시설의 개선과 교수·학습 자료의 확보를 위한 재원이 확보되어야 한다.

② 학교 운영 및 학급 운영에 자율성과 융통성이 주어져야 한다.
- 학교의 운영은 학교장에게, 학급의 운영은 교사에게 그 재량권이 대폭적으로 주어져야 한다. 또 이들에게는 간섭과 통제보다 용기와 격려가 주어져야 한다.

③ 학교와 가정의 유대를 강화하여 학습자들의 부족한 부분은 부모님의 지도 아래 가정학습이 효율적으로 이루어지도록 해야 한다.
- 학습자의 결손학습과 보충학습은 주로 가정에서 이루어져야 한다.
- 월반제, 유급 제도, 동질 학급 편성 등에 대한 학부모의 올바른 이해가 있어야 한다.

④ 개별화교육을 위해서는 교사 교육이 반드시 수반되어야 한다.
- 교사들은 개별화교육에 관하여 긍정적인 태도와 신념을 가져야 한다.
- 교사들은 개별화교육을 위한 다양한 수업기법을 이해하고 그것을 수행할 수 있어야 한다.

요 약

1. 개별화수업이란 정해진 학습목표를 성공적으로 성취하도록 사전에 처방된 학습 자료나 수업방법에 따라 각 학습자가 자기의 학습 속도에 맞게 학습하도록 하는 수업방법이다.

2. 학습자들은 한 학습에 대해 ① 학습 진도 ② 공부하는 기술 ③ 학습 전략 ④ 교과에 대한 흥미 ⑤ 학습 준비도 ⑥ 선수학습능력 등에 있어서 각기 다른 특성을 지니고 있으므로 이러한 개인차를 감안한 수업방법이 요구된다.

3. 개인차를 고려한 수업을 위해서는 ① 학급 규모의 유연화, ② 교수·학습 자료의 다양화, ③ 다양한 교수방법, ④ 평가의 개별화 등에 대한 알맞은 방법이 강구되어야 한다.

4. 개별화수업은 크게 ① 선별적 교육방법 ② 접합적 수업방법 ③ 상호작용적 수업방법의 세 가지 접근으로 나눌 수 있다. 선별적 교육방법은 학교의 조건에 알맞은 학생을 선발하여 가르치는 방법이고, 접합적 수업방법은 학생들의 개인차를 감안하여 알맞은 수업방법을 제공하는 데 관심을 둔다. 그리고 상호작용적 수업방법은 학습자의 특성과 가르칠 내용이나 방법을 골고루 감안한 적성-처치식 수업방법에 초점을 두고 있다.

5. 학교 학습과 관련 있는 학습자들의 능력적 특성은 ① 적성 ② 수업이해력 ③ 선수학습능력 등을 들 수 있다. 그리고 비능력적 특성으로는 ① 인지 양식 ② 지구력 ③ 흥미 ④ 자아개념 ⑤ 급우에 대한 태도 등을 들 수 있다.

집단학습

학교에서 학습자들이 참여하는 수업 중 가장 대표적인 것이 집단학습이다. 집단학습은 학습자 개개
인의 특성을 충분히 고려하기에는 많은 제약이 있지만 그 나름대로의 강점이 있기 때문에 학교 교육이
있는 곳에는 언제나 집단학습이 있어 왔다. 그러나 집단학습에서 수업의 조건, 집단의 구성, 학습 자료
의 조건, 교사의 역할 등을 알맞게 제공한다면 더 큰 수업 효과를 기대할 수 있을 것이다. 더구나 학교
교육비를 감안한 수업의 효율성을 강조하면 집단학습은 단위 교육비를 줄일 수 있는 대안이라고 할 수
있다. 정규 학급, 대규모 학습 집단을 대상으로 하여 한 사람의 수업자가 질 높은 수업을 전개하여 학
습의 효과를 높이는 경우를 쉽게 볼 수 있다.

이 장에서는 집단학습의 특성과 유형에 초점을 맞추어 해당 내용을 간략하게 제시하려고 한다. 이
장의 학습목표는 다음과 같다.

1. 집단학습의 특성을 설명할 수 있다.
2. 집단학습의 장점을 열거할 수 있다.
3. 집단학습의 단점을 지적할 수 있다.
4. 집단학습의 주요 유형을 다섯 가지 이상 열거할 수 있다.
5. 버즈 학습의 특성을 설명할 수 있다.
6. 시뮬레이션 방법의 특성을 설명할 수 있다.

1. 집단학습기법의 특성

교육이나 훈련 상황에서 집단학습기법의 적절성은 코스나 프로그램의 목표나 목적에 따라서 달리 평가될 수 있다. 예를 들어 언어적 의사소통, 대인관계 기술, 문제해결능력, 판단 기술, 비판적 사고능력과 바람직한 태도 개발 등에는 집단학습기법이 성과가 있으며, 또 이 기법은 대집단 수업이나 개별학습기법보다 훨씬 유용하다고 할 수 있다. 따라서 집단학습기법은 집단역동성기법을 포함하며, 학생들이 다양한 방식으로 상대방과 상호작용하는 데 초점을 둔다. 더구나 교육과 훈련에 대한 체제적 접근의 큰 장점 중하나는 수업목표가 분명하게 명세화되고 수업방법이 수업목표와 일치될 수 있다는 데에 있다.

집단학습기법의 사용을 통해 달성될 수 있는 성과의 유형은 이 장의 후반에 자세히 논의할 것이다. 그전에 기본적인 구성 방법에서 고려해야 할 사항, 집단학습기법의 장단점을 먼저 살펴보겠다.

1) 구성 면에서의 고려사항

집단학습기법은 효과적인 집단 토론을 촉진할 목적을 띤다는 사실 때문에 각각의 특정 상황에서 적절한 크기의 집단을 필요로 하게 된다. 적절한 집단 크기를 좌우하는 여러 가지 요인들로는 집단학습의 목적과 특성, 그리고 다음과 같은 인적 구성에 의해 설정되는 제약들을 포함한다.

예를 들어, 많은 게임과 시뮬레이션이 고도로 구조화된 경우 특히 참여자의 수를 고려해야 한다. 일반적으로 집단 상호작용을 촉진하고 집단 기술을 개발하기 위한 효과적 수단이 되려면 한 집단이 10명 이하여야 하며, 4~6명이 이상적이다.

Rowntree(1982)는 저서인 『Educational Technology in Curriculum Development』에서 [그림 12-1]과 같은 두 가지 집단 상황에서 일어나는 '집단역동성'을 제시하였다.

교사 통제(ⓐ) 상황하에서는 교사가 토론을 통제하는데, 기본적인 유형은

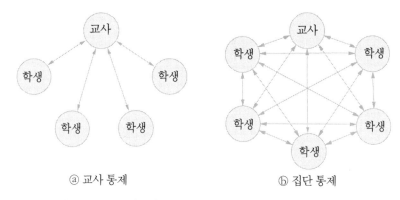

ⓐ 교사 통제   ⓑ 집단 통제

[그림 12-1] 상이한 두 집단학습 상황에서의 의사소통 유형

교사와 여러 개별 학생 사이의 연속적인 대화에 있다. 이것은 의사소통에서
어느 정도 제한된 유형으로 개인 지도의 집단 환경 내에서 자주 발생한다.
 집단 통제 상황 ⓑ는 의사소통에서 복합적인 방식의 유형으로, 집단 토론
이나 세미나에서 발생하며 이 유형에서는 학생들이 다른 학생과 자유롭게
상호작용할 수 있고 학생 집단 내에서도 아이디어를 내세울 수 있다. 또한
이런 집단 환경에서 교사는 토론이 바람직한 방향으로 갈 수 있도록 참여할
필요가 없다.
 그러나 집단학습 상황에서 교사의 역할은 매우 중요하고 어떤 면에서는
성취하기 어려운 기술과 적응성이 요구된다. 우선 교사는 학습 경험을 계획
하고 구성하는 데에 있어 조직면에서 뛰어난 기술을 보여 주어야 한다. 그
리고 교사의 역할은 과제 제시의 설명식 수업 상황보다 훨씬 더 수용적이고
비교적 덜 권위적이거나 덜 관료적이어야 한다. 채택된 집단학습기법의 내
용과 구조의 형태에 따라 교사의 역할은 집단 리더(토론에 강력한 방향을 제
시) 또는 집단 촉진자(자기 표현을 하고 집단 내에서 상호작용함), 중립적인 의
장(절차만 통제하고 토론에는 본질적으로 참여하지 않음), 조언자(필요할 때 지원
과 정보를 제공함), 단순한 관람자 등 다양하다. 일부 집단학습 과정에서 교사
역할의 다른 중요한 면은 집단학습 활동을 전반적으로 설명하는 데 있다.
이것은 집단 활동에서 나타난 사태들을 참여자와 함께 조사하는 것을 수반
한다. 그리고 토론의 본질과 내용이나 집단 내의 활동 과정과 상호작용에
일어나는 중요한 점을 끄집어 내는 것도 필요하다. 분명히 집단 활동에 관

한 전반적인 설명에서 가장 중요한 점은 집단 활동을 수업목표와 밀접하게 관련시키는 것이다.

집단학습 활동의 영역은 고도로 구조화되고 미리 계획된 것에서부터 근본적으로 자유롭고 개방된 토론까지 다양하다. 구조화된 접근일 경우에는 집단은 사전에 조직되고 교사가 설명하거나 수업의 형식에 의하여 미리 결정된 방식으로 특정 교재를 토론하도록 지도받는다. 한편 자유롭고 비구조화된 접근일 경우의 집단 활동은 훨씬 더 학생 중심이며 융통성이 있으나, 그 결과 학습 성과를 예견하기가 매우 어렵다. 집단이 사용하는 다양한 기법과 접근 방식의 전반적인 영역은 이 양극단 사이에 존재한다.

2) 집단학습기법의 장점

코스의 바람직한 성과나 목표에 맞는 수업방법을 찾을 때 분명한 사실은 모든 주변 상황에 적합한 단 한 가지 방법은 있을 수 없으며, 수업방법(과제 제시, 개별학습, 집단학습)의 적절한 '혼합'이 요구된다는 것이다. 앞에서도 언급되었듯이 집단학습기법은 수업방법으로서, 특히 유용한 다양한 수업목표들이 존재하므로 이를 차례로 검토해 보겠다.

(1) 고차적 인지 목표 성취

지식과 이해의 영역(Bloom의 인지적 영역)에서는 대량 수업기법과 개별학습기법이 '지식'과 '이해'의 낮은 인지적 영역을 가르치는 데에 적합하다는 것을 알고 있다. 그러나 사실적인 자료의 이해나 다양한 영역에서의 이들의 적용은 개인 지도와 같은 소규모 집단학습이 훨씬 더 효과적이다. 더구나 대부분의 대학 수업에서는 강의와 개인 지도가 밀접하게 연계되어 있고 서로 보완되고 있다. Bloom의 인지적 목표 수준에서 상위 수준의 인지적 기능인 학습 자료의 분석이나 평가 등은 여러 종류의 집단토론기법을 사용함으로써 효과적으로 개발할 수 있다. 여기서 학생들은 비교적 공개적인 환경 하에서 그들의 동료들과 문제를 토론하고 의견을 나눈다.

집단학습기법은 또한 개별적으로 공부하고 교사와 상호작용하는 학생이나 여러 종류의 과제를 다루는 협동학습 집단에서 공부하는 학생 어떤 쪽이라도 문제해결학습에 있어서 효과적이다. 하지만 소규모 집단학습기법을 통해 의사결정 기술의 육성을 도모하는 집단학습 과정은 반드시 교과내용에 국한시켜서 생각할 필요는 없다. 예를 들어 다수의 경영 훈련 코스에서 참가자들은 의사결정 능력의 개선을 위해 집단학습 과정을 거치는데, 이러한 활동은 의사결정에 도달되는 그 과정이 집단학습 과정의 실제 내용보다 훨씬 더 중요하다.

(2) 창의적 사고 기술의 성취

창의적 사고 기술(예를 들어, 한 주제 내에서 새로운 관계성을 지각하는 능력 또는 주어진 문제 상황을 창의적으로 풀어 가는 능력)의 개발을 목적으로 하는 코스에서 집단학습기법은 가장 유용하다고 간주되어 왔다. 광범위하고 다양한 사고가 요구되는 상황, 예를 들어 발언과 비판이 이루어지는 집단 내에서는 아이디어가 허용될 수 있기 때문에 그 결과 집단의 각 구성원들은 다른 사람의 지각, 상호작용, 토론 자체로부터 배운다.

(3) 의사소통 기술의 성취

많은 집단학습기법은 언어적 의사소통, 비언어적 의사소통, 기록적 의사소통과 관련되는 여러 가지 기술 개발을 위한 이상적 수단이 된다. 학생들은 자신을 정확하게 표현하는 능력이 부족함을 자주 지적받는다. 집단학습기법은 특히 이러한 결함의 극복에 도움이 되는 아주 적절한 방법이어서 최근에는 많은 집단학습 과정이 이러한 목적에서 설계되었다. 이런 집단학습 과정이 제공하는 상황에서는 학생들이 언어적 의사소통 기술을 개발할 수 있고(발표에 대한 반대 발언, 토론에 의미 있는 공헌을 하는 것 등), 이를 통해 자신감을 얻을 수 있다. 이상적으로는, 유의미하고 지속적인 개선이 달성되려면 연속적으로 계획된 이런 집단학습 과정이 바람직하다.

좀 더 전통적인 형태의 집단학습은 공개 토론회 형식을 띠는데 여기서 실험 보고서, 과제와 프로젝트 보고서 등의 기록 과제에 대해 토론한다. 이런 토론의 목적은 두 가지로 볼 수 있다. 첫째, 집단 구성원 상호 간 도움을 주기 위해 기록 과제의 내용 자체에 대해 토론하는 것과 둘째, 구조, 문맥과 표현의 명료성 등 기록 과제의 형식에 대해 토론하는 것이다. 많은 경우 공개 토론의 목적은 다른 토론을 고무하고 촉매 작용을 하는 것이다. 셋째, 집단학습 과정은 참여자로 하여금 비언어적 의사소통의 중요성에 대한 인식을 고무시키고 유용한 기술을 개발하게 한다. 이것은 집단의 활동을 관찰함으로써 달성될 수 있는데, 관찰은 교사나 실질적인 집단 구성원, 객관적인 관찰자 또는 사후 분석과 토론을 위한 비디오 녹화로 이루어진다. 이런 기법은 다양한 목적을 위해 사용될 수 있다. 예를 들어 심리학 전공 학생들에게 비언어적 의사소통의 특성을 설명할 때나 인터뷰나 미팅에서 중요한 역할을 하는 여러 가지 비언어적인 기술을 인식하고 개발하려는 훈련 담당자에게 필요하다.

(4) 대인관계 기술의 성취

한 집단이나 사회적 상황 내에서 효과적인 운영을 위해 필요한 여러 가지 기술은 집단학습기법에 의해 잘 습득될 수 있다. 많은 경우 학생들은 학교를 거쳐 직장을 가지는데, 여기서 요구되는 것은 타인들과 친숙하게 협동하며 일하는 것이다. 어떤 경우에는 리더십, 행정력, 위임 기능이나 한 팀의 부분으로서 일하는 능력이 포함될 뿐 아니라 일반 대중을 대하기 위해 필요한 사회적 기술도 포함된다. 집단학습기법은 이론을 실제에 적용하기 위해 이상적이며, 시뮬레이션이나 역할놀이 활동은 이런 유형의 대인관계 기술의 개발을 위해 소규모 집단에서 사용할 수 있다.

(5) 바람직한 태도의 형성

설명식 수업 방식이나 개별학습 방식은 태도 영역(정의적 영역)의 개발에 있어서 효과적이지는 못하다. 태도가 변화되려면 적극적인 참여가 필요하며 전통적인 학습 상황에서의 교사의 지시보다 권위적인 교사나 동료로부터의 반대 의견이나 비판이 필수적이다. 바꾸어 말하면 학생 상호작용이 이러한 태도 변화의 달성에 열쇠가 된다는 것이다. 태도 형성과 관련하여 집단학습기법의 역할은 자명하다. 집단학습기법이 제공해 줄 수 있는 환경은 자유로운 토의를 통해 편견과 잘못된 개념을 고치게 하고 주어진 어떤 상황이라도 지닐 수 있는 요인들에 대한 인식을 증대시켜 준다. 이와 같은 집단학습을 잘 적용할 수 있는 예를 보면 지역사회의 소수 계층이나 노동조합에 대한 공감대를 증대하기 위한 영역 등이다.

집단 활동은 의미 있고 다양한 학습 경험의 맥락 내에서 개인의 인지적 · 정의적 발달을 통합하기에 적합한 매우 강력한 수단이 될 수 있다.

3) 집단학습기법의 단점

집단학습기법은 언어적 의사소통, 대인관계 기술, 문제해결 기술, 판단 기술, 판단적 사고 기술, 바람직한 태도 개발 등에 효과적이다. 그러나 집단학습기법은 개별학습처럼 여러 가지 단점을 지니는데, 그중 보다 중요한 몇 가지를 살펴보겠다.

(1) 팀 조직의 어려움

집단학습 과정을 운영하는 데에는 팀 조직면에서 여러 가지 문제점들을 직면하게 되는데 정규 학교 수업에 맞추기가 어렵다는 사실이 가장 큰 난관이다. 특히 집단학습에서 학생 수가 많거나 현재의 교사보다도 더 많은 교수진이 필요할 경우 그러한데 이것은 특히 게임/시뮬레이션/상호작용적 사례 연구의 집단학습 과정에 해당되는 사항이다. 또한 이런 집단학습 과정은 참여자가 예비 모임에 참여해야 하거나 사전 과제를 해야 하기 때문에 더욱 복잡한 문제가 야기된다. 최종적으로 가장 어려운 점은 학생의 성취에 대한 평가 또는 집단학습 과정의 효과성을 평가하는 것이다.

(2) 학습자 태도의 문제

모든 집단학습기법의 잠재적인 약점은 참여자가 성공하려면 그들이 서로 활발하게 협동해야 한다는 점이다. 하지만 여러 경우에 이러한 협동이 언제나 이루어지지는 않는다. 예를 들어 학생들은 시간 낭비라고 느끼거나 참여하는 것 자체에 두려움을 가지기 때문에 단순하게 집단학습 과정에 몰두하지 못한다. 다른 경우 그들은 필요한 기술을 익혀야 한다고 느끼지 못하고 동료들 앞에서 '자신을 내보이기'를 원하지 않기 때문에 집단학습 과정이 필요하다는 인식에 거부감을 가질 수도 있다. 이러한 태도와 관련된 문제가 필연적으로 학생에게만 한정되지는 않는다.

앞에서 보았듯이 집단학습 과정의 운영을 위해 관련된 참모진들에게도 큰 부담이 될 수 있다. 종종 그들은 자신들의 직업에 부여된 기존의 개념에 맞지 않는 많은 생소한 역할을 요구받는다. 특히 집단학습기법을 사용한 경험이 없는 나이 많은 교사나 타성에 젖은 교사들은 더욱 그럴 것이다.

2. 집단학습의 실제

특정 수업 또는 집단학습 상황에 적용될 집단학습기법의 유형을 좌우하는 여러 가지 요인으로는 달성하고자 하는 수업목표, 수업방법, 본 집단학습과의 연관성, 학생의 성숙도, 교사의 개성과 경험 등이 있다. 다음에 설명될 이 기법들은 소규모 집단 상황에 적용될 수 있는 세밀한 항목으로 구성되어 있지는 않지만 조직의 정도나 교과목 내용에 대한 교사의 관여 정도 등에 따라 변할 수 있는 광범위한 접근 범위를 가진다. 어떤 기법은 다른 집단기법 내에서 사용될 수 있고 또 어떤 것은 학생 활동, 토론, 피드백을 유발하기 위한 자료 제시 수업방법에 결합시키는 것도 가능하다. 교사의 통제를 줄이고 학생의 통제를 늘리는 방편으로 이 기법이 시도되기도 하지만, 이런 요인들은 특정 환경에 따라 심각하게 변화할 수 있고 몇 가지 접근방법 사이의 중복도 심하다.

1) 통제된 토론학습

이 접근 유형은 대규모 집단에 자주 적용되며 자료 제시 수업의 완료 후에 어느 정도의 학생 피드백을 획득할 수 있다. 잘 적용되는 또 다른 경우는 수업목표에 한 단계 한 단계 나아가기 위해 설정된 특정 질문을 통해 학습 방향을 교사가 강력하게 조정하는 경우이다. 또 달리 적용할 수 있는 경우는 교정 단계에서이다. 비록 학생은 강의 수업보다 질문을 하고 발언을 보충하는 것이 좀 더 자유롭다고 느낄지 모르지만, 그럼에도 불구하고 교사가 아직도 이 체제의 확고한 중심이 된다. 이런 이유로 통제된 토론은 앞부분에서 살펴본 유형의 광범위한 목적 달성보다 코스의 교과내용을 학습시키는 데에 제한된다.

2) 버즈 집단학습

이는 토론과 피드백 증대를 위해 강의나 대규모 훈련에 의도적으로 도입된다. 이 기법에서는 2~4명의 소규모 하위 집단이 한 주제 또는 교사가 제시한 주제에 대해 짧은 시간(일반적으로 5분 이하)을 토의하게 된다. 각 하위 집단은 집단 전체로 각각의 토의를 보고하거나 가끔은 각각의 성과나 토의 내용을 공유하기 위해 다른 하위 집단과 회합을 가진다. 정상적인 학급 상황에서 이 기법은 학생 참여를 활발하게 하는 데 특히 유용하다. 버즈 집단학습은 수동적으로 앉아 있거나 듣기만 할 때의 사고과정보다 급격한 변화를 경험하고 그럼으로써 창의적인 사고를 양성하는 데 효과적이다.

3) 개인 지도

집단의 개인 지도에서 조사해야 할 주제나 해결해야 할 문제는 교사가 채택하고 수업 구성 방법도 교사가 결정한다. 하지만 개인 지도 과정 중에 실제로 발생하는 일은 집단 내 개별 학생의 성취와 관심에 따라 결정되어야 한다.

이 기법은 지식의 적용, 분석, 평가 단계에서 연습을 하게 하는 유용한 수단이다. 또 이것은 Bloom의 '고차적 인지적' 수준에 해당하는 과목의 내용을 다루는 데 좋다. 그래서 개인 지도는 문제해결과 비판적 평가와 같은 영역의 기술을 개발하는 데 쓰일 수 있다.

많은 경우 개인 지도를 위해 학생은 프로젝트나 다양하게 대답해야 할 몇 가지 문제를 미리 준비해 두어야 한다. 이러한 상황에서 교사는 학생들이 공통적으로 느끼는 문제를 중심으로 수업할 수도 있고, 에세이나 문제해결 기술을 좀 더 일반적인 용어로 토론하게 할 수도 있다. 이러한 교과 중심 개인 지도의 단점은 교사가 주도하는 경향이 너무 빈번하다는 점과 어떤 경우에는 이 기법을 부분적으로 이용한다는 점이다. 이런 경우 위에서 언급한 다양한 비판적 평가와 문제해결 기술의 개발 기회가 박탈된다.

4) 세미나

세미나 기법은 학습의 일반적인 집단 토론 방법에 광범위하게 적용된다. 더구나 이 용어는 다른 교과 영역과 다른 교육 훈련 수준에서 일하는 사람들에게 그 의미에서 큰 차이가 있다.

세미나를 운영하는 평범한 방법은 한 학생이 제시한 에세이나 사전 준비 발표물에 기초를 둔다. 그러므로 집단은 그것이 근거로 하거나 그것이 내포하는 전체를 포함하여 제시한 내용을 토의하게 된다. 집단 내 상호작용이 매우 중요하므로 교사의 역할은 개인 지도에서보다는 덜 권위적이다. 일반적으로 최초로 제시된 내용은 사실적 정확성을 기한 것은 아니다.

하지만 세미나는 특정 주제에 대한 자유 집단 토론을 기초로 운영될 수 있기 때문에 반드시 특정 주제에 초점을 맞추어 제시할 필요는 없다. 또한 세미나 과정에 대한 교사의 관여 정도는 수업목표 또는 수업 유형에 많이 좌우된다. 세미나의 흥미로운 변형으로 어항기법이 있다. 이는 집단의 절반 정도는 안쪽의 작은 원으로 앉아 토론을 실시하고 나머지는 바깥 원에 앉아 토론 과정에 참여자가 아닌 관찰자로서의 역할을 한다. 집단 양쪽 모두 토론 내용을 숙지하고 이에 대한 관점이 토론의 내부와 외부의 평가를 통해 변화된다. 이런 기법은 집단역동성의 양상을 밝히는 데 유용하다(예 : 토론 주도자의 역할과 비언어적 의사소통 등을 들 수 있다.).

세미나 기법과 같은 맥락에서 개발된 많은 기법들 중 또 다른 예가 '브레인 스토밍'이다. 여기서 집단 구성원은 교사가 제시한 문제나 질문에 대한 가능한 해답을 계속적으로 제시한다. 예를 들어 '사막의 섬에 표류했을 때 절대적으로 필요한 것은 무엇이겠는가?' 등이다. 처음에는 발표 없이 해답을 수집한다. 그런 다음 집단이 여러 가지 제시된 것을 전체적으로 평가하고 토론하여 수정하거나 기각한다. 이 기법은 토론을 자극할 뿐 아니라 모든 참여자가 세미나를 촉발해 주는 역할을 하는 데에 효과적이다. 일단 시작이 되면 집단 토론은 좀 더 자유롭게 더 많은 학생들이 참여할 수 있게 된다.

5) 팀 프로젝트

프로젝트를 위한 협동학습은 집합적이며 대인관계 기술을 개발하는 데에 의미 있는 기법이 될 수 있다. 이런 관점에서 볼 때 제5장에 논의된 개별 프로젝트의 장점은 구성된 집단의 지지를 받을 수 있다는 것이다. 각 집단 구성원은 그 역할을 다하지만 집단 전체의 효과성이 통합되기 위해 각기 다른 교과 영역의 배경을 가진 사람들이 필요하므로 특히 이러한 팀 접근이 적절하다.

6) 게임, 시뮬레이션, 상호작용적 사례연구

최근 10년간 집단학습기법으로 게임, 시뮬레이션, 상호작용적 사례 연구의 적용이 급격히 증가했다. 이런 기법은 원래는 군대나 회사 경영의 훈련 분야에서 유래하였지만 현재는 매우 다양한 목적을 지닌 교육이 거의 모든 영역에 광범위하게 확산되어 있다. 이 기법의 계통과 범위는 너무 광범위해서 여기서 깊이 있게 논의하는 것이 불가능하므로 관심 있는 독자는 이에 대한 다양한 참고문헌을 활용하면 될 것이다.

(1) 집단학습 과정의 다양한 유형

게임은 교육이나 훈련 상황에서 경쟁을 시키고 일정한 규칙을 지키게 하는 집단학습 과정이다. 이 용어는 단순한 카드와 보드게임에서부터 대규모 경영 게임과 복잡한 경쟁까지 매우 광범위한 범위에 이른다. 집단학습 상황에서 게임을 할 때 참여자는 개별적이거나 다른 사람과 협동하에 활동하며 '이기기' 위해 자신들의 기술과 지식을 서로 경쟁한다.

한편 시뮬레이션은 실제 상황의 일부를 연속적으로 재현하는 집단학습 과정이다. 많은 경우 이는 역할놀이에 참여하는 집단의 구성원을 포함하며 각 구성원은 법률가나 지방 상담자, 교역조합 대표자나 환경보호론자 등 타인의 역할을 수행한다.

마지막으로 상호작용적 사례연구는 집단 구성원이 어떤 특성을 검토하기 위해 과정, 상황, 사건, 기록 등의 깊이 있는 연구를 실행해야 하는데 이런 특성을 검토한 후에 특정 경우에 제한하거나 혹은 광범위한 틀의 다른 일반적 상황에도 적용이 가능하다. 확실한 예는 의료나 법률 집단학습 상황에서 실행되는 특정 경우의 집단 토론이지만 상호작용적 사례연구기법은 다른 영역에서도 광범위하게 활용된다. 또한 게임/시뮬레이션/상호작용적 사례연구 분야에는 혼합 집단학습 과정의 다양한 유형이 존재하는데 이런 집단학습 과정의 특성은 위의 기본 영역에서 두 가지 혹은 세 가지 모두의 특성을 지닌다. 예를 들어 경쟁적 요소를 가지며 모의 상황을 수반하는 시뮬레이션 게임은 잘 알려진 예로 모노폴리가 있다. 다른 변형 형태로는, 사례연구 그 자체로써 게임을 실행하거나(예 : 확률 이론 연구) 실제 상황이 아닌 모의 상황에 사례연구의 기초를 둔 것 등이 포함된다.

(2) 게임, 시뮬레이션, 상호작용적 사례연구의 장점

이들 기법이 집단학습 상황에서 왜 유용한지 그 원인을 검토해 보자.

첫째, 이들 기법은 고도로 다양하고 융통성 있는 매체로 구성되어 매우 다양한 교육목표를 달성케 한다. 집단학습 상황에서 이 기법들은 Bloom의 인지적ㆍ정의적 영역의 모든 분야에서 교육목표를 달성하게 해 준다. 이 기법들은 교과의 기본 사실을 가르칠 때는 다른 기법보다 효과적이지 않지만, 분석이나 종합과 관련된 높은 인지적 목표를 위해 가르칠 때나 정의적(태도) 영역의 다양한 목표를 달성하는 데 특히 가치가 있음이 알려졌다. 그러므로 이들을 활용함으로써 좀 더 전통적인 수업방법을 완성하고 지지하며 또한 강화할 목적으로 활용될 수 있다.

둘째, 시뮬레이션은 실제 상황과 달리 집단의 요구를 충족시킬 수 있다. 실제 삶의 상황이 사례연구 집단학습 과정의 설계자들이 기대하는 모든 특성을 가지는 경우는 아주 드문 반면, 시뮬레이션은 가능한 모든 특성을 지닐 수 있다. 한편 실제 삶의 상황은 너무 복잡하여 있는 그대로는 집단학습의 기초로 쓰일 수 없기 때문에 복잡성을 활용 가능한 정도로 감소시켜 단순화함으로써 이러한 난점은 극복될 수 있다.

셋째, 잘 설계된 게임, 시뮬레이션, 상호작용적 사례연구는 참여자가 학습의 긍정적 전이를 달성하게 한다. 즉 이런 기법은 획득한 기술을 다른 상황에 적용하는 능력을 길러 준다. 사실 이러한 학습의 전이가 없다면 유형의 집단학습 과정에서의 사용이 정당성을 잃을 것이다.

넷째, 많은 경우 게임, 시뮬레이션, 상호작용적 사례연구 분야의 집단학습 과정은 학생들이 직감력과 창의적 사고능력을 사용하고 계발하도록 하는 수단이 된다. 갈수록 교육체제가 발산적 사고과정을 양성하는 데에 큰 비중을 두고 있으므로 미래에는 이러한 특성이 점차 중요하게 부각될 것이다.

다섯째, 특정한 교과내용의 학습과는 별도로 이런 유형의 많은 집단학습 과정은 여러 유용한 기술(의사결정, 의사소통과 대인관계 기술 등)과 바람직한 태도 특성(타인의 관점을 기꺼이 경청하거나 다양한 방식에 의거하여 문제를 검토하는)을 기르는 데에 도움이 된다. 더욱이 많은 사람들은 게임, 시뮬레이션, 상호작용적 사례연구가 교육에 가장 가치 있는 공헌을 할 수 있는 분야라고 믿고 있다. 집단에서 상호작용 정도가 높게 설계되어 온 집단학습 과정이 이러한 관점에서 특히 효과적일 것이다.

여섯째, 경쟁 요소가 수반되는 사례라야 참여자들이 집단학습 과정의 과제에 열중하게 하는 강력한 동기를 제공해 줄 수 있다. 이런 경쟁 요소는 드러나는 때도 있고(하위 집단 또는 개인이 서로 공개된 경쟁을 할 때) 숨겨질 때도 있다(하위 집단이나 개인이 동시에 활동을 수행해야 하고 그들의 성과를 집단 전체로 보고해야 할 때).

일곱째, 이 분야의 많은 집단학습 과정은 한 가지 이상의 학문적 원리에 기초하며 참여자가 광범하게 관련된 다른 영역을 결합하고 균형 있는 '전체적 형태'로 개념을 통합하도록 도와주는 특성을 가진다. 학생이 가치 판단(예 : 사회적 비용에 대한 경제적 이윤을 저울질하는 것)을 형성하고 각기 다른 수많은 관점으로 문제들을 검토하게 하는 점에서 집단학습 과정은 특히 가치가 있다.

여덟째, 다학문적 집단학습 과정이 부가적으로 가지는 장점은 그들이 제공하는 상황에서 다양한 교과 영역의 전공자인 참여자들이 공통 목적을 달성하기 위해 효과적으로 같이 작업해야 한다는 점에 있다. 이런 유형의 대인관계 기술은 학생이 졸업한 후의 사회생활에서 매우 중요하며 또한 다학문적 시뮬레이션과 게임은 학교나 대학에서 필요한 실질적인 경험을 제공하는 교육과정이라고 할 수 있다.

아홉째, 게임/시뮬레이션/상호작용적 사례연구에서 전반적으로 관찰되는 장점은 학생의 참여와 동기가 매우 높다는 점과 대부분의 참여자가 이 기법을 매우 흥미롭게 여긴다는 점이다.

(3) 게임과 시뮬레이션의 단점

다른 집단학습에 공통적으로 관련되는 구성과 태도에 관한 여러 가지 단점 외에도 게임과 시뮬레이션에 특히 관련되는 두 가지 주요 단점이 있다.

첫째, 이런 집단학습 과정은 잘못 사용될 위험이 항상 있다. 그 예로 이 기법을 특정 교육적 목적이 아닌 '오락'이나 '시간 매우기용'으로 쓰는 경우이다. 또한 학생도 '교육적 요소'와 '게임적 요소'가 완전히 통합되어 있지 않기 때문에 교육적 가치가 없는 순전히 놀이로만 생각할 가능성이 있다 (카드게임, 보드게임에 특히 이런 단점이 있음).

둘째, 게임이나 시뮬레이션이 주어진 교육적 상황에서 실제로 사용되려면 바람직한 교육적 성과를 달성할 수 있어야 할 뿐 아니라 표적 집단에 적절히 맞아야 한다. 달리 말하면 적절한 수준을 정해야 한다는 것이다. 하지만 교사가 정한 수업목표에 이상적으로 맞는 집단학습 과정을 찾기는 매우 어렵기 때문에 어느 정도 수정하여 실행하거나 완전히 새로운 집단학습 과정을 설계할 필요가 있다. 여기서 중요한 것은 어느 정도의 전문성과 사전 경험이 필요하다는 것이다.

(4) 교사의 역할

게임/시뮬레이션/상호작용적 사례연구의 집단학습 과정에서 교사의 역할은 집단학습 과정 내에서 학생의 통제하에 발생할 실제적인 활동을 조직하는 것이다. 하지만 사전에 구성된 집단학습 과정의 내용은 많이 변경될 수 있다.

교사의 가장 중요한 역할 중 하나는 집단학습 과정의 완료 후에 참여자들에게 집단학습의 전 과정을 설명해 주는 것인데, 이것은 전체적인 교육적 가치가 그들의 경험으로부터 나온다면 절대적으로 필요한 것이다. 집단학습의 전 과정을 설명하는 형태는 집단학습 과정의 성질과 기능에 좌우되나, 다음 네 가지는 기본적으로 포함되어야 한다.

① 집단학습 과정의 실제적인 과제에 대한 고찰과 학생에 의해 제기된 중요한 관점에 대한 토론
② 집단학습 과정과 그것이 기초를 둔 교과와의 관련성에 대한 토론(예 : 시뮬레이션에서 실현 정도에 대한 토론)
③ 집단학습 과정 동안 발생한 집단 과정에 대한 토론
④ 야기된 더 광범위한 문제에 대한 토론

집단학습 과정의 전 과정에 대한 설명은 역할놀이가 포함된 경우 특히 중요하고, 순수 교과를 사회적 · 정치적 · 경제적 또는 환경적 맥락 내에 위치하게 하며, 이런 경우 전체 경험에서도 가장 중요한 부분이 된다.

7) 마이크로 티칭

이 기법은 교사 훈련에 주로 사용되는 비디오 녹화 방법이다. 마이크로 티칭에서는 예비 교사가 짧은 시간(5~10분) 동안 소규모 학생 집단(4~7명)을 대상으로 연습한 수업이 비디오로 녹화되어, 즉시 피드백을 얻거나 실행한 수업의 여러 면을 토론하기 위해 훈련생에게 보인다(대개는 다른 훈련생이 동석한다.). 집단 피드백(장학자의 언급과 실제 학생에 의한 관찰을 수반)은 교육 실습생이 자신의 수업을 분석하고 다음 학생 집단에게 가르칠 교재를 재구성하도록 돕는다. 곧이어 비디오 녹화 내용을 보면서 좀 더 개선될 수 있는 영역을 확인하기 위해 심도 있는 분석과 평가가 가해질 수 있다. 이러한

'교수-재교수' 순환을 활용하여 교육 실습생이 비디오 녹화와 동료 집단 및 그 외 피드백으로부터 학습한 것을 즉시 실행해 볼 수 있는 기회를 제공해 준다. 마이크로 티칭은 다양한 변형이 존재하며 실행 분석을 위한 비디오 녹화 방법은 현재 교육 분야뿐만 아니라 기술 훈련 분야에서도 사용되고 있다.

8) 학생 상호협력 집단

학생들이 공통적인 문제를 토론하고 아이디어를 나누고 또래끼리 가르치는 과정을 통해 서로 돕기 위해 학생들끼리 만나는 경우에 이 기법이 필요하다(교사나 튜터가 없을 때).

많은 경우 이런 집단은 자발적으로 구성되고, 다른 경우에는 교사나 학교로부터 격려가 필수적인 촉매 역할을 한다. 학생들에게 이런 집단에 참여하도록 동기 부여를 할 필요가 있고, 또래끼리 가르치기는 동료를 도와 어려움에 대처하는 데에 유용하다. 개방대학에서 제안한 원거리 학습 코스에서 학생 상호협력 집단의 형성이 고무되고 있는 것이 이런 이유 때문이며, 이런 상황에서 독립적으로 공부하는 고립감을 보완하는 데에 상호협력은 큰 역할을 할 수 있다.

요 약

1. 집단학습기법은 언어적 의사소통, 대인관계 기술, 문제해결능력, 비판적 사고능력 등을 강조하는 학습에서 다른 방법들보다 높은 수준의 효과를 기대할 수 있다.

2. 집단학습이 효과를 낳을 수 있으려면 한 집단을 4~6명으로 구성하는 것이 좋다.

3. 집단학습에서 교사의 역할은 학습 경험과 집단을 구성하는 데 전문성을 발휘해야 한다. 따라서 수업의 과정에서는 수용적이어야 하며 덜 관료적이어야 한다.

4. 집단학습이 갖는 강점은 고차적 인지 목표, 창의적 사고, 의사소통 기술, 대인관계 기술, 바람직한 태도 등의 형성을 강조하는 학습에 효과적이라는 것이다.

5. 집단학습이 갖는 약점은 정규 학교 수업에서는 활용하기가 곤란하며, 특히 학생들이 적극적으로 참여하려는 태도가 없을 때 효과를 기대하기 힘들다는 것이다.

6. 집단학습의 기법으로는 통제된 토론학습, 버즈 집단학습, 개인 지도, 세미나, 팀 프로젝트, 게임, 시뮬레이션 등을 들 수 있다.

제13장

구성주의학습

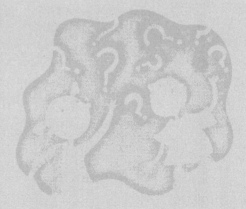

J. S. Bruner
(1915~현재)

　　최근 교육학계와 학교 현장에서는 구성주의에 대한 논의와 함께 이 이론을 활용한 교수 · 학습 방법의 구안에 많은 관심을 갖고 있다. 지금까지 많은 교수 · 학습의 이론은 수업자가 객관화된 지식을 어떻게 하면 학생들에게 효과적으로 가르칠 것인가에 초점을 맞추었다면, 이 구성주의이론은 학생들이 어떻게 배우는가에 관심을 갖고 있다고 하겠다. 즉, 학생들이 어떻게 새로운 지식을 탐색하고 구성해 나아가는지를 밝혀, 알맞은 수업 환경과 수업자의 수업방법을 제공하는 데 초점을 맞추고 있다. 따라서 이 장에서는 미래 교육의 새로운 패러다임으로 자리 잡고 있는 구성주의학습이론의 기저는 무엇이며, 구성주의학습이론 및 학교 수업에서 구성주의이론을 어떻게 활용할 것인지에 대하여 이야기하도록 한다. 이 장의 내용을 성공적으로 학습하면 다음과 같은 학습목표를 성취할 수 있을 것이다.

1. 구성주의학습목표의 특성을 설명할 수 있다.
2. 구성주의와 객관주의 학습이론의 차이를 열거할 수 있다.
3. 구성주의학습이론의 기저가 되는 세 사람의 대표적인 학자와 그 이론을 요약할 수 있다.
4. 인지도제모형의 특징을 요약할 수 있다.
5. 상황적 학습모형의 특징을 요약할 수 있다.
6. 구성주의이론에 입각한 교수 · 학습 환경의 학습 장소로는 어떤 곳이 되어야 하는지 세 가지를 열거할 수 있다.
7. 구성주의이론에 의한 교수 · 학습의 절차와 방법 구안을 위한 원칙을 5가지 이상 열거할 수 있다.
8. 구성주의 교사가 되기 위해서 갖추어야 할 조건 12가지를 열거할 수 있다.

1. 구성주의학습이론의 기초

1) 구성주의학습이란?

20세기에 이르러 근대 과학이 크게 발달하면서 객관주의 주장에 회의를 제기하는 일들이 나타났다. 이러한 생각은 지식이 발견된 것이 아니라 인간이 완성시켜 가는 것이며, 객관적이기보다는 주관적이라는 주장과 관련되어 있다. 이러한 관점은 과학적 진리는 발견 이전에 존재하며, 관찰의 축적에 의해 진리를 발견할 수 있다는 경험주의 관점과는 크게 다른 견해라 할 수 있다.

행동주의를 포함한 전통적 관점과 구성주의적 관점에서 교사, 학생의 역할, 수업 전 학생의 상태, 학습의 결정조건, 학습에 대한 관점, 지식형성의 관점 등을 보면 양자에서 차이를 보인다. 먼저 전통적 관점에서 교사는 지식을 전수하는 역할이며, 학생은 지식을 수동적으로 받아들이는 입장이 된다. 수업 전 학생의 상태는 백지상태이고, 쉽게 대치할 수 있는 개념을 가지고 있는 상태이다. 학습결정조건은 외부적 상황으로 교사, 교실, 교과서, 실험 등이며, 학습에 대한 관점으로 백지상태에 있는 학생에게 지식을 전수하는 것으로 본다. 그리고 지식형성의 관점은 외부 조건에 의하여 결정되며 학습자와는 무관하다고 보았다.

그러나 구성주의 관점에서 보면 교사는 학생들이 학습을 구성하도록 경험을 제공하고 학습을 촉진시키는 역할을 하며, 학생은 지식의 의미를 능동적으로 구성한다. 수업 전 학생의 상태는 선행 경험에서 기초한 개념을 지니고 있는 상태이며, 학습의 결정조건은 전통주의에서 본 외부적인 학습 상황과 함께 학생의 선행 경험에 기초한 기존 개념이 형성된 것으로 본다. 그리고 학습에 대한 관점은 기존 개념을 바꾸거나 수정하는 것이며, 지식형성의 관점은 각 개인의 내적 작용에 의하여 지식이 형성되는 것으로 본다.

구성주의를 강조하는 학습에서는 학생이 교사의 강의내용을 수동적으로 받아들이는 것이 아니고, 학생 자신이 능동적으로 구성한다는 점이 전통적 학습론과 많은 차이를 보인다. 교사가 아무리 열심히 가르쳐도 학생이 수업

내용을 받아들이지 않거나 받아들일 수 없다면 결국 그 수업은 의미를 상실하고 만다는 것이다. 따라서 교사의 입장에서는 자신의 가진 지식을 잘 전달하려고 애쓰는 일보다 학생이 지식을 의미 있게 잘 구성하도록 협력 내지 조언하는 자세가 중요하다.

이와 같은 구성주의학습의 주장과 이론에 바탕을 둔 구성주의학습의 기본 성격 및 원리를 몇 가지로 요약하면 다음과 같다.

첫째, 학습이란 발달의 결과가 아니며, 학습 그 자체가 발달이다. 즉, 학습자의 능동적인 개입과 자기조직화를 요구한다. 따라서 교사는 학습자에게 질문하고 가능한 가설과 모형을 만들어 그 실현 가능성을 검증해 보도록 해야 한다.

둘째, 불균형은 학습을 촉진시킨다. '실수'는 학습자가 현재 가지고 있는 개념의 결과이므로 이를 줄이려고 노력해야 하며, 회피하지 말아야 한다. 실제적이고 의미 있는 상황 속에서 도전과 개발의 탐구 기회를 부여함으로써 학습자가 받아들일 수 있는 것뿐 아니라, 학습자의 선행 경험과 모순이 되는 여러 가지 가능성을 탐구하고 일반화시킬 수 있어야 한다. 특히 모순을 부각시키고 탐구하며 논의해야 한다.

셋째, 반성적 추상은 학습의 원동력이다. 논술 쓰기를 통한 반성의 시간 갖기, 여러 가지 상징적 형태로 표상하기, 경험이나 전략을 통하여 학습한 내용과 실제와의 관련성에 대한 토의하기 등은 반성적 추상작용을 촉진시킨다.

넷째, 공동체 내에서의 대화는 더 나은 사고를 유발한다. 학급은 활동과 반성 및 상호작용을 일으키는 대화의 공동체로 인식되어야 한다. 학습자는 또한 자신의 생각을 학급 공동 구성원들에게 알리고 입증하며 정당화시킬 책임이 있다. 제시된 아이디어들은 공동체 내에서 타당한 것으로 인정하는 경우에만 진리로서 받아들여지며, 나아가 '공유된 관점을 취하는' 수준으로까지 진전된다.

다섯째, 학습은 구조의 발달로 향해 나아간다. 학습자가 의미를 만들고자 노력할 때, 관점의 구조적 변화가 이루어져 보다 '멋진 생각'으로 발전된다. 이러한 멋진 생각은 학습자가 구성한 것이며 경험을 통하여 일반화되고 때로는 이전의 개념을 재조직하는 중심 원리가 된다. 이러한 과정은 발달에

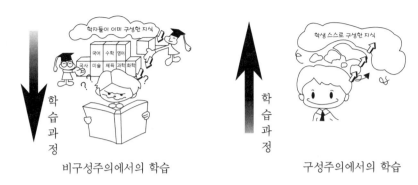

[그림 13-1] 비구성주의와 구성주의학습이론에서 학습과정

따라 지속된다.

2) 구성주의학습이론의 기저

구성주의학습이론의 초석을 마련해 준 학자로는 Piaget, Vygotsky, Bruner 등을 들 수 있다. 그럼 이들 학자들의 학습 이론에 대한 주요 관심사를 다시 한 번 요약하고 살펴보도록 하자.

(1) Piaget의 인지발달이론

Piaget는 50여 년 동안에 걸쳐 심리학을 연구했는데 그중 마지막 10~15년 연구에서 구성주의심리학의 기초를 다졌다(Fosnet et al., 조부경 외, 2001 재인용). 이 시기의 연구에서는 초기 연구의 '단계'에 대한 논의보다는 학습이 일어나는 기제에 초점을 맞추었다. 이는 학습자가 사용하는 전조작, 구체적, 형식적 조작 등 논리의 유형으로 나누기보다는 새로운 인지의 구성이 어떻게 이루어지는지 그 과정에 관심을 가졌다. 초기 연구에서 Piaget는 학습을 설명하는 기제로 평형화를 소개했는데, 마지막 15년 동안 다시 이에 관심을 가져 자신의 모형을 재구성하였다.

Piaget의 후기 연구는 인지구조의 근원에 대한 연구였다. 그는 "주체가 존재하는 이유는 그 구조가 끊임없이 만들어져 계속 구성되기 때문이며, 구성되지 않는 구조란 없다."는 관점에서 인간을 생물학적으로는 물론 인지적으로도 발달해 가는 유기체라 규정했다. 따라서 유기체를 정서, 인지, 신체 발달이 상호연관되어 구성되는 구조로 보았기 때문에 인지적 측면에서의 변화를 일으키는 기제 역시 진화의 기제와 같은 평형화라고 밝혔다. Piaget는 평형화란 동화와 조절이라는 두 가지 내적인 행동에 균형을 이루려는 자기 규제의 역동적 과정으로 보았다. 동화는 자기 자신의 논리적 구조나 이해력을 토대로 경험을 조직해 가는 것으로 개인의 자기 주장과 같은 성향이며, 세상을 자신의 틀로 보려는 현상이다. 이는 전체 체계의 한 부분으로서 자신의 자율성을 보존하려는 것이다.

그리고 Piaget는 개인이 새로운 지식을 찾고자 할 때에는 어떻게 행동하는지를 설명하였다. 이 경우 유기체는 그 기능을 보존하기 위하여 이전의 행동을 재구성하려 한다. 유기체의 모든 행동은 환경의 영향이나 압력에 의해 조절된다. 우리들이 현재 이해하고 있는 바와 맞지 않는 새로운 경험이 주어지면 인지구조는 이전의 이해가 불충분하다는 것을 인식하게 되고 구조의 혼란과 불평등 상태를 초래하여 결국 스스로 조절하게 된다. 따라서 조절은 반성적, 통합적 행동이며, 자신의 자아를 변화하고 인지적 평형을 이룰 수 있도록 도와주는 역할을 한다.

평형화의 개념을 충분히 이해하기 위해서는 평형을 정상적인 상태가 아닌 역동적 과정으로 보아야 한다. 평형이란 동화, 갈등, 조절이 순서대로 일어나는 연속적인 과정이 아니다. 그보다는 적응과 조직, 성장과 변화에 있어서 춤을 추듯 평형을 이루어 가는 역동적 과정이다. 만약 이전에 경험하지 못했던 새로운 정보와 마주쳤을 때 자신이 가지고 있는 논리만을 주장한다면 이는 행동의 한 축을 드러낸 것이다. 반면 반성하고 통합하고 조절하는 본질은 또 다른 축에 해당한다. 이러한 두 축은 서로 역동적인 역할을 하며 타고난 자기 조직의 본질에 따라 개방적이고 유동적이며, 성장 지향적인 체계를 유지하게 된다.

평형화를 이루는 과정에서 학습자는 자신의 행동과 사고에 모순이 있음을 깨닫는다. 이러한 모순은 사물에 적절하게 반응하지 못하는 행위로 나타나고 내적 불평형 상태를 초래한다. Piaget에 의하면 학습자는 내적 불평형 상태에서 다음에 제시한 세 가지 유형으로 진행해 간다고 했다. 1) 학습자는 모순을 무시하고 처음에 가지고 있던 쉐마나 사고를 지속한다. 2) 학습자는 두 입장을 동시에 받아들이면서, 또 각각을 독립된 특정 상황에 적용시키는 경우에 발생하는 모순을 경험하면서 혼란스러워한다. 3) 이전의 모순을 설명하고 해결해 주는 새롭고 좀 더 포괄적인 개념을 구성한다. 어떠한 경우에도 중요한 사실은 모든 상보(compensation)는 학습자의 내적이며 자기조절적인 행동의 결과라는 것이다. 학습자는 새로운 경험에 대하여 일단 이전의 경험들과 유사성이 있는지를 확인하고 자신의 현재 쉐마에 그 경험을 조직하고자 시도해 본 후에 이차적 과정으로서 모순을 느끼게 된다.

만일 모순의 정도가 너무 크거나 모든 유기체의 성향이 스스로를 보존하려고만 한다면 평형화는 어떻게 그리고 왜 일어나는가? 인지구조가 도전을 받으면 새로운 행위가 일어날 가능성이 생겨난다. 이와 같은 가능성은 인간의 자기조직화 성향으로 인하여 계속해서 탐구되며 상응(correspondences)하거나 유형(patterns)을 만들어 간다. 이러한 상응에 대하여 끊임없이 반성함으로써 구조상의 변화가 이루어진다. 즉, 원래의 인지구조를 변형하고 그 유형이 생긴 이유에 대해 설명해 주는 조절과정은 특정 경험에만 국한되지 않은 일반화를 가능하게 해 준다. Piaget는 이러한 과정을 반성적 추상(reflective abstraction)이라 했다.

구조(structures)는 전체 체계에 적용되는 변형의 법칙을 지닌 인지적 사고 체계이다. 구조는 전체성, 변형, 자기조절이라는 세 가지 속성을 가지고 있다. 전체성이란 부분의 합 이상의 포괄적인 체제의 개념을 의미한다. 반면 부분은 서로 관련성이 있고 상호작용하며 전체와 분리될 수 없다. 그러나 그 자체로서는 의미가 없다. 따라서 부분은 전체와의 관계성이 있거나 부분 상호 간의 관련성이 있을 때만 그 의미가 있다. 변형은 한 부분이 다른 부분으로 어떻게 되는지를 설명한다. Piaget에 의하면 구조의 발달은 사실상 성장 과정을 의미한다. 평형화에 의하여 구조는 자신의 한계 이상으로 확장되어 갈 뿐만 아니라 항상 자신의 구조 그대로 유지하려고 하면서 조직화와 폐쇄를 추구한다. 최근 사고 구조의 변화를 다루는 분야는 수리, 과학뿐만 아니라 읽기 전략, 철자법, 사회과학, 예술 등에 적용되고 있다.

(2) Vygotsky의 사회문화적 발달심리학

Vygotsky는 사회적 상호작용, 언어, 문화가 학습에 미치는 영향이 주요 관심 대상이었다. Piaget와 마찬가지로 Vygotsky 역시 학습은 발달해 가는 것으로 보았다. 그는 자발적(spontaneous) 개념과 과학적(scientific) 개념을 분리시켰다. 자발적 개념은 Piaget에 의하여 연구된 것으로 아동이 일상적인 경험 속에서 자기 스스로 반성적 사고를 하는 가운데 자연스럽게 구성되는 개념이다. 자발적 개념과는 달리 과학적 개념은 학급 내의 구조화된 교수활동 속에서 일어나는 것이며, 자발적으로 구성된 개념에 비하여 아동에게 보다 형식적인 추상작용과 논리적인 개념을 갖게 한다. Vygotsky는 과학적 개념을 문화 속에서 인정된 형식적 개념이라고 보았다. 이렇게 준개념과 과학적 개념을 구분하면서 그는 '자발적 개념으로부터 과학적 개념으로 이끌기 위해 어떻게 아동의 학습을 촉진시킬 것인가.'에 주된 관심을 가졌다.

Vygotsky에 의하면, 과학적 개념은 이미 만들어진 형태로 학습자에게 다가오는 것이 아니라 성인의 모델을 이해하는 아동의 수준에 따라 구체적으로 발달될 수 있다고 보았다. 또한 과학적 개념은 아동에게 논리를 부과하기 위하여 위에서 아래로 내려오는 형식을 취하는 반면, 자발적 개념은 과학적 개념을 충족시키고 학습자에게 그 논리를 받아들이도록 하기 위하여 아래에서 위로 올라가는 형식을 취한다. 이에 대해 Vygotsky는 구체적으로 다음과 같이 언급하였다. 과학적 개념과 자발적 개념은 서로 반대 방향으로 발달하지만 이 두 과정은 매우 밀접한 연관성을 가지고 있다. 자발적 개념의 발달로 아동은 관련 과학 개념을 받아들일 수 있는 단계에 이르게 된다. 역사에 대한 개념을 예로 든다면, 아동은 과거에 대한 일상적인 개념을 충분히 분화시키고 난 후에야 역사 개념을 받아들일 수 있다. 즉, 자신과 그 주변의 생활을 '과거와 현재' 속에서 어느 정도 일반화시킬 수 있을 때에만 가능한 것이다. 지리와 사회 관련 개념은 '이곳과 어느 곳'이라는 단순한 쉐마를 기초로 발달되는 것이다. 일상적 개념은 점차 위로 발전해 가면서, 과학적 개념이 쉽게 위에서 아래로 내려올 수 있도록 도움을 준다.

Vygotsky는 아동의 자발적 개념이 '성인 수준의 체계성과 논리'와 만나는 지점을 설명하기 위해 '근접발달영역(Zone of Proximal Development)'이라는 용어를 사용하였다. 이 영역은 아동에 따라 다양하며 과학적 개념의 논리를 이해할 수 있는 아동의 능력 정도를 나타내 준다. 이러한 이유로 Vygotsky는 단순히 아동의 개별 문제해결능력에만 초점을 둔 검사나 과제는 적절하지 않다고 보았다. 대신 성인과의 협력을 통해 아동이 성취할 수 있는 개념 정도를 보는 것이 학습자의 능력을 파악하는 데 훨씬 더 타당한 방법이라고 주장하였다.

Piaget는 초기에 유아들의 언어를 연구하여 그 언어의 대부분이 자기중심적인 특성을 가지고 있다고 결론을 내렸다. 유아들은 사회적 의사소통의 목적보다는 자기 스스로를 위하여 언어를 사용한다는 것이다. Vygotsky는 Piaget의 초기 연구와 유사한 연구를 반복한 결과, 언어란 처음부터 사회적인 속성을 지녔다고 주장하였다. 그는 '자기중심적인 언어'는 나중에 사고 형성의 도구로 사용되는 '내적 언어' 형성의 출발점이 된다고 보았다. 그는 자기중심적 언어는 외적 상호 심리적 관계가 어떻게 내적 정신 기능이 되는지, 문화 속에서 규정된 언어라는 형태와 추론을 어떻게 개인 내적으로 실현할 수 있는지, 문화 속에서 인정된 상징체계를 개인의 언어적 사고 안으로 어떻게 재구성할 수 있는지를 보여 주었다.

Vygotsky는 내적 언어가 자발적 개념을 형성하는 역할을 수행하는 것도 가능하다고 주장한다. 자발적인 개념에는 그 자체로서의 개념과 타인을 위한 개념의 두 요소가 있으며, 전자는 행위를 조직화하기 위한 것이고 후자는 다른 사람과의 의사소통을 위한 것이라고 설명했다. 이러한 두 가지 요소는 언어 사용의 초기부터 긴장을 유발한다. 아동은 어떠한 행위에 대하여 다른 사람과 의사소통하기 위하여, 또 그 행위를 문화 속에서 인정된 적절한 상징으로 묘사하기 위해서 갈등한다. 그러나 이 과정은 근접발달영역에 이를 수 있도록 도움을 준다.

Piaget가 학습에 있어서 모순과 평형의 역할을 규명하고자 했던 것과는 달리 Vygotsky는 대화를 연구하였다. 그는 내적 언어의 역할뿐 아니라 성인과 또래가 대화를 나누고, 질문하며, 설명하고, 의미를 협의하는 동안 학습에 미치는 역할에 관심을 가졌다. 그 결과 "가장 효과적인 학습은 성인이 아동의 잠재적인 수행 수준을 함께 끌어내 줄 때 이루어진다."고 주장하였다.

심리학자들은 대화에 대한 Vygotsky의 연구를 더욱 확대하며 '비계설정 (scaffolding)'의 개념을 제안하였다. 이들은 어머니와 영아의 일대일 상호작용 과정에서 이루어지는 대화를 연구하였는데 어머니들은 영아의 반응을 모방함과 동시에 자극하고 확장시킴으로써 반응에 변화를 일으켰다. 어머니와 영아는 언어능력의 차이에도 불구하고 함께 의미를 구성해 나아가는 양상을 보였다. 이 분야의 많은 학자들은 이러한 비계설정 과정이 아동의 초기 언어 발달 시기 동안 계속해서 이루어지며 성인의 역할을 점차 내면화시키면서 마침내 혼자서 같은 단서를 활용하게 된다고 보았다.

(3) Bruner의 구성주의수업

Bruner 이론의 핵심은 학습이란 능동적인 과정이며, 학습자가 그들의 과거/최근 지식을 바탕으로 새로운 아이디어나 개념들을 구성한다는 것이다. 학습자는 자신의 인지적 구조가 요구하는 대로 스스로 정보를 선택하고 변형하며 가설을 설정하고 행동에 대한 결정을 한다는 것이다. 인지적 구조가 경험에 대해 의미와 구조를 제공하고, 이것들이 개인으로 하여금 주어진 정보 이상으로 변화할 수 있도록 한다는 것이다.

Bruner 이론의 원리는 세 가지로 요약할 수 있다. 첫째, 수업은 반드시 학습자들이 기꺼이 배우고자 하는 학습 의욕, 배울 수 있는 준비성 그리고 경험과 생활 맥락에 관련지어야 한다. 둘째, 수업은 학생들에 의해 쉽게 성취될 수 있도록 반드시 구조화되어야 한다. 셋째, 수업은 반드시 추상적인 사고를 촉진할 수 있어야 하고, 주어진 정보 이상의 것을 추구할 수 있어야 한다.

수업과 관련하여서, 교사는 학생들이 스스로 원리를 발견할 수 있도록 유도하거나 격려하여야 한다. 따라서 교사와 학생들은 적극적인 대화에 참여하여야 한다(소크라테스식 학습). 교사가 해야 할 일은 배워야 할 정보를 학습자의 최근 이해하는 능력 상태에 맞게 변형시키는 것이다. 이를 위해, 교육과정은 나선형으로 구조화되어야 하고, 학생들은 이미 배운 것 위에서 계속해서 새로운 것을 배워야 한다.

Bruner는 다음과 같은 네 가지가 반드시 수업 이론에서 다루어져야 한다고 했다. 첫째, 학습에 대한 경향성(학습 의욕)을 특정 개인에게 가장 효과적으로 심어 줄 수 있는 경험에 관하여 밝혀 주어야 한다. 둘째, 학습자가 가장 쉽게 이해할 수 있도록 지식의 체계가 구조화되는 방법을 밝혀 주어야 한다. 셋째, 자료를 제시하는 데 있어서 가장 효율적인 순서(sequence)를 밝혀 주어야 한다. 넷째, 학습의 과정에 있어서 보상과 벌에 대한 특성과 제시되는 방법을 밝혀야 한다.

최근에 들어와 Bruner는 그의 이론적 틀을 학습의 사회적 그리고 문화적 측면까지 확장하여 사회적 구성주의를 옹호하고 있다. Bruner의 구성주의이론은 인식에 대한 연구에 기저를 둔 수업의 일반적인 틀이라고 할 수 있다. 이 이론의 대부분은 아동 발달에 관한 연구(특히 Piaget의 연구)와 관련되어 있다.

2. 구성주의학습이론에 의한 주요 교수·학습 모형

1) 인지적 도제모형(cognitive apprenticeship)

구성주의학습이론 중 가장 널리 활용되는 인지적 도제모형은 지식, 학습, 전문가의 인지과정에 대해 새로운 관점을 제시한다. 지식은 항상 상황성을 전제로 한 것이며, 특정 사회집단에서 점진적인 참여를 통해 발전되고 구성되는 것으로 본다. 학습은 그 특정 사회집단으로의 문화적 동화를 의미하는 것이며, 문화적 동화가 이루어지기 위한 세 가지 요소로서 과제, 과제를 풀 수 있는 도구, 그리고 이들의 배경이 되는 문화를 든다. 전문가의 인지과정은 각 특정 분야에서 문제해결에 필요한 인지적 과정과 활동의 틀이 잘 짜여지고 정리되어 있기 때문에 그것에 비추어 새로운 문제에 대해 능동적이고 기능적인 해결을 모색한다고 본다. 따라서 인지적 도제이론은 교사(전문가)와 학생(견습생)라는 두 축을 중심으로 어느 특정 사회집단에 참여하여 지속적으로 실제적 과제들을 해결해 나가는 과정을 통해서 문제해결을 하는 학습을 말한다.

인지적 도제모형은 '도제'라는 용어에서 알 수 있듯이 예술, 의학, 법률 분야에서 예로부터 사용되어 오던 고전적 의미의 도제 형태의 기본 원칙을 활용한다. 즉, 특정 사회집단에서 필요한 실제 과제의 문제해결 과정을 전문가가 시범해 보이는 '시연 단계(modeling)', 문제해결을 위한 인지적 틀을 제시하는 '교수적 도움 단계(scaffolding)', 학습자 스스로가 문제해결을 할 수 있는 '교수적 도움의 중지 단계(fading)'의 과정을 도입한다.

도제의 의미를 좀 더 급진적인 시각에서 접근할 때에는 대가(전문가)와 도제 간의 힘의 관계, 즉 힘이 있는 자와 힘이 없는 자 사이의 관계로 볼 수 있다. 이런 힘의 관계는 어느 사회적 형태에서든 내재되어 있는 것이며, 특히 도제관계에서는 더욱 뚜렷하다고 보았다. 이러한 도제관계의 힘을 합법적인 주변적 참여(legitimate peripheral participation)라고 표현하였다. 이것은 처음에는 힘없는 위치에서 출발한 도제가 점차 그 특정 사회집단에 참여도를 증가시켜 자신의 힘을 축적해 간다. 한편 처음에 힘있는 위치에 있던 주인은 새로운 주인으로 등장하는 힘없던 자에 의해 대체되어 가는 과정을 뜻한다.

인지적 도제모형에서 인지적이라는 용어는 고전적 의미의 도제 형태와 다르다는 것을 시사한다. 고전적 의미에서의 도제모형은 어떤 물리적 기술과 지식의 습득을 목표로 하는 반면 인지적 도제모형은 인지적, 메타 인지적 기술과 지식의 습득을 의미한다. 이러한 기술을 습득하고 배양하기 위한 방법으로 학습자의 내부 인지작용과 활동을 자극하는 '지속적인 성찰'을 강조한다. 구체적으로 지속적인 성찰이란; 1) 내부 인지작용을 필요로 하는 실제 과제에 참여함에 있어서 자신의 행동을 관찰하며 조정하고 2) 자신의 행동을 전문가의 행동과 비교해 보고 3) 교사와 학생의 각각의 역할은 서로 다른 종류의 인지적 작용을 극대화하는 것이기 때문에 교사와 학생의 역할을 실제로 바꾸어 실행해 봄으로써 자신들의 제한적 시각을 넓이는 것을 의미한다.

인지적 도제모형을 활용한 대표적인 예로서 Schöenfeld의 수학문제해결 교수법, Lampart의 곱셈교수법, Palincsar와 Brown의 상호작용에 의한 읽기교수법, Scardamalia와 Bereiter의 쓰기교수법 등을 제시할 수 있다(강인애, 1996). 이들의 지니는 공통적인 특징은; 1) 과제해결의 전 과정 시연, 문제해결의 기본틀 제시, 학생에 의한 전적인 문제해결이라는 과정에 따라 이루어지고 있다는 점이다, 2) 이 교수법들은 모두 각 분야의 전문 분야에서 활용되는 실제 문제나 과제를 다루면서 그 분야 혹은 그 특정 사회집단에 대한 문화적 동화를 이루도록 한다는 점이다, 3) 이 방법들은 궁극적으로 특정 교과목에 대한 개념을 완전히 새로운 방법으로 정의하면서 접근하고 있다.

수학의 경우 숫자를 익히고 숫자를 응용하는 것보다 수학적 개념이 어떻게 형성되었는지에 대한 의미파악을 강조하고 있으며, 읽기와 쓰기의 경우도 단순히 글자를 무의미하게 따라 읽고 쓴다는 의미를 넘어서서 지속적인 계획과 수정을 반복해야 하는 과정임을 강조하고 있다.

인지적 도제이론의 제한점은, 다른 구성주의이론에 비해 객관주의적 색채를 지닌 목표를 제시한다고 본다. Collins의 인지적 도제모형은 특정 분야 전문가의 재생산, 재현을 강조하면서 새로운 전문가로서의 변모를 준비하는 학생들이 그 특정 사회집단의 문화와 지식, 기술에 대해 새롭게 창조하고 변화시키는 측면은 거의 도외시한다는 것이다.

새롭게 전문가로서의 탄생을 목표로 하여 들어온 도제들이 어느 특정 사회집단의 문화와 기술을 새롭게 변화시키고 창조시킨다는 측면은 이들 도제들이 현재 지니고 있는 경험적 지식과 관점, 직관적이고 내재적 지식과 관점에 상대적으로 중요성과 가치를 부여하게 한다는 점에서 중요하다. 그럼에도 불구하고 Collins의 인지적 도제모형은 이미 그 특정 집단에서 전문가로서의 기득권을 지니고 있는 자들의 인지적 과정과 지식구조만을 그대로 답습하기 위해 도제들의 경험적 지식과 관점은 거의 관심이 없다. 이러한 점은 구성주의에서 궁극적으로 추구하는 전체, 즉 학생들의 경험적 지식과 그들의 관점에 대한 가치부여와 존중이라는 전제와 부합되지 않는다.

전문가에 의한 문제해결 전 과정을 시범보이는 시연 단계라는 첫 단계를 예로 들어 좀 더 구체적으로 살펴보자. 인지적 도제론에서 그 첫 단계인 교사(전문가)에 의한 시연의 단계는 무척 주요한 역할을 한다. 즉 학생들은 그들이 학습하고자 하는 과제를 그들의 교사들이 어떻게 풀어 가는지 전 과정을 관찰하면서 그들이 목표로 하는 과제해결을 위한 개념도(conceptual map)를 형성할 수 있다. 또한 이를 통해 학생들은 학습하고자 하는 것에 대한 전체적이고 종합적인 시각과 이해를 구축하게 되고 이를 바탕으로 학생들 자신들의 작업결과에 대한 피드백이나 의견을 받아들이고 이해하는 데 도움을 얻게 된다. 그러나 이 과정에서 강조되는 것은 학습될 과제에 대한 개념도의 형성보다는 오히려 학생들의 경험적·직관적 지식과 관점이 교사의 특정 관점을 통해 비판되고 여과되어 학생들에게 전달된다는 점이다. 따라서 과제해결에 대한 대안이나 창의적 접근을 위한 좀 더 많은 사고와 탐구 그리고 인지적 성찰을 하는 대신 성급하게 교사의 인지적 틀만 답습하려 하는 결과를 초래할 수 있다. 이렇게 되면 학생과 학생들 간의 혹은 학생과 교사 간의 협동학습이라는 형태도 단지 교사의 인지과정과 틀을 재생산하고 재현하기 위한 우회적 방법이 될 뿐이다.

결국, 교사와 학생 간에 엄연히 존재하는 힘의 불균형 상태에서는 자신들에게 주어진 역할과 의미에 대한 다른 시각과 인식을 실천하기 어렵다. 즉 교사는 자신의 기득권에 대하여 양보를 하지 않으려 하고, 학생들이 스스로 학습의 주도권을 가지려는 의식적 노력이 없는 상태에서는 학생들은 교사의 인지적 과정과 틀을 무작정 답습하려는 나머지 너무나 쉽게 자신들의 경험적, 직관적 관점을 포기하게 된다고 본다.

2) 상황적 학습모형(anchored instruction)

상황적 학습모형은 인지적 도제이론과 유사하여 인지적 도제이론의 한 실천적 예로 소개되기도 한다. 인지적 도제이론과 상황적 학습모형 간에 공유되는 이론적 특성은 다음과 같다. 즉 특정 사회집단의 문화적 동화, 상황성을 전제로 전개되는 학습 환경, 실제성이 깃들인 과제들, 협동학습을 강조한 학습 형태, 학습자의 인지적 성찰을 통한 사고력 배양 등이다. 이러한 이론적 공통점에도 불구하고 각각의 이론들을 좀 더 자세히 살펴보면 모형 간의 독특한 이론적 특성이 나타난다. 예를 들어 상황적 학습모형이 학생 중심의 문제를 생성하는 학습(student-generated learning)이라고 보면, 인지적 도제모형은 어느 특정 사회집단에 참여하여 그곳의 문화, 도구로서의 지식, 활동을 익히게 되어 자연스러운 문화적 동화를 이루게 하는 데 있다.

특히 Vanderbilt 대학의 인지학습그룹(Cognitive Technology Group at Vanderbilt : 이하 CTGV)은 상황적 학습이론과 인지적 도제이론과의 차이점을 비교하면서 상황적 학습모형은 실제적 과제를 다루는 도제적 접근을 모방하고 있지만, '실제적 과제'라는 용어에서 차이가 난다고 보았다. 인지적 도제모형에서 실제적 성격(authenticity)은 광의의 의미에서 특정 사회집단의 문화적 특성이 그대로 함축되어 있는 일반 과제인 반면, 상황적 학습모형에서는 협의의 성격에서 어떤 특정 상황을 전제로 문제해결을 위해 가능한 한 자세하고도 사실성 있게 포함하고 있는 것으로 보았다. 나아가 상황적 학습 모형에서 말하는 과제의 '실제적 성격'이라는 것은 이러한 사실적 정확성에 기인한 자료를 가지고 특정 상황을 전제로 하여 학생들 스스로 문제들을 풀어 가는 과정을 말한다.

　상황적 학습모형과 인지적 도제이론의 차이점을 설명할 수 있는 두 번째 요소는 이 두 모형이 현 교육체제가 안고 있는 문제에 대한 접근과 해석의 차이에 있다. 인지적 도제모형은 현 교육체제가 학습의 개별화와 탈상황성을 지나치게 강조하다 보니 실제 학교 환경 밖의 사회에서는 그 기능을 제대로 발휘하지 못하는 학습자만을 양성하게 되었다고 비난한다. 반면에 상황적 학습모형은 현 교육체제가 지나치게 실용적인 이유, 예를 들어 효율성, 신뢰성, 복제성만을 강조하고, 또한 학습 전에 미리 치밀하게 세분화되고 정형화되어 모든 상황에서 동일하게 적용할 수 있는 학습내용을 추구하고 있다고 지적한다.

　상황적 학습모형은 학생들이 독립적이고 개인적인 인지적 성찰과정과 그런 능력의 개발을 중요시한다. 즉, 학생들이 어떤 문제를 해결해 나가는 데 문제형성 과정부터 시작하여, 문제해결과 평가에 이르는 전 과정을 주도해 나가는 학생 주도적 학습모형으로 집약될 수 있다. 이때 가능한 복잡한 문제를 제시함으로써 학생들의 인지적 활동을 자극할 뿐만 아니라 그런 어렵고 복잡한 문제를 다룸으로써 학생들에게 오히려 더욱 재미있고 의미 있는 학습이 되도록 동기 부여를 한다는 것이다.

　셋째, 상황적 학습모형은 복잡한 문제를 적용함으로써 학습 효과를 기대하고 교사의 협동학습을 강조한다. 인지적 도제모형에서 말하는 협동학습은 전문가의 인지적 모형과 비교했을 때 초보자로서의 학생들의 문제해결 전략이나 견해들이 비효율성과 부정확성을 강조하기 위해 사용되는 전략이다. 반면에, 상황적 학습모형에서 말하는 협동학습이란 어떤 상황 혹은 어떤 일련의 사건이 있을 때 그것에 대한 학생들의 각기 다양한 해석과 접근방법을 협동적 노력을 통하여 접하게 되면서 그들의 개인적 견해와 사고의 틀을 넓히는 결과를 가져오도록 하는 전략이라 할 수 있다. 뿐만 아니라 서로 다른 견해와 사고에 노출되고 그 안에서 어떤 해결 방안이나 공통적 이해에 도달하려고 하는 과정을 통해서 다른 사람에게 자신의 견해를 설득력 있게 밝힐

수 있는 기술도 익히고 다른 사람들과의 토론을 이끌어 가는 기술도 익히게 된다는 점을 강조한다.

마지막으로 교사의 역할을 통하여 인지적 도제이론과 상황적 학습모형을 비교해 볼 수 있다. 인지적 도제이론의 경우는 교사는 전문가 혹은 그 학습 상황의 중심인물로서, 문제해결의 기본 인지적 틀을 제시해 주는 사람으로서의 역할이 강조된다. 반면에 상황적 학습모형에서 교사의 역할은 인지적 도제이론에서 강조하는 교사의 역할은 물론, 더 나아가 학생들과 같은 위치에서 그들의 경험적 지식과 관점을 존중하고 그들 스스로 문제해결을 할 수 있는 능력이 내재하고 있다는 전제 아래 동료 학습자로서의 역할도 포함한다.

결국, 상황적 학습모형은 학생들의 직관과 경험적 지식, 관점에 더 많은 가치를 부여하여 학생 스스로가 사고할 수 있도록 하는 참된 의미에서의 학생주도적, 학생 중심적 학습모형이라 할 수 있다.

학생들이 주도하는 학습 환경이라는 이론적 기본틀에 근거해 CTGV에서는 문제해결 학습 환경에서 수학을 배워 가는 프로그램인 제스퍼 시리즈(Jasper Series)와 국어, 사회과목을 어린이 명탐정(Young Sherlock) 프로젝트라는 이름으로 비디오-디스크를 사용하여 제작하였으며, 대상은 5~6학년 학생들이다. 이 프로그램에 적용된 제작원리는 다음과 같다.

1) 비디오 매체활용: 동기 부여를 촉진하고 풍부한 배경정보를 제시하며, 문제상황에 관한 인지적 이해를 돕는다. 2) 이야기 형식 전개: 수학적 개념이 사용되는 실제적 과제를 친근한 이야기식 전개형태로 제시하여 문제해결을 위한 의미 있는 상황을 창조한다. 3) 학생 주도적 생성학습형태: 문제를 해결하는 데 있어서 학생들의 적극적 참여를 권장한다. 4) 여러 사실적 자료가 함축되어 제시: 문제해결을 위한 자료가 이야기 속에 모두 함축되어 있다. 5) 복잡한 문제 활용: 복잡하긴 해도 학생들에 의해 충분히 해결될 수 있는 문제를 제시하여 풀어 볼 수 있는 기회를 제공한다. 6) 비슷한 주제의 다양한 응용: 가르치고자 하는 수학적 개념이 어떻게 활용될 수 있는지를 다양한 상황에서 풀어 보도록 하여 궁극적으로 지식의 전이도를 높인다. 7) 교육과정과 연계성: 다른 여러 과목과 연결된 복잡한 문제를 제시한다.

상황적 학습모형의 제한점은 그 이론이 제시하고 있는 과제의 실제적 성격(authenticity)이 너무 협의적 의미에서 정의되고 있다는 점이다. 과제의 실제적 성격을; 1) 문제해결에 필요한 자료가 자세하고 사실적인 정확성에 기인하여 확실하게 그 프로그램 속에 내재되어 있어야 한다는 의미와 2) 학생들에 의해 문제해결의 전 과정이 주도된다는 이 두 가지 의미로 규정해 놓고 있다. 이로 인해 과제의 실제적 성격을 규명할 때 빼놓을 수 없는 중요한 요소인 예측할 수 없는 복잡성과 다양성에 대한 관심이 상대적으로 약하게 다루어졌다는 점이다. 즉, 상황적 학습모형에서 활용되는 과제들은 어떤 특정 개념을 가르치기 위한 학습목표 아래 상당히 인위적으로 다듬어지고 통제된 것들이라고 할 수 있다.

상황적 학습모형의 또 다른 제한점으로 생각할 수 있는 것은 학생과 교수 간에 존재하는 힘의 불균형에 대한 개념이 거의 다루어지지 않고 있다는 점이다. 이 점은 상황적 학습모형에서 추구하는 교사의 역할이 문제해결에 직접적인 도움을 주는 자로서뿐만 아니라 학생과 함께 배우는 자로서 역할을 강조하는 점과 대치된다. 다시 말해 교사의 역할 중 같이 배우는 자로서의 역할은 다른 역할에 비해 상대적으로 교사가 지닌 힘에 대한 자발적 양보를 전제로 하기 때문에 이 모형에서 말하는 것과 같이 배우는 자로서 교사의 역할은 말 그대로 받아들일 만큼 진지한 이해를 기반으로 한다기보다는 피상적인 이해에 그치고 있다.

3) 인지적 유연성모형(cognitive flexibility)

인지적 유연성이론의 가장 기본적인 전제는 지식의 특성과 지식의 구조형성과정에 관한 것이다. 지식은 단순한 일차원적 개념으로 표현될 수 있는 것이 아니고 복잡하고 다원적인 개념으로 형성되어 있다. 이처럼 복잡하고 다원적인 개념의 지식을 제대로 재현될 수 있도록 하기 위해서는 상황 의존적인 쉐마의 연합체(situation-dependent schema assembly)가 구성되어야 한다. 인지적 유연성이론에 따르면 개략(epitome)이나 명제(generality)와 같은 명분 아래 단순화, 세분화, 일반화된 형태로 접근하려는 전통적인 교수 학습 원칙으로는 복잡한 성격의 지식들 예를 들어 모든 고급 지식이나, 인문사회계통의 지식의 특성을 제대로 전달할 수 없다고 지적한다. 이런 전통적

이론에 의거해 학습하다 보면 단지 단순하고 사전에 규명된 진리를 추구하는 지식만을 강조하게 되고 나아가 결코 정형화되고 구조화된 틀로서는 가르칠 수 없는 분야의 지식을 순전히 교수적 효율성과 효과성이라는 명목하에 지나치게 단순화하여 가르치고 있다는 것이다. 그러다 보면 정말로 복잡한 사고를 요하는 지식의 단계에 이르러서는 이러한 단순한 지식들이 심각할 정도로 학습에 방해 요소가 된다는 것이다.

지식을 다양한 차원에서 다양한 성격을 지닌 것으로 인식하며, 상황에 기초한 쉐마의 연합체를 형성하기 위한 구체적 교수원칙을 보면 다음과 같다. 1) 주제 중심의 학습(theme-based research) 2) 학생들이 충분히 다룰 수 있는 정도의 복잡성을 지닌 과제로 작게 세분화(bit-sized chunks) 3) 다양한 소규모의 사례들(mini-cases)를 제시하는 것 등이 그것이다. 이러한 인지적 유연성이론의 구체적 교수원칙은 하이퍼미디어 시스템에 응용되어 소위 인지적 유연성 하이퍼미디어라는 프로그램으로 개발되었다.

인지적 유연성이란 무엇을 의미하는가? 이 유연성이란 여러 지식의 범주를 넘나들고 연결 지으면서 상황적 요구에 탄력성 있게 대처하는 능력을 말한다. 이와 같은 능력은 지속적으로 비정형화된 지식구조를 다루고, 복잡하면서도 비규칙성이 깃들인 고급지식들을 접함으로써 자연적으로 비순차적이고 다원적 지식구조를 형성할 수 있게 된다. 바로 이것이 그들이 제시하는 임의적인 접근학습(random access instruction) 방법이기도 하다. 결국, 인지적 유연성이론은 전통적 교수학습에서 말하는 복잡한 지식의 단순화와 세분화라는 전제에 대한 대안으로 등장한 것이며, 복잡하고 세분화될 수 없는 지식을 임의적 접근학습 전략을 통해 습득하고 그 결과 상황과 문맥에 따라 효율적이고 유동적으로 대처할 수 있는 인지구조를 지니게 된다.

인지적 유연성이론의 구체적 교수-학습의 예로서 두 가지를 들 수 있다. 하나는 인지적 유연성 하이퍼미디어(cognitive flexibility hypermedia : CFH) 프로그램으로 인지적 유연성이론을 직접 적용한 경우이며, 다른 하나는 전략적 수업방식(strategic teaching frameworks)이다. 인지적 유연성이론의 구체적 교수학습 프로그램은 모두 하이퍼미디어라는 시스템을 사용하고 있다. 이는 곧 하이퍼미디어라는 시스템 그 자체의 다원적이고 그물망 같은 구조의 특성을 지니고 있기 때문에 인지적 유연성이론의 대표적 학습 전략인 임의적 접근학습을 잘 구현할 수 있음을 시사하고 있다.

인지적 유연성이론의 제한점으로 들 수 있는 것은 첫째, 인간 두뇌의 인지적 작용과 과정에만 초점을 둠으로써 지식구성의 사회적 측면이 무시되었다는 점이다. 앞에서 보았듯이 인지적 도제이론과 상황적 학습모형이 추구하는 특정 사회 구성원들 간의 사회적 상호작용과 협동학습을 통한 지식의 습득이라는 측면이 인지적 유연성이론에서는 거의 도외시되었다.

인지적 유연성이론의 두 번째 제한점은 잘 짜인 구조를 지닌 지식이나 특정 학문의 초보적 단계를 가르칠 때에는 적합하지 않으며, 대신 비정형적 구조의 지식(인문, 사회 계통의 지식) 또는 특정 학문의 고급단계에만 적용될 수 있는 점이다. 이것은 인지적 도제모형이나 상황적 학습모형이 자신들의 이론적 틀은 학문의 수준과 특성을 넘어서, 즉 정형적인 구조를 지닌 지식이든지 아니든지 초보적, 상급 단계든 관계없이 다양한 학습 상황에 적용할 수 있다는 전제와 분명 다른 입장을 취하고 있다.

3. 수업의 실제

1) 교육과정의 개발

구성주의에 입각한 교육과정은 아이디어 중심의 교육과정(idea-oriented curriculum)이다. 따라서 교육과정은 교사와 아동들이 함께 탐험해야 할 하나의 다면적 '큰 아이디어(big ideas)'의 덩어리이다. 교사는 아이디어를 선정하는 데 있어서 교육의 과정(pedagogical process)을 떠난 전통적인 교재 중심의 접근보다는 아동들 자신의 '의미 탐구(search for meaning)'를 반영한 하나의 교육과정 지도(curriculum map)를 만든다. 이 지도에는 학습자들의 총체적인 생활의 맥락에서 주제나 개념을 가져오고 이를 통합적인 연결망으로 재구성한다. 어디서 시작하여 어디서 끝나는지가 중요한 것이 아니라, 개개인이 그 큰 아이디어 통신망에 연결된 무수한 논리적이며 개인적인 관계를 어떻게 탐구하느냐가 중요하다.

또한, 구성주의에 입각한 교육과정은 창의적 교육과정이자 현장 교사가 주도하는 실천적 교육과정이다. 교육과정 자료가 아동들의 실생활에서 얻어지고, 학습자의 특성, 적성, 관심, 성취 수준뿐만 아니라, 학부모의 요구 및 지역사회의 제 특성이 고루 반영된다. 따라서 교육이 일어나는 현장에서 교육과정이 개발된다. 현장에서 학습자들에게 맞게 교사들이 개발한 교육과정이기에 당연히 수준별, 능력별 교육과정이 운영되게 된다. 그렇기 때문에 한 번 편성한 교육과정도 필요에 따라 언제든지 학습 현장에서 변조 또는 개정될 수 있다.

2) 교수 · 학습 환경의 구성

구성주의자들은 학습 환경을 가장 중요시한다. 구성주의수업에서의 학습 환경을; 1) 학습자들이 함께 공부할 수 있으며 서로 협동할 수 있는 장소 2) 학습자들이 다양한 학습 도구와 정보 자료들을 사용할 수 있는 장소 3) 학습자들이 그들의 학습목표를 추구할 수 있고 문제해결 활동을 할 수 있는 장소로 규정하고 있다.

이러한 구성주의자들의 학습 환경을 조성할 때는 몇 가지 학습 설계 원칙들을 적용할 수 있는데, Jonassen(1991)은 다음과 같이 몇 가지를 들고 있다.

① 학습과 연계된 실제 생활 맥락이 적용될 수 있는 실세계 환경을 만든다.
② 실세계 문제를 해결하기 위한 사실적인 접근에 초점이 주어져야 한다.
③ 교사는 이러한 문제를 해결하는 데 사용될 전략의 분석가 또는 코치로서의 역할을 한다.
④ 내용에 대한 다양한 관점과 표상을 제공해 내용 간의 상호관련성을 강조한다.
⑤ 수업목적이나 목표는 학습자들에게 강요하는 것이 아니라 협의되어야 한다.
⑥ 평가는 반드시 자신을 분석하는 도구로서 역할을 하여야 한다.
⑦ 주변 세계에 대한 다양한 관점을 해석하는 데 도움이 되는 학습 도구와 환경을 제공한다.
⑧ 학습은 반드시 학습자에 의해 내적으로 통제되고 중재되어야 한다.

그리고 구성주의자들은 교실을 학생들이 자신 스스로 지식을 쌓고 구성하는 환경으로 간주한다. 전통적으로 학생들은 과제나 퀴즈 또는 시험 등을 통하여 새로 주어진 정보를 있는 그대로 반복하여 외우든지 교사의 행동을 모방하도록 배워 왔다. 이와 대조적으로, 구성주의자들의 수업에서 학생들은 주어진 정보를 내면화하도록 돕거나, 새로운 것으로 발전시키거나 변형할 수 있도록 도와주는 역할을 한다. 새로운 인지구조가 나타남으로 인하여 새로운 지식들이 창조되고, 이를 통하여 정보의 변형이 일어난다. 최근의 다중지능(MI: Multiple Intelligence) 개념에 의한 학습도 같은 맥락이다. 새로운 지식을 구성하고자 하는 학생들의 충동을 교사가 인정하고 존중하였을 때, 학습을 위한 무한한 가능성이 생겨나는 것이다.

3) 수업의 절차 및 방법

교수·학습 방법으로 Yager(1991)가 제안한 STS(Science-Technology-Society), CLM(Constructivist Learning Model) 등과 같이 구성주의자들이 개발한 학습모형들이 있으나, 구성주의자들은 교사들을 위한 어떤 특정한 학습모형이나 특별한 교수 기술 또는 과정을 제시하는 것을 꺼린다. 학습자, 교사, 학습내용, 주위 환경이 모두 다르기 때문에 수업의 형태도 모두 달라야 한다는 것이다. 따라서 가장 이상적인 구성주의적 수업방법은 주어진 수업 상황에서 교사가 가장 자신 있게 전개할 수 있는 자기 자신의 수업방법이다. 그러면서 다음과 같은 원칙과 요령은 구성주의적 학습의 특성을 잘 살리는 수업이라 할 수 있다.

- 학습이란 학습자의 세계에 대한 개별적인 해석이다.
- 학습은 경험에 근거를 두고 의미를 형성하는 적극적인 과정이다.
- 학습은 다양한 관점과 타협함으로써 의미를 만드는 협동적인 활동이다.
- 학습은 실재적인 환경에서 일어난다.
- 평가란 별도로 주어지는 활동이 아니라 학습과제와 함께 주어져야 한다.
- 전문가가 되기 위해서는 반성적 사고가 학습의 핵심적 요소다.
- 수업과 마찬가지로 평가에 있어서도 다양한 관점에 기초해야 한다.

• 학습자는 수업과 평가의 목표, 과제, 방법을 설정하는 데 참여해야 한다.

앞서 열거한 Yager의 수업방법 및 수업 절차의 원칙이나 방향은 다음과 같은 공통적 특성들이 강조되어 있다고 하겠다.

① 학습자의 학습에 대한 주인 의식 ② 자아성찰적 실천 ③ 협동학습 환경의 활용 ④ 교사의 역할: 학습자의 학습을 돕는 조언자이며 배움을 같이 하는 동료 학습자이며, ⑤ 구체적 상황을 배경으로 한 실제적 성격의 학습과제를 다루어야 한다.

그리고 Brooks와 Brooks(1993)에 의하면 구성주의 교사들은 결과보다 학습과정을 중요시하고, 가능성을 고려하며 자신의 세계를 인식해야 한다는 것이다. 이들은 모든 교과 교육과 관련된 구성주의의 다섯 가지 원칙을 들었는데; ① 학습자들과 관련되어 나타나는 문제들을 제시한다, ② 기초 개념을 중심으로 학습 구조를 세운다(예를 들어 학습자들로 하여금 가장 기본적인 것들을 찾도록 함), ③ 학습자들의 견해를 요구하며 이에 가치를 부여한다, ④ 학습자들의 추측 (가설)을 교육과정에 반영한다, ⑤ 평가에 있어서 수업 후에 주어지는 시험에 의한 단순한 평가가 아니라 수업 내에서 이루어지는 학습자의 학습을 평가한다.

Brooks와 Brooks (1999)는 구성주의 교사가 되기 위한 12가지 측면을 강조하였는데, 이들은 다음과 같이 요약될 수 있다.

① 구성주의 교사들은 학생들의 자율성과 진취적인 자발성을 북돋운다.

② 구성주의 교사들은 살아 있는 1차적인 (직접 얻을 수 있는) 자원을 사용하되, 조작이 가능하고, 통합적이며, 실체적인 자료와 함께 사용한다.

③ 학습과제를 구성함에 있어서, 구성주의 교사들은 '분류, 분석, 예상, 창조'와 같은 인지적인 용어를 사용한다.

④ 구성주의 교사들은 학생들의 반응에 따라 수업을 진행하고, 상황에 따라 수업 전략을 바꾸고, 또는 내용을 변경한다.

⑤ 구성주의 교사들은 자신들이 알고 있는 어떤 개념을 학생들과 나누기 이전에 이 개념에 대한 학생들의 이해 정도를 미리 알아본다.

⑥ 구성주의 교사들은 학생들 서로 간에 또 교사와 학생들 간의 대화에

참여하는 것을 격려한다.

⑦ 구성주의 교사들은 고등사고를 요하는 열린 질문을 하여 학생들이 탐구학습을 하도록 권장하며, 학생들 상호 간에 이러한 질문을 하도록 권장한다.

⑧ 구성주의 교사들은 학생들의 첫 반응을 보다 알차게 하는 법을 강구한다.

⑨ 구성주의 교사들은 학생들로 하여금 그들이 설정한 가설에 반대가 되는 결과를 초래하는 학습 경험을 하게 하기도 하고, 이를 토론하게 한다.

⑩ 구성주의 교사들은 질문을 제시한 후 '기다리는 시간'을 갖는다(예를 들어, 학생들에게 보다 많은 시간을 주어 충실한 대답을 할 수 있도록 한다.).

⑪ 구성주의 교사들은 학생들로 하여금 관계를 구성하고, 비유를 생각해 낼 수 있도록 충분한 시간을 준다.

⑫ 구성주의 교사들은 학습주기모형을 사용함으로써 학생들의 원초적인 관심사를 키워 준다.

이와 같이 구성주의적 수업은 다양한 관점, 실제적인 활동, 실세계와 같은 수업 환경 등등은 구성주의자들의 교수·학습에서 자주 등장하는 주제의 일부라고 할 수 있다. 구성주의자들이 학교 수업에 대하여 강조하는 교육에 대한 이론과 실제들을 종합 분석하여 보면 다음과 같이 정리할 수 있다.

• 개념과 내용에 대한 다양한 관점과 설명이 주어지고 북돋아진다.
• 학습목적이나 목표는 교사 및 동료와 함께 협의되거나 학습자에 의해 도출된다.
• 교사는 안내자, 충고자, 코치, 개인 교사 또는 촉진자로서의 역할을 한다.
• 학습자들의 초인지, 자아분석, 자아통제, 자아반성, 자아의식 등을 촉진하기 위한 학습활동, 기회, 도구, 환경 등이 제공된다.
• 학습을 조정하거나 통제하는 데 있어서 학습자가 중심 역할을 한다.
• 학습 상황, 환경, 기능, 내용, 과제 등은 실제적, 실질적, 실세계의 복잡성을 그대로 대변하는 것들이다.

- 실세계의 복잡성과 실제성을 보장하기 위하여 자료의 원형을 사용한다.
- 지식의 재생산이 아니라 지식의 구성을 강조한다.
- 지식의 구성은 사회적 협상, 협동, 경험 등과 같은 개인적인 맥락에서 이루어진다.
- 학습자의 기존 지식구성, 신념, 태도 등이 지식구성 과정에 반영된다.
- 문제해결 학습, 고등사고기능, 심원한 이해 등이 강조된다.
- 오류는 학습자의 기존 지식구성에 대해 통찰할 수 있는 기회를 제공한다.
- 학습자들이 독자적으로 지식을 구성하고, 그들 나름의 목적을 추구할 수 있는 탐구학습이 권장된다.
- 학습자에게는 과제, 기능, 지식 습득의 복잡성을 향상시키는 도제(徒弟)의 기회가 제공된다.
- 개념적 상호관련성과 통합적 학습이 강조함으로써 지식의 복잡성이 반영된다.
- 대안적인 견해를 도출시키기 위하여 합작적(collaborative)이고 협동적(cooperative)인 학습이 선호된다.
- 학습자들의 능력 이상을 성취할 수 있도록 비계학습(scaffolding)이 촉진된다.
- 평가는 실제적이고 수업과 연계되어 있다.

4) 교수-학습에서의 평가

구성주의학습이론에서 학습의 평가와 관련하여, 만약 학습의 결과가 학습자 각 개인마다 지적으로 구성되는 것이라고 한다면 다른 사람이 어떻게 그것을 평가할 것인가의 문제가 발생한다. 전통적인 교육 모델에 있어서 평가의 목적은 개별 학생들의 교수·학습 수준을 정하고, 학생들의 요구분석, 진급과 낙제의 결정, 학부모에 학습 진행 상황의 통보 등을 도모하는 데 있다. 이러한 전통적인 평가는 '학생들이 무엇을 배웠는가?' 그리고 '학습이 지체되고 있는가?' 등에 초점을 맞추고 있다. 이에 반하여, 이 구성주의이론에서의 평가는 '학생들이 어떻게 배웠는가?' 그리고 '학습과정에서 어떠한 전략을 사용하는가?' 등에 초점이 맞추어져야 한다고 주장하고 있다. 이러한 입장에 의하여 학습평가의 특징은 다음과 같다.

① 평가는 통합적이고 역동적이어야 한다.
② 평가는 다차원적이어 하며, 인지, 동기, 자아개념, 학습 간의 지속적인 상호영향을 반영하여야 한다.
③ 평가는 고차원적인 인식능력과 전략적 학습과정을 반영하여야 한다.
④ 평가는 지속적인 발달과 커리큘럼 간의 상호영향을 반영하여야 한다.
⑤ 평가는 수업과 함께 계속되는 것이어야 한다.

또, 구성주의학습방법과 평가의 방법을 잘 정리하고 있는 Jonassen(1991)의 구성주의적 평가 전략은 다음과 같게 되어야 한다고 말한다.

① 구성주의적 학습의 결과물은 과정지향적 평가방법에 의해서 보다 잘 평가될 수 있다.
② 고등정신능력을 평가할 수 있어야 한다.
③ 지식 습득 과정이 평가되어야 한다. 이것은 평가가 수업과 통합되어 있어야 하며 수업과정의 일부가 되어야 한다.
④ 다양한 관점 또한 중요하다. 학습자는 다양한 관점을 가질 수 있으므로 평가과정은 산출물의 다양성을 폭넓게 반영하여야 한다.

이러한 이론적인 논의를 기반으로 하여 실제로 사용되는 평가기법 중의 하나가 포트폴리오이다. 포트폴리오는 다양한 학문적인 영역에 두루 사용될 수 있으며, 특히 교육과정이 주제 중심적일 때는 좋은 평가방법이 된다. 각 학문영역에서 다양한 영역 즉 학생의 주제에 대한 내적 관심, 배경지식, 이해, 자기관찰, 학습 상황에서의 동료와의 협조 등에 초점을 맞출 수 있다.

이와같은 교수·학습 평가와 관련하여 구성주의자들은 과학적인 접근에 의한 신뢰 문제, 외부자들에 대한 평가의 관리 문제, 그리고 다양한 가치와 관점을 소홀히 하는 경향 등에 대한 대안으로 다음과 같은 열 가지 지향점을 제시하고 있다.

① 교사들의 평가는 비목표적 평가이어야 한다.
② 실제적인 학습과제에 의거한 평가가 되어야 한다.

③ 상황 변화에 따른 평가가 강화되어야 한다.

④ 지식구성을 평가하여야 한다.

⑤ 경험의 구성 과정을 평가해야 한다.

⑥ 상황 맥락에 근거한 평가가 되어야 한다.

⑦ 다양한 관점을 반영한 평가가 되어야 한다.

⑧ 다양한 형식의 평가가 되어야 한다.

⑨ 사회적으로 협의된 의미를 중심으로 평가가 이루어져야 한다.

⑩ 평가의 본래 목적에 부합하는 평가가 되어야 한다.

요약

1. 구성주의학습이론은 학습자들이 교사의 강의 내용을 수동적으로 받아들이는 것이 아니고, 학생 자신이 능동적으로 지식을 구성해 나간다는 점을 강조한다.

2. 구성주의이론은 Piaget의 인지발달이론, Vygotsky의 사회문화적 발달이론, Bruner의 구성주의 수업이론을 바탕으로 형성되었다.

3. 구성주의 학습이론의 대표적인 교수·학습 모형으로는, ① 인지적 도제모형, ② 상황적 학습모형, ③ 인지적 유연성 모형을 들 수 있다.

4. 인지적 도제모형의 교수·학습 절차는 기본적으로, ① 문제해결 과정을 전문가가 시범해 보이는 '시연단계', ② 문제해결을 위한 인지적 틀을 제시하는 '교수적 도움단계', ③ 학생 스스로가 문제를 해결하는 '교수적 도움의 중지단계'의 세 단계이다.

5. 상황적 학습모형은 교수·학습의 절차에 있어서는 인지적 도제모형과 비슷하나, 학습할 과제를 현실적 상황이나 실제적인 성격의 과제를 주로 택한다는 면과, 그 방법적인면에 있어서 학습자들의 협동학습을 강조한다는 점이 그 차이점이라고 하겠다.

6. 인지적 유연성 모형은 교수·학습 과정을 통해 구성할 지식의 성격이 단순하거나 고형된 것이 아니라, 복잡하고 여러 상황적 요구에 유기적으로 기능을 할 수 있는 비정형화된 지식을 학습하게 하는데 적합한 것으로, 그 대표적인 교수·학습 방법의 예로는 '유연성 하이퍼 미디어 시스템'을 들 수 있다.

7. 구성주의학습에서 교육과정이란 교과목 영역이나 교과내용의 틀을 벗어나 학습자들의 다양한 흥미와 관심이 충족될 수 있는 큼직한 이슈나 아이디어의 덩어리에 해당한다.

8. 구성주의 학습을 위한 교수·학습 환경은, ① 학습자들이 서로 협동하며 학습하는 장소, ② 학습자들이 다양한 정보 자료를 활용할 수 있는 장소, ③ 학습자들이 그들의 학습목표를 도달하고, 문제 해결 활동을 하는 장소여야함을 강조한다.

제14장

설명식 수업

유의미학습 | 기계적 학습 | 파지 | 망각 | 논리적 유의미가 | 관련정착 의미 | 잠재적 유의미가 | 실사성 | 구속성

| 명명학습 | 개념학습 | 명제학습 | 종속적 동화과정 | 선행조직자 | 점진적 분화원리 | 통합조정의 원리

Ausubel은 Bruner와 같은 인지심리학적 배경을 가지면서도 효과적 학습방법, 학습 계열에 대한 설명에 있어서 정반대의 대조적인 견해를 제시하여 학계의 관심을 끌었다. Bruner의 학습 이론을 발견학습의 원리로 특징짓는다면 Ausubel의 학습 이론은 설명학습의 원리로 특징지을 수 있다. 설명학습의 근거는 그의 선행조직자라는 개념에서 찾을 수 있다. 이것은 새로운 정보나 지식을 포섭, 즉 학습할 수 있도록 하는 포섭자의 기능을 가지는 것이다. Ausubel은 학교에서 교수하는 대부분의 학습과제들은 상호계열성이 있는 것이므로 먼저 학습된 지식들은 다음에 학습될 지식의 포섭자의 역할을 한다고 했다. 즉 새로운 지식을 이해하고 해석하는 데에는 이 지식과 관련된 선행조직을 조회체제로 이용한다는 것이다.

학습자가 새로운 지식을 자기가 알고 있는 것에 결부시켜 의미가 통하게 기억하려 한다면 결과적으로 의미 있는 학습이 일어날 것이며, 반면에 학습자가 그 지식을 단지 맹목적으로 암기하려 할 뿐 선행지식에 관련시키려 하지 않는다면 기계적 학습이 일어난다는 것이다.

여기서는 Ausubel의 유의미학습 이론에 대한 개념을 먼저 살펴보고, 파지와 망각, 주요 수업의 원리 그리고 수업의 단계를 고찰해 보고자 한다. 이 장을 끝낸 후 다음과 같은 학습목표를 성취하기를 기대한다.

1. 학습과제의 논리적 유의미가에 대해 설명할 수 있다.
2. 유의미학습의 개념을 체계도로 나타낼 수 있다.
3. 유의미학습과 기계적 학습을 비교 설명할 수 있다.
4. 유의미학습의 종류를 들고 설명할 수 있다.
5. 파지와 망각의 과정을 논리적으로 설명할 수 있다.
6. 유의미학습과 파지의 우위성을 예를 들어 설명할 수 있다.
7. Ausubel의 주요 수업원리 여섯 가지를 들고 설명할 수 있다.
8. Ausubel의 수업모형을 설명할 수 있다.

1. 유의미학습의 성격

유의미학습에 관한 이론을 전개하기 위하여 먼저 학습과제와 인지구조에 대해 살펴보자. Ausubel이 말하는 인지구조란 어느 한 시점에서 학습자가 유용하게 사용할 수 있는 사실, 개념, 원리 및 이론 등으로 이루어진, 학습자의 현재의 지식체제를 뜻한다. 그에 의하면 인간의 인지구조는 일종의 위계 관계를 이루며, 이 위계 내의 최상부에는 가장 포괄적이고도 추상적인 개념이 차지하고 그 밑으로 차차 덜 포괄적인 하위 개념과 지식들이 연결되어 구성된다고 본다.

1) 학습과제의 성질

Ausubel은 학습과제의 유형을 〈표 14-1〉과 같이 제시하고 있다.

〈표 14-1〉 학습과제의 유형

과제유형	성질
① 태비	무의미 철자
② 단단한 ― 유연한	짝짓기 학습
③ 영수 군	특수 사실의 명칭
④ 원숭이가 나무에 오른다	단순한 평서문
⑤ 정삼각형은 세 변의 길이가 같은 삼각형이다.	개념
⑥ 삼각형의 내각의 합은 180°이다.	원리

〈표 14-1〉을 보면 유형 ①에서 유형 ⑥으로 갈수록 무의미한 과제에서 보다 의미 있는 과제로 배열되어 있음을 알 수 있다. 예컨대, 유형 ①의 과제는 상호관련성이 없는 낱낱의 문자로 구성된 무의미 철자다. 즉, 이 과제는 무의미하며, 학습자가 알고 있는 어떤 것과도 의미 있게 관련짓기 어렵다. 그러므로 학습자가 그 과제를 기억하기 위해서는 낱낱의 문자들을 기억해야만 한다. 그러나 유형 ⑤의 과제는 그렇지 않다. 이 과제를 접한 학습자는 이미 삼각형의 일반적 의미를 알고 있기 때문에 주어진 과제를 그가 알

고 있는 어떤 것의 한 특수 사례로 취급할 것이다. 이러한 상황에서는 '정 삼각형의 정의' 에 관한 과제를 학습자가 이미 알고 있는 '삼각형의 일반적 인 의미' 에 관련지을 수 있으며 쉽게 이해할 수 있을 것이다.

이와 같이 어떤 하나의 과제가 의미가 있을 때, 그 과제는 실사성과 구속 성을 지닌다고 한다. 실사성이란 한 과제를 어떻게 표현하더라도 그 과제의 의미가 변하지 않는 것을 뜻한다. 이러한 특성은 유형 ⑤의 과제에서 분명 히 드러난다. 즉, '정삼각형은 세 변의 길이가 같은 삼각형이다' 를 '세 변의 길이가 같은 삼각형은 정삼각형이다' 라고 표현되었다고 해서 정삼각형과 일반 삼각형의 관계가 변하지는 않는다.

이에 반하여 무의미 철자 '태비' 를 '비태' 라고 표현한다면 완전히 새로운 과제가 생기게 된다. 따라서 유형 ⑤는 실사성이 높은 과제이나 유형 ①은 실사성이 없다고 할 수 있다.

구속성이란 일단 임의적으로 맺어진 관계가 하나의 관습으로 굳어진 후에 는 그 관계가 다시 임의로 변경될 수 없는 성질을 말한다. 예를 들어, '개' 라는 부호는 '실제의 개' 와 처음에는 아무런 관계가 없는 임의적인 관계다. 그러나 '개' 라는 부호가 '실제의 개' 를 가리키는 것임을 학습한 후에는 이 들 간에 의미 있는 관계가 형성된다. 즉, 이 관계는 임의로 변경시킬 수 없 는 구속적인 관계다.

이와 같이 과제가 갖는 의미상의 관습적 관계를 구속성이라고 한다. 학습 과제가 구속성과 실사성을 지니고 있을 때, 학습자는 그것을 자신의 인지구 조에 의미 있게 관련지을 수 있으며, 이때 그 과제는 논리적 유의미가를 갖 는다고 한다([그림 14-1]).

[그림 14-1] 논리적 유의미가를 갖는 학습과제

2) 유의미학습

학습과제가 논리적 유의미가를 지니고 있다는 것은 유의미학습을 위한 중요한 조건이다. 그러나 이것만으로는 유의미학습이 일어날 수 없다. 논리적 유의미가를 지닌다는 것은 그 학습과제가 학습자의 인지구조에 들어 있는 관련정착 의미와 관계를 맺을 수 있음을 뜻할 뿐이기 때문이다. 관련정착 의미란 한 학습자의 인지구조에 이미 형성된 것으로서, 유의미학습 과정에서는 새로운 개념이 인지구조와 관계를 맺을 수 있는 근거를 제공해 주며 파지 과정에서는 그 개념의 의미가 저장될 수 있도록 해 주는 의미를 말한다. 그러므로 학습자가 주어진 과제를 의미 있게 학습할 수 있기 위해서는 과제 자체가 실사성과 구속성을 지녀야 하는 것 이외에, 학습자는 그 학습에 요구되는 관련정착 의미를 가지고 있어야 한다. 이렇게 되면 주어진 과제는 잠재적 유의미가를 지니게 된다([그림 14-2]). 즉, 그 과제는 정착 의미에 관련될 수 있고 학습자는 이에 요구되는 정착 의미를 소유하고 있으며, 그가 원하기만 한다면 그것을 의미 있게 만들 수 있게 된다.

[그림 14-2] 준비된 잠재적 유의미가

유의미학습에 요구되는 또 하나의 조건은 학습자의 유의미학습 태세이다. 유의미학습 태세란 학습과제를 인지구조에 구속적이고도 실사적으로 관련시키고자 하는 학습자의 성향을 뜻한다. 학습자가 만일 과제를 자신이 가지고 있는 정착 의미에 관련시키고자 하는 의향이 있고, 또 그렇게만 한다면 마침내 유의미학습이 일어나게 된다.

즉, 유의미학습 조건은 ① 학습과제는 정착 의미와 실사적이고도 구속적인 형태로 관계될 수 있어야 하고 ② 학습자는 그 과제에 관련될 수 있는 정착 의미를 가지고 있어야 하며 ③ 학습자는 그 과제를 실사적이고도 구속적인 형태로 정착 의미에 관련시키고자 하는 의향이 있어야 한다.

3) 심리적 의미와 유의미학습

심리적 의미란 유의미학습의 산물이다. 즉, 잠재적 유의미가를 지닌 과제가 정착 의미에 결합될 때 생기는 변별적 인지 내용이 곧 심리적 의미이다. 또한 심리적 의미는 한 개인이 깨달은 독특한 인지 내용이라는 점에서 특유한 현상이라고도 볼 수 있다. 예컨대, '민주주의'라는 개념에 대한 의미는 개인마다 다를 것이다. 그렇지만 일반적으로 보아 같은 문화권에서 발생된 의미는 상당히 유사하여 개인들 간에 의사 교환이 가능하다.

지금까지 살펴본 심리적 의미, 유의미학습 및 논리적 유의미가의 관계를 정리해 보면 [그림 14-3]과 같다.

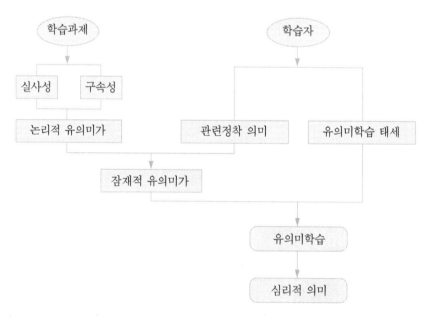

[그림 14-3] 유의미학습의 체계도

① 유의미학습 혹은 의미 획득은 잠재적 유의미가를 지닌 과제와 유의미학습 태세를 필요로 한다.
② 잠재적 유의미가는 논리적 유의미가와 관련정착 의미의 유무에 의존한다.
③ 심리적 의미는 유의미학습 혹은 잠재적 유의미가와 유의미학습 태세의 산물이다.

4) 유의미학습과 기계적 학습

이상에서 유의미학습의 이론적 조건들을 고찰하였다. 유의미학습에 대립되는 학습으로 기계적 학습이 있다. 기계적 학습은 유의미학습과 양분되는 것이 아니라 학습 의미의 정도의 차에 따라서 서로 상대가 되는 개념이다. 즉, 유의미학습의 조건인 학습과제의 논리적 유의미가가 결핍된 경우, 학습자가 자신의 인지구조 내에 관련정착 의미를 결핍한 경우, 학습자가 유의미학습 태세를 결핍한 경우에 기계적 학습이 일어난다. 예컨대, 무의미 철자와 같은 임의적 성질을 띤 과제는 학습자의 인지구조 및 학습 태세에 관련됨이 없이 진정한 의미에서의 유의미학습은 이루어질 수 없으며, 과제가 논리적 유의미가를 지니고 있다 해도 이 과제에 관련된 정착 의미를 결핍하고 있다면 의미 있는 '학습'은 일어날 수 없다. 또한 과제에 논리적 유의미가가 충분히 포함되어 있고 학습자가 그것에 관련된 정착 의미를 가지고 있다 하더라도 단순히 기계적으로 기억하고자 한다면 유의미학습은 일어날 수 없다.

5) 유의미학습의 장점

유의미학습에서는 잠재적 유의미가를 지닌 과제가 관련정착 의미에 구속적으로 관련된다. 즉, 구속적인 성질 때문에 과제에 내포된 잠재적 의미와 인지구조 내의 정착 의미가 관련될 수 있으며, 이 결과로 생긴 의미는 상당히 쉽게 획득되고 이해되는 것이다. 반면에 임의적으로 관련될 때, 즉 그 과제가 구속성이 없을 때에는 새로이 획득한 의미를 정착 의미에 관련지을 수 없기 때문에 기억하기가 어려운 것이다. 또 하나의 장점은 과제의 양과 경과된 시간량에 구애되지 않는다는 것이다. 기계적 학습은 외워야 할 과제의 양과 그 과제를 외우는 데 주어진 시간량에 의해서 제한을 받는다. 그러나 유의미학습에서는 학습과제를 정착 의미에 관련시키고 조합시키는 과제의 실사성 때문에 이러한 제한을 훨씬 적게 받는다.

지금까지 설명한 Ausubel의 수업 이론을 각 변인별로 정리해 보면 [그림 14-4]와 같다.

[그림 14-4] Ausubel 수업 이론의 구성 변인도

2. 유의미학습의 종류

1) 유의미학습의 특성

학습에서 인간의 가장 큰 결점의 하나는 학습한 것을 망각하는 것이다. '망각은 왜 일어나는가?' '망각을 방지하기 위해서는 어떻게 해야 하는가?' 등의 망각현상에 관한 문제는 교육 장면에서 상당히 중요한 비중을 차지한다. 많은 심리학자들은 기억과 망각현상을 규명하려고 노력해 왔으며, 그 결과 대립되는 많은 이론들을 개발해 왔다. 일반적으로 보아 이들 이론들은 장기간의 파지 가능성에 대해서 회의적인 입장을 취하고 있다. Ausubel은 이러한 회의적인 견해는 실험에 이용된 과제들이 주로 기계적인 형태로 학습된다는 사실에서 연유된 것으로 믿는다. 그래서 만약 과제가 유의미한 형태로 학습된다면 장기적인 파지의 가능성은 더욱 높아질 것이라는 것이다 (Ausubel, 1969). 그는 유의미한 과제들이 학습된 후, 이들이 파지되고 망각

되는 과정을 종속적 학습과 상위적 학습의 경우로 나누어 설명한다.

이들에 관한 자세한 토론이 있기 전에 우선 이 이론에서 사용된 학습, 파지, 망각의 개념부터 명확히 해 두고자 한다. 학습은 학습과제에 담긴 잠재적 유의미가를 심리적 의미로 변화시키는, 즉 잠재적 유의미가를 지닌 과제로부터 의미를 획득하는 과정을 뜻한다. 일단 획득된 의미는 후속 학습에 이용될 수 있으며 어느 한 시점에서 회상될 수 있다. 파지가 새로 획득한 의미의 가용도를 유지하는 과정이라면 망각은 새로운 의미와 관련정착 의미의 분리도가 영(0)이 되는 현상이다.

(1) 종속적 동화과정

동화란 새로운 의미와 관련정착 의미가 상호작용을 하여 결합되는 것이다. 여기에서 덜 포괄적인 새로운 의미가 보다 포괄적인 정착 의미에 흡수되어 들어가는 종적 관계를 가질 때, 이를 종속적 동화라 한다. 종속적 동화과정은 학습 초기 단계와 파지 및 망각 단계로 나누어 볼 수 있다.

① 학습 초기·학습 직후 단계

학습되어야 할 과제가 있을 때 더 포괄적인 관련정착 의미(평행사변형)를 A, 학습되어야 할 것으로서 관련정착 의미보다 덜 포괄적인 잠재적 의미(마름모)를 a로 나타내기로 하자.

앞에서 설명한 바와 같이 a와 A의 상호작용에 의해서 a의 심리적 의미 a′가 발생된다. 이 과정은 어떤 과제가 주어졌을 때 이것이 어떻게 학습되느냐 하는 최초의 학습과정을 나타내 준다. 이 과정을 기초로 하여 파지 및 망각현상을 설명하기 위해서는 다음의 부대 조건이 요구된다.

첫째, A와 a가 상호작용할 때 a가 a′가 되는 동시에 A도 A′로 변화할 것이라는 것이다. 물론 마름모는 평행사변형의 의미를 거의 변화시킬 수 없을지도 모른다. 그러나 새로운 의미 a′가 A와 상호작용을 하는 한 A의 속성에 어떤 변화가 일어날 것으로 추측된다.

둘째, A와 a의 상호작용의 산물인 A′와 a′는 상호 무관하게 독립되어 있는 것이 아니라 밀접하게 연결되어 하나의 복합 의미 단위(A′a′)를 이룰 것이라는 것이다. 즉, a′가 A를 기초로 하여 학습되었다는 사실은 이들 두 의미가 상호 밀접히 관계되어 $A'a'$의 단위로 존재할 것임을 의미한다.

a'와 A'가 $A'a'$의 형태로 존재한다고 해도 최소한 학습이 이루어진 직후에는 두 의미가 상호 독립적으로 재생될 수 있을 것이라는 것이다. 바꾸어 말하면 일단 a의 의미 a'가 획득되면 그의 의미를 기억할 수 있고 장차의 지적 조작을 위해서 이용될 수 있을 것이다. 이와 같이 일단 획득된 의미(a')가 복합 의미 단위($A'a'$)로부터 독립적으로 재생될 수 있는 것을 분리력이라고 한다. 결론적으로 말해서 학습이 일어난 직후에는 a'와 A'가 $A'a'$로부터 분리될 수 있다. 이 과정을 화학 방정식으로 나타내면 다음과 같다.

$$A'a' \leftrightarrow A' + a'$$

a'가 $A'a'$로부터 분리될 수 있는 강도(분리력 강도)는 여러 가지 요인에 의해 결정될 것으로 간주된다. 관련정착 의미(A')와 획득된 의미(a')가 얼마나 밀접하게 관계를 맺고 있느냐에 의해서도 영향을 받을 것이며, A'의 안정성 및 명료성에 의해서도 결정될 것이다. 또한 a'와 A'가 서로 얼마나 명백히 변별될 수 있느냐(변별도)에 의해서도 영향을 받을 것이다. 예컨대, 평행사변형의 의미(A')를 명확히 알지 못하고 있다면 마름모의 의미(a')를 여기에 관련짓기 어려우며, 또한 마름모의 의미가 평행사변형의 의미와 아주 비슷한 것이라면, 두 의미 간에는 상호변별이 잘 안 됨으로써 분리력 강도가 낮을 것이다.

② 파지와 망각 단계

파지 후기 단계의 현상도 분리력 강도로 설명될 수 있다. 파지란 복합 의미 단위 $A'a'$로부터 a'를 분리해 낼 수 있는 상태다. 학습한 후 시간이 경과함에 따라 a'는 서서히 A' 속으로 동화되어 간다. 환언하면, 새로운 의미를 독립적으로 기억하기보다는 이것을 보다 안정성이 있고 포괄적인 관련 의미 속에 흡수시켜 기억하는 것이 더 경제적이고 덜 짐스럽기 때문에 새로이 획득된 의미(a')는 시간이 경과함에 따라서 A' 속으로 환원되어 간다.

동화가 시작되면 a'가 $A'a'$로부터 분리될 가능성이 적어진다. 이러한 동화는 점진적으로 계속되어 분리력 강도가 가용성의 영역 아래로 떨어질 때까지 계속된다. 가용성의 영역이란 일단 획득된 의미(a')를 후속 학습을 위해 어떠한 일정한 시점에서 A′a′로부터 다시 끌어내어 분리시켜 이용할 수 있는 가능성의 최저 수준을 의미한다.

a′의 분리력 강도가 가용성의 영역 아래로 떨어졌을 때 a′는 A′a′로부터 분리되지 않는다. 가용성의 수준에는 두 가지가 있다. 하나는 재생이고 다른 하나는 재인이다. 분리력 강도가 재생 수준 아래로 떨어지면 학습자가 a′를 기억해 낼 수 없다. 앞의 예에서 마름모의 정의를 말할 수 없게 되는 것이다. 그러나 분리력 강도가 재생 수준 아래로 내려갔다고 하더라도 재인은 가능하다. 즉 학습자가 마름모의 정의를 말할 수 없다고 하더라도 마름모와 비슷한 여러 도형 중에서 마름모를 찾아낼 수는 있을 것이다. 또한 분리력 강도가 재인 수준 아래로 떨어졌다 해도 a′가 기억 속에 존재하지 않는다고는 단정할 수 없다. 학습자가 마름모의 의미를 재생하거나 재인하지 못한다 하더라도 그 학습자가 마름모의 정의를 재학습할 때에는 처음 학습할 때보다는 쉽게 학습하는 현상을 흔히 발견할 수 있기 때문이다. 이러한 사실로 미루어 보아 a′의 분리력 강도가 0에 가깝다는 것은 A′a′가 A′로 환원된 것으로도 추론된다.

가용성의 영역은 가변적인 것으로 가정할 수 있다. 분리력 강도 그 자체에는 아무런 변동이 없어도 인지적 혹은 동기적 요인(불안, 주의집중, 억압 등)에 의해 가변성 영역의 수준은 변경될 수 있다. 예컨대, 보통 의식 상태에서는 기억되지 않는(분리력 강도가 낮은) 자극이 최면 상태에서는 기억될 수 있다. 이것은 바로 가용성 영역의 수준이 가변적이라는 것을 말해 준다.

이 외에도 가용성의 영역에 변동을 초래하는 요인으로 학습 충격을 들 수 있다. 학습 충격이란 종래에 회상이라 불리는 현상과 비슷한 개념으로, 생소한 의미가 인지구조로 도입될 때 일어나는 저항과 인지적 혼동을 의미한다. 인지적 혼동 및 저항이 심하면 가용성 영역의 수준이 낮아져서 기억되지 않는다. 학습 충격은 생소한 의미가 점차로 친숙해짐에 따라 소멸될 것으로 가정된다. 학습 충격이 사라지면 가용성의 영역의 수준이 높아 기억이 잘 될 것이다.

이상에서 논의한 바와 같이 동화과정은 하나의 덜 포괄적인 의미가 인지구조의 더 포괄적인 의미에 연합되고, 분리력을 서서히 상실함에 따라 더 포괄적인 관련정착 의미 속으로 획득된 의미가 흡수되어 들어가는 것이다.

이렇게 보면 학습, 파지, 망각현상은 동화과정의 앞부분에 학습이, 중간 부분에 파지가, 뒷부분에 망각이 놓여 있다고 볼 수 있다.

(2) 상위적 동화과정

지금까지는 포괄성의 수준이 낮은 새로운 의미가 보다 포괄적인 정착 의미에로 동화되어 파지되고 망각되는 종속적 동화과정을 살펴보았다. 종속적 동화과정은 병위적(竝位的) 학습에서도 매한가지로 적용된다. 즉, 포괄성의 수준이 비슷한 새로운 의미나 관련정착 의미가 상호작용을 하여 생긴 의미도 종속적 동화과정의 기제에 따라 파지되고 망각된다. 그러나 상위적 관계에서 획득된 의미는 관련정착 의미보다 새로이 획득된 의미가 더 포괄적이고 더 추상적이기 때문에 종속적 동화과정과는 상이한 과정을 밟아 파지되고 망각될 것으로 가정된다.

예를 들어 '옥수수, 완두콩, 당근' 등의 의미를 알고 있는 학습자가 '식물'이라는 보다 포괄적인 개념을 배운다고 하자. 처음에는 '식물'이라는 상위 의미가 옥수수, 완두콩, 당근이라는 하위 의미 속으로 각각 동화되어 들어갈 것이다. 그러나 상위 의미가 반복되어 학습되는 동안에 그 개념의 의미는 하위 개념의 의미보다 더 안정성을 가지게 될 것이다. 즉, 이전에 학습된 보다 덜 포괄적이고도 덜 안정성을 지닌 의미들은 후에 학습된 보다 포괄적인 의미에 동화된다. 때로는 이미 배운 하위 의미들이 과잉 학습됨으로써 고도의 분리력 강도를 유지한 채 상위 의미에 동화되지 않는 경우도 있다.

(3) 이론의 적용

① 인지구조의 위계적 조직

과거에 학습했던 한 내용 영역에서 구체적인 사실들보다는 추상적이고 일반적인 개념들이 더 잘 기억됨을 흔히 경험한다. 이러한 경험은 포괄성의 수준이 낮은 의미는 보다 더 포괄적인 의미 속으로 동화되어 들어간다는 동화이론과 일치한다. 이때 덜 포괄적인 의미가 더 포괄적인 의미 속으로 동화되는 것을 '점진적 소멸의 원리'라고 부른다. 점진적 소멸의 원리가 의미의 저장에 실제적으로 작용한다면 인간의 의식 구조는 일종의 위계 관계를 이룬다. 이 위계의 최상부에는 가장 포괄적인 의미가 차지하고 그 밑으로

차차 덜 포괄적인 의미들이 연결되어 있음을 경험적으로 증명하기 위해서
이용된 것이 선행조직자다. 선행조직자란 과제의 학습을 위한 정착지를 제
공하거나 관련정착 의미와 그 과제 간의 변별도를 증가시키기 위해 과제
그 자체보다 포괄적인 수준에서 조직되어 과제에 앞서 제시되는 자료를 말
한다.

② 유의미학습과 파지의 우위성

지금까지 제시된 이론에서는 의미와 무의미라는 학습의 연속선상에서 상
대적으로 유의미한 과제들을 다루어 왔다. 물론 과제는 잠재적으로 유의미
하지만 학습자가 그것을 유의미한 방법으로 배우지 않기 때문에 기계적으
로 학습될 수도 있다. 이유야 어떻든 간에 유의미하게 학습된 의미는 기계
적으로 학습된 의미보다 오래 유지될 수 있음은 명백하다.

유의미학습에서는 새로운 의미가 이에 관련된 정착 의미에 실사적이고도
구속적으로 결합될 수 있다. 그리하여 주어진 일정 시간 동안에 더 많은 과
제를 인지구조에 결합시킬 수 있으며, 학습 직후에 즉각적으로 더 유용하게
기억해 낼 수 있다. 또한 새로운 의미가 이에 관련된 정착 의미에 실사적이
고도 구속적인 관계를 맺을 수 있음은 물론이고, 유의미하게 학습된 의미에
정착지를 제공하며 장기적인 기억을 가능하게 해 준다. 반면에 기계적으로
학습된 과제는 정착지를 가지지 못하며 인지구조와 임의적인 어떠한 관계
도 맺지 못한다.

유의미한 학습과 파지가 무의미한 것보다 효과적임은 여러 연구들이 증명
해 준다. 유의미하게 학습될 수 있는 과제(산문, 시 등)는 난수표나 무의미한
철자보다 더 빨리 학습됨이 밝혀졌고, 학습과제의 양이 증가한다고 해도 무
의미한 학습과제의 학습에 소요되는 시간보다 유의미한 학습과제에 소요되
는 시간량이 적게 든다는 것이 밝혀졌다(Cofer, 1941).

여러 가지 문제해결 과업(카드놀이, 성냥개비를 이용한 수수께끼 문제)은 피
험자가 해결 방법을 기계적으로 기억하는 것보다는 문제해결의 기본 원리
를 학습할 때 더 오래 유지되고 전이가 더 잘 된다(Hilgard, 1953)는 것이다.

Katona의 연구에서는 두 집단의 피험자들에게 다음의 일련의 숫자들을
학습하도록 했다. 통제 집단은 실험자의 지시에 따라 제시된 숫자들을 세

자리씩 끊어서 외우도록 했고 실험 집단은 순서에 내포된 한 원리를 찾도록 했다.

5	8	12	15	19	22	
26	29	33	36	40	43	47

기억량의 검증은 실험 직후와 3주 후에 행해졌다. 그 결과 최초의 파지량은 비슷하나 3주 뒤의 검사에서는 실험 집단이 훨씬 우세하게 잘 유지하고 있음이 밝혀졌다. 특히 기본 원리를 발견한 학생은 3주 후에도 거의 전부를 기억하고 있었다.

③ 후행성 금지와 선행성 금지

유의미학습에서는 새로이 획득된 의미가 관련된 정착 의미에 점진적으로 환원되는 현상을 망각이라고 본다. 그러나 기계적 학습을 강조하는 이론에서는 파지를 최초의 학습에 의해 생긴 자극과 반응의 연합이 지속되는 것으로 보고, 망각을 설명하기 위해서 자극과 반응의 연결을 방해하는 요인들을 상정한다. 이러한 이론의 대표적인 것이 간섭이론이다.

간섭이론에 의하면 망각에 대하여 많은 실험이 있어 왔는데 이러한 실험들은 크게 두 가지로 분류될 수 있다. 하나는 후행성 금지에 관한 것이고, 다른 하나는 선행성 금지에 관한 실험이다. 후행성 금지란 어떤 과제를 학습한 후 그 결과를 측정하기 이전에 다른 과제를 학습을 했을 때 후속 학습의 간섭 때문에 파지량이 감소되는 현상을 의미한다. 선행성 금지란 어떤 학습에 대한 파지량이 선행 학습의 간섭을 받아 감소되는 현상을 말한다. 무의미하게 학습된 자료를 이용하여 후행성 금지를 연구한 실험의 결과에 따르면 금지의 정도는 학습 초기와 재생 사이에 삽입된 학습활동의 양과 최초 학습의 유사성에 의해 좌우된다. 삽입된 활동이 수면, 최면, 마취와 같은 조건들에 의해 감축되면 후행성 금지가 감소되고, 삽입된 활동의 양이 증가되면 후행성 금지는 증가한다.

유의미하게 학습된 언어적 과제에 후행성 간섭과 선행성 간섭의 원리가 적용될 수 없음은 여러 연구 결과에 의해 입증된다. 불교 교리에 관한 학습 과제를 학습하기 직전이나 혹은 학습 직후에 기독교 교리에 관한 과제를 학습하도록 해도 불교 교리에 대한 학습이나 파지가 의의 있게 감소되지 않음은(Ausubel, 1958) 이를 입증해 준다.

동일 요소에 의한 단기 간섭은 기계적 학습에서는 중요한 요인이겠지만 유의미학습에서는 그렇지 않다. 오히려 유의미학습에서는 새로운 의미가 관련정착 의미로부터 얼마나 효과적으로 변별될 수 있느냐 하는 변별도와 정착 의미의 안정성 및 명료성에 의해 파지 및 망각이 결정되는 것이다.

2) 유의미학습의 종류

앞에서는 잠재적 유의미가를 지닌 과제와 인지구조 내의 정착 의미의 상호작용 산물이 심리적 의미임을 기술하였다. 여기에서는 이들의 상호작용 과정과 그 결과로 발생된 변별적 인지 내용을 고찰하고자 한다. 그러기 위하여 학습을 명명학습, 개념학습, 명제학습, 발견학습으로 구분하여 이들 각각의 학습에서 일어나는 일련의 심리적 과정을 살펴보고자 한다.

(1) 명명학습

유아의 주된 지적 과업 중의 하나는 낱낱의 부호를 학습하는 것이다. 맨처음에는 부호들이 발화된(spoken) 형태로 부모에 의해 유아에게 전달되며, 이것은 유아가 바라보고 있는 대상물을 뜻한다. 그렇다면 유아는 어떤 경로를 밟아 부호에 의미를 붙이는가? 또 그 부호의 의미를 구성하고 있는 변별적 인지 내용의 본질은 무엇인가?

지금 한 유아가 마루 위에 앉아 있는 '개'를 응시하고 있다고 하자. 이때 부모가 '개'라고 말을 한다면 처음에는 이 말이 아무런 의미 없는 소리로 들릴 것이다. 그러나 그 순간에 유아의 인지구조에는 두 가지의 내적 자극이 동시에 존재한다. 하나는 실제의 '개'에 대한 시각 영상이고, 다른 하나는 '개'라는 소리에 의해 생긴 내적 자극이다. 이때 부모는 발화된 '개'는 실제의 '개'를 지칭함을 말하는 태도나 몸짓(예: '개'를 가리키는 것)을 통해 가르쳐 줄 것이다. 이때 단어 '개'에 유아가 부가시킨 의미는 실제의 '개'에 의해 생긴 변별적 인지 내용(시각 영상)이다. 그 후 소리 부호(발화된 '개')와 독립 대상물(실제의 '개')

을 여러 번 짝 짓게 되면 '개'라는 말만 들어도 개의 의미를 구성하고 있는 '개'의 시각 영상을 불러일으킬 수 있다. 시간이 경과함에 따라서 유아는 상이한 대상물에는 상이한 명칭이 주어지며, 같은 부류의 대상물은 같은 명칭을 가지고 있음을 인식하게 될 것이다.

한 살쯤 되면 유아는 이러한 경험을 근거로 하여 모든 대상물은 언어적 부호 형태로 된 명칭을 가지며, 그 부호에 부가된 의미는 대상물에 의해 일으켜진 영상임을 직시적으로 이해하게 된다. 이러한 일반적 이해를 명명등가원리라고 한다. 유아가 명명등가원리를 학습한 후에는 대상물의 명칭을 습득하는 것은 완전히 임의적인 학습이 아닐 것이다. 예컨대, '고양이'라는 단어를 모르는 유아에게 고양이 앞에서 '고양이'라는 말을 했을 때 처음에는 그 말 자체의 의미를 모를 것이다. 그러나 곧 앞에 있는 특정 대상물(실제의 고양이)에 명칭을 붙이는 행위임을 깨닫게 될 것이며, 이 행위는 '모든 대상물은 명칭을 가진다'는 명제의 한 사례임을 인식하게 될 것이다. 더 나아가서는 '고양이'라는 말에 해당하는 의미는 실제의 고양이에 의해 일으켜진 영상임을 이해할 것이다. 따라서 '고양이'라는 소리와 '고양이'의 의미는 구속성을 띠게 되며, 이것은 유의미학습의 한 조건을 만족시킨다. 결론적으로 말해, 명명학습은 기계적인 학습에 가까우나 난수표나 무의미 철자의 학습에서와 같이 완전한 임의성을 띠지는 않는다.

(2) 개념학습

논리적으로 보아 하나의 개념이란 공통적인 성질을 가진 것끼리 묶인 어떤 한 분야의 현상을 의미한다. 예를 들면, 삼각형은 사각형이나 원과는 명백히 구별되는 한 부류의 대상물을 뜻한다. 한 개념 부류의 각 요소들이 공통적으로 지니고 있으면서 다른 부류의 요소들과는 구별되는 일련의 특성들을 준거 속성이라고 한다. 그러므로 유아가 준거 속성을 안 후에는 그가 접하는 사례들이 어떤 하나의 특정 개념 부류에 속하는지의 여부를 판별할 수 있을 것이다.

① 개념형성

개념학습 과정에서 유아가 당면하는 하나의 주요 과업은 자극군의 준거 속성을 발견하는 일이다. 지금 한 유아가 크기, 감촉, 색깔 등이 다른 주사위를 가지고 놀고 있다고 하자. 그는 이 구체적 경험을 통하여 주사위의 준거 속성을 귀납적으로 발견할 것이다. 그리고 이들 준거 속성들은 주사위의 표상적 영상, 즉 실제의 주사위가 없이도 회상할 수 있는 영상에 포함되어 있다. 이와 같이 한 자극군의 준거 속성을 귀납적으로 발견하는 과정을 개념형성이라고 지칭한다. 개념형성이 완전히 이루어졌을 때 유아는 하나의 개념을 획득한 것으로 간주되며, 이 개념의 의미는 대상물군의 준거 속성을 망라하는 표상적 영상이다. 유아가 처음에 어떤 하나의 개념에 대해 알고 있는 준거 속성과 그 개념의 논리적 의미를 규정하는 준거 속성과는 상당한 거리가 있을 것이다. 예컨대 '삼각형'이라는 개념에 대해 유아가 소유하고 있는 준거 속성은 상당히 제한되고 부정확할 것이다. 그 후 정삼각형, 이등변삼각형, 직각삼각형, 예각삼각형 등에 관하여 많은 경험을 함으로써 서서히 '삼각형'에 대한 완전한 의미(표상적 영상)를 획득할 것이다.

② 개념명칭학습

개념형성 단계에서 유아가 개념의 의미를 획득했다 하더라도 아직도 개념의 명칭을 소유하고 있지는 못하다. 취학 후에야 그는 '주사위'라는 말이나 글자가 자기가 알고 있는 '주사위'라는 개념을 지칭함을 학습할 것이다. 즉, 이미 획득한 개념과 형식적 개념 명칭을 연결 짓는 명명학습이 이루어진다. 이 과정을 통하여 '주사위'라는 부호의 의미와 '주사위'라는 개념을 나타내는 표상적 영상의 의미가 동일함을 알 것이다. 이렇게 되면 그 개념명칭은 외연적, 내연적 의미를 가지게 된다. 다시 말해서, 아동은 '주사위'라는 부호를 접했을 때 그 개념의 표상적 영상으로 이루어진 변별적 인지 내용을 회상할 수 있으며, 그 개념명칭에 대하여 자신이 경험한 바를 토대로 독특한 정서적 반응을 보일 것이다.

(3) 명제학습

명제학습이란 '악어가 사람을 먹는다.'와 같은 문장에 담긴 복합 개념의 의미를 파악하는 것이다. 복합 개념의 의미를 획득하기 위해서 어린이는 통사규칙을 이해하여야 한다. 통사규칙이란 한 문장 내의 각 단어들을 굴절시키고 그들을 하나의 문장으로 구성하기 위해서 부호 사용자에 의해 이용된 법칙을 뜻한다. 의미론적으로 볼 때 이 규칙들은 연결어(전치사, 접속사), 지시어(관사, 지시형용사), 시제나 성별들을 나타내는 굴절 및 어순 법칙 등으로 구성되어 있으며 심리적 견지에서 본다면 이 규칙들은 언어적으로 표현된 개념들 간에 상호관계를 맺도록 하는 연결적 기능을 한다.

처음에는 유아의 통사규칙에 관한 학습이 완전치 못하다. 그 후 그는 많은 문장의 의미를 해석하는 경험을 통하여 서서히 이 규칙을 귀납적으로 체득한다. 예컨대, '개가 마루 위에 앉아 있다.'는 문장에서 '위에'라는 언어적 부호에 의해 일으켜진 영상은 초기에는 '개와 마루' 간의 관계를 지칭할 것이나, 이런 유의 경험을 반복하는 과정에서 귀납적으로 한 복합 영상(마루 위에 앉아 있는 개)을 발달시킬 것이다. 한편으로는 많은 문장들을 해석해 보는 과정에서 어순 법칙을 터득하게 된다. 예컨대, 부모가 '개 앉다.'라는 말을 한다면 유아는 이 축약된 문장에 의해 생긴 영상과 지각된 표상적 영상을 비교해 볼 것이며, 이런 유의 많은 경험을 통해서 '주어는 동사 앞에 온다.'는 것을 이해할 것이다.

이상의 논지에서 명제가 내포된 복합 개념의 의미를 획득하기 위해서는 우선 문장에 포함된 개개의 용어들을 이해해야 하며 직관을 통해 통사법칙을 이해해야 할 것이다. 그런 후에 부호에 의해 생긴 낱낱의 영상들을 명제의 의미를 이루는 하나의 표상적 영상으로 변형시켜야 함을 알 수 있다. 이상의 절차를 밟아 명제의 의미가 획득될 때 명제의 의미와 인지구조 내의 정착 의미는 어떤 관계를 맺는가, 다시 말해서 명제의 의미가 정착 의미에 조직되는지 아니면 후자가 전자에 동화되는지를 알아볼 필요가 있다. 이 두 변인 사이에 있을 수 있는 관계 유형은 다음의 세 가지를 상정할 수 있다.

첫째는, 인지구조 내에 있는 정착 의미가 주어진 명제보다 더 포괄적이며 일반적인 경우를 나타내는 관계 유형이고, 두 번째 유형은 앞의 것과는 대조적으로, 주어진 명제보다 정착 의미가 덜 포괄적이고 덜 추상적인 경우에 이루어지는 것이다. 그리고 세 번째는, 두 변인의 포괄성과 일반성이 동등한 관계이다. 논의의 편의를 위하여 첫 번째 유형을 종속적 관계, 두 번째 유형을 상위적 관계, 세 번째 유형을 병위적 관계라고 부르기로 한다.

종속적 관계는 두 형태로 분류된다. 하나는 파생적 포섭관계이고, 다른 하나는 상관적 포섭관계이다. 파생적 포섭이란 하나의 하위 명제가 기존의 관련정착 의미의 특수 사례이거나 직접적 파생물로서 관련정착 의미를 명확히 해 주는 역할을 한다. 예를 들면, 이미 '고양이는 나무에 오른다.'는 명제를 획득한 학습자에게 '이웃집 고양이가 우리 집 나무에 오른다.'는 과제가 주어졌다면 이 과제는 관련정착 의미의 한 예에 불과한 것으로서 관련정착 의미를 보다 명확히 해 주고 보강해 주는 기능을 가진다. 이 경우에는 주어진 명제의 의미를 산출하기 위하여 관련정착 의미를 약간만 수정하면 될 것이고, 명제의 의미 또한 쉽게 획득될 것이다. 상관적 포섭이란 주어진 과제가 관련정착 의미를 부연 한정할 경우의 포섭관계이다. 예컨대, 평행사변형의 정의를 알고 있을 때 마름모의 정의에 대한 과제가 주어졌다면 이 과제는 관련정착 의미(평행사변형의 정의)를 부연 수정해 준다. 다시 말해서, 새로운 개념의 의미를 획득하기 위해서는 관련정착 의미를 구성하는 표상적 영상을 변형시켜야 한다.

상위적 관계는 주어진 과제가 관련정착 의미보다 더 포괄적이고 일반적인 내용들로 구성되어 있을 때 일어나는 포섭관계이다. 예를 들면, '직사각형, 정사각형의 내각의 합'에 관하여 알고 있는 학습자에게 '모든 사각형의 내각의 합은 360°이다.'라는 과제를 제시한다면 특수 사각형에 관한 관련정착 의미들을 종합함으로써 귀납적으로 그 일반 명제를 학습한다. 일단 일반 명제를 획득한 후에는 기존의 특수 명제들이 파생적인 형태로 그것에 포섭된다.

병위적 관계는 주어진 과제와 관련정착 의미 사이에 수평적 관계를 유지하면서 서로가 서로를 포섭하는 관계를 뜻한다. 이러한 포섭관계는 주로 모형의 관념이나 은유적인 문장에서 발견된다. 예컨대, 이미 유클리디안 기하학과 뉴토니안 역학관계를 학습한 학습자에게 진자의 주기에 관한 공식을 가르치고자 한다면 교사는 진자의 구조적 성질을 이용하여 진자의 주기에 관한 공식을 유도해 나갈 수 있을 것이다. 또 하나의 예에서 '인생은 그림자이다.'라는 과제를 '그림자'의 속성(어둡고 침침하고 순간적 등)을 이미 알고 있는 학습자에게 제시하면 그는 '인생'을 '그림자'에 비교함으로써 인생의 의미를 획득하게 된다.

3) 설명식 수업의 원리

① 선행조직자의 원리

선행조직자는 새 학습과제의 학습의 전진적 증진 효과를 최대화하고 전진적 금지 현상을 최소화할 수 있도록 인지구조를 조정하는 방법으로, 아주 명료하면서도 안정된 적절하게 포괄적인 입문적 자료를 말한다. 이 자료는 새 학습과제를 도입하는 때에 제시되며, 높은 수준의 추상성·일반성·포괄성을 지니는 자료이다.

② 점진적 분화의 원리

학습내용 중 가장 일반적이고 포괄적인 의미를 먼저 제시하고 점차 세분화되고 특수한 의미로 분화되도록 한다는 원리이다. 이는 개개의 사실을 먼저 제시하여 고도의 추상화에 이르게 하는 것보다, 가장 추상적인 의미를 먼저 제시하여 점진적으로 교과의 세부적 내용들을 포섭해 나가도록 할 것을 시사하고 있다. 그리하여 정해진 과제의 밑바탕에 이르기까지 세분화를 계속하여 구체적인 개념에 이르게 되는 것이다. 예를 들면 생물이라는 개념은 동물과 식물로 나뉠 수 있고, 다시 동물은 포유류·양서류·갑각류 등으로 분류될 수 있으며, 식물은 다시 외떡잎식물·쌍떡잎식물·관엽식물·선태식물 등으로 나뉠 수 있다. 이처럼 생물이라는 개념은 보다 복잡한 하위개념으로 분석될 수 있는 것이다. 이 원리는 여러 가지 독립적인 아이디어들을 상호관련하여 이해시키는 데 도움을 준다.

③ 통합조정의 원리

새로운 개념이나 의미는 이미 학습된 내용과 일치되어 통합되어야 한다는 것을 의미하는 것으로, 교육과정의 계열은 계속되는 학습이 이전에 학습된 것과 관계될 수 있도록 조직되어야 한다는 원리이다.

④ 선행학습 요약·정리의 원리

새 과제의 학습에 임할 때 현재까지 학습해 온 내용을 요약 정리해 주면 학습은 촉진된다는 원리이다. 이와 같이 요약 정리를 하는 방법으로는 해당 학습과제의 반복, 확인, 교정, 명료화, 차등 연습 및 복습의 방법이 있다.

⑤ 내용의 체계적 조직 원리

학습의 극대화를 위해서는 학습내용이 계열적·체계적으로 조직되어야 한다는 원리이다. 프로그램 수업이 갖는 장점은 바로 이 원리에서 찾을 수 있다.

⑥ 학습 준비도의 원리

학습자의 기존 인지구조뿐만 아니라 학습자의 발달수준도 고려해야 한다는 원리이다. 즉 학습 준비도란 단순한 유전적 영향만을 말하는 것이 아니고 모든 선행했던 경험과 모든 선행학습을 망라해서 개인의 인지구조와 인지능력의 형성에 영향을 주는 것을 총칭하는 것으로, 누가적이며 발달적 성격을 띤다.

3. 수업의 실제

1) 수업 절차의 단계

Ausubel의 유의미언어학습이론을 토대로 선행조직자의 수업모형을 단계별로 제시하면 〈표 14-2〉와 같다. 첫 단계에서는 수업목표를 명확히 하고 선행조직자를 제시한다. 수업목표를 설정하기 위해서는 그전에 학습자에 대한 사전 검사가 실시되어야 한다. 학습자의 학습능력·학습사·출발점 행동·지능지수 등을 사전 검사를 통하여 점검하고, 선수학습이 부족한 학습자에게는 보충학습을 실시한다. 그리고 나서 수준에 적합한 수업목표가 선정되어야 한다(변영계, 1988). 수업 초기에 제시되는 선행조직자는 학습자가 그전에 배운 학습내용을 기억하고 회상해 내는 데 도움을 준다.

두 번째 단계에서는 학습과제 및 자료가 제시되는데, 여기에서 학습과제는 유의미가를 가져야만 학습자의 인지구조에 의미 있게 관련지어진다. 이를 용이하게 하기 위해서 제시된 것이 점진적 분화의 원리이다.

〈표 14-2〉 Ausubel의 선행조직자 수업모형

단계	활동내용
1. 선행조직자의 예시	• 수업목표를 명확히 한다. • 선행조직자를 제시한다. • 학습자가 지니고 있는 사전 지식과 경험을 현재 수업내용과 연결 지을 수 있도록 자극한다. • 학습 의욕을 고취시킨다.
2. 학습과제 및 자료의 제시	• 학습과제의 구속성과 실사성을 분명히 한다. • 학습 자료의 논리적 조직을 명확히 한다. • 자료의 제시 • 점진적 분화의 원리 적용
3. 학습자의 인지구조 굳히기	• 적극적 수용 학습의 조장 • 통합조정의 원리 이용하기 • 학습내용에 대한 비판적 접근 유도하기 • 학습내용 명료화하기(정리)

세 번째, 수업의 마무리 단계에서는 수업 시간에 배운 학습내용이 학습자의 인지구조에 의미 있게 관련되었다는 가정하에 중요한 부분을 강조하고 요점을 정리해 준다. 이를 학습자의 인지구조 굳히기라고 한다. 이 단계에서는 새로 배운 지식이나 정보가 앞에서 학습한 내용과 통합되고 조정되어야 한다. 또한 교사는 지금까지 배운 사실, 개념들 간의 유사점과 차이점을 찾고 개념들 간에 불일치성을 파악하여 이들 사이에 의미 있는 연관이 지어지도록 설명과 질문을 통하여 수업을 마무리 짓는 것이 중요하다.

2) Ausubel 수업 이론의 특성

(1) 수업목표의 설정 측면

Ausubel의 수업 이론에서 목표는 논리적으로 유의미한 것이어야 한다는 것은 쉽게 생각할 수 있는 것이다. 그러나 목표를 제시하는 방법 면에서는 Skinner나 Gagné와는 대조적이다. 근본적으로 그는 행동적인 수업목표보다 교과의 체계에 의한 내용적 목표를 주장하는 입장을 취한다.

사실상 최근에 이르기까지 평가전문가들은 교육과정관계자들에게 목표는 행동적 용어로 진술하여 객관적인 평가가 가능하도록 요청하고 있다. 여기에 대해서 Ausubel은 행동적 목표 진술의 강요는 비교적 사소하고 비교적 쉽게 정의할 수 있는 목표만을 교육목적에 포함시킬 위험성이 있다고 하였다. 또 행동적 목표 진술에 익숙한 교육과정관계자와 교사가 적다는 비판도 하고 있다. 더욱 중요한 지적은 행동적 용어 자체의 모호성에 대한 것이다. 행동적 목적은 교육목적을 명료하게 하기보다는 오히려 애매하게 만들 가능성이 있다는 것이다. 그래서 그는 현재의 교육심리학 수준에서는 교육목표를 행동적 목표로 구체적으로 진술하기보다는 교육과정전문가들의 언어에 비교적 가깝게 보다 포괄적이면서 기술적인 용어로 진술하는 것이 실제적이라고 믿는다.

(2) 학습자의 개인차 측면

Ausubel은 어떤 연령 단계에서든 개인 간에는 광범위한 개인차가 있다고 믿으며, 이 개인차는 인지적 기능의 양식, 일반 지능, 학업 적성, 지적 호기심, 비판능력, 독립적 내지 창의적 사고능력 면에서 나타난다고 본다. 그래서 수업방법이 실질적인 것이 되도록 하기 위해서는 반드시 이런 개인차를 고려해야 한다고 주장한다. 따라서 교수의 개별화는 수업의 효과를 높이기 위해 일차적으로 해야 할 일이라 생각한다. 가능하면 학생 여럿을 모은 집단보다는 개인적 수준에서 수업과정이 이루어지도록 하면 누구나 자기의 능력을 최대로 발휘할 수 있다고 생각하기 때문이다.

수업의 개별화는 유의미설명학습과 서로 양립되지 않는 것이 아니며, 학교 교육의 책임을 다하는 데도 공헌할 수 있는 것이다. 일반적으로 개인차를 고려하는 방법에는 수업의 개별화 이외에 능력별 학급 편성 방법이 있으나 이 두 가지 방법은 서로 배타적인 것이 아니다. 다시 말해서 어떤 경우에는 집단적인 수업이 보다 경제적일 수 있다. Ausubel은 개인차를 다분히 일반 능력의 차원에서 다루는 인상을 주는데, 인지능력의 발달 정도는 일반 능력의 발달수준과 밀접한 관련이 있다고 보는 것이다. 이것은 Gagné가 어떤 특정 과제에 대한 선행학습이 되어 있는가에 관심을 두는 것과는 매우 대조적이다.

(3) 학습자의 학습동기 형성 측면

Ausubel은 학습의 성립 및 효율화를 위해서 학습과제에 대한 동기는 대단히 유의미한 역할을 한다고 본다. 그러나 그는 동기를 학습을 위한 필요 불가결한 조건으로 생각하지는 않는다. 이론적으로 보더라도 동기는 아동이 나이를 먹어 감에 따라 점차 그 중요성이 감해진다고 가정할 수 있다는 것이다. 동시에 학습과제는 인지능력의 성장으로 인해 쉬워지고 노력을 덜 해도 되게 된다. 이러한 현상은 관심의 폭이 넓어진다거나 주의집중력의 증진에 따라서 생기는 현상이기도 하다. 이렇게 되면 학습동기보다는 인지구조 변인의 영향이 점차 커지는 것이다. 이런 과정을 통해 아동이 지적·친애적·자아앙양적인 충동에 따른 동기 형성이 커지는 시기가 되면 물질적 보상과 벌의 효과는 점차 감소하게 된다.

3) Ausubel 이론의 교육적 시사점

Ausubel의 유의미학습모형에 의한다면 학습의 효과를 높이기 위해서는 교수과정에서 학습자의 인지구조에 적합한 학습과제를 조직·구성하여 제시하는 일이 중요할 것이다.

그는 과제의 학습을 위한 정착지를 제공하거나, 관련정착 의미와 새로운 과제 사이의 변별도를 증가하게 하기 위하여 학습과제의 제시에 앞서 그 과제 자체보다 포괄적인 수준의 자료(선행조직자)를 조직하여 제시하는 것이 효과적이라고 본다. 선행조직자가 학습을 촉진한다고 보는 이유는 다음과 같다.

첫째, 하나의 학습과제가 주어졌을 때 선행조직자는 이 과제와 직접적으로 관련된 정착 의미들을 집합시켜 포섭자를 만들고, 이 포섭자는 주어진 과제들을 보다 친숙하게 해 주며 새로운 과제의 학습을 위한 개념적 근거지를 제공해 줌으로써 학습과 파지를 촉진할 것이라는 것이다. 둘째, 학교 학습사태에서 새로운 과제의 학습을 위해서 학습자 자신이 가지고 있는 선행조직을 충분히 활용하기 전에 학습이 강요되어 임기응변적으로 암기를 통해서 학습하는 경우가 흔히 발견된다. 이러한 경우에 선행조직자를 사용하면 기억 학습을 상당히 억제해 주는 동시에 새로운 과제와 선행조직 사이의 유사점과 상이점을 구별해 줌으로써 학습이 촉진된다고 본다. 선행조직자의 효과를 더욱 크게 하기 위해서는 잠재적으로 유의미한 학습과제가 주어졌을 때 학습자가 소유하고 있는 선행조직이 주어진 과제의 학습에 가용성은 있으나 이 가용성이 학습자에 의해 인식되지 않을 경우에 활용할 것을 제안하고 있다. 이러한 경우에는 학습과제가 주어지기 전에 이것을 보다 친숙하게 해 주며 학습과제를 학습하는 데 포섭자의 역할을 해 주는 선행조직자를 사용하는 것이 더욱 효과적이라는 것이다.

　이러한 이론으로부터 얻을 수 있는 또 하나의 의의는 선행학습의 중요성에 대한 이론적 근거를 제공한다는 점에서 찾을 수 있다. 주지하는 바와 같이 학교에서의 학습은 주로 지적 성질을 띤 어떤 선행학습 위에 이루어진다. 즉, 각 학습과제에는 그 과제의 성취를 위해서 반드시 알고 있어야 할 선행학습이 있기 마련이다. 따라서 하나의 학습과제가 주어졌을 때 이에 관련된 선행학습을 학습자가 제대로 갖추고 있지 않으면 다음 학습과제에서 완전 학습의 수준에 결코 도달할 수 없다는 것이다(Bloom, 1968).

　경험적으로는 선행학습이 더 중요하다는 것이 입증되고 있지만, 그것이 왜 또 어떻게 해서 중요한지에 관한 이론적ㆍ논리적 설명은 발견되고 있지 않다. Ausubel의 이론에 따른다면 선행학습의 중요성이 명백히 밝혀질 수 있다. 즉, 동화이론에서 선행학습이 결손되었다는 것은 관련정착 의미가 안정성과 명료성을 상실하여 새로운 과제와 변별이 잘 되지 않는 것이므로, 이때에는 기계적인 학습이 일어날 것이다. 반대로 선행학습이 충분히 갖추어졌다는 것은 관련정착 의미가 안정성과 명료성을 유지하여 새로운 의미로부터 변별이 잘 되는 것으로, 이때에는 유의미학습이 일어날 것이다. 따라서 학습과정에서 유의미학습이 이루어지기 위해서는 선행학습이 필요 불가결하다.

요 약

1. Ausubel은 학습자가 새로운 학습과제를 맹목적으로 단지 암기하려 하고 선행지식에 관련시키려 하지 않는다면 기계적인 학습이 일어나므로, 학습과제를 자기가 알고 있는 것에 결부시켜 의미가 통하게 그것을 기억하려 해야만 의미 있는 학습이 일어날 수 있다며 유의미학습의 필요성을 강조했다.

2. 유의미한 학습이 이루어지려면 학습과제는 논리적 유의미가를 가져야 하는데, 논리적 유의미가를 가지려면 실사성과 구속성을 지녀야 한다. 실사성이란 한 과제를 어떻게 표현하더라도 그 과제의 의미가 변하지 않는 것을 말하며, 구속성이란 일단 임의적으로 맺어진 관계가 하나의 관습으로 굳어진 후에는 그 관계가 다시 임의로 변경될 수 없는 성질을 말한다.

3. 학습자가 주어진 과제를 의미 있게 학습할 수 있기 위해서는 그 과제 자체가 실사성과 구속성을 지녀야 하는 것 이외에, 학습자는 그 학습에 요구되는 관련정착 의미를 가지고 있어야 한다. 이렇게 될 때 주어진 과제는 잠재적 유의미가를 지니게 된다고 한다.

4. 관련정착 의미란 학습자의 인지구조에 이미 형성된 것으로서, 유의미학습 과정에서는 새로운 개념이 인지구조와 관계를 맺을 수 있는 조건을 제공해 주며 파지 과정에서는 그 개념의 의미가 저장될 수 있도록 해 주는 의미를 말한다.

5. 포섭이란 새로운 명제나 아이디어가 학습자의 머릿속에 이미 조직되어 존재하는 보다 포괄적인 인지구조 속으로 동화 또는 일체화되는 과정을 말하며, 여기서 개념이나 아이디어를 포섭자라 한다. 포괄적이고 추상적인 포섭자는 인지구조의 최상부에 있고, 최하부로 내려올수록 포괄성이 낮고 구체적인 포섭자가 위치하는 위계적 조직을 가지고 있다.

6. 유의미학습 태세란 학습과제를 인지구조에 구속적이고도 실사적으로 관련시키고자 하는 학습자의 성향을 뜻한다. 학습자가 만일 과제를 자신이 가지고 있는 정착 의미에 관련시키고자 하는 의향이 있고 또 그렇게만 한다면 마침내 유의미학습이 일어나게 된다.

7. 잠재적 유의미가를 지닌 과제가 정착 의미에 결합될 때 생기는 변별적 인지 내용을 심리적 의미라 한다. 심리적 의미는 유의미학습 혹은 잠재적 유의미가와 유의미학습 태세의 산물이다.

8. 유의미학습의 종류에는 명명학습, 개념학습, 명제학습, 발견학습이 있다.

9. Ausubel 이론의 주요 수업원리에는 선행조직자의 원리, 점진적 분화의 원리, 통합조정의 원리, 선행학습 요약·정리의 원리, 내용의 체계적 조직 원리, 학습 준비도의 원리 등이 있다.

10. Ausubel의 선행조직자 수업모형에 따른 수업의 첫 단계는 선행조직자의 예시며, 두 번째 단계는 학습과제 및 자료의 제시이다. 그리고 마지막 단계는 학습자의 인지구조 굳히기이다.

탐구식 수업

　탐구수업은 학습자의 일상 생활과 직접 관련이 없는 학습내용을 기계적으로 암기하고 연습하는 전통적인 수용학습에 대한 불만에서 시작되었다. 이러한 학습 방법의 기원은 Socrates의 대화법, Rousseau의 아동중심교육사상에까지 거슬러 올라가며, 현대적 원천은 반성적 사고를 강조한 Dewey의 사상과 Bruner의 발견학습, Massialas의 사회탐구모형, Schwab의 과학탐구모형 등에서 찾아볼 수 있다. 그리고 발견학습과 탐구학습은 명확히 구분되는 개념이 아니며, 학습자 스스로 문제를 인식하고 해결해 가는 과정을 중시한다는 점에서 이 두 가지는 동일한 개념으로 간주할 수 있다. 이는 탐구(inquiry)나 발견(discovering)은 지식 자체가 아니라 지식을 얻는 과정, 방법 혹은 활동으로 표현되며, 흔히 문제해결, 반성적 사고의 과정을 포함하고 있기 때문이다.

　이 장에서는 탐구학습의 이론 형성에 있어서 Dewey, Bruner, Massialas를 중심으로 논의하고, 탐구학습의 유형별 예와 집단탐구수업 모형 등을 살펴보고자 한다. 이 장을 통해 여러분들이 다음과 같은 학습목표를 성취할 수 있기를 기대한다.

1. 발견 · 탐구학습의 정의를 내리고 교육적 의의를 설명할 수 있다.
2. Dewey의 반성적 사고의 개념을 설명할 수 있다.
3. Bruner에 의한 발견학습의 특징을 설명할 수 있다.
4. Massialas의 사회탐구모형의 특징을 설명할 수 있다.
5. 집단탐구수업 모형의 적용 절차를 설명할 수 있다.
6. 탐구수업을 위해서 필요한 교사의 역할을 열거할 수 있다.
7. 탐구수업에 대한 평가 방법을 설명할 수 있다.

1. 탐구학습의 성격

현대의 정보화 사회에 대처하기 위하여 학교 교육에 대한 요청도 단순한 지식의 전달보다는 학문의 창조적 기능에 중점을 두는 것으로 변화되고 있다. 미지의 세계로의 탐구, 새로운 분야의 개척, 변화하는 사회에의 적응, 변혁을 도출하는 통찰과 창조성 등의 요청에 부응하는 교수방법이 발견·탐구학습이다.

탐구학습이란 학생들이 지식의 획득 과정에 주체적으로 참가함으로써 학생들로 하여금 자연이나 사회를 조사하는 데 필요한 탐구능력을 몸에 배게 하고, 인식의 기초가 되는 개념의 형성을 꾀하고, 새로운 것을 발견·탐구하려는 적극적인 태도를 기르려고 하는 학습활동을 말한다.

학생들이 그들에게 부과된 어떤 문제를 탐구적인 방법으로 해결하는 과정은 다음과 같이 생각할 수 있다.

① 학생들이 가지고 있는 모든 지식을 문제해결을 위해 총동원한다.
② 그중에서 이 문제를 해결하는 데 관련된다고 판단되는 방법을 고른다.
③ 선택된 방법들을 적절히 조직하여 학생 나름의 해결 방안을 고안한다.
④ 이 방안을 적용하여 실제로 문제를 해결해 본다.
⑤ 문제해결에 이 방안이 적절치 못했다면 다시 ①로 되돌아가 수정된 새로운 방안을 짜서 문제를 해결해 본다.

이 과정을 되풀이하여 문제를 해결한다. 이때 탐구적이라는 말에는 객관적 근거를 바탕으로 하여 논리적으로 문제를 해결한다는 의미가 내포되어 있다. 그러므로 증거를 제시할 수 없거나 문제해결 과정에 논리성이 결여되어 있을 때에는 탐구라는 용어를 쓰는 것이 적절하지 않다.

여기서 우리는 탐구학습 방법의 무비판적인 수용은 부작용을 낳을 수도 있다는 것을 명심해야 하며, 이 방법의 장점과 단점을 검토해 봄으로써 적용에 신중을 기할 수 있을 것이다.

탐구학습의 장점은 대체로 다음과 같은 일곱 가지로 언급된다(한안진, 1987).

① 학생들이 스스로 자신들의 학습 방향을 찾고, 학습 성과에 대해 보다 책임감을 느끼며, 사회적 의사소통능력이 향상된다.

② 학생들이 학습에 능동적으로 참여하게 되므로 긍정적인 자아개념을 형성하게 된다.

③ 학생들은 자기 능력으로 문제를 해결할 수 있음을 믿게 되고, 또 이를 성취할 수 있음을 깨닫게 된다.

④ 창의성과 더불어 계획하고 조직하며 판단하는 것과 같은 상위 수준의 지적 능력을 개발할 수 있다.

⑤ 기억과 회상에만 의존하는 것을 피하고 평생 학습하는 방법과 태도를 익히게 된다.

⑥ 합리적, 비판적인 사고를 할 수 있는 기회를 더 많이 가지게 된다.

⑦ 학습내용을 확실히 이해하는 데 효과적으로 이용될 수 있다.

한편, 탐구학습의 단점으로는 다음과 같은 것들이 지적되고 있다.

① 탐구학습 지도를 하는 데 시간이 많이 소요된다.

② 단순한 개념을 많이 전달하는 데는 비효율적이다.

③ 교사에게 많은 부담을 준다(자료 준비, 학습지도, 평가 등).

④ 타당도와 신뢰도가 높은 탐구능력 평가방법의 개발이 어렵다.

위와 같은 성격을 지닌 발견 · 탐구학습에 있어 선구적인 학자들로는 경험

중심 교육과정의 이론적 근거를 제시한 Dewey, 지식의 형성 과정에 학생들을 참여시켜야 함을 강조한 Bruner 그리고 사회과 교수를 위한 사회탐구모형을 설명한 Massialas 등이 있다.

1) Dewey의 탐구이론

Dewey는 "반성적 사고는 탐구를 촉진한다."고 주장하였다. 이는 탐구의 기초가 사고에 있다는 뜻이고, 사고는 결국 탐구로 이어진다는 말이다. 사고는 우리가 어떤 문제에 부딪혔을 때 전개되기 시작하여 그 문제를 해결할 수 있는 해답을 발견함으로써 일단 종결되며, 비교적 일정한 사고방법(또는 사고과정)에 따라 진행된다는 특성을 지닌다. 이 사고방법을 Dewey는 암시, 지성화, 가설, 추리, 검증의 다섯 단계로 설명하고 있다(김종석 공역, 1989).

① 암시: 우리가 문제에 부딪혔을 때 즉각적으로 생각하게 되는 '해야 할 일' 또는 '잠정적인 답'의 암시이며, 다소 가설적인 성격을 가진 것으로 문제해결을 위한 출발점이다.
② 지성화: '느껴진 곤란'을 '해결해야 할 문제' 또는 '해답이 발견되어야 할 문제'로 전환하는 활동으로, 막연한 사태의 성격을 명료화하는 일이다.
③ 가설: 지성화의 과정을 통하여 나온 잠정적인 문제의 답이다. 가설은 암시에 비해 지적인 답변이며 잠정적인 것으로, 검증을 위한 관찰이나 자료 수집 활동의 지침이 된다.
④ 추리: 가설을 설정한 다음 그것을 검증하기에 앞서 검증 결과를 예견하는 일이다.
⑤ 검증: 증거에 의해서 설정된 가설의 확실성을 밝히는 활동으로, 실제 실행이나 관찰 또는 가설이 요구하는 조건을 갖춘 실험에서만 가능하다.

Dewey는 '사고방법'을 보다 과학적으로 체계화하여 사고나 사색이라는 정적 표현을 '탐구'라고 하는 동적 표현으로 바꾸었다. 그에 의하면 탐구란 하나의 불명료한 상황을 명료하게 통일된 상황에로 지도 통제하는 변형 작용이다. 탐구의 동의어로는 사고, 반성적 사고, 과학, 과학적 방법, 반성적 방법, 반성적 또는 창조적 지성 등이 있다.

Dewey는 탐구의 궁극적인 목적을 진리에 도달하는 것으로 보았으며, 탐구가 비록 문제해결의 과정이지만 그 해답은 해결로서만 끝나는 것이 아니고 다시 다음 단계의 탐구과정의 수단이 된다고 하였다. 이러한 탐구방법은 엄격히 고정되어 있는 것이 아니라 경우에 따라서는 순서가 바뀌거나 단계가 생략될 수도 있으며 한 단계가 몇 단계로 세분화될 수도 있다.

이후 Dewey가 주장한 사고방법은 문제 제기—가설 형성—가설 검증—결론의 과정으로 일반화되었으며, Kilpatrick이 이것을 바탕으로 프로젝트법을 창안하여 교육에 널리 활용하였다. 이 프로젝트법은 문제 제기—계획하기—실행하기—평가하기의 4단계로 되어 있다.

Dewey의 탐구이론은 경험 또는 생활중심교육에서 크게 활용되었다. 그 이유는 학습자를 교육의 주체로 보고 그들의 적극적인 참여와 활동을 강조한 점, 교사 위주의 지식 전달에서 탈피했다는 점, 합리적이고 과학적인 계열을 지녔다는 점 등으로 해석된다.

2) Bruner의 발견학습

Bruner(1966)는 개념 획득 과정이란 '눈앞의 우리가 획득하고자 하는 개념의 예시와 비예시를 구별하는 속성을 발견하는 과정'이라고 했으며, 개념 획득 과정을 문제 인식—가설 설정—가설 검증—결론짓기의 4단계로 설명하고 있다. 이것은 Bruner의 개념 획득 과정에 관한 실험에 포함된 내용을 몇 가지 유형으로 구분한 것이며, 본질적으로 '연속적인 가설 검증의 과정'이라고 할 수 있다.

Bruner는 종래의 기계적 통념을 부정하고 "어떤 발달단계에 있는 아동에게도 효과적으로 가르칠 수 있다."는 가설을 제시하였으며, 이러한 가설의 이론적 근거를 Piaget의 인지발달론에서 찾고 있다. 즉, 학습자의 발달단계에 맞게 학습내용을 구조화하고 조직함으로써 학습자가 교과내용을 잘 이해할 수 있다는 것이다. 이것이 발견학습의 핵심적 '구조'이며 지식의 구조는 어떤 학문 분야에 포함되어 있는 기본적인 사실, 개념, 명제, 원리, 법칙 등을 통합적으로 체계화한 것이다. 그는 구조의 이점을 이해, 기억, 전이, 고등 지식과 초보 지식의 연계성에 두었으며, 구조와 관련하여 학습의 준비성, 직관적 사고와 분석적 사고, 학습동기, 교구의 네 가지 측면에서 논의하고 있다.

구조중심교육이 지향하는 교육목표는 명백히 체계화된 탐구방법과 증거방식을 가진 교과서를 가르침으로써 지적 및 도덕적 판단(의사결정)에 의해 올바른 근거를 제시하는 능력과 태도를 기르는 데 있다. Bruner는 지식의 구조를 이해하게 되면 학습자 스스로가 사고를 진행시킬 수 있으며, 머릿속에 최소한의 지식을 소유하고 있으면서도 많은 것을 알 수 있게 된다고 하였다. 따라서 교육목표 역시 어떤 사실을 발견하기까지의 사고과정과 탐구기능을 중요시하였다.

2. 탐구식 수업의 절차

Massialas의 탐구교수이론은 사회탐구에 내용이 집중되었지만 1960년대 미국에서 개발된 가장 큰 영향력을 미친 교수 이론 중의 하나다. 그의 교수모형은 실제 학교 사회에서 사회과 교수를 통하여 효과가 입증되었고 그에 대한 사회과 교수 자료는 현재도 미국 초·중등학교에서 광범위하게 사용

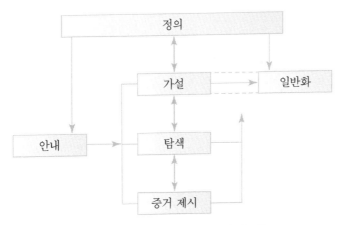

[그림 15-1] Massialas의 탐구수업모형

되고 있다. 이 절에서는 그의 사회탐구모형의 각 단계별 활동 내용과 이를 적용한 예를 살펴본다([그림 15-1]).

1) Massialas 사회탐구모형의 6단계

Massialas는 탐구를 위한 구체적인 교수과정을 안내-가설-정의-탐색-증거 제시-일반화의 6단계로 나누었다. 각 단계의 활동 내용은 다음과 같다.

① 안내: 이 단계에서 학생과 교사는 모두 현안 문제에 대해 인식한다. 문제는 교과서 문장에 나올 수도 있고 교사가 읽기 자료 등을 통하여 준비할 수도 있다.

② 가설: 이는 설명이나 해결을 위한 서술적인 진술이다. 이 가설은 일반적인 용어로 요소와 관계를 재기술함으로써 특수한 용어를 쓰는 것은 되도록 피한다. 실험 과정 전에 교사와 학생은 애매모호함을 없애고 토론을 위한 공동 광장을 마련하기 위하여 가설에 쓰이는 모든 용어를 명료화하고 정의한다.

③ 정의: 용어의 의미에 대한 견해의 일치는 탐구의 대화 과정에서 가장 필요하다. 정의가 안내나 가설의 단계에서 강조되는 동안 모든 탐구 작업은 '~은 무엇을 의미하느냐?'라는 질문에 의하여 특징지어진다. 만약 가설의 단계에서 쓰이는 용어의 뜻이 뚜렷이 밝혀지지 않으면 그 용어는 교사와 학생에게 다른 의미를 전달함으로써 탐구의 전개를 방해할 수 있다.

④ 탐색: 안내와 가설은 그 성질상 귀납적이기 쉬우며 이 단계는 연역적이기 쉽다. 논리적인 암시의 예를 들면 '어떤 국민이 외부와 고립되어 살면 그들의 문명이 비교적 정적인 상태에 남아 있을 것이다.' 등이다. 이러한 암시의 진술은 가설을 입증하기 위한 증거를 찾는 데 직접적인 도움이 된다.

⑤ 증거 제시: 암시를 입증하기 위해서는 충분한 자료가 제시되어야 하며, 그 자료는 시간과 공간을 초월하여 타당도를 입증받아야 한다. 어느 경우에나 탐구 분석의 최종 결과는 입수되는 증거에 의해서 입증되

는 결론이나 일반화의 도달에 있다.

⑥ 일반화: 탐구과정의 결론은 설명적, 상관적, 실용적 일화의 표현이다. 이 진술은 입수할 수 있는 증거에 입각한 문제에 대한 가장 조리 있는 해결이다. 그러나 일반화는 절대적인 것이 아니고 항상 일시적인 것이며, 최종적인 진리를 대표하는 것은 아니다.

2) Massialas 사회탐구모형의 적용 예

① 교과서로부터의 안내 활동: 문명의 발생 지역은 비옥한 하천 유역이다. 이러한 지역은 많은 음식물의 원천이기 때문이다. 또한 그러한 지역들은 관개, 수송 등의 문제를 해결할 수 있는 충분한 물을 가지고 있다.

② 가설 설정: 문명은 음식, 물, 금속 등 기본 자원이 충분한 장소에만 발생한다.

③ 탐색 활동: 만약 문명이 기본 자원이 풍부한 장소에서만 발달한다면 간신히 먹고 살 수 있을 정도의 자원만 생산하는 지역은 문명을 발달시키기 힘들 것이다. 만약 앞의 아이디어가 사실이라면 문명은 사막에서 발달할 수 없다. 왜냐하면 그곳에는 기본 필수품이 충분하지 못하기 때문이다.

④ 증거 제시: 에스키모인은 간신히 먹고 살 수 있을 정도의 것만을 생산 발견한다. 자원의 결함이 문명의 발달을 억제한다. 사하라 고비 사막과 같은 사막 지역에서는 문명이 발달하지 않았다. 현재까지도 사막 지역은 그곳에 살고 있는 사람들을 부양할 만한 충분한 식량을 생산할 수 없다.

⑤ 일반화의 도출: 만약 인간이 과잉 물자를 가질 수 있는 강 유역에 있다면 문명은 나타난다.

3. 탐구식 수업의 실제

1) 집단탐구수업

(1) 상황의 제시와 탐구 문제 설정

탐구 활동을 자극하기에 적절한 상황이란 ① 학생들의 흥미를 자아내면서도 의미 있는 생각을 할 수 있어야 하고 ② 학생들의 지적 능력 수준과 부합되어야 하며 ③ 학생들이 많은 질문을 제시할 수 있도록 일반적인 것이어야 한다. 탐구 활동을 통하여 해답을 찾을 수 있는 문제는 '증거를 수집할 수 있는 문제'를 말하며 예를 들면 다음과 같다.

- 헤밍웨이의 작품에 나오는 주인공의 공통점은 무엇인가?
- 지질 시대의 동물 중에서 오늘날의 동물과 닮은 것은 어떤 것이 있는가?
- 예술은 역사를 어떻게 반영하는가?
- 인간이 듣는 것은 소리의 어떤 속성이라고 할 수 있는가?
- 살수대첩의 승자는 누구인가?

(2) 탐구 활동의 계획 수립

탐구 활동에 대한 계획을 수립할 때 학생들은 다음과 같은 과제에 대해 지도를 바랄 것이다.

- 탐구해야 할 주제에 따라 탐구 집단을 조직하기
- 탐구해야 될 질문과 관련된 하위의 토의 주제들을 나열하기
- 각 질문에 대한 정보를 수집하는 데 필요한 자원의 출처 논의
- 학습자마다 수행해야 될 과제를 할당하기

(3) 탐구 활동의 전개

각 탐구 집단이 탐구목표를 제대로 추구하고 있는지를 알아보기 위해서 교사는 다음과 같은 내용을 점검해 볼 필요가 있다.

- 각 집단은 의사결정을 내리고 이를 성공적으로 수행해 나가고 있는가?
- 학생은 각자가 집단 구성원으로서 자신감과 독립심을 가지고 맡은 바 기능을 수행하고 있는가?
- 학생들은 수행하고 있는 일에 동기화되어 있으며 또한 열심히 참여하고 있는가?
- 집단 구성원 간에 탐구를 추진하는 것은 조화롭게 진행되고 있는가?

(4) 탐구 활동 결과의 정리 및 발표

탐구 결과를 발표함으로써 정보를 요약하는 기능, 해석하는 기능, 결론을 유도하는 기능, 또는 결론에 대한 근거를 제시할 수 있는 기능을 기를 수 있다. 뿐만 아니라 탐구 결과를 중심으로 연극, 영화, 신문, 만화, 벽보 등의 제시 방법을 생각하게 함으로써 창의성을 길러 줄 수 있고 새로운 흥미 분야를 발견할 수 있게 된다.

(5) 탐구 활동 평가

탐구 활동이 끝난 후일지라도 학생들은 탐구 경험을 반성해 보는 가운데 여러 가지를 학습하게 된다. 지금까지 실행에 의한 학습이었다면 이제부터는 반성적 사고에 의한 학습 단계다. 학생들은 다음과 같은 점에서 평가를 수행해야 한다.

- 제기된 질문은 중요하고 흥미로운 것인가?
- 탐구 경험을 통해서 무엇을 학습했나?
- 탐구 활동에서의 책임을 즐겁게 수행하였나? 장애물은 없었나?

2) 탐구수업과 교실 분위기

(1) 탐구학습을 위한 교실 분위기

① 개방적인 토론 분위기 형성

탐구 교실의 분위기는 공개적이고 다른 사람의 의견을 받아들일 수 있어야 하며, 모든 교실에서 발표되는 견해와 진술이 조사해 볼 가치가 있는 명제로 받아들여져야 한다. 학생과 교사의 진술이나 의견은 모두 확인해 볼 가치가 있는 문제로 받아들여 다른 적절한 평가 기준이나 준거에 의하여 검토되어야 한다.

탐구학습에서의 다른 하나의 전제는 교실에서 다루어지는 모든 문제들은 미결정의 특수성을 가져야 한다고 믿는 것이다. 즉, 각 문제들은 학생들에게 어떤 갈등감을 주어야 하며, 교사의 역할은 동기유발의 도구로서 학생의 당혹감을 최대한 이용할 수 있어야 한다. 이와 같은 교사의 태도가 교실에서 심리적 갈등을 더 촉진하고 학생으로 하여금 문제의 현실을 재확인하게 하는 것이다.

② 가설의 선정 중시

교실에서 토론의 참가자는 누구나 원하는 것을 말할 수 있다. 그러나 나아가야 할 방향과 예상되는 가장 근사치의 답이 있어야 하고, 그것을 탐색해 나가야 한다. 물론 전통적인 교실 분위기에서도 교사는 토의를 이끌어 나갈 수 있다. 그러나 누구나 자유롭게 토의에 가담할 수 있고 또 토론할 방법을 학생들과 함께 정한다고 해서 탐구 교실이라고 볼 수는 없다.

탐구학습에서는 계속적으로 가설이 형성, 검토된다. 가설은 탐구의 도구라 할 수 있으며 탐색 방법과 이의 적절성 여부를 판단하는 평가 기준의 이중 역할을 한다.

③ 증거를 위한 사실의 사용 중시

탐구학습의 세 번째 특수 요인은 가설을 입증하기 위한 사실의 기능적인 사용이라 할 수 있다. 탐구의 과정은 가설을 검증하기 위한 자료와 사실을 수집하고, 그것에 의하여 가설이 검증되고 일반화되어야 한다. 이처럼 탐구학습은 가설을 중요시하고 있으며 사실의 가치는 그 가설을 입증하는 데 얼마나 도움을 주느냐에 의해 결정된다.

(2) 탐구학습에서 몇 가지 오류

탐구학습에서 저지르는 오류는 심리적인 오류, 실제적인 오류, 논리적인 오류 등으로 나누어지며, 이는 탐구학습을 실패로 이끌기 쉬운 오류로 지적되고 있다.

① 심리적인 오류

심리적인 오류는 가장 흔히 볼 수 있는 것으로 감정적인 언어 사용, 편견, 전통, 권위에의 호소 그리고 논쟁과 토론에서의 부적절한 전환의 사용 등을 들 수 있다. 개방된 생각으로 합당한 근거를 찾아 해결책을 찾는 것이 아니라 감정의 선입견에 따라 미리 해답을 정하고 그것을 위한 자료만을 취사선택하는 경우가 바로 여기에 해당한다.

이와 같은 언어와 권위의 오용 외에 개인적인 공격, 변명, 어떤 대상을 의식적으로 옹호하는 것, 사실적인 근거 없이 주장하려는 선입관, 유머와 조롱, 고집도 여기에 해당된다.

② 실제적인 오류

실제적 오류는 원인과 결과의 관계를 찾는 과정에서 분류와 일반화의 판단을 잘못하는 데서 나오는 것이다. 예를 들어 우연의 일치를 근거 없이 원인이라고 추리하는 것, 혹은 틀리게 분류하는 것이 이 부류에 속하는 잘못이다.

분명한 오류는 특수한 경우를 가지고 일반적인 형태로 결론짓는 기술의 일반화에 있다. 이것은 충분한 증거 없이 일반화를 한 것이기 때문에 대단히 위험한 판단이다. 그리고 또 하나의 실제적인 오류는 의식적, 무의식적으로 미리 정해진 견해를 지지하고, 그 반대의 가능성 있는 대답에 대해서는 반증할 자료를 수집하지 않으려는 경우를 들 수 있다.

③ 논리적인 오류

논리적인 오류는 논리적인 타당성을 잃은 데서 생기는 것으로 논리적인 타당성이란 전제와 결론 사이에 모순되지 않은 관계를 의미한다. 즉 전제가 주어졌을 때 결론은 3단 논법의 규칙에 의해서 필수적으로 수반되어야 한다.

그러나 주전제와 부전제는 그로부터 결론을 이끌어 내기 전에 증거에 의하여 경험적 시험 과정을 거쳐야 한다.

3) 탐구수업을 위한 교사의 역할

탐구수업을 성공적으로 이끌기 위해서는 설명식 수업에서보다 훨씬 많은 교사의 능력과 역할을 필요로 한다. 설명식 수업에서 의견 발표식 수업에 빠지지 않고 탐구식으로 수업을 이끌어 나가는 교사의 역할은 매우 중요하다(Clark & Starr, 1986).

① 다양한 자료의 준비: 탐구수업을 위한 계획은 지도, 도표, 그림, 슬라이드, 통계표, 예술품 그리고 그외 많은 자료를 준비해야 한다. 사용되는 자료는 아이디어의 시험 분석을 위한 뜀판(스프링보드)의 역할을 한다.
② 학생과 함께 탐구하는 역할: 학생이 발견적 삽화를 통하여 문제에 직면하면 교사는 최종적이고 절대적인 답을 주지 않으면서 학생과 함께 탐구하는 동료로서 역할을 한다.
③ 새로운 방법을 안내하는 질문: 교사의 주요 임무는 신중한 질문을 해서 탐구의 과정을 유도하는 것 이외에 문제점을 보는 새로운 방법을 안내하는 질문을 해야 한다. 또한 입수되는 자료가 가설을 시험하는 데 적합하지 않을 때는 추가적인 자료를 소개할 수 있다.
④ 내적인 보상을 위한 노력: 교실에서 자유로운 의사 표시와 아이디어를 시험하는 데 대한 보상은 높은 수준의 동기유발을 가져온다. 외적인 보상보다는 내적인 보상이 토론에 대해 더 많은 학생 참가, 학습을 위한 열성, 더 많은 융통성을 유발한다.
⑤ 가치 문제에 있어서 공평성: 교사는 어떤 가치의 문제를 안내할 때 뚜렷한 자기의 의견을 밝혀서는 안 된다. 가치를 다루는 교수의 목표는 의견 일치를 본 결론을 형성하는 데 있는 것이 아니라, 오히려 다른 사람의 의견을 듣고 그것을 입증하는 증거를 조사하고 신뢰도를 평가하는 과정을 훈련하는 데 있다.

4. 탐구학습을 위한 평가방법

1) 탐구수업 프로그램의 평가

탐구수업의 평가 도구가 수업방법론만큼 발전하지 못하는 이유로 교육목표가 행동적이고 측정 가능한 용어로 바뀌지 못하였다는 점을 들 수 있다. 물론 모든 교육목표를 측정 가능한 용어로 바꾸는 일이 쉽지 않지만 정확한 명세표를 만들 경우 이것은 훨씬 더 가능해진다. 이러한 요청에 따라 Massialas가 개발한 이원 목표 분류표는 〈표 15-1〉과 같다.

〈표 15-1〉에 의하면 수직축은 정치의 개념과 방법에 따르고 수평축은 평가의 행동적인 차원을 대표한다. 행동은 인지적, 정의적, 평가적 부류로 구분된다. 각 문항은 수직과 수평축의 연결점, 즉 한 방(cell)에 해당되는 것이다. 그러나 명세표에 나오는 총 522방(29×18)이 평가 문항을 만드는 데 사용되는 것은 아니다. 교사는 각 방에서 나오는 두 개의 차원에 의해 제시되는 문항의 적절함을 신중하게 판단하여야 한다.

2) 과학탐구능력의 측정

Klopfer(1971)는 과학교육 과정, 교과서, 학습활동 등을 분석할 수 있는 이원 분류표를 제시하였다. 이것은 Bloom의 교육목표 분류학을 바탕으로 하여 과학 교과의 특성에 맞게 교육목표와 교육내용을 상세화한 것이라고 볼 수 있다. 이 이원 분류표는 매우 자세한 과학교육 목표를 제시하였을 뿐만 아니라, 이를 실제로 과학교육 과정에 평가하는 구체적인 방안까지 제시한 것으로 오늘날 과학교육 목표분석에 가장 널리 이용되는 분류들이다.

Klopfer의 과학교육 목표 체계의 구조적 특징은 Massialas 명세표와 유사하게 행동과 내용의 2차원적 분류체계라는 점이다. 즉, 한 축에 기대되는 학생의 행동을 나열하고 다른 한 축에는 과학교과 내용을 상세화하여 제시하였다. Klopfer(1971)는 교과내용을 분야별로 생물과학, 물상과학, 과학일반으로 분류하였는데 물상과학에는 화학, 물리, 지구 및 우주과학이 포함된다.

그리고 행동 영역에는 지식과 이해, 과학적 탐구과정(관찰과 측정, 문제 인식과 해결 방안 모색, 자료의 해석과 일반화, 이론적 모델의 설정·검증 및 수정), 과학 지식과 방법의 적용, 조직적 기능, 태도 및 흥미, 경향성 혹은 지향 등의 아홉 개의 범주로 나누었다.

〈표 15-1〉 Massialas의 탐구 명세표

행동적	인지적							정의적					평가적				
	A	B	C	D	E	F	G	H	I	J	K	L	M	N	O	P	Q	R
과목내용 상의, 절차 상의 (내용, 방법, 경험)	문제확인	문제정의	가설설정	논리적결과탐색	자료수집	시험	일반화	공개참가	증거에의의존	객관성	감정이입	흥미참가	가치의일관	문제점의확인	입장취함	근거제시	표준의발달	목표형성
1.0 정부의 형태 (누가 다스리나?)																		
1.1 하나																		
1.2 적은																		
1.3 많은																		
1.4 혼합된																		
2.0 정부의 합법성																		
2.1 약함																		
2.2 보통																		
2.3 강함																		
3.0 하부 제도 자율																		
3.1 전혀 없음																		
3.2 약간																		
3.3 광범위																		
4.0 지도자 선택																		
4.1 카리스마																		
4.2 전통																		
4.3 합법성-합리성																		
5.0 비교적 정치제도																		
5.1 정치제도의 개념																		
5.2 다음과 같은 조건에서의 비교																		
a. 효율																		
b. 안정																		
c. 사회복권																		
d. 정의																		
6.0 시민 참가																		
6.1 지방적 정치문화																		
6.2 종속적 정치문화																		
6.3 참가적 정치문화																		
6.4 혼합된 정치문화																		

그중 과학적 탐구과정의 예를 보면 〈표 15-2〉와 같이 세분할 수 있다.

〈표 15-2〉   Klopfer의 목표 분류 체계 일부(과학적 탐구과정)

B. 과학적 탐구과정: 관찰 및 측정
B1 사물과 현상의 관찰
B2 관찰 내용을 적절한 언어를 사용하여 기술
B3 사물이나 현상의 변화 측정
B4 적절한 측정 도구의 선택
B5 측정 도구에 의한 오차 조절

C. 과학적 탐구과정: 문제 발견과 해결 방안 모색
C1 문제의 인식
C2 가설의 설정
C3 적절한 가설 검증 방법의 선택
C4 실험 검증 수행을 위한 적절한 과정의 설계

D. 과학적 탐구과정: 자료의 해석과 일반화
D1 실험 자료의 처리
D2 실험 자료를 함수 관계로 표시
D3 실험 자료와 관찰 내용의 해석
D4 외삽과 내삽
D5 수집된 자료에 근거하여 가설을 검증
D6 얻어진 결과에 의한 일반화

E. 과학적 탐구과정: 이론적 모델의 설정, 검증 및 수정
E1 이론적 모델의 필요성 인식
E2 알려진 현상과 원리를 수용하는 이론적 모델의 설정
E3 이론적 모델에 의한 현상과 원리의 상술
E4 이론적 모델로부터 새로운 가설의 영역적 추론
E5 이론적 모델의 검증을 위한 실험 결과의 해석과 평가
E6 이론적 모델의 수정과 확정

요약

1. 발견·탐구학습의 기본 취지는 학습자에게 가르쳐야 할 내용을 최종적인 형태로 제공하는 것이 아니라, 그 최종 형태를 학습자가 스스로 조직하도록 하는 것이다. 발견과 탐구라는 용어가 명확히 구분되어 정의되는 것은 아니며, 학습자 스스로 문제를 인식하고 해결해 가는 과정을 중시한다는 점에서 이 두 가지는 동일한 개념으로 간주할 수 있다. 즉 탐구나 발견은 지식 자체가 아니라 지식을 얻는 과정, 방법 혹은 활동으로 표현되며, 흔히 문제해결, 반성적 사고의 과정을 포함한다.

2. Dewey가 탐구이론에서 주장한 탐구의 과정(암시-지성화-가설-추리-검증)은 문제 제기-가설 형성-가설 검증-결론의 과정으로 일반화되었다. Bruner 역시 지식의 구조를 이해하게 되면 학습자 스스로가 사고의 구조를 진행시킬 수 있으며 머릿속에 최소한의 지식을 소유하면서도 많은 것을 알 수 있게 된다고 하였다. 따라서 교육목표 역시 어떤 사실을 발견하기까지의 사고과정과 탐구 기능을 중요시하였다. 한편 Massialas는 사회탐구 모형에서 탐구를 위한 구체적인 교수과정을 안내-가설-정의-탐색-증거 제시-일반화의 여섯 단계로 나누어 설명하였다.

3. 발견·탐구를 위한 교수·학습 유형에는 발견학습, 탐구학습, 집단탐구수업, 역할놀이와 시뮬레이션 게임 등으로 나누어서 설명되나, 학습자가 학습의 주체가 되고 구체적인 활동을 통하여 나름의 결론을 내리도록 하는 점은 동일하다. 이 중 집단탐구수업의 다섯 단계는 상황의 제시와 탐구 문제 설정-탐구 계획 수립-탐구 활동의 전개-탐구 결과의 정리 및 발표-탐구 활동의 평가로 이루어진다.

4. 발견·탐구수업을 설명식 교수나 의견발표식 교수에 빠지지 않고 제대로 성공적으로 이끌어 나가기 위해서는 교사의 역할이 매우 중요하다. 교사는 다양한 자료를 준비하고 학생과 같이 탐구하는 역할을 해야 한다. 그리고 신중한 질문을 해서 탐구의 과정을 유도하는 것 이외에도 문제점을 보는 새로운 방법을 안내하는 질문을 할 수 있어야 한다. 보상에 있어서는 외적인 것보다 내적인 보상이 토론에의 참여도와 융통성을 높인다.

5. 탐구수업의 평가 도구가 수업방법론만큼 발전하지 못하는 이유로 교육 목표가 행동적이고 측정 가능한 용어로 바뀌지 못하였다는 점을 들 수 있다. Massialas가 개발한 탐구수업평가를 위한 이원 분류표는 수직축은 과목의 내용과 방법을, 수평축은 평가의 행동적인 차원을 나타낸다.

협동학습

　최근에 협동적인 교수·학습 방법에 관하여 새롭게 관심이 집중되고 있다. 전통적인 소집단학습의 단점을 해결하고 학습자 간에 협력적인 상호작용을 촉진하기 위해 집단보상과 협동기술을 강조한 것이 협동학습이다. 경쟁학습과 달리 동료 간에 서로 돕고 상호작용하도록 하는 협동학습은 교육 현장에서 공동체적 삶을 위한 사회성 발달을 도모하는 데 필수적일 것이다.

　이 장에서는 협동학습의 개념, 접근방법 및 전통적인 소집단학습과의 차이점을 살펴보고, 협동학습을 위한 실질적인 모형인 JigsawⅡ, 성취과제 분담학습, 팀경쟁학습, 집단조사 등과 협동기술 훈련을 위한 방법을 소개한다. 그리고 마지막으로 협동학습의 절차를 설명하고자 한다.

　이 장을 통하여 다음의 학습목표를 성취할 수 있기를 기대한다.

1. 협동학습의 개념과 의의를 서술할 수 있다.
2. 동기론적 관점과 사회 응집성 관점에서 협동학습의 기본 요소를 비교하여 설명할 수 있다.
3. 전통적인 소집단학습과 협동학습의 차이점을 열거할 수 있다.
4. 전통적인 소집단학습에서 야기할 수 있는 단점과 보완 방법을 설명할 수 있다.
5. JigsawⅡ, 성취과제 분담학습, 팀경쟁학습, 집단조사모형들의 절차와 그 차이점을 비교·설명할 수 있다.
6. 협동기술 훈련의 종류를 설명할 수 있다.
7. 협동학습의 일반적인 절차를 설명할 수 있다.

1. 협동학습의 성격

1) 협동학습의 배경

교육의 개념이 대체로 개인 각자가 소유하고 있는 다양한 적성과 능력을 발견하여 이를 최대한으로 신장시켜 주는 것으로 규정되어 왔기 때문에 교육목표나 내용, 방법 등에 관한 연구에서도 이러한 개인주의를 토대로 개별학습이나 경쟁학습이 강조되어 왔다.

경쟁학습은 학습자들을 서로 대립적으로 활동하도록 조장시키며, 집단의 소수만이 목표에 도달할 수 있는 학습 조직 형태다. 이에 대한 연구와 실천이 계속 이루어지고 있음에 주목하여 성취동기이론의 입장에서는 그것의 부정적 측면을 지적하고 있다. 즉, 만성적으로 실패를 경험하는 학습자들은 실패 회피의 경향을 띠게 되고, 따라서 학습에 소극적이게 된다. 또한 지나친 경쟁적 상황은 학습자에게 불안을 야기하여 지적 요구 강도를 상대적으로 약화시킨다.

개별화수업이론 역시 그동안의 공헌에도 불구하고 여러 가지 점에서 비판적 견해가 제시된다. 현실적으로 다인수 학급에서 개별화수업체제의 적용이 가능한지의 여부와 학생들 간의 상호작용의 제한에 따른 부정적 측면 등이 그것이다. 교사와 학생의 비율이 같지 않은 이상, 이상적인 개별화수업은 불가능한 것이 사실이다.

오늘날 학교 교육은 경쟁적인 평가를 통해 비범한 학습자와 열등한 학습자를 분류하는 데 관심을 둘 뿐, 각 개인에게 동등한 기회를 부여하지 못하고 있다. 이러한 경쟁적이고 관료적인 구조 속에서 인간적 관계보다는 비인간적 관계가 만연되어 있다는 점에서, 경쟁학습이나 개별화수업은 이를 해소하기 위한 방법이 되지 못하므로 학급의 경쟁적 학습 구조를 협동적 구조로 전환할 필요성이 요구된다. 그렇다고 하여 경쟁학습이나 개별학습 형태를 전적으로 배척하는 것은 잘못이며, 목적 성취를 위해 협동학습 과정에서 경쟁학습을 적절히 활용하는 것이 바람직할 것이다.

최근에 와서 교실을 복잡한 사회 체계로 간주하는 연구들이 이루어지고 있다. 사회 체계로서 교실의 구성 요소는 교실의 물리적 조직, 학습과제의 구조, 교사의 수업 형태와 의사소통의 형태, 학습자의 사회적 · 학문적 행동이다. 학습자의 사회적 · 학문적 행동은 수동적이거나 능동적으로 될 수 있는 요소로서, 이는 교실의 조직 형태에 따라 달라진다. 학습자를 교실 환경 내에서 능동적인 참여자로 간주하는 데 일조한 이론으로는 사회구성적 이론, 접촉의 사회심리학, 협동의 사회심리학 등이 있다. 이와 같은 이론들을 실제 수업에 적용시킨 수업방법의 한 형태가 협동학습이다.

인간이 사회생활을 하는 데 있어서 협동 없이는 공동생활을 영위할 수 없다. 그러므로 학교 학습에서 동료 간에 상호작용을 하는 협동학습은 교육이 삶 그 자체라는 점에서 중요하고 또 필요한 것이다. 협동학습을 통한 상호작용은 동료 간의 우정, 서로에 대한 적극적인 태도, 다른 사람에 대한 책임감, 타인에 대한 존경심을 가져온다. 또 협동학습에서는 모든 집단 구성원들이 그 집단의 학습목표를 달성하는 데 다 같이 기여하기 때문에 각자는 상당한 성공 경험을 갖게 된다. 이러한 성공 경험은 학습 태도 및 학습 동기의 유발에 기여한다.

이러한 협동학습의 정의는 전통적인 소집단학습과 구별되는 협동학습의 기본 요소에 따라 다양하다. Slavin(1983)에 의하면, 협동학습이란 학습능력이 각기 다른 학생들이 동일한 학습목표를 향하여 소집단 내에서 함께 활동하는 수업방법이다. 여기서 '전체는 개인을 위하여(all-for-one), 개인은 전체를 위하여(one-for-all)'라는 태도를 갖게 되고, 집단 구성원들의 성공적 학습을 위하여 서로 격려하고 도와줌으로써 학습 부진을 개선할 수 있다. 그리고 Cohen(1994)은 협동학습을 모든 학습자가 명확하게 할당된 공동 과제에 참여할 수 있는 소집단에서 함께 학습하는 것으로 정의하고, 독서 집단처럼 교사의 지시적이고 즉각적인 관여가 있는 경우는 협동학습이 아니라고 보았다. 따라서 협동학습은 소집단으로 구성된 구성원들이 공동으로 노력하여 주어진 학습과제나 학습목표에 도달하는 방법이라 하겠다.

2) 협동학습의 이점

(1) 동기론적 측면

동기론적 관점에서 전통적인 소집단학습과 구별되는 협동학습의 주요 요소는 집단보상, 개별 책무성, 학습참여의 균등한 기회 등이다(Slavin, 1990). 이 관점에서 협동학습의 효과는 특히 집단보상에 좌우되며, 이는 소집단 구성원들이 미리 설정한 기준을 초과하여 얻은 점수에 따라 주어지는 것이다. 즉, 동기론적 관점에서 다른 구성원을 돕는 이유는 집단보상이라는 자신의 이익 때문이다. 개별 책무성은 소집단 구성원들이 자기 개인의 학습뿐만 아니라 다른 소집단의 구성원을 격려하고 돕는 의무다. 그리고 학습참여의 균등한 기회는 미리 설정한 기준 점수를 초과하려고 노력할 때 보장된다. 여기서 집단보상이 주어지면 개별 책무성과 학습참여의 균등한 기회가 촉진된다.

동기론적 관점에서는 집단보상이 없는 협동학습이 정의적 영역의 학습 성과를 향상시키는 데 효과가 있으나, 인지적 영역에서의 학업성취 향상을 위해서는 집단보상이 필수적이라고 본다(Slavin, 1990). Sharan(1990)이 실시한 협동학습의 한 유형인 집단조사는 동기론적 관점에서의 명시적인 집단보상 없이 고차적인 사고력을 향상시킨다. 그러나 이러한 집단조사는 사회과 과목에 한정되며 이스라엘이라는 특정 지역에 적용된 것이다. 특히 이들이 실시한 집단조사에는 학급 과제의 기여도에 따른 개별적인 보상뿐만 아니라 집단 전체에 대한 보상도 주어졌기 때문에 긍정적인 효과가 나타난 것으로 보인다. 따라서 동기론적 관점에서 보는 협동학습의 가장 중요한 요소는 개별 책무성, 학습참여의 균등한 기회를 보장하는 집단보상이라 할 수 있다. 동기론적 관점에서 대표적인 협동학습의 모형은 성취과제 분담학습(STAD: Student Teams Achievement Division)과 팀경쟁학습(TGT: Teams-Games-Tournaments)이다.

그러나 소집단의 팀 과제에 집단보상을 하는 경우(예: 어떤 팀의 실험 보고서를 평가하여 그 점수를 팀 구성원에 동일하게 부여하는 것)에는 무임승객효과(free-rider effect), 봉효과(sucker effect) 등 사회적 빈둥거림이 발생할 수 있다. 무임승객효과는 학습능력이 낮은 학습자가 적극적으로 학습에 참여하지 않아도 학습능력이 높은 학습자의 노력으로 학습능력이 높은 학습자의 성과를 공유하게 되는 것을 말한다. 봉효과는 학습능력이 높은 학습자가 자기의 노력이 다른 학습자들에게 돌아가기 때문에 학습참여에 소극적이게 되는 부정적인 효과를 의미한다. 따라서 무임승객효과나 봉효과를 감소시키기 위해서는 집단보상만 사용해서는 안 되고, 집단보상과 개별보상을 병행하여야 한다. 예를 들어 협동학습 시작 후 매주 1회씩 시험을 실시하여 소집단 구성원의 시험 점수가 사전 점수(100점 기준)보다 10점 이상 하락하면 0점, 10점 이하로 하락하면 10점, 평균 점수와 같거나 10점 미만으로 상승하면 20점, 10점 이상 상승하면 30점으로 환산한다. 이러한 소집단의 환산점수를 평균하여 평균점이 높은 세 팀만 학기말고사 점수에 5점을 가산한다. 또 이 팀들을 우수 팀으로 학급 게시판에 게시하고 부상을 수여한다(집단경쟁 집단보상). 또 협동학습 시작 후 매주 1회씩 시험을 실시하여 소집단 구성원 전원이 자신의 사전 점수보다 점수가 높아진 모든 소집단에게 학기말고사 점수에 5점을 가산한다. 또 이 팀들을 우수 팀으로 학급 게시판에 게시하고 부상을 수여한다(집단무경쟁 집단보상). 이와 같은 집단보상에 대한 학습자의 지각은 다음과 같다.

첫째, 경쟁적인 학습 상황에서 패배한 학생들은 공통적으로 성적체계가 공정하지 못하다고 지각하며, 따라서 이들은 수업 자체나 교사를 싫어하게 된다.

둘째, 학습과제를 수행하기 전에는 경쟁적인 성적체계가 공정하다고 지각하지만 협동학습으로 학습과제를 수행한 후에는 집단 구성원이 동일하게 성적을 받는 것이 가장 공정하다고 본다.

셋째, 협동학습에서 노력한 개인은 성공할 수 있는 동등한 기회가 주어져야 하고 집단 구성원이 동등한 성적을 받는 것이 공정하다고 본다.

넷째, 협동학습의 경험이 많은 학생은 개별보상보다는 집단보상을 선호한다.

(2) 사회 응집성의 측면

사회 응집성의 관점에서는 소집단 구성원들이 집단 내의 다른 구성원을 돕는 이유를 다른 구성원을 걱정하고 그들이 성공하기를 원하기 때문이라고 보며 협동학습 집단의 팀 형성에 초점을 둔다. 협동기술은 대인관계 기술, 사회적 기술, 의사소통 기술 등과 같은 의미로 쓰인다. 구체적인 협동기술로 청취 기술, 번갈아 하기, 도움주기, 도움 구하기, 또래의 칭찬, 정중하게 기다리기 등이 있다(Kagan, 1992). 사회 응집성 관점에서 대표적인 협동학습의 모형은 과제분담학습(Jigsaw), 집단조사, 함께 학습하기 등이다. 한편 과제분담학습, 집단조사, 함께 학습하기 등이 전통적 수업보다 효과적이라는 연구도 있지만, 효과 면에서 차이가 없다는 연구도 있다(Slavin, 1990).

Swing과 Perterson(1982)에 따르면, 설명 기회의 훈련을 받은 학습자와 훈련을 받지 않은 학습자 간에는 학업성취 면에서 효과의 차이가 없으나 학습능력이 낮은 학습자의 경우에는 설명 기회의 훈련을 받은 학습자가 훈련을 받지 않은 학습자보다 학업성취가 높았다. 그리고 아이디어와 정보의 공유, 소집단이 학습과제에 집중하는 것, 다른 학습자의 공헌에 대한 칭찬과 격려, 소집단 구성원들끼리 학습과제에 대한 이해 여부를 점검하는 훈련을 받은 집단이 통제 집단보다 학업성취가 높았다. 그러나 일반적으로 협동기술은 학업성취에 효과적이다.

대체로 사회 응집성의 관점은 협동학습의 기본 요소를 팀 형성을 강화하는 협동기술로 보고 있는데, Johnson과 Johnson(1990)은 협동학습의 기본 요소로 협동기술 외에 보상 의존성도 강조함으로써 동기론적 관점과 사회 응집성의 관점을 종합하고 있다. 따라서 사회 응집성 관점에서 협동학습의 주요 요소는 팀 형성을 강화하는 집단 과정과 협동기술이라 할 수 있다. 왜냐하면 사회 응집성 관점에서도 개별 책무성과 대면적 상호작용은 집단 과정과 협동기술로 촉진이 가능하기 때문이다.

3) 전통적 소집단학습과 협동학습의 비교

전통적 소집단학습과 협동학습의 차이점은 다음과 같다.

첫째, 협동학습은 자신뿐만 아니라 다른 구성원 모두의 성취에 관심을 갖도록 목표가 구조화되어 있으므로 구성원 사이의 긍정적 상호의존성에 기초하는 반면, 전통적인 소집단학습은 이러한 상호의존성이 항상 존재하는 것은 아니다. 여기서 긍정적 상호의존성이란 다른 구성원이 성취하지 못하면 자신도 성취하지 못하는 관계, 또한 다른 사람의 학습이 자신의 학습에 도움을 주고 자신의 학습이 다른 사람에게 도움을 주는 관계를 의미한다. 긍정적 상호의존성에는 목표 의존성, 보상 의존성, 자원 의존성, 역할 의존성, 정보 의존성 등이 있다.

둘째, 협동학습은 분명한 개별적 책무성이 존재한다. 협동학습은 모든 구성원의 성취에 기초해서 그 집단이 평가받기 때문에 자신 스스로의 성취뿐만 아니라 다른 구성원의 성취에도 도움을 주고 격려한다. 그러나 전통적인 소집단학습에서의 개인은 다른 구성원들의 성취에 무임승객이 될 수도 있다.

셋째, 협동학습의 구성원은 개인적 특성에 있어서 이질적이지만 전통적인 소집단학습은 동질적인 경우가 많다.

넷째, 협동학습에서는 모든 구성원이 리더가 될 수 있고 리더십의 책임을 지게 되지만 전통적인 소집단학습에서는 주로 한 학생이 리더로 지정되고 책임을 지게 된다.

다섯째, 협동학습의 구성원은 목표 달성을 위해서 모두가 서로 도와주고 격려하며 상호책임을 지게 되지만 전통적인 소집단학습에서는 그런 책임이 없다.

여섯째, 협동학습의 구성원들은 학습 성취를 최대화하기 위해 구성원 간의 좋은 협력 관계를 유지해야 하지만, 전통적인 소집단학습에서는 주로 주어진 과제를 완성하는 데에만 관심을 둔다.

일곱째, 협동학습에서는 협동적으로 학습할 때 필요한 리더십 · 의사소통 기술 · 신뢰 · 갈등의 조정 등 사회적 기능들을 직접 배우지만, 전통적인 소집단학습은 그런 상호작용 기능이 있는 것으로 가정되거나 무시된다.

여덟째, 협동학습의 교사는 집단을 관찰하고 협동하는 과정을 분석하여 집단 과제를 조정하는 방식에 대하여 적절한 피드백을 제공하지만, 전통적인 소집단학습은 이러한 교사의 관찰이나 개입이 거의 없다.

아홉째, 협동학습의 교사는 집단이 어떻게 과제를 수행할 것인지에 대해 집단 과정을 구조화하지만 전통적인 소집단학습에서는 교사의 그런 관심이 주어지지 않는다.

4) 전통적인 소집단학습의 부정적인 측면

(1) 부익부 현상

이질 집단에서 소집단의 구성원 중 학습능력이 높은 학생에게 나타나는 현상이 부익부 현상이다. 부익부 현상이란 학습능력이 높은 학생이 다른 학생들보다 도움을 많이 주고받으며, 긍정적이든 부정적이든 많은 반응을 보임으로써 학업성취가 향상될 뿐만 아니라 소집단을 장악하는 현상이다. 따라서 상대적으로 학습능력이 낮은 학생은 상호작용의 기회를 상실하게 되는 현상이 나타난다. 즉, 소집단 내에서는 상이한 지위에 따라 불평등한 상호작용과 학습 성과가 야기될 수 있다. 협동학습에서 소집단 구성원들의 지위는 신체적 매력과 학업 성적에 근거하는데, 신체적 매력은 일시적인 것일 뿐 지위에 영향을 주는 것은 학습능력이다. 이와 같은 지위에 따른 불평등한 상호작용을 해소하는 방법 중의 하나가 각본(script)을 통한 역할 분담에 의한 협동학습이다. 학습능력이 높은 학습자로 구성된 동질 집단에서는 소집단 구성원 간에 서로서로 학습과제를 이해하고 있다고 잘못 판단하기 쉬운 경향이 있어 이질 집단보다 상호작용이 줄어든다.

또한 학습능력이 중간인 학생은 이질 집단에서 지위의 불안정과 그에 따른 설명 기회의 상실로 학습참여가 줄어든다. 따라서 협동학습에서 학습능력이 중간인 학생은 이질 집단보다 동질 집단일 때 효과적이라는 연구가 있다(Cohen, 1994). 이는 소집단의 구성원들이 설명하는 활동 그 자체가 학업 성적을 향상시킨다고 볼 수 있다. 그리고 이질 집단에서 학습능력이 낮은 학습자는 전통적 수업에서 교사의 규제와 지원보다 소집단 내에서 또래의 지원과 격려를 보다 많이 받아서 학습에 적극적으로 참여하게 된다. 뿐만

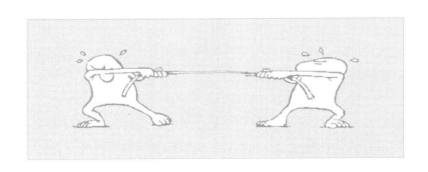

아니라 학습능력이 높은 학습자의 학습 전략을 관찰·모방함으로써 학업성취가 향상된다. 그러나 동질 집단에서 학습능력이 낮은 학습자는 자기 자신의 학습과제를 해결하지 못하고 다른 학습자에게 도움을 주거나 지원하는 것이 불가능하여 학업성취 면에서 전통적 수업보다 효과적이지 못하다. 따라서 일반적으로 협동학습은 학습능력에 관계없이 동질 집단보다 이질 집단일 때 더욱 효과적이다(Slavin, 1983).

동기론적 관점에서는 이와 같은 부익부 현상의 원인을 집단보상의 결여로 보았고, 이에 반해 사회 응집성 관점에서는 협동기술 훈련의 부족으로 소집단 내에서의 불평등한 상호작용과 학업성취 문제가 발생하였다고 본다.

(2) 자아존중감 촉진을 위한 방안

협동학습은 인지적 영역뿐만 아니라 학습동기, 자아존중감, 교우관계, 교과목에 대한 태도 등에서 개별학습이나 경쟁학습보다 효과적이다. 특히 협동학습은 자아존중감에서 매우 효과적이다. 한편 협동학습에서 학습능력이 중간인 학생은 또래의 설명으로 학업 성적은 향상될 수 있으나 도움만 받기 때문에 학습동기나 자아존중감이 감소한다는 연구가 있다(Lazarowitz, 1992). 인간관계에서 도움이 일방적일 때 수혜자는 부정적인 감정을 지니게 된다. 그리고 사람들은 자신의 개인적인 선택의 자유를 제한하는 위협을 지각할 때 타인에 대한 부정적인 감정을 지니게 된다. 일방적인 도움과 개인적인 선택의 자유에 대한 지각된 위협을 일으키는 또래의 일방적인 설명은 학업 성적이 낮은 학생에게 자아존중감을 감소시킨다고 볼 수 있다. 그러므로 도움을 주고받는 협동기술을 습득하면 실제적으로 도움을 주고받을 수 있기 때문에 인간관계의 형평성과 세력의 균형을 유지시킬 수 있어 가장 효과적으로 받아들여진다.

따라서 사회 응집성의 관점에서 협동학습의 기본 요소인 협동기술을 습득함으로써 학습참여가 극대화되고 자아존중감이 향상될 것으로 예상된다. 그러나 협동학습에서 개별보상과 달리 집단 간 경쟁에 따른 집단보상과 집단 무경쟁에 따른 집단보상에서 보상을 얻지 못한 소집단은 그 원인을 소집단 내의 학업 성적이 낮은 학생에게 돌리기 때문에 학업 성적이 낮은 학생은 자아존중감이 감소하는 경향이 있다. 일반적으로 협동학습의 효과에 있어

집단보상은 인지적 영역에서 매우 중요한 변인이 된다. 이에 반해 학습능력
이 낮은 학생의 정의적 영역인 자아존중감에는 부정적인 영향을 미친다.

(3) 집단 간 편파 감소를 위한 방안

협동학습의 부정적인 효과 중에서 가장 문제가 되는 것이 집단 간 편파
(intergroup bias)이다. 이는 상대 집단이나 외집단의 구성원에게 적대감을 가
지며 자기가 속한 내집단의 구성원에게 더 호감을 느끼는 것으로, 외집단
차별과 내집단 편애를 말한다.

집단 간 편파에 관한 대표적인 이론인 사회정체감이론의 기본 전제는 최
소집단 상황으로, 이는 어떤 집단에 단순한 배정에서 생기는 내집단 편향을
말한다. 그리고 집단 간 편파에 관련되는 요인은 집단 간 경쟁, 개인적 성향
인 사회지배 성향을 들 수 있다. 그러나 일반적으로 협동학습의 부정적 측
면인 집단 간 편파의 감소를 위해서는 주기적인 소집단 재편성이나 초등학
교의 경우에는 과목별 소집단 편성이 필수적이다.

2. 협동학습의 수업 유형

1) Jigsaw 학습

Jigsaw 모형은 1978년 미국의 텍사스 대학에서 Elliot Aronson과 그의 동
료들에 의해서 개발된 협동학습모형이다(Aronson et al., 1978). 학생들을 다
섯 혹은 여섯 개의 이질 집단으로 나누고 학습할 단원을 집단 구성원의 수
에 맞도록 쪼개서 각 구성원에게 한 부분씩을 할당한다. 한 학급은 여러
Jigsaw 집단으로 나누어지므로 각 집단에서 같은 부분을 담당한 학생들이
따로 모여 전문가 집단을 형성하여 분담된 내용을 토의하고 학습한다. 그런
다음 제각기 소속 집단으로 돌아와서 학습한 내용을 집단 구성원들에게 가
르친다. 단원 학습이 끝난 후 학생들은 시험을 보고 개인의 성적대로 점수
를 받는다. 이때 시험 점수는 개인 등급에는 기여하지만 집단 점수에는 기
여하지 못한다. 이러한 의미에서 Jigsaw 모형은 개인의 과제 해결의 상호의

존성은 높으나 보상의존성이 낮다. 따라서 집단으로서 보상을 받지 못하기 때문에 형식적인 집단 목표가 없다. 그러나 각 집단 구성원의 적극적인 행동이 다른 집단 구성원들에게 보상받도록 도와주기 때문에 협동적 보상 구조의 본질적 역동성은 존재한다. Jigsaw 협동학습모형은 집단 내의 동료로부터 배우고 동료를 가르치는 모형이다. 이 모형은 보상 구조를 통해서가 아니라 학습과제의 분담, 즉 작업 분담 구조를 통해서 집단 구성원 간의 상호의존성과 협동심을 유발한다.

Jigsaw 모형은 주로 중·고등학교 사회 과목에 적용되고 연구되었으나, 그 효과가 일관성 있게 입증되고 있지는 않다. Slavin(1978)은 Jigsaw 모형을 수정하여 Jigsaw II 모형을 제시하였다. Jigsaw II 모형은 모든 학생이 전체 학습 자료와 과제 전체를 읽되 특별히 관심 있는 주제를 선택한 다음, 그것을 전문가 집단에 가져가서 철저히 공부한 후 다시 자기 소속팀으로 돌아와 가르치는 것이다. 이 모형은 Jigsaw I 모형과 달리 인지적·정의적 학업성취의 영역에서 전통적 수업보다 효과적이라는 장점이 있다. 이 모형에서 교사의 주요 역할은 세분화될 수 있는 학습과제를 선정하는 것이다 (예: 우리나라 교육 제도—삼국 시대, 통일신라 시대, 고려 시대, 조선 시대, 개화기 이후, 해방 이후).

2) 성취과제 분담학습

성취과제 분담학습은 Slavin(1978)에 의해 개발된 협동학습모형으로서 초·중·고등학교 수학 과목에 주로 이용된다. 학생들은 넷 혹은 다섯 명으로 구성된 학습팀을 조직하게 되는데, 각 팀은 전체 학급의 축소판처럼 학습능력이 높은 학습자, 중간인 학습자, 낮은 학습자의 이질적인 학습자들로 구성된다.

매주 교사는 강의나 토론으로 새 단원을 소개한다. 각 팀은 연습 문제지를 짝을 지어 풀기도 하고, 서로 질문하고 토의하면서 그 단원을 학습한다. 연습 문제에 대한 해답도 주어지므로, 학생들은 단순히 문제지를 채우는 것이 아니라 개념을 이해하는 것이 목적임을 명백히 알게 된다. 구성원 모두가 학습내용을 완전히 이해할 때까지 팀 학습이 계속되고, 팀 학습이 끝나면 개별적으로 시험을 본다. 개인은 각자 자기 자신의 시험 점수를 받지만 자신의 이전까지 시험의 평균 점수를 초과한 점수만큼은 팀 점수에 기여하게 된다.

성취과제 분담학습 모형은 집단 구성원들의 역할이 분담되지 않은 공동학습 구조이면서 동시에 개인의 성취에 대해 개별적으로 보상되는 개별보상 구조다. 다시 말해 개인의 성취에 대해 팀 점수가 가산되고 팀에게 주어지는 집단보상이 추가된 구조다.

이 모형은 팀경쟁학습모형과 함께 가장 성공적인 실험 결과를 낳고 있다. 성취과제 분담모형은 모든 교과목에서 전통적 수업보다 효과적이며, 특히 수학 과목에서 매우 효과적인 것으로 나타난다.

3) 팀경쟁학습

DeVries와 Edwards(1973)가 개발한 이 모형은 성취과제 분담학습과 동일한 팀, 수업방법, 연습 문제지를 이용한 협동학습이며 우수한 팀의 인정 등을 포함한다. 그러나 성취과제 분담학습에서는 매주 집단보상을 위해 시험을 실시하지만 팀경쟁학습에서는 게임을 이용하여 각 팀 간의 경쟁을 유도한다. 집단 간의 토너먼트게임은 개별학습 성취를 나타내는 게임이며, 매주 최우수 팀이 선정된다. 팀경쟁학습은 초등학교부터 고등학교 수학 과목에 적용되어 왔고, 성취과제 분담학습만큼 성공적인 실험 결과들이 보고되었다. 이 모형은 공동 작업 구조이고, 보상 구조는 집단 내 협동-집단 외 경쟁 구조다. 팀경쟁학습모형도 성취과제 분담학습 모형처럼 전통적 수업에 비해 학업성취 면에서 매우 효과적이다.

4) 팀보조 개별학습

Slavin과 그의 동료들에 의해서 개발된 TAI(team assisted individualiz-ation)는 수학 과목에의 적용을 위한 협동학습과 개별학습의 혼합 모형이다. TAT에서는 성취과제 분담학습이나 팀경쟁학습에서처럼 4~6명 정도의 이질적 구성원이 한 집단을 형성한다.

프로그램화된 학습 자료를 이용하여 개별적인 진단 검사를 받은 후, 각자의 수준에 맞는 단원을 개별적으로 학습한다. 개별학습 이후 단원 평가 문제지를 풀고, 팀 구성원들은 두 명씩 짝을 지어 문제지를 상호교환하여 채점한다. 여기서 80% 이상의 점수를 받으면 그 단원의 최종적인 개별 시험을 보게 된다. 개별 시험 점수의 합이 각 팀의 점수가 되고 미리 설정해 놓은 팀 점수를 초과했을 때 팀이 보상을 받게 된다.

이 모형은 대부분의 협동학습모형이 정해진 학습 진도에 따라 이루어지는 것과는 달리, 학습자 개개인이 각자의 학습 속도에 따라 학습을 진행해 나가는 개별학습을 이용한다는 점에서 독특하다. 이 모형의 작업 구조는 개별 작업과 작업 분담 구조의 혼합이라고 볼 수 있고, 보상 구조 역시 개별보상 구조와 협동보상 구조의 혼합 구조다.

5) 집단조사학습

집단조사모형은 1976년 이스라엘 텔아비브 대학에서 Sharan(1990)에 의해 개발되었다. 학생들은 2~6명 정도의 소집단으로 나누어지고 전체에서 학습하여야 할 과제를 집단 수에 맞추어 작은 단원으로 세분한다. 각 집단은 맡은 단원의 집단 보고를 하기 위하여 토의를 거쳐 각 개인의 작업이나 역할을 정한다. 각 집단별 조사학습 이후 집단은 전체 학급을 대상으로 보고하게 되고, 교사와 학생은 각 집단의 전체 학급에 대한 기여도를 평가하게 되는데, 최종 학업성취에 대한 평가는 개별적인 평가나 집단평가를 한다.

이 모형은 매우 조직적인 성취과제 분담학습이나 팀경쟁학습과는 대조적으로 학습할 과제의 선정에서부터 학습 계획, 집단의 조직, 집단 과제의 분담, 집단 보고에 이르기까지 학생들 스스로의 자발적 협동과 논의로 학습이 진행되는 개방적인 협동학습모형이다. 이 모형의 구조는 작업 분담 구조와 공동 작업 구조의 혼합이며, 보상 구조 역시 개별보상 혹은 집단보상 등을 자유로이 선택할 수 있는 구조이다. 주로 초등학교 사회과에 자주 이용되는 모형이며, 이 모형에 대한 실험 연구들은 다양한 결과를 보고하고 있다.

6) 어깨동무학습

미국 미네소타대학의 Johnson과 Johnson(1974)에 의해서 개발된 어깨동무
학습(learning together)모형은 5~6명의 이질적 구성원으로 구성되어 있으며
주어진 과제를 협동적으로 수행한다. 과제는 집단별로 부여하고 보상도 집
단별로 하며 평가도 집단별로 받는다. 시험은 개별적으로 시행하나 성적은
소속된 집단의 평균 점수를 받게 되므로 자기 집단 내의 다른 학생들의 성
취 정도가 개인의 성적에 영향을 준다. 경우에 따라서 집단 평균 대신에 집
단 내 모든 구성원이 정해진 수준 이상에 도달했을 때 집단 구성원들에게
보너스 점수를 주기도 한다.

Johnson의 방법은 학생들의 협동적 행위에 대해서 보상을 줌으로써 협동
을 격려하고 조장한다. 협동 행위의 사례를 보면 의견이나 정보 교환, 학습
과제에 대한 질의응답, 다른 구성원들을 격려하는 말이나 행동, 다른 구성
원들의 이해 정도를 확인하는 일이다. 각 집단 구성원들이 이러한 행위를
모두 수행했음이 확인되었을 때 그들에게 보너스 점수를 주기도 한다.

이 모형은 집단 구성원들이 관련 자료를 같이 보고, 같이 이야기하며, 생
각을 서로 교환할 수 있다. 교사는 학생들의 상호작용을 관찰하여 상호작용
이 이루어지도록 노력한다.

특히 Johnson 방법은 집단 토의 및 집단적 결과를 활용하여 목적뿐만 아
니라 수단으로써 협동을 강조할 수 있다.

그러나 어깨동무학습모형은 하나의 집단 보고서에 집단보상을 함으로써
무임승객효과, 봉효과 같은 사회적 빈둥거림 현상이 나타나 상대적으로 다
른 협동학습모형보다 효과적이지 못하다.

3. 협동기술의 훈련

협동기술은 대인관계 기술, 사회적 기술, 의사소통 기술 등과 같은 의미로
쓰인다. 이와 관련된 연구에 의하면, 설명 기회와 그에 따른 피드백을 받은
학습자와 훈련을 받지 않은 학습자 간에는 학업성취 면에서 효과의 차이가

없으나, 학습능력이 낮은 학습자의 경우는 훈련된 학습자가 훈련을 받지 못한 학습자보다 학업성취가 높았다. 그리고 아이디어, 정보의 공유, 소집단이 학습과제에 집중하는 것, 다른 학습자의 공헌에 대한 칭찬과 격려, 소집단 구성원들끼리의 학습과제에 대한 이해 여부를 상호 점검하는 훈련을 받은 집단이 통제 집단보다 학업성취가 높았다.

협동기술 훈련 방법에는 구조적 접근, 명시적 수업 접근, 발견적 접근, 맥락적 접근 등이 있다. 대표적인 협동기술 훈련 방법인 구조 접근에서는 '구조+내용=활동'이라는 원리에 토대를 두고 있다. 즉, 협력적인 상호작용을 촉진하는 규칙을 가진 단순한 구조에 내용을 결합시킴으로써 학습자가 협동기술을 습득할 수 있다. 예를 들어 라운드 로빈이라는 단순한 구조를 사용해서 어떤 것을 교대로 번갈아 함으로써 협동기술을 익히게 된다. 이때 내용은 학년이나 교과목에 따라 다양하게 선정할 수 있다.

협동학습에서 또래끼리 가르치기와 학업성취의 관계는 정적인 상관이 있다. 또래끼리 가르치기에서 설명하는 학습자는 학습과제를 재구성하거나 명료하게 하여 학습과제를 보다 잘 이해하게 된다. 또한 또래끼리 가르치기에서 설명하는 학습자는 자기 자신의 문제해결 방법을 정당화시키고 다른 학습자의 문제해결 방법 간에 발생하는 불일치를 조정하게 되어 학업성취가 향상된다. 따라서 청취 기술, 번갈아 하기, 도움주기, 칭찬하기, 정중하게 기다리기 등을 훈련받음으로써 학습과제의 재구성, 조망 능력의 신장, 문제해결 방법이 정교화되기 때문에 학습능력이 높은 학습자의 학업성취가 향상될 수 있다.

협동학습에서 학습능력이 낮은 학습자나 학습능력이 중간인 학습자에게는 단순히 다른 학습자의 설명을 듣는 것 자체만으로 학업성취에 의미 있는 결과가 나타나지는 않는다. 설명을 듣는 것으로 학업성취에 효과가 있기 위해서는 설명이 적절하고 구체적이며 명확해야 한다. 그리고 학습능력이 낮은 학습자는 이와 같은 설명을 토대로 스스로 문제해결을 하려고 노력해야 한다. 따라서 청취 기술, 번갈아 하기, 도움주기, 칭찬하기, 정중하게 기다리기 등의 협동기술을 훈련함으로써 설명이 정교화되고 스스로 문제해결을 시도하고 그에 따른 피드백을 받기 때문에 협동기술을 받은 학습능력이 낮은 학습자나 학습능력이 중간인 학습자는 상대적으로 협동기술 훈련을 받지 않은 학습자보다 학업성취가 향상될 수 있다. 이러한 협동기술을 종합적이고 구조적으로 제시한 사람이 Kagan이다.

다양한 협동기술 중 대표적인 것으로 청취 기술, 번갈아 하기, 도움 구하기, 도움주기, 정중하게 기다리기 등을 들 수 있다. 이를 구체적으로 기술하면 다음과 같다.

1) 청취 기술 훈련

(1) 말바꾸어 진술하기

소집단 구성원 중 한 명이 아이디어를 창안하여 진술하면 다른 학습자는 자신의 아이디어를 진술하기 전에 먼저 진술한 아이디어를 말을 바꾸어 재진술한다. 그리고 그 이외의 학습자는 아이디어 재진술에 대한 정확성과 완전성에 대해 피드백을 한다. 이런 활동을 소집단 구성원들이 돌아가면서 계속하게 된다. 말바꾸어 진술하기(paraphrase passport)의 효과는 모든 구성원들이 자기 자신의 이야기만 하고 상대방의 말을 듣지 않는 것을 막을 수 있다는 데 있다. 또한 아이디어를 제시한 학습자가 자신의 아이디어를 어떻게 이해하는지를 제공하고 의사소통 기술의 단서를 제공한다.

(2) 3단계 면담

소집단 구성원 네 명을 면담자와 피면담자의 두 쌍으로 나누어 자신이 아는 내용을 말한다. 그 다음에는 역할을 바꾸어 실시한다. 그리고 차례로 돌아가면서 면담자에게 배운 내용을 말하는 단계를 거친다.

(3) 라운드 로빈

라운드 로빈(round robin)은 소집단 구성원들이 차례로 돌아가면서 말하는 방식으로, 이때 사용 가능한 소재는 예를 들면 50년 전에 없었던 것이 현재에는 있는 것 등이다.

2) 번갈아 하기 훈련

(1) 라운드 테이블

라운드 로빈은 소집단 구성원이 차례로 돌아가면서 이야기하는 데 반해, 라운드 테이블(round table)은 예를 들면 전 구성원이 돌아가면서 하나의 연습지에 하나의 볼펜을 사용하여 국가의 이름, 스포츠의 종류 등을 적는 것이다.

(2) 발언 막대기

발언 막대기(talking chips) 방법은 소집단 구성원들이 각각 세 개의 막대기를 가지고 토론을 시작하는데, 말하고자 하는 학습자는 테이블 한가운데에 자신의 막대기를 두고 이야기하여야 한다.

그 외에도 청취 기술에서 언급된 라운드 로빈 기술은 번갈아 하기의 한 가지 방법도 된다.

3) 도움 주고받기 훈련

(1) 또래끼리 점검하기

네 명으로 이루어진 한 팀을 두 쌍으로 나눈다. 각 쌍에서 한 사람은 문제를 풀고 나머지 한 사람은 점검하고 칭찬해 준다. 그리고 역할을 바꾸어 실시한다. 이때 서로의 답에 대한 의견이 일치되지 않으면 상대방에게 물어본다. 그래도 의견이 일치되지 않을 때는 소집단의 팀장이 교사에게 질문한다. 그리고 두 사람이 서로의 답을 비교한 후 일치하면 악수를 한다.

(2) 플래시카드(flashcard)

네 명으로 이루어진 한 팀을 두 쌍으로 나눈다. 예를 들면 낱말의 뜻을 카드의 뒷면에 적고 그 낱말을 앞면에 적어, 한 명이 상대방에게 낱말의 뜻을 보여 주면서 낱말을 맞추도록 하는데, 모르는 경우에 상대방이 옳은 답을 할 때까지 조금씩 힌트를 주면서 정답을 말할 수 있도록 유도한다. 역할을 바꾸어 실시하고 또 팀의 다른 구성원과 카드를 바꾸어 실시한다. 이때 보통 낱말의 개수는 3~4개로 한정한다.

(3) 함께 생각하기

소집단 네 명이 한 팀이 되어 각 구성원에게 번호를 부여한다. 그리고 교사는 질문을 하여 각 팀별로 생각해 보게 한다. 소집단 구성원들은 서로 질문하고 가르치면서 교사의 질문에 대한 답을 합의한다. 그 다음에 교사가 무작위로 번호를 부르면 해당 학생들이 대답한다. 이 방법은 전통적 수업에서 빈번히 나타나는 교사와 공부 잘하는 학생들과의 집중적 상호작용을 막고 소집단 구성원들끼리 서로 협동하고 도와주는 장점이 있다.

4) 칭찬하기 훈련

인정 막대기 활용법

소집단 구성원이 각각 세 개의 막대기를 가지고 토론을 하면서 상대방의 의견에 지지할 경우 자신의 막대기를 테이블 위에 놓는다.

이 외에도 앞에서 나온 또래끼리 점검하기 기술이 있다.

5) 기다리는 훈련

한 팀의 다른 사람이 문제지를 풀고 있을 때 정중하게 기다린 후 점검하고 칭찬해 준다. 역할을 바꾸어 실시할 때도 마찬가지이다.

4. 협동학습의 실제

1) 수업목표의 상세화 및 평가 준거의 제시

(1) 인지적 · 정의적 수업목표와 협동학습 수업목표의 상세화

(2) 학생들의 선행학습 정도, 학습능력에 따라 상이한 수업목표 제시

(3) 평가 준거의 제시

① 소집단 구성원의 총점 또는 각 개인별 사전 점수를 기준으로 점수
화한다.
② 학생 개별 점수에 소집단 구성원 모두가 각 기준 이상으로 성적을
얻으면 보너스 점수를 합산한다(집단무경쟁 집단보상).
③ 사전 점수를 기준으로 학생 개별 점수를 환산하여 상위 몇 팀만 학
생 개별 점수에 보너스 점수를 합산한다(집단경쟁 집단보상).
④ 학생 개별 점수로 하되 소집단의 총점이 우수한 집단에게 자유 시
간이나 특별 휴식시간을 부여한다.
⑤ 협력적인 상호작용이 많은 팀에게 보너스 점수를 부여한다(교사가
협동기술을 많이 활용한 팀을 관찰한다).

2) 협동학습의 소집단 구성

(1) 협동학습의 소집단 크기

협동학습의 소집단 크기는 2~6명이 적당하다. 협동학습을 처음 시도하는
학급은 2~3명이 적당하고 학생들이 협동학습에 경험이 많아지면 6명까지
구성할 수 있다. 협동학습의 소집단 크기가 8명 이상이면 한두 명이 학습을
주도하고 그 외 학생들은 소외되거나 수동적으로 되어 협동학습이 효과적
으로 이루어질 수 없다. 협동학습의 소집단 크기는 학습과제에 따라 다양하
나, 학습 시간이 적을 때는 협동학습의 소집단 크기는 적을수록 좋다.

(2) 협동학습의 소집단 편성 방법

① 동질 집단에서 단순한 기능을 학습하기 위해 협동학습이 적용될 수
있으나 일반적으로 학업성취의 면에서 상·중·하와 같이 협동학습
의 구성원은 이질 집단으로 구성한다.
② 비과업 지향적인 학생은 과업 지향적인 학생과 한 팀이 되게 구성
한다.
③ 학생 자신들이 소집단을 구성하면 능력면에서 상위 집단의 학생은
상위 집단의 학생끼리, 하위 집단의 학생은 하위 집단 학생끼리, 여
학생은 여학생끼리 소집단을 구성하는데, 이는 협동학습에 도움이

되지 못한다. 따라서 사회성 측정도(sociogram)를 활용하여 친한 친구만 소집단 구성원으로 하고 그 외 학생들은 교사가 구성하는 것이 바람직하다. 또, 소외된 학생은 능력 있고 격려와 지원을 잘 하는 학생 옆에 앉히는 것이 좋다.

④ 협동학습의 소집단 재편성은 학습 단원의 종료 시, 학기, 학년 단위로 이루어져야 된다는 견해도 있으나 협동기술이 어느 정도 습득된 후 재편성을 하는 것이 좋다. 협동학습의 소집단 재편성의 시기는 아직도 연구 대상이다.

(3) 상호의존성의 조성 및 학습과제의 설명

Jigsaw 모형의 경우에는 학습과제의 상호의존성을 조성하기 위해 각 소집단에 공동 과제를 하나만 주어야 하고, 학생들이 협동학습에 익숙하면 공동 학습과제의 하위 과제를 각 학생들에게 주어야 한다.

정보의 상호의존성을 조성하여 Jigsaw 모형처럼 공동 학습과제를 해결하기 위해 학생 스스로 하위 정보를 선택하거나, 교사가 지정하여 정보를 얻을 수 있도록 해야 한다.

한편 소집단 간의 경쟁을 조성하기 위해 팀경쟁학습처럼 각 소집단 간에 능력면에서 유사한 학생끼리 시험 점수를 비교하거나 토너먼트를 구성하여야 한다. 그리고 소집단 간의 협동을 조성하기 위해 학급의 전 학생이 교사가 지정한 성취 준거를 달성하면 학급의 전 학생에게 휴식시간이나 자유시간 등을 주어야 한다. Johnson과 그의 동료(1991)들은 소집단 간의 경쟁이 소집단 간의 협동학습을 촉진하는 데 아무런 효용성이 없다고 주장하는 반면에, Slavin(1983)은 소집단 간의 경쟁이 소집단의 협동심을 촉진하게 되므로 결국 높은 학업성취를 이루게 된다고 주장한다. 또 협동학습의 전개 시 대다수의 학생들은 소집단 간의 경쟁에 별로 신경을 쓰지 않으며, 오로지 소집단 내의 협동에만 몰두하는 경향이 있다. 협동학습을 촉진하기 위해서는 집단 간의 경쟁의 효과성에 관한 재검토가 이루어져야 한다.

(4) 상호의존성을 보장하기 위한 역할 분담

학습과제의 유형에 따라 역할 분담이 되는 경우에만 한정한다(주로 과학 실험에 이용).

① 요약-점검자: 소집단 학생들의 학습과제 이해 정도를 점검
② 연구-정보 조달자: 필요한 교재의 조달 및 다른 소집단, 교사와 의사소통
③ 기록자: 소집단의 결론·결정을 기록하고 정리
④ 격려자: 소집단 구성원의 공헌에 격려하기
⑤ 관찰자: 소집단이 서로 어떻게 협력하는지를 관찰하고 협동을 유지

(5) 학습과제의 설명

① 교사는 수업목표를 선행학습과 관련하여 설명해야 한다.
② 교사는 개념을 정의하고 절차를 설명하고 학습과제를 해결하는 데 필요한 예를 제시하며 본시 학습이 전시 학습과 결정적으로 다른 학습 요소를 지적해야 한다.

(6) 협동학습 실시, 시험 및 평가

학습과제의 유형에 따라 매시간 또는 매주에 실시할 수 있다.

요 약

협동학습은 새로운 개념이나 수업방법이 아니다. 전통적인 소집단학습에서 야기되는 부익부 현상, 무임승객효과, 봉효과 같은 단점을 보완하고 협력적인 상호작용을 촉진하기 위해 집단보상과 협동기술을 추가한 것이다. 이 장에서 제시된 내용을 몇 가지 정리하여 제시하면 다음과 같다.

1. 협동학습의 접근방법은 동기론적 관점과 사회 응집성의 관점으로 대별된다. 동기론적 관점에서는 학습의 효율성을 위하여 집단보상을 강조하고, 사회 응집성의 관점에서는 협동기술을 강조한다.
2. 전통적인 소집단학습과 달리 협동학습은 긍정적 상호의존성, 개별 책무성, 구성원의 이질성, 공유하는 지도력, 과제와 구성원 관계의 지속성, 사회적 기능, 교사의 관찰과 개입, 그리고 집단 과정을 중시한다.
3. 전통적인 소집단학습의 문제점은 부익부 현상, 무임승객효과, 봉효과이다. 학습능력 수준이 높은 학습자가 학습능력이 낮은 학습자보다 더 많은 반응을 보임으로써 학업성취가 향상될 뿐만 아니라 소집단을 장악하게 되는 것이 부익부 현상이고, 학습능력이 낮은 학습자가 적극적으로 학습에 참여하지 않아도 학습능력이 높은 학습자의 성과를 공유할 수 있는 것이 무임승객효과이다. 그리고 학습능력이 높은 학습자가 자기의 노력이 다른 학습자에게 돌아가기 때문에 학습참여에 소극적으로 되는 것이 봉효과이다. 이러한 부정적인 측면은 집단보상 방법과 협동기술의 훈련으로 해소할 수 있다. 그리고 집단 간 편파를 경감하기 위해서는 주기적인 소집단 재편성이나 과목별 소집단 편성이 필요하다.
4. 협동기술의 모형에 관계없이 학업성취를 향상시키기 위해서는 집단보상이 필수적이다.
5. 효과적인 협동학습을 위해서는 집단보상의 사용, 협동기술 훈련, 협동 과제의 개발 그리고 소집단 재편성이 주요한 요인이 된다.

경상남도교육위원회(1986). 개인차에 대응하
　　는 개별화 교육.

고형일 외(1988). 학교 학습탐구. 서울: 교육과
　　학사.

교육개혁심의회(1987). 교육방법 쇄신방안(정
　　책연구 IV-5). 서울: 교육개혁심의회.

권낙원 역(1996). 수업의 원리와 실제. 서울:
　　성원사.

권재술(1992). 과학개념 학습을 위한 수업절
　　차와 전략. 한국과학교육학회지, 제12
　　권 제2호, 19-29.

권재원(1978). 신교육심리학. 서울: 형설출판사.

강인애(1996). 구성주의 모델들의 특징과 차
　　이점 : 인지적 도제 이론, 상황적 학
　　습 이론, 인지적 유연성을 중심으로.
　　교육공학연구, 제12권 제1호, 3-23.

김광휘(1996). 집단보상법과 협동기술훈련이
　　학습능력이 상이한 학습자의 학업성
　　취에 미치는 효과. 부산대학교 대학
　　원. 박사학위 논문.

김대현 · 김석우(1996). 교육과정 및 교육평가.
　　서울: 학지사.

김도환(1988). 교육심리학개요. 서울: 형설출
　　판사.

김성권 외(1986). 교수-학습원론. 서울: 형설

출판사.

김순택(1982). 목표별 수업. 서울: 교육과학사.

김순택(1984). 교육발전을 지향하며. 서울: 정
　　민사.

김순택 외(1994). 현대수업원론. 서울: 교육과
　　학사.

김순택(1995). 수업모형. 서울: 배영사.

김신자(1985). 개별 수업. 서울: 이화여대 출
　　판부.

김억환 역(1984). 피아제 인지발달론. 서울: 성
　　원사.

김언주(1970). 인지구조의 개인차에 따른 선
　　행조직자의 효과. 서울대학교 교육대
　　학원 석사학위논문.

김언주(1988). 신교육심리학. 서울: 교육과학사.

김영채 역(1995). 학습심리학. 서울: 박영사.

김영환(1997). 요소제시이론을 중심으로 한
　　수업설계의 이론과 실제. 부산대학
　　교. 미간행.

김유미 외 공역(1993). 효과적인 교수 학습의
　　기본. 서울: 교육과학사.

김재춘(2000). 구성주의 이론에 나타난 학생
　　의 지식 구성 능력의 비판적 검토.
　　교육과정연구, 제18권 제2호, 1-16.

김정원(1995). 적응심리에서의 동기와 학습. 서

울: 상조사.

김정학(1988). 학생의 학업성취도에 따른 귀인
　　도식과 선호하는 수업방식의 차이. 부
　　산대학교 교육대학원 석사학위논문.

김종서 외(1997). 교수이론. 서울: 한국방송대
　　학교 출판부.

김종석 외 공역(1989). 교수학습의 이론과 실
　　제. 서울: 성원사.

김학수(1996). 현대교수-학습론. 서울: 교육과
　　학사.

김현권(1986). 현대 수업 이론. 서울: 형설출판사.

김호권(1969). 완전학습. 서울: 배영사.

김호권(1970). 완전학습의 원리. 서울: 배영사.

김호권 역(1977). 인간의 제특성과 학교 학습.
　　서울: 한국능력개발사.

김호권(1994). 완전학습이론의 발전. 서울: 문
　　음사.

김호권(1995). 현대교수이론. 서울: 교육출판사.

나동진(1983). 교육심리학. 서울: 배영사.

나일주(1995). 교수매체 효과에 관한 심리학
　　적 논점. 교육이론, 9(1), 117-136.

박성익(1987). 수업방법탐구. 서울: 교육과학사.

박성익 외 역(1996). 학습의 조건과 교수이론.
　　서울: 교육과학사.

박성익(1997). 교수·학습방법의 이론과 실제
　　(I). 서울: 교육과학사.

박성익(1997). 교수·학습방법의 이론과 실제
　　(II). 서울: 교육과학사.

박성익·박정훈 공역(1993). 교수설계의 이론
　　과 모형. 서울: 교육과학사.

박성익·최정임(1995). CAI 코스웨어·교수자
　　료개발을 위한 교수설계의 원리와 적용.
　　서울: 교육과학사.

박수경·김영환·김상달(1996). 동기유발을
　　위한 ARCS 이론을 적용한 수업이 지
　　구과학 학업성취도와 태도에 미치는
　　영향. 한국과학교육학회지, 제16권 4호.

박아청 역(1987). 인간의 동기화 이론. 계명대
　　학교 출판부.

박완희(1996). 수업총론. 부산: 경성대학교 출
　　판부.

변영계(1975). 수업설계의 원리. 현장교육연
　　구, 2(5). 한국교육개발원.

변영계(1984). 학습지도. 서울: 배영사.

변영계(1988). 수업설계. 서울: 배영사.

변영계(1997). 수업장학. 서울: 학지사.

변영계·김영환(1996). 교육방법 및 교육공학.
　　서울: 학지사.

변영계·김광휘(1998). 협동학습의 이론과 실
　　제. 서울: 학지사.

변홍규 역(1985). 학습이론과 그 현장 적용. 서
　　울: 교육출판사.

서봉연 역(1983). 발달의 이론. 서울: 중앙적
　　성출판사.

송기주(1985). 귀인모델을 통한 능력자아개
　　념과 학업성취의 인과관계분석. 전남
　　대학교 대학원 석사학위논문.

송명자(1995). 발달심리학. 서울: 학지사.

유안진 역(1976). 교수·학습의 본질. 서울: 배
　　영사.

윤기옥 공역(1995). 수업모형. 서울: 형설출판사.

이관용 외(1990). 심리학개론. 서울: 율곡출판사.

이군현(1990). 교육심리학. 서울: 박영사.

이기동 외 역(1992). 학습의 이론. 서울: 중앙
　　적성출판사.

이성호(1986). 교육방법의 탐구. 서울: 양서원.

이영덕 편저(1991). 인간교육을 위한 교육과정
　　과 수업의 탐구. 서울: 교육과학사.

이용남(1990). 교육방법 및 교육공학. 서울: 교
　　육과학사.

이재공(1985). Bruner, Gagné, Ausubel의 교
　　수-학습 이론의 비교 분석 연구. 충
　　북대학교 교육대학원 석사학위논문.

이홍우(1973). 인지학습의 이론. 서울: 교육출

판사.

이훈구 역(1985). 학습심리학. 서울: 탐구당.

이훈구 역(1995). 성격심리학. 서울: 법문사.

이희도 외(1996). 수업의 이론과 실제. 서울: 중앙적성출판사.

임규혁(1996). 교육심리학. 서울: 학지사.

장대운 외(1985). 현대교육심리학. 서울: 정민사.

장동환 공역(1987). 심리학 입문. 서울: 박영사.

전성연 · 김수동 역(1988). 교수 · 학습이론. R. N. Gagné, The conditions of learning and theory of instruction (1976). 서울: 학지사.

장상호(1991). 발생적 인식론과 교육. 서울: 교육과학사.

장현갑 외(1993). 심리학입문. 서울: 중앙적성출판사.

전윤식 외(1984). 삐아제와 유아교육. 서울: 형설출판사.

정인성 · 나일주(1994). 최신교수설계이론. 서울: 교육과학사.

정태위 역(1976). 삐아제의 인지발달론. 서울: 배영사.

조부경 외 역(2001). 구성주의 이론, 관점, 그리고 실제. 서울 : 양서원.

진위교 · 장언효 · 이종승 · 김순택(1996). 현대 수업의 원리. 서울: 정민사.

진위교 · 홍성연(1985). 교수학습의 과정. 서울: 교육출판사.

천병구(1984). 교수학습지도론. 서울: 형설출판사.

한국교육개발원(1985). 2000년을 향한 국가장기발전구상: 교육부문 보고서. 서울: 한국교육개발원.

한국심리학회(1982). 삐아제 연구. 서울: 서울대학교출판부.

한범숙(1995). 교육심리학. 서울: 교육과학사.

한안진(1987). 현대탐구과학교육. 서울: 교육과학사.

한충효(1989). 교육심리학의 구조 탐구. 서울: 과학 교육사.

허혜경(1996). 비고츠키의 ZPD이론에 기초한 교수-학습방법. 교육학연구, 34(5), 311-330.

Anderson, J. R. (1980). *Cognitive psychology and its implications*. San Francisco: W. H. Freeman.

Anderson, J. R. (1995). *Learning and memory: An integrated approach*. N.Y.: John Wiley & Sons.

Anderson, L. W., & Block, J. H. (1985). The mastery learning model of teaching and learning. In International encyclopedia of education, edited by Husen, T., & Postlehwaite, T. N. Oxford: Pergamon Press.

Ariello, N. C. (1981). *A meta-analysis comparing alternative methods of individualized and traditional instruction in servies*. Doct. Dissertation, Virginia Polytechnic Institute and State University.

Aronson, E. et al. (1978). *The jigsaw classroom*. C.A.: Sage Publication.

Ausubel, D. P., & Blake, E. (1958). Proactive inhibition on the forgetting of meaningful school material. *Journal of Educational Research, 52,* pp. 145-149.

Ausubel, D. P., & Fitzgerald, D. (1961). The role of discriminability in meaningful verbal learning and retenion. *Journal of Educational Psychology, 52,* pp. 266-274.

Ausubel, D. P., & Fitzgerald, D. (1962). Organizer general background and antecedent learning variable in sequential verbal learning. *Journal of Educational Psychology, 53,* pp. 243-249.

Ausubel, D. P., & Youssef, M. (1963). The role of discriminability in meaningful verbal learning. *Journal of Educational Psychology, 54,* pp. 331-336.

Ausubel, D. P., & Youssef, M. (1965). The effect of spaced repetition on meaningful learning. *Journal of Educational Psychology, 73,* pp. 147-150.

Ausubel, D. P., & Youssef, M. (1966). The effect of consolidation on sequentially related, sequentially independent meaningful learning. *Journal of Educational Psychology, 74,* pp. 355-360.

Ausubel, D. P., Lillian, C., & Blake, E. (1957). Retroactive inhibition and facilitation in the learning of school materials. *Journal of Educational Psychology, 48,* pp. 334-343.

Ausubel, D. P., Schpoont, S. H., & Cukier, L. (1957). The influence of intention on the retention of school materials. *Journal of Educational Psychology, 48,* pp. 87-92.

Ausubel, D. P. (1968). *Educational psychology: A cognitive view.* N.Y.: Holt, Rinehart and Winston.

Ausubel, D. P., Stager, M., & Gaite, A. J. H. (1968). Retroactive facilitation in meaningful verbal learning. *Journal of Educational Psychology, 59(4),* pp. 250-255.

Ausubel, D. P., & Robinson, F. G. (1968). *School learning.* N.Y.: Holt, Rinehart & Winston.

Bandura, A. (1971). *Psychological modeling: Conflicting theories.* Chicago: Aldine-Atherton.

Bandura, A. (1974). Behavior theory and the models of man. *American Psychologist, 29,* pp. 859-869.

Bandura, A. (1977). *Social learning theory.* Englewood Cliffs, N.J.: Prentice-Hall.

Bandura, A. (1986). *Social foundations of thought and action: A social-cognitive theory.* Englewood Cliffs, N.J.: Prentice-Hall.

Bangert, R. L. et al. (1983). Individualized systems of instruction in secondary schools. *Reviews of Educational Research,* pp. 143-158.

Berk, L. E., & Winsler, A. (1995). *Scaffolding children's learning: Vygotsky and early childhood education.* Washington, DC: NAEYC. 홍용희 역 (1995). 어린이들의 학습에 비계설정: Vygotsky와 유아교육. 창지사.

Bennett, S. N. (1978). Recent research on teaching: A dream, a belief, and a model. *British Journal of Educational Psychology,* pp. 127-147.

Berlyne, D. E. (1965). Motivational problems raised by exploratory and epistemic behavior. In S. Koch

(Ed.), *Phychology: A study of a science (vol. 5).* N.Y.: McGraw-Hill.

Bigge, M. L. (1964). *Learning theories for teachers.* N.Y.: Harper & Row.

Bloom, B. S. (1976). *Human characteristics and school learning.* N.Y.: McGraw-Hill Book Co.

Bloom, B. S. (1968). *Learning for mastery, Evaluation Comment, 1(2),* pp. 1~2. Los Angeles: Center for the Study of Evaluation of Instructional Program, UCLA.

Bodrova, E., & Leong, D. J. (1996). Tools of mind: The Vygotskian approach to early childhood education. Prentice-Hall, Inc. 김억환, 박은혜 공역(1998). 정신의 도구: 비고츠키 유아교육. 이화여자대학교 출판부.

Boring, E. G. (1950). *A history of experimental psychology* (2nd ed.). N.Y.: Appleton-Century-Crofts.

Brooks, J. G., & Brooks, M. G. (1999). The courage to be constructivist. *Educational Leadership, 57(3),* 18-25.

Briggs, L. J. (1968). *Sequencing of instruction in relation to hierarchies of competence.* Pitts.: AIR.

Bruner, J. S. (1966). *Toward a theory of instruction.* N.Y.: W. W. Norton & Co.

Bruner, J. S. (1966). Theorems for a theory of instruction. In J. S. Bruner(ed.), *Learning about learning.* Washington, DC: U. S. Government Printing Office.

Bugelski, B. R. (1976). *The psychology of learning applied to teaching.* N.Y.: Bobbs-Merrill.

Carroll, J. B. (1963). A model of school learning. *Teachers College Record,* pp. 723-733.

Charles, D. (1987). The emergence of educational psychology. In Glover, J. A., & Roning, R. R.(eds.), *Historical foundations of educational psychology.* N.Y.: Plenum.

Clark, L. H., & Starr, I. S. (1986). *Secondary and middle school teaching methods* (5th ed.). N.Y.: MacMillan.

Cohen, E. G. (1994). Restructuring the classroom: Conditions for productive small groups. *Review of Educational Research, 64(1),* pp. 1-35.

Cooley, W. W., & Leinhardt, G. (1975). *The application of a model for investigating classroom processes.* Penn.: LRDC, University of Pittsburgh.

Corey, S. M. (1971). *The nature of instruction.* N.J.: Prentice-Hall.

Cremin, L. A. (1961). *The transformation of the school.* N.Y.: Vintage.

Cronbach, L. J., & Snow, R. E. (1977). *Aptitudes and instructional methods: A handbook for research on interaction.* N.Y.: Irvington.

Davies, I. K. (1981). *Instructional technique.* N.Y.: McGraw-Hill.

deCharms, R. (1968). *Personal causation,* N.Y.: Academic Press.

DeVries, D. L., & Edwards, K. J. (1973). Learning games and students teams: Their effects on classroom process.

American Educational Journal, 10, pp. 307–318.

Dewey, J. (1910). "Consciousness" and "experience", In The Influence of Darwin in Philosophy(pp. 242–270). N.Y.: Peter Smith.

Divesta, F. J. (1986). The cognitive movement and education. In Glover, J. A., & Ronning, R. R.(eds.), *Historical foundation of educational psychology,* pp. 203–233. N.Y.: Plenum.

Doyle, K. O. (1978). *Evaluation teaching, lexngton.* Mass: Lexngton Books.

Dunn, R., & Dunn, K. (1978). *Teaching students through their individual learning style: A practical approach.* V.A.: Reston Publishing Co.

Edling, J. V. (1970). *Individualized instruction: A manual for administra-tions.* Oregon: A Continuing Education Book.

Fantini, M. D. (1980). A contemporary approach to individualization. *Theory into Practice.* pp. 28–31.

Fletcher, J. L. (1978). Maximizing human learning and performance. *Educational Forum,* p. 25.

Forman, D. (1982). Search of the literature. *The Computer Teacher,* pp. 37–51.

Fredrick. W. C., & Walberg, H. J. (1980). Learning, as a function of time. *Journal of Educational Research,* pp. 183–194.

Gage, N. L. (1963). Paradigms for research on teaching. In Gage, N. L. (ed.), *Handbook of research on teaching.* Chicago: Rand McNally & Co.

Gage, N. L. (1964). Theories of teaching. In Hilgard, E. R. (ed.), *Theories of learning and instruction.* Chicago: The University of Chicago Press.

Gage, N. L. (1979). The generality of dimensions of teaching. In Peterson, P. L., & Walberg, H. J. (ed.), *Research on teaching: Concepts, findings, and implications.* Berkeley: McCutchan.

Gagné, R. M. (1970). *The conditions of learning*(2nd ed.). N.Y.: Holt, Rinehart, & Winston.

Gagné, R. M. (1974). *Essentials of learning for instruction.* Hinsdale: Dryen Press.

Gagné, R. M. (1977). *The Conditions of learning.* N.Y.: Holt, Rinehart & Winston.

Gagné, R. M., Briggs, L. J., & Wager, W. W. (1988). *Principles of instructional design*(3rd ed.). N.Y.: Holt, Rinehart, & Winston.

Garry, R., & Kingsley, H. L. (1970). *The nature and conditions of learning* (3rd ed.). Englewood Cliffs, N.J.: Prentice-Hall.

Glaser, R. (1962). Psychology and instructional technology. In R. Glaser (ed.), *Training research and education.* Pitts.: Univ. of Pitts. Press.

Glaser, R. (1972). Individuals and learning: The new aptitudes. *Educational Researcher,* pp. 5–13.

Gredler, M. E. (1992). *Learning and*

instruction. N.Y.: Macmillan Publishing Company.

Greeno, J. G. (1975). Nature of problem-solving abilities. In W. K. Estes (Ed.), *Handbook of learning and cognitive process* (Vol. 5), pp. 239–270. Hillsdale, N.J.: Lawrence Erlbaum.

Greeno, J. G. (1980). Trends in the theory of knowledge for problem-solving. In D. Tuma, & F. Rief (Eds.), *Problem-solving and education: Issues in teaching and research,* pp. 9–23. Hillsdale, N.J.: Lawrence Erlbaum.

Guild, P. B., & Garger, S. (1985). *Marching to different drummers.* Virg.: ASCD.

Guthrie, E. R. (1952). *The psychology of learning.* N.Y.: Harper & Row.

Hamilton, R., & Ghatala, E. (1994). *Learning and instruction.* N.Y.: McGraw-Hill.

Harnischfeger, A., & Wiley, D. E. (1976). The teaching-learning process in elementary schools: A synoptic view. *Curriculum Inquiry,* pp. 5–45.

Hartley, S. S. (1977). Meta-analysis fo the effects of individually paced instruction in mathematics. Doct. Dissertation, University of Colorado.

Hilgard, E. R. (1966). *Theories of learning* (2nd ed.). N.Y.: Appleton-Century Crofts.

Hilgard, E. R. (1987). Perspectives on educational psychology. In J. A. Glover, & R.R. Roning (eds.), *Historical foundations of educational*

psychology, pp. 415–423. N.Y.: Plenum.

Horan, P. F., & Lynn, D. D. (1980). Learning hierachies research. *Evaluation in Education,* pp. 82–83.

Hosford, P. L. (1973). *An instructional theory: A beginning.* Englewood Cliffs, N.J.: Prentice-Hall.

Ide, J. K. et al. (1981). Peer group influence on educational outcomes: A quantitative synthesis. *Journal of Educational Psychology,* pp. 472–484.

Johnson, D. W. et al. (1981). Effects of cooperative, competitive, and individualistic goal structures on achievement: A meta-analysis. *Psychological Bulletin,* pp. 47–62.

Johnson, D. W., & Johnson, R. T. (1974). Instructional good structure: Cooperative, competitve, or individualistic. *Review of Educational Research, 44,* p. 213.

Jonassen, D. H. (1991). Objectivism versus constructivism: Do we need a new philosophical paradigm?. *Educational Technology, Research and Development, 39(3),* 5–14.

Johnson, D. W., & Johnson, R. T. (1985). Comperative learning and adaptive education. In M. Wang, 4 Welberg, H. J. Toward a knowledge base for school learning. *Review of Educational Research, 63(3),* 249–294.

Johnson, D. W., & Johnson, R. T. (1990). Social skill for successful group work. *Educational Leadership, 47(2),* pp. 29-33.

Kagan, S. (1992). *Cooperative learning: Resources for teachers.* C.A.: Resources for Teachers.

Keller, J. M. (1979). Motivation and instructional design: A theoretical perspectives: *Journal of Instructional Development, 2(4),* pp. 26-34.

Keller, J. M. (1981). *Motivational design research group annual report* (occasional paper). Syracuse: Syracuse University, Instructional design, Development and Evaluation Program.

Kibler, R. J. (1970). *Behavioral objectives of instruction.* Boston: Allyn and Bacon, Inc.

Kintsch, W. (1972). Notes on the structure of semantic memory. In E. Tulving, & W. Donaldson (Eds.), *Organization of memory,* pp. 249-305. N.Y.: Academic Press.

Klopfer, L. E. (1971). Evaluation of learning in science. In Bloom, B. S. et al. (Eds.), *Handbook on formative and summative evaluation for student learning.* N.Y.: McGraw-Hill.

Kolb, D. A. (1976). *Learning style inventory.* Mass.: Mc Ber Co.

Kulik, J. A., Kulik, C. L., & Cohen, P. A. (1980). Effectiveness of computer-based college teaching: A meta-analysis of finding. *Review of Educational Research,* pp. 524-544.

Lazarowitz, B. J., & Hertz-Lazarowitz, R. (1992). Academic achievement and social gains of differing status students learning science in cooperative groups. *Cooperative learning, 13(1),* pp. 17-20.

Levin, T., & Long, R. (1981). *Effective instruction.* Virg.: ASCD.

Lysakowski, R. S., & Walberg, H. J. (1981). Classroom reinforcement and learning: A quantitative synthesis. *Journal of Educational Research,* pp. 69-77.

Mager, R. F. (1962). *Preparing Instructional Objectives.* Calif.: Fearon-Pitman Publishers, Inc.

Margaret, E. B. (1986). *Learning and instruction.* N.Y.: Macmillan Publishing Company.

Martindale, C. (1991). *Cognitive psychology: A neural network approach.* C.A.: Brooks.

Massialas, B., & Cox, B. (1966). *Inquiry in social studies.* N.Y.: McGraw-Hill.

Maw, W. H., & Maw, E. W. (1968). Self appraisal of curiosity. *Journal of Educational Research, 61,* pp. 462-466.

Miller, G. A. (1956). The magic number seven, plus-or-minus tow: Some limits on our capacity for processing information. *Psychological Review, 63,* pp. 81-97.

Miller, G. A., Galanter, E., & Pribram, K. H. (1960). *Plans and structure of behavior.* N.Y.: W. H. Freeman.

Morgan, C. T., & King, R. A. (1966). *Instruction to psychology*(3rd ed.). N.Y.: McGraw-Hill.

Newell, A., & Simon, H. A. (1972). *Human*

problem solving. Englewood Cliff, N.J.: Prentice-Hall.

Norman, D. A., & Rumenlhart, D. E. (1975). *Exploration in cognition*. San Francisco: W. H. Freeman.

Palincsar, A. S., & Brown, A. L. (1984). Reciprocal teaching of comprehen-sion-fosering and comprehension-monitoring activities. *Cognition and Instruction, 1*, 117-175.

Piaget, J. (1951). *Play, dreams and imitation in children*. N.Y.: Norton.

Piaget, J. (1970a). *Genetic epistemology* (E. Duckworth, Trans.). N.Y.: Columbia University Press.

Piaget, J. (1970b). *Science of education and the psychology of the child*. N.Y.: Orion.

Piaget, J. (1973). *To understand is to invent: The future of education*. N.Y.: Grossman.

Piaget, J. (1980). *Adaptation and intelli-gence: Organic selection and pheno-copy* (S. Eames, Trans.). Chicago: university of Chicago Press.

Porter, L. W., & Lawler, E. E. (1968). *Managerial attitudes and perfor-mance*. Homewood, Ⅲ. : Richard D. Irwin

Posner, G. J. (1978). Cognitive science: Implications for curriculum research and development. Paper presented at the annual meeting of the American Educational Research Association, Toronto.

Quillian, M. R. (1968). Semantic memory. In M. Minsky (Ed.), *Semantic information processing*, (pp. 216-270). Cambridge, Mass.: MIT Press.

Reigeluth, C. M., & Stein, F. S. (1983). The elaboration theory of instruction. In C. M. Reigeluth(ed.), *Instructional design theories and models: An overview of their current status*. N.J.: Hillsdale, Lawrence Erlbaum Associates. pp. 3-36.

Resnick, L., & Glaser, R. (1976). Problem solving and intelligence. In L. Resnick, & R. Glaser (Eds.), *The Nature of Intelligence*, pp. 205-230. Hillsdale, N.J.: Lawrence Erlbaum.

Romiszowski, A. J. (1984). *Producing instructional systems: Lesson plann-ing for individualized and group learning activities*. N.Y.: Kogan Page, London/Nichols Publishing.

Rotter, J. B. (1966). Generalized expectan-cies for internal exeternal control of reinforcement. *Psychological Mono-graphs, 80* (Whole NO. 609).

Samuel, M., & Associates. (1976). *Indivi-duality in learning*. Calif.: Jossey-Bass, Inc., Publishers.

Scriven, M. (1967). The methodology of evaluation. In Tyler, R. W., Gagn , R., & Scriven, M.(eds.), Perspective on curriculum evaluation, 39-83, *AERA Monograph Series on Cur-riculum Evaluation, No.1* Chicago: Rand Mcnally.

Scriven, M. (1969). The Methodology of evaluation. *AERA Monograph Series on Curriculum Evaluation No. 1*. Chicago: Rand McNally.

Sharan, S. (1990). *Cooperative learning: Theory and research*. N.Y.: Praeger.

Simon, H. A. (1980). Problem sovliving and education. In D. T. Tuma, & F. Reif(Eds.), *Problem-solving and education; Issues in teaching and reseach*. Hillsdale, N.J.: Erbaum.

Skinner, B. F. (1953). *Science and human behavior*. N.Y.: Macmillan.

Skinner, B. F. (1961). Why we need teaching machines. *Harvard Educational Review, 31(4)*, 377-398.

Skinner, B. F. (1968). *The technology of teaching*. N.Y.: Appleton-Century-Crofts.

Skinner, B. F. (1989). *Recent issues in the analysis of behavior*. Columbus, O.H.: Merrill.

Slavin, R. (1978). Students teams and comparison among equals: Effects on academic performance and students attitudes. *Journal of Educational Psychology*, pp. 70, 532-538.

Slavin, R. (1980). Cooperative learning. *Review of Educational Research*, pp. 315-342.

Slavin, R. (1983). *Cooperative learning*. N.Y.: Longman.

Slavin, R. (1990). *Cooperative learning: Theory, research, and practice*. N.J.: Prentice-Hall.

Snow, R. E. (1977). Individual differences and instructional theory. *Educational Researcher*, pp. 11-15.

Suchman, J. (1966). *Inquiry development program: Developing inquiry*. Chicago: Science Research Associates.

Swing, S., & Perterson, P. (1982). The relationship to student achievement. *American Educational Research Journal, 19*, pp. 259-274.

Talbert, E. G., & Frase, L. E. (1972). *Individualized instruction: A book of readings*. Ohio: Charles E. Merrill Publishing Co.

Tolman, E. C. (1932). *Purposive behavior in animals and men*. N.Y.: Appleton-Century-Crofts.

Vygotsky, L. S. (1978). In M. Cole, V. John-Steiner, S. Scribner, & E. Souberman(Eds.), Mind in society. Cambridge, M.A.: Harvard University Press.

Vygotsky, L. S. (1981). The genesis of higher mental functions. In J. V. Wertsch(Ed.), *The concept of activity in soviet psychology*. Armonk, N.Y. : Sharpe.

Vygotsky, L. S. (1986). Thought and language(A. Kozulin, Trans.). Cambridge, M.A.: MIT Press.

Walberg, H. J. (1971). Models for optimizing and individualizing school learning. *Interchange*, pp. 15-27.

Wang, M. C., & Walberg, H. J. (1983). Adaptive instruction and classroom time. *American Educational Research Journal*, pp. 601-625.

Weiner, B. (1972). *Theories of motivation: From mechanism to cognition*. Chicago: Rank McNally.

Weiner, B. (1979). A theory of motivation

for some classroom experiences. *Journal of Educational Psychology, 71*, pp. 3-25.

Weiner, B. (1985). An attributional theory of achievement motivation and emotion. *Psychological Review, 92(4)*, pp. 548-573.

Weisgerber, R. A. (1971). *Developmental efforts in individualized learning.* Illinois: F. E. Peacock Publishers, Inc.

Wood, D., Bruner, J. S., & Ross, G. (1976). The role of tutoring in problem solving. *Journal of Child Psychology and Psychiatry, 17*, 89-100.

Yager. R., & Lulz. M. (1996). Teaching societal issues in school science and mathematics. *Handbook on teaching social issues.* Washington : National Council for the Social Studies. 247-248.

Yeany, R. H., & Miller, P. A. (1980). *The effects of diagnostic remedial instruction on science learning: A Meta-analysis.* Ga.: University of Georgia.